人类财政文明的起源与演进

史卫　著

中国财政经济出版社

图书在版编目（CIP）数据

人类财政文明的起源与演进/史卫著．—北京：中国财政经济出版社，2013.12

ISBN 978－7－5095－5044－1

Ⅰ．①人…　Ⅱ．①史…　Ⅲ．①财政史－世界　Ⅳ．①F811.9

中国版本图书馆CIP数据核字（2013）第318601号

责任编辑：赵　力　洪　钢　　　　版式设计：兰　波

封面设计：楠竹文化

中国财政经济出版社 出版

URL：http：//www.cfeph.cn

E－mail：cfeph@cfeph.cn

社址：北京市海淀区阜成路甲28号　邮政编码：100142

营销中心电话：88190406　北京财经书店电话：64033436　84041336

北京财经印刷厂印刷　各地新华书店经销

710×1000毫米　16开　29.75印张　395 000字

2013年10月第1版　2013年12月北京第1次印刷

定价：58.00元

ISBN 978－7－5095－5044－1/F·4091

（图书出现印装问题，本社负责调换）

本社质量投诉电话：010－88190744

反盗版举报热线：010－88190492　010－88190446

目　录

引　言
为了人类的生存

……

我是活在我们民族母语中的

一个象形文字

……

——梁小斌：《母语》

本书的构思和写作过程，正好经历了小儿从孕育、出生到初期成长的过程，第一次最真实地感受到了生命的神奇。宝宝在母胎之中的成长，竟然反映了人类进化的全过程，从慢慢长出满身毛发和尾巴，再逐渐进化褪去。刚生下来就会自己寻找妈妈的乳头吮吸奶水，维系自己的生命。整个初期的成长，基本不需要教化，他自己练习踢腿伸展，自己学习翻身爬行，自己顽强站立向前行走，好像每到一个阶段，他就会自己学习相应的本领。开始喂食，在饥饿时，哪怕手还无法伸展自如，他也会握着小拳头帮忙把食物往嘴里喂送，遇到自己喜欢吃的，而自己还没有吃饱的情况下，他会不高兴与人分享。但是他在满足基本需求后，他会很高兴地与人分享食物。当手能灵活运用时，他还会主动喂爸爸妈妈吃。再大些，他会很高兴大家坐在一起，他和大家吃一样的食物。带宝宝去公园玩，他竟然能知道自己的东西和别人的东西是有区别的。看着他用稚嫩的小手拿着自己的矿泉水想换别人的手机玩，周围的人们都笑了。

人类的成长记忆，就这样通过一个个宝宝的孕育和成长，展现在我们面前。人类文明的源头虽早已淹没在一片混沌中，但却通过某种方式，将成长的记忆留存在我们的身体中。同样这样的记忆还存留在早期的象形文字、神话传说、生活遗存中。生存是人类的第一需求，也是人类从诞生到此后所有演进发展的最强劲的动力。人类为了生存，而三五成群，结成团伙，分工合作，相互依存，共同劳动，共同食用。这是人类能在充满自然灾害和野兽侵袭的地球上生存下来的重要因素，而能把人类团结成群体的原因却是人类很早就学会了公平的分配方法。这种公平分配的最原始理念，不仅内化为人类基因，长存于身体中，而且也凝结在人类早期的各种制度和精神世界里，由此发展出来的政府、宗教、思想也天然带有了公平分配的基因，伴随人类文明发展演进。在此后人类文明的演进中，我们将会知道这些久远的记忆是多么珍贵和重要。

英国史学家汤因比认为文明的“卓越出自艰辛”，“挑战才能真正激起具有创造性的应战。”①人类早期文明的诞生往往是在生存比较困难的地区，人类只能通过集权的方法集中群体的全部力量来和自然斗争，财政是社会之自然适应的成果。在很多气候温暖、物产丰富的地方，人们还习惯性地过着饥则求食，饱则弃余，载歌载舞的原始共产主义生活，而生活在干旱荒漠的西亚、沼泽涌荡的尼罗河畔、河道游移的印度河流域、洪水肆虐的黄土高原、四面大海中的孤岛上的人们，却不得不通过自身的努力，集中人力、财力、物力来改造恶劣的环境。文明的产生正是从财富的集中和分配开始，张光直先生认为文明产生的前提条件是财富的绝对累积和相

① ［英］阿诺德·汤因比：《历史研究（插图本）》，刘北成、郭小凌译，上海人民出版社 2005 年版，第 91 页。

对集中①。历史学家和考古学家为文明的产生设定了很多物化的标准，并为之争论不休，但无论是城市，还是青铜器，还是其他什么标准，它们都是人类财力集中的成果。即或复杂的礼仪、国家、宗教等等这些因素，同样必需相对集中的财力才能支撑。张渭莲教授指出："一个文明之所以发生，与其内部结构的变化以及人文背景的不同，均有很大的关系。事物性质的变化主要取决于内因，外因只是变化的条件，外因只有通过内因才能起作用，因而内因才是变化的根据。可以说，促成一个文明形成的真正原因，当是作为这种文明载体的人群社会内部各种因素在多种外部因素影响下运动的结果。"② 而这一切发生的基础正是因为人类要生存，必需团结起来应对各种恶劣的环境，而人类能够团结起来，就是因为人类掌握了合作共赢的智慧，创造了公平分配的机制，人类得以组织化，文明就这样开始了。

老子告诉我们，看待任何事物都要一分为二，西方谚语也说"A coin has two sides"。人类通过各种资源的集中和统筹配置，不仅为人类提供了最基本的生存保障，修建了纵横交错的灌溉网络，四通八达的交通道路，坚固的住房和城池，也为一些统治阶级建立了穷奢极欲的物质基础，修建了辉煌的宫殿和巍峨的陵墓。当组织集中各种资源，私欲、专制和暴力也随之而生，将原有的公平分配的机制扭曲变形，这可能是文明必然要付出的代价吧。托克维尔甚至说："我绝不能设想一个国家没有强大的政府集权会生存下去，尤其是会繁荣富强。"他还盛赞英国"政府集权达到了它可能达到的最高点，国家就像一个人在行动，它可以随意把广大的群众鼓动起来，将自己的全部权力集结和投放在它想指向的任何地方"。③

---

① 张光直："从夏商周三代考古论及三代关系与中国古代国家的形成"，《中国青铜时代》，生活·读书·新知三联书店 1999 年版，第 95 页。

② 张渭莲：《商文明的形成》，文物出版社 2008 年版，第 15 页。

③ ［法］托克维尔：《论美国的民主》（上卷），商务印书馆 1991 年版，第 97 页。

历史就是这样残酷，当在艰苦环境中学会集权和竞争的人群和在丰腴环境中生活得悠然自得的人群相遇时，习惯悠闲的人群竟是这样的不堪一击，所谓“优胜劣汰、适者生存”竟然用这样的方式呈现。学会竞争的人们在新占领的肥沃土地，迅速有了爆发式的发展，原来最不发达的地区，如今日之美国、加拿大、澳大利亚，焕发出无限活力，而原来文明诞生区，本就贫瘠的土地，因过度的竞争和开发，人口的无限增长，专制的极致发展，早已不堪重负，走向衰落，昔日生机勃勃的灌溉网络、城池道路都已掩埋在层层沙土之下，世界的地理财富格局来了个惊天大逆转。

虽然会带来分配不公、社会动荡种种问题，但专制集权在一定时期里，也有其合理性和必然性，特别是对治理超大规模的国家而言。在某种程度上，专制集权也可以说是财政文明向前迈进的一级级阶梯，人类文明前进的每一步，无论是创建国家建立国家财政，还是建立帝国，还是跨进近代，都是通过一定形式的专制集权实现的。所有不合理的财政现象背后，都必然有着合理的利益逻辑。

对于古代政治文献，各种征税的文件，各项财政政策的宣示，我们已经习惯忽视其外在美丽的词藻，去直接揭示出其后面深刻的分配实质。而这些表象的美丽词藻，最多的就是关于公平分配的理念解说，其实这正是一切组织得以维系的根本理由。它或者只是一张一戳就破的纸，一块遮羞布，但是没有任何政权能无视它，如果没有了它，政权合法性就失去了根基。这就是天道，是一切统治得以维系的基础。近年来，我参与了《中华大典》经济思想部分的古代文献整理，对于各类涉及财政的诏书，经济思想分典和其他分典的分工原则就是我们只截取诏书前面务虚的部分，最后的结果是关于民本思想的内容是最多的，有时候是其他部分的几倍。“天下为公，岂容私抑”、“天下为公，亿兆己任”、“务以爱民为先”、“育德振民”、“欲令百姓家给人足”之类的话随处可见。北魏均田令称“富强者并兼山泽，贫弱者望绝一廛，致令地有遗利，民无余财，或争亩畔以亡身，或因饥馑以弃业。而欲天下太平，百姓丰足，安可得哉！今遣使者，循行州郡，与牧守均给天下之田，还受以生死为断。劝课农桑，兴富民之本”。导致明代灭亡的重要原因之一的三饷加派的诏书申明的原因也是说要“稍抑兼并”。在诏书中，皇帝也经常表达“朕每思百姓之所疾苦”、“求民之瘼，夙兴昧旦，至于忧勤”的情怀，也有表达限于财力，无法给予更多抚恤的无奈，还有表达不得不加税再“累吾民一年”的痛苦。在罗马共和国，执政官格拉古兄弟追求公平，提出土地分配法案，反对者也以“人民安全是最高法律”将他们杀害。法王路易十四称“上帝任命国王为大众福利的惟一守护者”。俄国沙皇彼得一世宣称自己是为国家服务，是为了每一个忠实臣民的“共同幸福”。

当然，我们也不能忘记分析财政真实的运行状态及其背后财富的分配结构和秩序，就像历史学者一直做的那样。列宁有句名言：“别相信空话，最好是看看对谁有利!”但有时候，空话也有其价值。几千年来，无论什么样的财政主张和政策都要打上追求民生、公平分配的烙印，其巨大的象征意义早已昭示了财政发展的方向。不可否认，几千年来的财政发展，并非一帆风顺，财富的分配，经过国家财政的机器，往往会出现更大的分配不公，甚至将收入差距拉大到不可想象的程度，各种光怪陆离、千奇百怪、不可思议的现象都曾在财政史上出现，但是原始的公平分配的元素却通过它的各种现实存在——天道、更原始的游牧民族、宗教等等，展现自己的力量，将财政拉回到正道，重新上路。人类文明，多少次陷入绝境，但只要重建民生财政和公平机制，就能“一阳来复”，奇迹般地再次走向繁荣。

无论古代中国，还是古代希腊、罗马，几乎所有的哲人都曾关注过财政分配的问题，在无数的人们以刀戈追求民生幸福和公平分配的理想时，也有无数的学者在努力建构通往民生福利最大化的发展模型，通过学理褪去民生财政的天道外衣，成为不易的公理。18世纪的英国哲学家、历史学家大卫·休谟曾说：“尽管人是由利益支配的，但利益本身以及人类的所有事务，是由观点支配的。”在古代，人类试图用天理（reason）约束人欲（desire），来规范财政。近代以来，人类开始更多构建公理和制度来引导和约束财政，希望建立功能良好的政府，来为人们提供高质量的公共服务，建造适合生存的最优环境。

在人类文明的演进过程中，人类对民生和公平的认识也在不断深入。片面地追求绝对的公平，在很多时候不仅不利于人类整体民生品质的提高，有时候还会带来整体民生品质的倒退，甚至将民生财政带入僵局乃至死胡同。人类文明伊始，对于国家的形成，古人就告诉我们，是因为人有自然的不平等，所以要建立国家，集中财富，济贫扶危。在人类文明的发展中，个人的福利、公共的利益和经济的发展之间有了一系列的碰撞，也产生了若干似是而非的选择难题。狄更斯的小说《艰难时世》讽刺经济学家经常装着尺子、天平和乘法表，随时称一称、量一量，偏爱用成本—收益分析的套路来决定公共政策，“这只是一个数字问题，一个简单的算术问题”。他在给友人的信中，这样谈《艰难时世》的写作意图：“我的讽刺对准那些只知数字和平均数而不知其他的人，这些人是这时代的最邪恶的最重大的弊病的代表。”从作品看来，他的创作意图确是得到了很好的表现，不过历史将证明，面对有限的财源和无限的需求，理性寻求平衡的度量是非常重要的。但是我们仍然不能忽视狄更斯的警示，财政是天理、公理，也是人情，模型因简洁而优美，现实因复杂而残酷。模型里的数字是由一个个单个的人的生活组成的，数字是冷冰冰的，人民的感受才是热烘烘的。不幸的人生各各不同，幸福的人生个个相似，就是有民生财政的保障。民生财政的理念已经通过各种方式熔铸在人类文明之中，使其成为人类文明最重要的精神资源之一，在人们心中构建起理想的美好世界的图景，清晰照亮了人类财政文明的发展方向。

大的方向确定，但路还得一步步来走。人类财政文明在演进过程中，必然会受到各种具体的经济环境的影响。无论是生财、聚财，还是用财，都要受到特定的生产方式的影响。马克思在《〈政治经济学批判〉导言》中指出："一定的生产决定一定的消费、分配、交换和这些不同要素相互间的一定关系。""分配的结构完全决定于生产的结构，……参与生产的一定形式决定分配的特定形式，决定参与分配的形式。"他特别强调，每种生产形式都产生出它所特有的统治形式①。人类财政文明产生和演进的根本动力是人类生存的需要，而约束条件则是生产方式，本书以财政在农业、游牧和商业三种生产方式下不同的演生路径展开叙述。农业、游牧和商业三种生产方式，都在人类文明伊始就产生了，但在不同的文明体中有着各自不同的影响力，更重要的是分别在人类文明演进的不同时间段中起主导作用，这样就使我们能作出比较明确的阶段性划分。三者的发展和冲突，在过去的5000年里，深刻影响着人类文明的发展。不同的社会理念或许无法弥补不同文明体的分别和冲突，但基于共同生存和发展的利益需求却能在不同文明体中搭建出桥梁，通过市场把世界联为一体。经过5000年的暴力和战争，掠夺与反掠夺，人类又回到了文明的起点，明白我们彼此需要，贫困、疾病、污染都直接关系彼此，需要我们共同面对，共赢才能发展。人类从最初的寻食小团体，到小国寡民的城邦，发展到大规模的帝国，公平分配的理念也在不断扩大。古代哲人曾经断言，只有在较小的范围内，公平分配和透明的监督机制才能发挥作用，直到卢梭还是在点状城邦上构想着优良的制度。虽然经过了无法数计的冲突，但是人类还是一步步探索出在较大规模的共同体中相互协作的路径，而且逐渐突破了血缘、种族、民族、国家的界限。虽然引发冲突的各种因素依然存在，离建立科学的公平的分配制度还有很长的路要走，破除潘多拉的魔咒，驯服民粹、既得利益势力，走出增长的迷雾，还需要更多的智慧，但基本的理念已经逐步形成，人类必然能以智慧找到共享繁荣之路。

① 马克思：《〈政治经济学批判〉序言导言》，人民出版社1971年版，第18—22页。

借用李开元先生对史学研究三个层次的划分，本书当属关注于财政史的中间层次，而不及于财政史之全部，许多制度的细节只作一般概述，不展开讨论，点到即止。至于高层史学，通古今之变，明财政文明演化发展之究竟，以有助今日财政改革，奈何力有不逮，未敢轻涉。在方法上，主要是历史学的方法，也借用了政治学、社会学、经济学的方法。在今天研究史学，不借助社会科学的理论和方法几乎是不可能的，这些借用也有助于提升对研究对象的认识深度和广度，但过多依赖这些理论，却容易失去历史的真相。社会科学的方法更多地是强调普遍性，尝试归纳出一些规律，然后用这些规律和模型去解释世界。如诺斯以制度经济学为基础研究历史，强调产权的重要，他解释英国能最先过渡到资本主义社会，是因为当时英国规定了明确的产权，而事实是英国的地产，特别是农民的地产长期得不到有效的保护，而掠夺农民地产的圈地运动正是英国资本主义兴起的重要表现。历史学的方法同样注重因果关系的寻找，但主要是以时间排列事件，在事件发生之前的诸多事件中寻找其因缘，后发生的事件绝不能成为此先发生事件的原因，就像产权制度的建立作为无数博弈之后发生的事件，绝不能成为此前发生的事件的原因。当然，前后时间次序明确的事件，也会因背后理论的不同，出现更多完全相反的解释。如罗斯福新政，初期经济危机有所缓解，但很快出现了第二次衰退，直到第二次世界大战结束才真正恢复繁荣。有的经济学家解释，由于罗斯福新政的干扰，破坏了市场自我调节，致使二次衰退，由于战争对罗斯福新政的冲击，市场才得以通过自我调节重新恢复繁荣。而另外一些经济学家则认为，罗斯福新政取得了很好的成就，恢复了经济，但是一些自由经济学家忧虑罗斯福新政，反对干涉市场，要求平衡预算，罗斯福迫于压力，只能删减赤字，使政府失去调节经济的能力，导致华尔街再次崩盘，1937 年出现二次衰退，但由于第二次世界大战爆发，紧接着日本袭击珍珠港，一时间人人喊打，没有再关注到举债和预算，于是罗斯福乘机扩大支出，终使美国度过大萧条，重新走上繁荣，并成为世界超级大国。与社会科学的方法不同的还有，历史学的方法更强调的是特殊性，强调具体事件的特殊性和个性，并不追求普遍规律和构建一般性模型，其解释是个别的和相对的。历史学方法，首先会确定事件发生的时间、地点，然后去研究其所处的历史阶段有什么特殊性……会从一些非常微观的角度、非常细小的视角来分析问题，更多注意规律之外的特殊性，注意偶然的、个别的因素在其间发挥的作用。对于历史学者来说，孔子就是孔子，而对于社会科学的研究者，孔子是一定历史阶段必然出现的人物，不出现孔子，也会出现其他什么子。当然，历史的方法也会有很多局限，如何吸收各种研究方法的优势去再现历史的真实是一件很不容易的事情。

我是希望通过对史料的搜集、排比、分析、研究，来建立起自己的看法，展开论述，但本身的教育背景、知识结构、写作环境、认识水平的局限，也会使我在写作时为一些史料所吸引而忽视掉另外一些史料。总是想到香港电视剧里法庭审案，要求证人发誓说出事实及事实之全部，这在历史写作中真是很难做到。在写作中，我尽量引用一些第一手的史料，希望读者不是通过笔者的叙述文字，而是通过史料直面真实的历史，产生更多的体悟，来弥补我的不足，但限于篇幅，这样的努力实际上做得很不够，特别是近代以后的史料更是浩如烟海。在写作中，也想努力继承史学的叙事传统，通过对事实的叙述构建其历史真实的场面，让读者有身临其境之感。历史的演进错综复杂，各种因素相互纠葛，在写作中，我也希望不仅仅突出某一特性，而是尽可能关照到各种因素，多方位多层面相互参照，以全面展现历史本来面目。当然，以上描述的研究和写作方法，只能是我的理想，而不是本书的真实状态，我目前的水平还只能是“虽不能致，然心向往之”。在写作中，常常思想跳跃，广泛联想，无法做到逻辑严密，线索清晰，这一直是我的毛病，在做博士论文时，阎师就一再提醒要严谨细密。时常想起阎师所说，写作就如气体、液体和固体，第一步广泛联想有如气体，第二步广泛交流有如液体，第三步成文应该是扎扎实实的固体。虽然努力改正，但积习所至，不知不觉流于笔端，实在愧对读者，但望本书能对读者有所帮助，也希望更多的读者从我的不周之处，引发更多的思考，带来好的著述，繁荣财政史的研究。

本书的写作是在广泛阅读基础上写成，每一史实的描述都尽量参校多书，努力追踪最新研究成果，择善而从。对于引用史料，也尽量参考多家译本，还广泛参考了史料汇编的翻译，也包括了各种引文中翻译。如对亚里士多德的《政治学》，不仅参考了单行本、全集本的译文，也参考了《早期经济思想》等文选中的摘译。希罗多德的《历史》、修昔底德的《伯罗奔尼撒战争史》不仅参考了其单行本的译文，也参考了如《历史的历史》这样的史学史专著中相关引文的译文。对于这些一般不再注释说明，而对与传统译文有明显不同，或者比较关键的句子，也附注原文。而对引用学术著作中定性判断的句子，一般均注明出处。由于各书对诸如姓名、地名及一些专有名词不尽相同，全书进行了统一，主要参照《中国大百科全书·世界历史卷》、吴齐本《世界史》的译法。对于人名、地名一般附注原文，而一般大众耳熟能详的人名、地名不再附注原文，但对在财政史上有重要意义的人名、书名也尽量附注原文，以显尊重。本书最大的遗憾是，在整个写作期间，国家图书馆中外文外借处全部关闭，使本书的参考书籍大大受到限制。

我的专业是中国财政史，最初对世界财政史的接触是为了研究中国财政史的需要，也就是通过与外国财政史的对比来加深对中国财政史特点的认识。毕业后到财科所工作，接触现实课题，多次被安排写作国际经验借鉴部分，也就不得不去了解外国每一项政策措施的演变过程。日本学者小林丑三郎的《欧洲财政史》开篇第一句话就是："凡欲论一国之财政，不可不知各国之财政，欲论各国之财政，不可不知各国财政之历史。"① 为了更好地理解中国财政

① ［日］小林丑三郎：《欧洲财政史》，金邦平译，译书编汇社 1902 年版，第 1 页。

史，为了更好地为中国现实财政改革服务，终于决定冒险踏入这个并不熟悉的领域。我大学专业是贸易经济，硕士、博士都做的是北朝财政史，缺乏历史的专业训练一直是我的弱项，对世界历史的了解，还是读硕士时和世界史的同学交流中一点点积累起来。当时大家刚刚进入研究生阶段，充满了对研究生涯的热情，罗辉同学给我讲骑士传奇，张成凯同学给我讲欧洲建筑文明的变迁，杨长友同学给我讲石器时代的人们物资并不匮乏，耿志同学给我讲第二次世界大战中波兰军队在苏联的命运，张国庆同学给我讲斯大林的外交智慧……一幕幕至今记忆犹新，无比怀念当时的岁月。读博时，旁听了朱孝远老师世界史的课，写作中还经常想起朱老师在课堂上吟诵希腊诗歌时激情四射的形象。朱老师的《如何学习研究世界史》、《大学历史基础》和《艺术季风》也一直是我喜欢的常读书。2002年下学期，应郭继承同学之邀在中国政法大学他讲授的“世界文明史”课程中穿插讲了七讲。我以对世界文明史知识的渴求，无知者无畏地接受了这个任务，第一次系统自学和整理了世界文明史的知识，当时的读书笔记和讲义，今天也融进了本书的一些篇章。

本书最初的缘起，是2008年一次和梁季博士的聊天，她问及一些外国财政史的问题，并说缺乏相关的读物，并建议我可以写一本。后来又和王志刚博士在昆玉河畔散步时多次讨论，也多次在电话里向张国庆大哥请教，通过QQ和宝树、杨昂、南河、非雨、赵慧、刘芳、廖文绘诸友讨论，和申学锋主任、刘翠微副研究员在办公室讨论，在去海南出差的路上和赵云旗主任进行了讨论，得到很多支持，终于下定决心开始本书的写作，开始着手资料的搜集和整理，并委托在海外留学的同学和朋友帮忙了解国外相关研究情况。真等着手准备，才发现任务实在太艰巨了，真不知从何处入手，几次要打退堂鼓，但都得到领导、同事和朋友们的鼓励坚持了下来。胡瀞月建议先写后记，说明自己水平之差，就减去了心理负担。吕海镠建议分成若干单元，一点点地啃；朱华东大哥建议突出近代国家财政转型，明确财政的边界；林猛老师向我推荐了三本西方政治思想史著作；赵宏老师送我她翻译的《德国国家学》；张国庆大哥给我寄来他写的关于美国历史的书稿；非雨博士送我钟永圣老师的《中国经典经济学》一书；陈少强主任送我他翻译的《日本财政政策的制定》一书；刘薇博士送我一套席代岳译的吉本《罗马帝国衰亡史》；陈龙博士送我他写的《“社会集中分配论”研究》一书；王志刚博士非常耐心地一遍遍听我每一阶段的写作构想，不断提出使我深受启发的建议。还有财科所图书馆的诸位老师一次次宽容地豁免我借书的超期，钱凯主任还多次对我说，如果有需要的书可以直接告诉他。更让我感动的是年近90岁的李海先生得知我的写作计划，将他以前搜集的有关日本、美国财政史的资料送给我，后来又把他新写的关于希腊财政危机的文章拿来我办公室送给我参考。

在内蒙古锡盟和四川绵阳，两次有机会向叶振鹏先生请教，叶老的很多提法给了我很大的启发，特别是他关于双元结构财政的论述。叶老对于民国公共财政研究的讲述也引起了我的兴趣，对民国财政学书籍的搜寻和阅读极大地开阔了我的视野，使我对中国现代财政学的发展也有了更多认识。2008年4月参加苏明副所长领导的“中外历史上的财政变革”课题组，这是第一次系统地对中外财政史进行比较研究，其很多成果也被本书所吸收。2012年8月有幸和刘尚希副所长合作写作《中国财政精神的源与流》一文，有机会听到刘所长对财政文明的系统论述，他关于财政精神的概括、关于“度”的阐释、关于公共风险与制度的产生及变迁的论述、关于财政学应该是多学科知识的综合的论述，都给我很大启发。2012年底参加贾康所长领导的“英法两国历史比较与借鉴”课题组，负责英国财政史部分的写作，有幸得到贾所长的亲自指导，相关部分形成本书英国财政一节的主要内容，也是本书最早完成的一节。贾所长的《财政本质与财政调控》一书也是我在写作中反复阅读的文献。今年初，《新理财》杂志社的亓坤老师约我写了一组关于中国财政史的文章，这也构成了本书中国财政史的主要部分。

所有的鼓励、支持和启发，一点一滴，都铭记于心，在此表示深深感谢。也非常感谢财科所给了我这么宽松的读书和研究的环境。还要感谢父母兄嫂多年对我学习历史的支持。感谢岳父母辛劳帮我带宝宝，让我有充裕的时间进行写作。我的妻子一直是我最忠实的听众和读者，她不辞辛苦地一遍遍地通读全稿，帮助修订文字，提出质疑。没有她的敦促和鼓励，这本书还不知道好要拖到什么时候才能完成。还有我可爱的宝宝，他在妈妈肚子里时就听我一遍遍絮絮叨叨地谈着想法，而他的孕育、成长也给了我很多启发。

这本书最终能出版出现在读者面前，最要感谢的是中国财政经济出版社的赵力老师，她接受了本书，并对书稿进行了仔细的编辑和修订。还要感谢洪钢老师，他的工作使本书减少了不少错误、偏颇和疏漏。

一钵千家饭，孤身万古游。
民生何处觅，问路白云头。
一切诸众生，身心皆如幻。
不得大解脱，皆由贪欲故。
常应远离幻，清净慧当知。
平等不动转，皆以智慧觉。
三千大千界，立足在民生。
诸障若消灭，人世尽欢颜。

第一章 天下为公

孔子曰：“大道之行也，天下为公。”

——《礼记·礼运》

财政的起点是民生，人类为了生存结为团体，互助共生。而将人类团结起来的，就是公平分配的机制。公平分配是财政的天然属性，从最初原始人群的社会集中分配，到其后一切社会形态的财政都具有公平分配的基因，承担着公平分配的职责，呈现着公共性的色彩。

一、分配从公平和透明开始

要探索财政的起源，必须上溯到人类最初的分配活动。人类何时开始有分配活动？什么力量促使他们去进行分配？最古老的分配形式是什么样子的？每一部财政史都必须从这些问题开始，却又不得不承认这些问题很难回答。让我们回到人类伊始，小心翼翼地去努力摸索。

越来越多的历史学家开始相信人类诞生于非洲。大约在700万年前，人类的始祖和黑猩猩的始祖在这里相揖而别，走上了独自进化之路。

埃塞俄比亚国家博物馆简陋得让人难以置信，几块水泥板搭成的两层小楼，楼前是篱笆围起来的庭院。这里依次陈列着距今300多万年、200多万年、100多万年、40多万年、20多万年等不同年代的人体化石。虽然里面的任何一样藏品拿出来拍卖都可以价值连城，足够造一座宏伟的博物馆，但是如果不做介绍，还以为是一处路边旅店。博物馆的寒酸表达的是这片土地的贫瘠与无奈。这里毗邻一个巨大的断裂带。这条断裂带很长，从埃塞俄比亚向南还包括了好些国家，是世界大陆上最大的断裂带，被称为"地球表皮上的一条大伤痕"，这就是东非大峡谷。它位于形成地壳的巨大板块构造运动的主线上，其地层非常丰富。土壤、火山灰、湖底沉淀物等不断地被抛上又沉下。经过地质学家很多年的努力，我们对其地理变迁已经能有所了解。过去的百万年间，这里如同一只沸腾的大锅炉，火山、湖泊、高山、河流轮番登场，就是最近的十几万年，变迁也很急剧，气候也是时热时冷，大概每隔十万年就要来一次冷热交替。我们的祖先就是在这样的环境下，生存、繁衍、发展至今。最近一次冰川的寒冷使他们不惜离开家乡，长途跋涉去寻找动物、植物和水，越走越远，一点点走进了欧亚大陆，走向大洋洲、美洲。借助DNA技术，科学家们已经能描绘出这次大迁徙的基本路线图。这次大迁徙也彻底推进了人类文明的进程。

在东非大峡谷生活的几百万年里，人类三五成群，结伴采集，分享所得。大自然为人类提供非常丰富的野菜和水果，但是也有很多野兽侵扰，根据遗存的化石，那时不仅有很多大型动物，如三米高的大袋鼠，体型硕大的狮子、犀牛，还有数不尽的毒蛇和害虫。人类需要更多的团结互助，才能防御和抵挡这些动物的进攻。他们成功了，他们不仅能够杀死这些动物，还开始尝试着吃它们的肉。在东非的奥杜威峡谷（Olduvai Gorge），考古学家发现距今230万年的能人遗址，发现他们已经开始吃肉。肉食的取得和处理，往往是个人力量难以处理的，而我们从能人遗址还发现了大哺乳动物的骨骸，捕获并分割这些大哺乳动物，所需要的人数更多，需要的协同性更高。从这些大哺乳动物骨骸上面的砍斫印记可以看出，他们已经能砸碎石头得到边缘尖利的砍削工具，分割动物的肢体来进行食物的分配。在 30 万年前，直立人开始了大规模的狩猎，通常需要更多的人一起协作，几十人一道行动，或许更多。他们运用石头、木矛、火把、喊叫来惊吓动物，使它们不断奔跑，得不到喘息的机会，最后跑得气力用尽倒下。或者设包围圈，把动物引诱到包围圈中的陷阱。他们还巧妙地利用悬崖和沼泽作为天然陷阱，把动物赶进沼泽然后杀死它们，驱赶下悬崖摔死它们。这些都需要很多的人、需要很细心的安排、需要共同的努力，这样的群体协同劳动，才能获得必要的食物，这样他们就必须学会和伙伴们一起分享收获。虽然这些尚不足以促成食物分配的组织体系，但是已经存在了最初的分配活动，并且这些分配活动随着人类捕食活动的不断升级而不断精细化而呈现出一些组织性特质。这种公共进食形式也带给了人类最初的公平分配理念，也加快了人类进化的步伐。

在面临大自然突如其来的各种灾害的时候，这些原本简单的寻食互助组织理所当然地发挥了重要作用。面对天塌地陷这么巨大的灾害，人类生存下来，成为物竞天择适者生存的胜利者，是多么的不易。虽然可能存在无数的偶然，无数的幸运，但是人类的团结互助无疑发挥了重要作用。这些寻食组织的内部结构和机能，也在抗击这些灾害中日趋细密而复杂。这样的简单组织得以维系和发展的核心，就是公平分配。后来的探险家、人类学家通过对原始部落的无数观察，对人类遗迹的无数追踪，都发现了早期人类公平分配的痕迹，有人称公平分配是人类与生俱来的基因。其实我们若愿意继续向前追溯，我们可以在很多动物群体中发现这种痕迹。

在中国中央电视台的“动物世界”节目中曾经播放了一个有趣的实验，科学家把两只卷尾猴 A 和 B 分别装进两个笼子里。这两个笼子相连，中间有一个透明的挡板。挡板上有一个圆孔，两只卷尾猴的爪子能够伸到对方的笼子里。一个笼子里有一个透明的盒子，里面装有六颗猴子喜欢吃的坚果。这个笼子里的卷尾猴A想尽一切办法，始终无法打开这个盒子。另一个笼子里有一块尖石，这个笼子里的卷尾猴B注意到卷尾猴A无法用爪子打开盒子，便将尖石从圆孔中递给了卷尾猴A。卷尾猴A聪明地用尖石打开了盒子，取出了坚果。实验人员十分好奇，他们不知道卷尾猴A怎样分配这六颗坚果。卷尾猴A没有丝毫犹豫，分给了卷尾猴B三只坚果。然后，两只卷尾猴高兴地各自享用果实了。显然这两只卷尾猴具有分享和公平意识。

心理学家还做过一些猴子的实验。他们给参加实验的猴子布置一些简单的任务，在它们完成之后，给予一些食物作为奖励。心理学家发现当有些猴子完成了同样的任务，而得到的奖励却少于其他的猴子时，这些猴子就会显得很“生气”的样子，进而退出游戏。显然这些猴子已经具有很强烈的公平意识，这是它们进行共同劳动的基础，一旦失去公平感，这种游戏就无法进行下去。同样的实验，心理学家们还用更多的猴子、狗和乌鸦等动物做过，都得出了它们同样具有很强的“公平意识”的结论。

达尔文观察到了动物世界的物竞天择适者生存，但这是基于当时科技水平有限，不能深入观察到动物的世界。现在越来越多的科学家开始观察到动物世界建立在公平原则基础上的集体社群生活，还有很多动物表现出了很明显的利他精神。虽然基因因自私而存在，但是利他基因却在人类和动物世界普遍存在，它所表现出来的不仅是人类最伟大的一种感情，而且也是整个动物世界最普遍，最动人的现象之一。人类的公平基因是与生俱来的，也是最初的人类社群和分配能够存在的基础。

公平分配可以说是人类分配行为的天然属性，但是随着人类社群的壮大和发展，分配活动越来越复杂，公平分配的内涵和形式也越来越丰富而深刻。在一场大的围猎活动中，不同的分工人群所发挥的作用显示出明显的不同，在分配中，不同的部位被赋予不同的含义，围猎的组织者和起到关键作用的人开始分到最好的部位，其他成员按照不同贡献分到其他各部位。但在一些部落，猎获者也许会保留最差的部位，只有在别人猎获时，他才有机会获得较好的分配。这种新的差别公平分配，对分配活动也提出了更高的组织性的要求，原来那种人人均等的绝对公平分配的形式已经不能满足这种复杂分配的需要了。首先要有人们信任的人来进行这种分配活动，人们开始由领导者来主持公平分配。在中国古代把领导者称为“公”，按照《说文解字》，“公”的最初含义是“平分”，就是公平分配。远古中国人把能主持公平分配的老人或者长老，称之为“公”，后来也作为国君的尊称。“公”的象形字“”上面的“”展示的就是从中公平分割开的形象，下面的“”为物之通像，就是说公平分配一切财物。也有认为“”代表的是村邑或部落，其象征是部落里公平分配食物。日本语里“公”的训读是オオヤケ，原意是储藏共同体成员交纳的收获物或猎获物的大建筑物，后指掌握共同体公共财产的首领。在现知的人类最早的国家苏美尔，国王被称为“授谷者”，即分配口粮的人。在最古的印度，国王被称为“višām attā”，意为“食者”，就是为众人分配和提供食物。在分配执行中，不能保证公平的领导者往往会被群落驱逐甚至杀死。

最初的小群体往往一起寻食，一起饮食，全部公平透明，各尽所能，按需分配，摩尔根称之为共产主义生活。随着群体的扩大，分工的细密，原来简单直接的分配形式已经不能满足需要，为了在较大群体中维持公平分配，人类开始采取了一些分配的仪式，通过公开透明的方式来保证分配的公平性。我们从一些原始的岩画和其他一些原始遗存中还能看到这样的场景，而这样的习惯也一直延续到后来的历史中。在古代斯巴达一直维持着公餐制度，西方早期国家官吏曾分享君主餐桌食物，在中国古代官吏的俸禄中也有一部分为食品等生活必需品，在一些宗教团体中也存在同桌共食的仪式，如圣诞节、感恩节、逾越节等都有进餐分享的仪式，这些原始的痕迹一直残存在历史的长河中。相传中国原始时代的大禹曾在茅山“大会计”，并在那里去世。为了纪念他，茅山后来改称为会稽山，一直到今天还保持这个名字。“会”有聚会之意。“计”起源于猎人向部落首领报告所猎获的食物，然后部落首领根据实际收获数目进行公开分配。《史记》记载匈奴每年正月小会，五月大会，“课校人畜计”。原始的公开透明的分配方式也在历史中延续着。记得上小学时，隔壁邻居家在农村，因为村子里有人家杀猪，要请全村人吃肉，邻居还骑车带着我一起去吃，至今还记得很多人围坐在一起吃肉的场景。

在人类文明演进的过程中，寻食人群在发展中不断壮大，不同群体的接触也越来越广泛。在接触和交换中，也会发生冲突，冲突引发争斗，争斗发展成战争，战争又使寻食组织结构发生了变化。群落间的争斗和战争往往是破坏群落传统组织和分配结构的主要动力。因为争斗和战争，需要强而有力的领导人才，需要比群猎更强大的组织系统。这就使群落的领导者由最初能主持公平分配的人向能取得战争胜利的领导者转化，也就是强而有力的领导者把握了公平分配的权力。在中国等级序列中，公的上面又多了“王”，王的象形字“”是在战斧“”上加一横“一”，是指能带领部落取得战争胜利的第一人。此时的差别公平分配，虽然已经出现，但还不是很明显。当然还有一些其他权利，这些权利虽然在最初还不能影响到分配的内容和形式，但随着其长远发展，必将改变和破坏群体在分配上的公平。而由于战争带来的不同群落的结盟，组成新的群落结构，其对分配结构的改变和影响就更加深刻了。

接触不仅有争斗和战争，更有互惠和交换。几乎所有的经济史家都相信，在原始社会早期，定居之前已经发生了交换。亚当·斯密在《国富论》中写道：“拿一种东西与另一种东西交换的本性”

是人性的一种本能。争斗和互惠，在黑猩猩群落中也经常发生，海豚、狼群、狮子，好些动物也都能做到，但交换却是人类的发明，人类比其他动物更懂得向敌人伸出合作之手，更懂得互惠共生的意义。交换使被分配的生活物资有了价值，从自然形式演化成价值形式。在非洲的一些考古遗址里，经常能看到一些贝壳，壳上有明显的人类打琢出的孔洞。在摩洛哥塔福拉尔特附近的格罗特鸽洞（Grottes des Pigeons），人们发现了47枚穿了孔洞的贝壳，有些还用红色赭石涂了颜色，距今有10万年左右。南非布隆伯斯洞穴（Blombos Cave）不仅发现了钻了孔洞的贝壳，而且还发现了骨钻，距今7万多年。这些贝壳应该是用绳子穿起来的项链饰物，但时间久远，绳子已经完全烂掉了。这些贝壳都是产自很远的地方，它们雄辩地证明了交换的存在，还暗示着当时供分配的再不仅是食物，而且有了更丰富的内容。

人类的发展除了生活资料的生产，还有人类自身的繁衍。人类在自身“种的蕃衍”中,[①] 逐步发展出来对偶婚，出现了家庭。维科（Giambattista Vico）在《新科学》中说：“男人一旦把女人拉出山洞，即标志着文明的诞生。”这个时候的家庭关系还是很不稳定的，但是其出现已经意味着原来的分配关系将更加立体而复杂。有的群落开始以家庭为分配单位。家庭不仅使生产、集中、分配、共享更具温情，而且也丰富了私的概念。

分工使绝对公平分配开始向差别公平偏移，战争使这种偏移更为严重，而且改变了群落原有的分配结构，交换使分配物有了价值，家庭使分配的单位发生变化。但这一切变化只是在改变和丰富分配的形式，而简单地以食物为主要内容的分配并没有改变。逐食游动的居无定所的寻食群落，其简单的生产生活方式，没有任何积累的条件，每个人能够携带的物品实在有限；或者也没有必要，数

① 恩格斯：“家庭、所有制和国家的起源”，《马克思恩格斯选集》（第四卷），人民出版社1972年版，第2页。

百万年的经验积累，已经开发出足够广泛的食物来源，寻找到足够维系一天生活所需的食物，只需要不长的时间就可以做到，他们有更多的时间唱歌跳舞，几乎所有的原始群落都是载歌载舞的。纵使有了一些饰物，也是很简单的，单纯快乐的生活也遏制了物质财富的欲望。当然，简单的快乐也随时有可能遇到灾难。人类在大自然面前，还是这样的渺小而脆弱。

人类生存的所有都取之于天，天又是这样的变幻无穷。时而阳光雨露，为人类滋生各色食物，时而雷霆万钧，给人类带来无尽灾难。原始人群有了最初的宗教意识，希望有人解答这些困惑，希望得到上天的赐予。对于自然界丰富的食物，他们充满感恩，认为是祖先神灵的恩赐。他们相信万物有灵，他们在捕食动物时，会采取某些仪式来赎罪，希望能得到宽恕。他们思考自然、社会、人生等各种问题，都会打上神灵崇拜的印记。这种观念形态一旦形成，就有了相当的稳定性，并直接影响到了其后历史的创造。首先，出现了与祖先神灵沟通的巫师。巫师在群落中地位超然，他必须是具备超能力的，他要能指导生产，他能了解各种植物的种类、分布和特性，他能跟踪动物活动的轨迹；他要能治疗疾病，他能用草药治疗简单的疾病，也能用驱魔等仪式给病人安慰缓解痛苦；他们也将群落的故事编成歌曲，演唱传播。我们抛开一些神秘的东西，其实萨满或者巫师，都是群落中掌握了一定生活生产技能的人，在此基础上掺杂了一些神通的艺术，成为群落的精神支柱。他们也是群落积累的各种知识的传承者，这些知识和技术世代传承，经常成为一种世袭职务。他们在群体中有着人神合一的崇高地位，也成为群落首领重要的帮手。在分配中，他们也成为公平分配的监督者，是各种分配仪式的主持者。在有些群落，他们直接成为群落的领导者，分配活动的主导者。其次，形成了新的权力结构，由于祖先神灵的加持，群落的领导者很多时候，被赋予了神圣的色彩，在一些群落里开始出现世袭现象。其三，出现了再分配形式。萨满或者巫师，成为专门的职业，他们脱离生产，而参与食物分配。他们主持与祖先神灵沟通的仪式，需要特殊的神坛形式，还需要对祖先神灵的贡品，这样，他们征集劳力修筑神坛等建筑，也征集各种物资作为贡品。最初这些活动都很简单，但是预示着原始财政已经开始慢慢发芽。在中国传统等级序列中，王的上面又有了“帝”，“帝”的象形字是“”，似架木燃烧之形，象征祭祀，也就是主持祭祀的人。

接触、争斗、交换也使不同群落间有了边界的划分，这直接带动了最原始的产权意识。这种原始的产权意识使采集和狩猎有了地域的局限，从无限走向有限，从丰富走向稀缺。同时，也显示这片区域的所有物资为某个群落所有，其所有的物资都是祖先神灵恩赐留给他们的。任何外人的进入都会被驱逐，或直接杀死。但是本群落的所有的人都能够在这里劳动和娱乐，自由地使用这些自然资源，这里的一切资源是属于群落所有的个体的。有了领地，就需要保卫，保卫就需要专门的保卫人员，就需要更紧密的组织。群落的人开始轮流或者分出一部分人来对领土边界进行巡查，并经常对相邻的领土进行勘察，试图不断扩大领地，偶尔也在相邻的领地攫取额外的食物，这样可能产生新的冲突和领地边界的变化。有人类学家曾经持续十多年对坦桑尼亚戈姆比自然保护区的黑猩猩群落进行观察，可以发现为了领土边界产生的争斗经常出现，一些较小的群落经常会遇到彻底毁灭。但所幸的是我们人类的祖先是懂得交换和合作的群落，他们在接触中不断融合壮大，群体的力量使他们成为动物世界的强者。公平分配无疑是这种协作和合作的基础，也是在互惠、交换和原始的产权意识基础上形成的最初的公共领地、公共利益、公共事务等意识的核心理念。

因为战争在国家形成过程中发挥了重要作用，有说文明的道路是通过野蛮开辟的，但我们更应看到原始人群在争斗后的妥协、共生、结盟、融合。人类学家通过对黑猩猩群落的观察发现，黑猩猩群落要比人类群落小很多，并不断分解成彼此相互仇恨的群落，战争无疑是致命的，它限制着黑猩猩群体发展的规模。只有相当的规模，才能带来更多的分工，促进语言、文字等文明符号的产生，促进人类自我繁衍的进化。这一切也得益于人类很早就在觅食共享中学会了公平分配的理念和方法，并能够在群落扩展中将之不断普及发展，并知道用透明公开的方式来保证公平分配理念的贯彻，而这些又促进了组织结构的生成和发展。

可以说在原始群落中，原始财政的一些基本因素已经开始萌生，或隐或现。虽然文明微光初现，但发展还是缓慢，人类这样简单地生活着，多少万年过去了。

二、集中—储藏—再分配

自人类出现以来，地球气候变化频繁，人类为维持生存、繁衍子孙付出了很大的努力。由于“同位素温度计”技术的成熟，科学界已经能比较确实地了解远古地质年代和地球温度变化的情况。目前现有的资料显示过去的数十万年以来，地球曾出现了数次冰河期，每两次冰河期之间会出现持续1万年至1.5万年左右的间冰期。由于人类规模的发展，组织性的强化，在又一次冰河期到来的时候，人类开始大规模的走出非洲。这也应该得益于冰雪覆盖了大半个地球，大洲之间的海洋也为厚厚的冰层覆盖，即使在赤道非洲的高山上也有冰川活动。人类在森林边缘的平原地带瑟瑟发抖，躲进阴暗的洞穴，可冻土千里，万物萧条，人类不得不成群结队寻找食物，越走越远，走到欧洲，穿越亚洲，进入美洲、大洋洲，艰难求食。这一走就几万年，大地又开始回暖。冰河渐渐消融，复为沧海，无量之水四下奔流。植物重新泛起新绿，动物走出洞穴。人类在这几万年的迁徙中也有了更多的进步，可以说已经和我们现代人完全一样了。不过海洋再次把世界分割成几个大洲，彼此失去联系，有的人群迅速发展，有的人群发展缓慢，有的人群还停留在原来的状态。就因为这样，人类学家、历史学家通过对处于不同发展阶段的群体的观察，梳理出人类文明演进的大致轮廓。那些还保留原来生存方式的群落，也就是我们了解原始财政的一条重要途径。事实上，我们上面的一些描述主要来自这些人类学家和历史学家的努力。2011 年巴西人类学家又在亚马逊热带雨林发现了一个从未与外界接触过的约 200 人左右的土著部落，目前还只是通过航拍对他们做了一些了解，还没有和他们进行直接接触。在亚马逊可能还有十多个这样的部落。也可能还有更多部落隐藏在世界的各个角落。

经过漫漫寒冬，幸存下来的人类，不仅分布于世界各地，而且数量有了很大增长，一万年前，人类的数量达到了 500 万人。艰难地生存下来的人类，其生活方式和社会组织形式都有了很大改变。在过去的寒冷岁月，鸟类学会了迁徙避寒，一些动物学会了冬眠，而人类学会了建造房屋和储存食物。这一进步，不仅对人类文明的演进，而且对财政史，都有着十分重大的意义。一般认为剩余产品的出现为财政产生的重要物质前提，而剩余产品得以出现的基础是食物储存设施的出现。

在食物储存设施出现之前，大自然随着季节的变化，为人类供给各式野菜和水果。即使在寒冷的岁月，大地荒凉，还有在旷野中嚎叫的狼和豺狗的群落、成群的瞪羚和野驴，可供猎取。最艰难的时刻，也许还能找到充足的草籽、草根和植物的嫩茎来维持生存。远徙的人群在西伯利亚以及北美大陆也找到了可以猎杀的大群食草动物。越来越多的研究者开始相信早期人类的生活并不是像我们原来想象得那样艰苦。相反，他们的日常饮食相当均衡和充裕，与农民相比，不仅食物丰富，而且有充裕的闲暇时间。他们每天只要工作一两个小时就能得到一两天的食物，他们有更多的时间来休息和娱乐。原始人群都是载歌载舞的，还在岩石上刻画艺术作品。就是在今天，地球上还有 25 万人主要通过狩猎、捕鱼和采集野生植物来供养自己，虽然他们已经被现代文明挤压到了资源极度贫乏的地区，但还是愉快而满足地生活着，他们并不是不知道外面的花花世界，而是竭力避免这种生活方式，他们更愿意维持原来简单而宁静的生活方式。通过对今天寻食者的观察，人类学家发现他们的日常饮食相当均衡和充裕。与农民相比，不太可能体验到严重的饥荒。一般每个人携带的所有物品的重量只能在 10 公斤左右，这还包括用于狩猎采集捕鱼的工具。他们很少有机会积累奢侈品或剩余物品，而且没有谁能拥有比别人更多的物品。寻食部落流动性强，寻食者无意集聚剩余食物。环境就是他们的自然仓库，就是在最冷的环境下，他们也总有办法找到食物。

所以说，建造固定的房屋和储存食物的仓库，是财政演生过程中最重要的一个关节点。在西亚的纳吐夫（Natufian），发现了最早的人类建造的永久性住房和贮藏用的窖穴。约 1 万多年前，人类开始在这里有计划有规律地大量收割野生谷物。现在已经发现了大量用于收割和加工谷物的制造精良的石制工具。据人类学家估算，这些野生谷物十分丰富，只需 20 多天的收割，就能有足够一年食用的谷物。这里有幼发拉底河、底格里斯河、基训河、比逊河四条河流环绕滋润。现存的只有前两条，基训河和比逊河已经干涸在沙漠里。这里土壤肥沃，栖息着大量动物，不但淡水充足，而且又与海相邻，为人类提供种类丰富的鱼食，被称为肥沃的新月地区。《圣经》里上帝为人类始祖亚当、夏娃建造的伊甸园有很大可能也就以这一地区为蓝本。这里在冰河时代结束后，曾出现大量的野生谷类和豆类，人类开始在这里定居、收割、储存、分配、食用。这样的日子大概维持了一两千年，人类就学会了农业生产。农业生产的出现对人类文明意义重大，在历史教材中经常被称为农业革命。当然起决定作用的还是生产粮食作物的可储藏性。西亚和中国原生的禾本植物因易于长期储藏，而最早形成了“储藏—再分配”模式。而中美洲虽然也是农业的原生中心，但其玉米一直到公元 1000 年左右才进化出方便储藏的品种。在此前三四千年中，主要的农作物是南瓜、西葫芦等，虽然营养丰富，但是难以长期储藏，甚至连一年都难保存到，很难满足旱季食物短缺所需。其储藏性建筑要到公元前1000年左右才姗姗出现，其文明也相对落后于其他地区。同样，渔猎经济体也曾出现定居聚落，但因为当时的技术，鱼食无法长期储存，其分配制度也无法向复杂形态演进。

如果说，食物储存技术的出现为剩余产品的产生提供了可能，那么农业的出现，就为人类提供了可持续的稳定剩余产品的来源。农业和定居，孰先孰后，不同地区有不同表现，有的地区先出现定居，再出现农业，有的地区先出现农业，再出现定居。其实可以说，人类文明的任何进步其实都呈现多种类型和多种途径。总体来说，农业和定居，相伴而生，互相依赖，互相促进。农业的生长规律，需要人类长期的呵护，定居的生活也限制了人类寻食的范围，需要人类自己耕作和收获。人类在迁徙过程中强化的公共权力及公共事务，在农业定居时代有了更为丰富的发展。定居农业需要更大的组织性，农业的生产和收割，谷物的储藏和分配，都需要更为强大的组织，需要更多的机构。收成好坏完全要看上天脸色的农业，也需要大量宗教人员来通过各种仪式祈求上天的佑护。更重要的是，农业生产要经过相当长时间的耕耘，才能收获，必须要有专门的武装人员来保卫，储藏粮食的仓储也需要保护。在一些部落，还始终把武装抢夺作为收获的主要方式，那么从事农业生产的群落就必须有更强有力的组织和人员来保卫自己的劳动果实。当然，最最重要的是农业带来了可持续的稳定的剩余产品，能够供养更多的非生产人口。

人类在几百万年的采集中，年复一年地采集到相同果实，从而认识了植物生长周期，知道了种子播种到地里就会生根发芽，但是人们还是喜欢采集—狩猎社会的安逸生活。可是气候和环境的剧烈变动，打破了人类和自然的平衡，迫使人类寻求新的生存之道。最初的农耕，刀耕火种，荆棘莽丛，产量很低，工作辛劳。而且谷物的坚硬外壳，人类无法食用和消化，需要碾磨技术的提高和非常艰苦的劳作。人类之所以最终会选择如此辛苦的生存方式，除了气候和环境的影响，其中还有政治、社会或宗教的影响。新的社会结构，形成了若干等级的划分，政治和宗教的领导者都需要获取更多的剩余粮食，来维护权力和礼仪活动的需要。除了各种公共事务，这一时期定时举办的群体大宴也是重要的政治和宗教活动，也需要大量的剩余粮食来消耗和浪费。人类这个时候，还发明了用粮食酿酒的技术，酒从诞生之日起，就是各种政治活动不可缺少的饮品。酒器是人类早期文明中地位和权力的象征物。政治和宗教领袖们不仅促进农业产生，而且主导了"储藏—再分配"的新分配结构。在新的分配结构中，分配关系已经逐步附加了政治性。

从现在考古资料能看到的世界各地的原始聚落遗存，基本都是围着中心广场，修筑成一个圆环形的建筑群。这个中心广场是举行包括食物分配等各种仪式的地方，以前人们围绕着它集体饮食，在火发明后，会在中间生起火堆，人们围着火堆烤熟食物集体食用。这种在公共场所特定仪式下，公开、透明、公平分配，集体食用的形式一直延续下来。在定居时代，人们也围着这个中心广场，修筑起一圈房屋，也还保持着原有的公开、透明、公平的分配模式。中国大地湾遗址的中心广场至今还留存有大量烧烤过的动物的骨骸。聚落也在不断发展和扩大，从最初的围成一个大圈，到形成几个小圈，共同围成一个大圈。在聚落的外围出现了壕沟等防卫设施，公元前 8000 年，在约旦河谷肥沃的绿洲中的耶利哥（Jericho）遗址甚至出现了城墙和高塔。学者估计这个聚落当时大约已经有了 2000 人的规模。

在这些聚落，储藏粮食的仓库都是相对独立的，成区或成群存在，并不归属于任何单独的住宅。聚落的酋长或族长，虽然也可能多吃多占点，但是在基本分配上还是必须维持公平的。聚落里的房屋，大小相若，大家平等居住，唯一的大房子是公共聚会的地方。有的聚落的大房子就设在中心广场，是举行各种议事和仪式的地方。在壕沟之外，一般还建有公共墓地，生前大家聚族而居，死后也聚集而葬。各类房屋的分布、排列与规模，不仅反映了人与人之间的社会关系，也反映了当时的分配体制，可以说这一时期无论饮食、居住、死葬，都贯彻着公平的原则。分配与生俱来的公平基因，在人类几百万年的发展史中，始终继承着，并不断发展。

这些聚落的房屋呈环形布局，全部面向中心广场开门，使得一半的房屋日照、通风条件较差。这种布置映射出中心广场极为强烈的象征意象，每一个人，无论在精神上还是生活上都要和它保持直接联系。这样的设计，也是为了保证每户人家都有朝向中心广场的平等的权利，这是以共产经济为基础的集体生活模式所决定的。中心广场的透明性和神圣性，也是公平分配，维持基本民生的根本保证。一切都在所有人都眼皮底下进行。在一些原始部落，人类学家观察到，在特定的日子，部落所有的成年男女都会聚集到中心广场。广场中间生起篝火，大伙以篝火为圆心，围成圈，载歌载舞一阵。然后酋长来到中心，边唱边舞，通过说唱的方式，告诉大伙收成如何，将如何分配。接下来的粮食怎么种，野兽怎么打，大家如何分工。大伙也跟着一起跳舞唱歌。

看着这些排列整齐，井然有序，类型多样，防备周详的建筑遗存，我们能明显感觉到权力系统已经非常细密地建构起来了，分工也已经相当明确。这些聚落，每一个都是要经过非常周密的规划和统一的营造。这些聚落还在不断发展和扩大。在乌克兰的科罗米辛那（Ko Lomishchina）遗址，出现了内外二层的环形布局。中国陕西省临潼的姜寨遗址由五组环形的聚落围出一个大的环形聚落，每组环形聚落都有自己的小中心广场。仓储的规模也在逐步扩大。距今 7300 多年的中国河北磁山遗址发现了 88 个储藏粮食的窖穴，可以明显地分为多个时期。据考古工作者测量，这 88 个窖穴能储藏 13 万斤左右的粮食，供 300 个人生活一年。距今 7000 年的中国浙江河姆渡遗址发现的稻谷遗存竟在十万斤以上，经过 7000 年的风雨，已经腐化成堆积物。在聚落扩大的同时，仓储设施也开始明显的分属不同的级次。在每个小的环形聚落体中都有自己的仓储，而合起来的大的共同体还保持着更大的仓储系统。但这只是大的族群和小的家族之间形成了新的分配结构，在每个小的群落中的每个个体之间还维持着公平分配的基本原则。

古代各国神话里，都有神仙用黏土造人的传说。我们不知道人是否是神仙用黏土造的，但人却用黏土制作出一个新的空间图景，创造了全新的人类社会。虽然还没有文字记录，但也向我们述说了一部原始财政史。直到今天，人们还是在通过各类建筑来窥视其后的各种分配关系，同样，我们也是通过古代遗存来勾勒出当时分配的制度和基本结构，描绘财政萌芽时代的大致轮廓。从最初的聚落的整齐均等的布局结构，独立仓储等功能设置，我们依然能清晰看到那个集体劳作公平分配的世界。在那个内聚的社会里，逐渐有了世俗和宗教的领袖，有了仓储保管等管理人员，有了战士，有了种田的、捕鱼的、养羊的、做陶器的、打磨玉器的，所有的人都住同样的房子，公平的分配劳动果实。在某些南美原始部落里，人类学者观察到酋长需要的包括弓、箭以及男性装饰品，都需要酋长本人亲自制作。

但是，随着时间的流逝，不断扩大的聚落，开始根据地形，因地制宜出现了新的布局，也逐步出现了大小不等的房屋构造，就是坟墓也出现了差别。这样的差别还越来越大，一些墓还特别突出、特别大，甚至一些墓里出现把另外的人作为陪葬品。我们知道人类的分配制度和分配结构已经发生了变化。分配的公平理念已经渐渐褪色。

一些原始群落共同劳动，公平分配的分配形态一直维持到现代文明侵蚀之前。1981 年，财政部科研所的吴才麟研究员为了了解原始财政的状况，曾经走访过一些依然残留着原始痕迹的群落。在云南省宁蒗县一个摩梭人群落，他观察到，食物分配都是以家庭为单位，每个家庭都由女性的家长“达布”来主持分配，家庭的每个成员都是她的血统的繁衍。家庭内，凡是粮食类的收入，任何人不得私自藏纳，都要交由家长达布保管和分配。每天到吃饭的时候，妇女们就把煮好的饭菜拿到公房，由达布主持分配。分配的原则是绝对公平分配。3 岁的甥儿和 23 岁的舅舅，分一样数量的饭，即每人每餐一大碗。甥儿吃不完，舅舅吃不饱，但这就是原则，是族规，谁也不能违反。在最困难的时期，她也要通过公平分配来保证不使任何一个人饿死。吴才麟研究员询问当地的达布差玛："为什么每餐吃饭时，3 岁的婴儿和 23 岁的壮年食物数量分得一样多?"差玛回答说："这是上代传下来的习惯。"差玛接着说，只有富裕的情况下，才能维持这样的习惯。在食物匮乏的时代，在贫困的家庭，小孩和老人的食物分得会少些。

虽说世界各地最早的财政分配活动皆立足于农耕系统而形成，并因农业的生产方式和生产特性形成了最初的原始财政制度。但是畜牧业的产生和发展对财政产生的作用同样不容小觑。虽然狩猎者从来不愿意花费大量的人力和物力去建造永久性住房和贮藏设施，但是也逐步在农业体系之外，演生了新的财政模式，并最终和农业生产模式下的财政体制相互交融，影响了世界财政制度早期的发展。

三、国家与国家财政的自然演生

我们现在所知的一些停滞或者发展缓慢的聚落或者部落，多处在地势较为封闭的地域，形成一个相对孤立的世外桃源。而在较为开放环境下的聚落，是无法这样轻松生存的。在这样肥沃的开阔地带，一般存在很多同类的聚落，它们在扩张中，不断冲突。在聚落内部，由于稳定的定居生活，带来生育率的提升，人口的增多，聚落也从一圈、两圈，环套环地延展，形成城市。各个聚落也不断出现分支结构，就像蚯蚓一样，在分段中不断复制扩展。其内部组织结构也日益复杂，从家庭到家族，从群落到部落，家庭有家长，家族有族长，氏族有头人，部落有酋长，每一层级都有自己的权力中心。在保护聚落，维持生存的抗争中，其权力中心日益巩固，并逐步向集中化发展。同时，部落之间通过结盟以便相互帮助共同防御，形成结构更加复杂的部落联盟。因为生产、收获、储藏、保管、分配、保卫，形成了一系列的公共事务，原始财政也就是借助这一系列的公共事务发展起来。

随着家庭结构和农业经济日益发展，原来“集中—储藏—再分配”模式也出现了变化。部落不再集体劳作，集体收获，集中分配，而是将土地平均分配给家庭，并留出部分田作为公田。家庭私田所获为家庭所有，由家长在家庭内分配食用。公田所得为部落公有，用于部落公共事务所需。在中国象形文字里，最初的君主的称呼“公”代表着主持公平分配的人，官员之长宰相的“宰”是分割肉食的人。而“帝”的象形字，最初人们只是注意到其形似架木燃烧之形，象征祭祀，用来指代主持祭祀的人。现代学者又注意到中间交叉的是古代两种量地的工具，规和矩。有汉代画像石图形为证，画像石中伏羲和女娲手里就拿着这样的尺子。“帝”就是用尺子为人民平均分配土地，这就是中国原始的井田制，甲骨文的“田”字就写成“”。中国人、罗马人的份地是方块，日耳曼部落耕地是划分成长条，这样的长条是为了保障每一成员在不同地点、质量不一的土地上同等地占有一份地。在苏格兰，长条地采用每年或定期抽签的方法来进行分配。俄罗斯的长条地，不再单纯按户分配，而是综合考虑每户人口数和劳动力数。印度将不同质量的土地分成很多小块，搭配分配给每户，并定期重分。在斯巴达，所有公民都分得相等的份地。部落除了公田收获外，还因为各类突发公共事务，临时向各家征收一定量的粮食，由各家自愿缴纳。在古代希腊，最早的财政收入形式是 liturgy，即由个人自愿贡纳。吴才麟研究员 1981 年参加云南省基诺族举行的推毛切（新年）活动，了解到基诺族公共活动所需要的食物和杂物，以前都是各个家庭自愿交的，族长还总是交出很多粮食，后来一些家庭不愿上交，仅靠自愿交纳已经不能满足公共活动的需要，于是设置专门人员纳俄罗

（财会人员），负责按照各家实际情况逐户收缴。

距今7000多年到3000多年前，分布于非洲、欧洲、亚洲、美洲、大洋洲等地的巨大石结构建筑，历史学家和人类学家称为“巨石建筑”、“巨石碑”或“巨石文化”、“大石文化”。这些巨石建筑应该多是原始部落中心广场的建筑，很多的巨石建筑都呈现环形布局。周边留有大量兽骨残骸，应是祭祀和集体聚餐的遗留。这些巨石建筑的作用，由于基本没有文字说明，极少的留有类似文字的符号，也无法解读，留给人类很多猜想，大多数人认为其主要是宗教的功能，通过高大的建筑来展现所信仰的神的神奇。也有古老预言认为这些石筑的高大建筑有助于人类提高灵性，增强力量。在中国古代传说里有通天的柱子，在苏美尔人那里也有巴别塔（又称通天塔），他们认为这是可以和上天相通的建筑。在这些石头建筑里，也有原始社会的“大房子”，即公众聚会之所，人们就一些事情，当然也包括财政，在这里进行协商。还有防卫的堡垒城池，2012年，陕西神木发现了4300多年前的石峁古城，面积约235万平方米，巨大石头打造的城门和城墙，时间还在夏文明形成前。这些巨大的石头建筑，在今天或许已经微不足道，但是在古代却是庞大的工程。毫无疑问，它们都是一定意义上的公共建筑。建筑这样的巨大石头建筑，所需的人工估计要以数十万、上百万计。据测算，索尔兹伯里“巨石阵”建造至少需要3000万小时的人工。它需要专门规划、职能分工和集中管理。国家和国家财政或许就在这些建筑过程中悄然产生。除了公共建筑的修筑，还有治水和战争，都足以导致集中化管理行为和公共权力的强化。在那场遍布全球的大洪水中，留下了至少30多个关于史前洪水的传说，在人类共有的大洪水记忆下，既有希伯来人的诺亚方舟、印度人的摩奴之舟、迦勒底人的鸠什特拉舟，也有中国彝族的葫芦娃的葫芦舟，更有中国华夏族的大禹治水传说。我们知道，中国最早的国家——夏和国家财政都是从大禹治水成功开始的。虽然在众多的洪水传说中，只有中国有治水的故事，但在其他民族的逃难故事中，也有国家的影子，传说中大难不死的诺亚的子孙建立起了很多邦国。逃难和重建家园，都需要强有力的组织力量。据历史学家考证在中东地区有72700平方公里的土地被淹，这一时期持续了约34年，导致14.5万农民向西迁移，不仅带动了原始农业向欧洲的传播，也加速了当地的社会变革，推动了欧洲早期城邦的产生。战争更被称为公共权力和国家的催生婆和强化剂，为了争夺生存资源，各部落间不断发生战争。很多战争的发生，唯一的起因就是为了掠夺。由于部落间相互掠夺财产的风俗盛行，部落在不断结盟、壮大实力的同时，也强化了军事首长和联盟机构。很多国家就是在这样的联盟体上形成的。

对于国家是如何产生的，历史学者、政治学者、社会学者、人类学者和经济学者，甚至还有心理学者和生物学者，都试图给出国家产生的模式和理论。这些理论包括了阶级理论、父权制理论、世袭制理论、权力理论、产权理论和契约理论，等等。但从历史实际看，这些理论只是后来学者的创造，来为一些理论体系或者政治目的服务，很多完全没有历史根据。就以最流行的契约论来说，历史上没有一个国家是通过契约而建立的。再说暴力论，从黑猩猩群落看各种战争从来不断，频繁程度甚至还高于人类文明时代，但始终没有进化出国家。现代历史知识已经把这些理论完全或者部分地否定了。

毫无疑问，国家是由多种因素共同推动而产生的，但其内在理路还是很清晰的。因为人无法自存，于是结成组织，通过共同劳动共同生活来维持生存，人类的生存和组织的维系都需要公平的分配，于是形成了公开透明的机制和相应的制度，进而产生了一系列的公共事务，国家和国家财政就伴随着这些公共事务而形成了。这就是国家的自然演生过程。

中国古代的《尚书》、《左传》、《国语》记录的国家建立初期的国家起源说都是“天子作民之父母，以为天下王”，“天生民而立之君，使司牧之”，“政在养民”。古代儒家思想家归纳为建国设君是为了利民养民，最系统的论述出于明代的方孝孺，他认为天之生人，有自然的不平等，所以要设立君主和官吏，来集中财富，济贫扶危。“天非不欲人人皆智且富也。而不能者，势不可也。势之所在，天不能为，而人可以为之。故立君师以治，使得于天厚者不自专其用，薄者有所仰以容身。”“天之立君，所以为民，非使其民奉乎君也。然而势不免粟米布帛以给之者，以为将仰之平其曲直，除所患苦，济所不足而教所不能。”“人君之职，为天养民者也。”此外，墨子也认为国家的起源是因为人类的经济需要，因此，国家和主持国家的人应该以解决人民的生活困难为职责。中国末代皇帝的最后诏书开篇还是陈说“古之君天下者，重在保全民命，不忍以养人者害人。”这样的国家理论可以说贯穿整个中国帝制时代。西方的柏拉图认为国家的建立源于人类生活的自然需要。由于个人不能独立生活，总是对别人有所求，有所依赖，所以需要合群而组成团体，成立国家而以便相互帮助。继柏拉图之后，亚里士多德指出“对于任何事物，不论国家还是别的什么，只要能追本穷源，就可以获得对它最明确的认识”。他认为“凡是互相依靠不能独自存在的就必须结合”。他还提出建立国家的目的是为了最高最广泛的“善业”。“善业”包括外物、身体和灵魂。外物就是个人需要的一切物质财富。通工易事，互相补差，才能使所有的人过渡到较高级的优良的生活。亚里士多德甚至已经提到了分配正义的概念，他也提到政治计划的目标是给个人分配可以选择和享受到好生活的条件。

上述中西最本初的国家形成理论，都是告诉我们，建立国家、设立君主是为了帮助人类互助共存。最初的分配，是共同生产，公平分配，共同食用。最初的赋税是人们为了公共的需要，而自愿交纳。人类需要国家，是因为人类需要组成团体，相互帮助，持续生存和发展。需要国家财政，是因为人类有自然的不平等，需要通过部分的集中来进行再分配，弥补自然的不平等。需要领导者和相关机构，是因为公平分配需要人来执行来维护。在几百万年里，人民创造了公开透明的分配机制来维持公平分配，创造了定期推举领导者的办法，发明了通过宗教、通过习惯法、通过定期更换等一系列办法来制约领导者权力。人类就是在这样的基础上生存发展了几百万年。

在几千年前，中国人唱着“雨我公田，遂及我私”的诗歌愉快地在公田和私田劳作，他们不知道这在后世被称为劳役地租，只知道公田是维系公共需要的，比私田更为要紧。最新研究发现，当年参与金字塔修建的成千上万的劳动者并不是原先想象的奴隶，而是领取薪水的，他们既为了对神的崇敬，也为了领取酬劳，创造了辉煌的艺术。金字塔是当时的政府在尼罗河泛滥时期，为了解决大量失业而兴办的公共建设。在 1545 年，抵达美洲的西班牙传教士发现锡纳卡坦的索契雷人（los tzotziles）并没有固定的领袖，而是遇到战事或其他公共事务时，推举一个人来干，“若是干不好，就把他撤下，另推一个人上”。“他们之间总在开会、交谈和商量。”到 1954 年，中国云南省西双版纳的傣族村社里还有 19% 的“公田”，寨子里的挖沟、搭桥、修路，都由各家族共同担当。直到现在，所罗门群岛 95% 以上的土地仍是部落共产，任何交易，部落里的每个人都拥有否决权，而且没有法律的时效限制，任何收购，都必须应付整个部落。恩格斯在《反杜林论》中曾经指出在每个原始农村公社中，一开始都存在着一定的共同利益，维护这种利益的工作，在全社会的监督之下。

我们知道在诺曼征服前的英国还保留着很多原始的部落和习俗，这些原始的自然法，一直延续到诺曼征服之后。最重要的就是两条：一是国王靠自己生活（lives of his own）；二是国家征税，必须是为了国家的公共需要，取得代表全国之团体同意，按照统一标准向所有自由臣民征收，即要满足公共需要（public necessity）和公众同意（public consent）两个条件，并且留下了贤人会议（witena gemot）这样的议政机构。这个自然法，一直和征服者强大的王权相互交织和斗争，终于在最后开出了公共财政的灿烂花朵。

四、财政的本质再探

探究一个事物，除了溯源还要追本，中国古人讲格物致知，西方学者讲本质。中外早期的《财政学》著作，基本都是以财政本质开篇。如德国著名财政学家瓦格纳（Adolf H. G. Wagner）1890年出版的《财政学》第一章就是财政的本质（The Nature of The Fiscal Economy）。埃厄贝格（K. Th. V. Eheberg）1925年出版的《财政学》，前后印行达19版，第一章就讨论了财政的本质和特征。还有英国的巴斯塔布尔（Charles F. Bastable），美国的亚当斯（J. Stacy Adams），日本的高野岩三郎、阿部贤一、松崎藏之助、永田清、大内兵卫、神户正雄、小川乡太郎、井手文雄的财政学著作也都在开篇就讨论财政本质。关于讨论财政本质的专著，目前所知的就有德国19世纪财政学家耶希特的《财政经济本质与形态》、日本财政学家永田清的《现代财政学理论体系》、岗野监记的《德国财政学的财政本质论》、井藤半弥的《国家财政概论》、宫胁淳的《财政危机的本质和问题点》等。

中国早期的财政学著作也基本以财政本质开篇，现知中国最早的财政学专著当属胡子清1905年出版的《财政学》，其书开宗明义，认为财政是为国家谋利益。财政根本出发点是政治团体以维持公共之安宁秩序及增进公共之幸福为目的，为达目的必须财政采用特别必要之系统手段当中关于资财的各种设施举措①。其后还有陈启修的《财政学总论》认为"财政者公共团体之经济或经济经理也，易词言之，即国家及其他强制团体当其欲满足共同需要时关于

---

① 胡子清：《财政学》，日本东京井木活版所1905年版，第1页。

所需经济的财货之取得管理及使用等各种行为之总称也。"① 值得注意的是现在能看到的清末至1949年前出版的财政学著作，基本都探讨了财政的本质问题，很多是结合财政的起源进行的讨论。虽然中国财政学起步较晚，但这一时期的财政学家，很多都学贯中西，不仅有很深厚的国学根基，而且对西学也很精熟，始终站在国际学术的前沿，在引进学习中逐渐和中国实践相结合。如陈焕章为康有为授业弟子，晚清举人，赐进士出身，以翰林身份留学美国哥伦比亚大学，获经济学博士学位。如胡子清，早年以《理财论》策论中举，其后留学日本，毕业于日本早稻田大学，后任职中华民国财政部赋税司。尹文敬，法国巴黎大学法学博士，曾任山东省财政厅厅长。傅英伟，留学德国。陈启修，毕业于日本东京帝国大学。李锐，毕业于英国伦敦大学。姚庆三，毕业于法国巴黎大学最高政治经济系。马寅初，毕业于美国哥伦比亚大学。陈岱孙，毕业于美国哈佛大学。李权时，毕业于美国哥伦比亚大学。何廉，美国耶鲁大学经济学博士。

虽有表达上的差异，但基本观点大抵都比较一致，都是以西方公共财政理论为基础。在财政本质的研究方法上，主要有两条途径相互配合，一是通过财政的起源及其发展的历史来探究，很多著作还分阶段梳理了财政的发生和演变。二是通过和其他现象对比，来找出财政的特殊本性。主要是通过公私经济的对比来探究财政本质。总起来说，也可以归之为公共需要论和国家主体论（或称国家需要论），但两者也是可以相互包容，只是有主次之别。统而言之，都承认分配的主体是国家政府，但对分配之目的，或言公共需要（也有作公共欲望），或言国家需要。也有认为分配的主体在财政分配的各个阶段不仅仅是国家，还有其他权力中心，进而将主体由国家扩展为公共团体（也有作政治团体）。

在此后的西方学者一般不再探讨财政本质问题，注意力主要集

① 陈启修：《财政学总论》，商务印书馆1924年版，第1页。

中在具体的运用，如马斯格雷夫的《财政理论与实践》就是从财政职能开始他的理论构建，而没有像以前那样从本质开始基础建构。虽然没有专题研究，但事实上在他们研究中也不得不触及财政的本质问题。如美国财政学家罗森（Harvey S. Rosen）在他的《财政学》的序言里提出，财政学家不但分析政府收支活动的实际影响，而且分析这些活动应该是什么。他在第 8 版《财政学》里写道：财政的“根本问题不是资金问题；相反，关键问题是实际资源的利用问题。”① 从全书结构设计看，作者从政府理论开篇，政府作为财政主体，这在作者看来是不言而喻的。他将财政活动的根本目的最终归于以个人利益为基点和最终归宿的“国家利益”，也即公共需要，满足公共需要的手段是提供公共产品。这也还是“公共需要论”，也被称之生产论的延续和发展。1998 年 11 月，年近 90 岁的美国著名财政学家马斯格雷夫与同样著名的财政学家布坎南，在慕尼黑举行了为期一周的研讨会，会上所作的第一个演讲就是“The Nature of the Fiscal State：The Roots of My Thinking”（财政的本质：我的思想渊源）。对财政本质的探讨总是挥之不去。

在西方财政本质探讨逐步淡化之际，中国却迎来一个持续近 50 年的高潮。1949 年后，中国学者和西方公共财政学说决裂，开始以马列主义理论指导进行财政本质探索。他们批评公共需要论是有意无意掩饰了财政的阶级本质，以“公共需要”的外衣麻痹了被统治阶级，阻碍了财政本质的深入研究。陈启修、李权时、尹文敬等在 1949 年后虽然仍执教于新组建的财经院校，但已经不见有参加新的财政本质讨论。一批新的掌握了马列主义思想武器的学者开始引领新时代的财政本质讨论。1949 年 10 月，千家驹率先出版了在马列主义思想指导下完成的《新财政学大纲》②，第一次提出

① ［美］罗森：《财政学》第 8 版，郭庆旺等译，中国人民大学出版社 2010 年版，第 4 页。

② 千家驹：《新财政学大纲》，三联书店 1949 年版。

国家分配论的雏形。其后伍丹等人出版的新式财政学，也都支持了他的看法。同一时期，也有学者引入了苏联的财政货币本质论，认为财政本质是一种货币关系，提出“在我国各种货币关系中，凡是与国家存在及其活动有关，为国家有计划地建立起来，并为国家有意识地利用的货币关系，就构成我国财政体系的组成部分。”①“在社会主义制度下，财政是一种货币关系，通过它有计划地集聚、分配和使用货币资金，以便保证满足社会主义扩大再生产和其他社会上的需要。”② 虽然求本质的方法是不断归纳和抽象，但这一次不是向内核深入的归纳和抽象，而是在外在工具上进行的抽象，可谓舍本逐末，得鱼忘筌，不仅不能概括财政的本质，反而离本质越来越远。货币本质论很快被中国学者抛弃，中国学者又从头开始探索财政本质，重新梳理了财政发展的历史，从认识现象开始逐步向本质推进。很快他们发现可以把财政活动归纳为分配活动，并进而把财政本质锁定在分配关系上。但分配活动和分配关系可以出现在很多层面，他们将财政现象和本质限定在以国家为主体进行的分配和分配关系上，完成了基于马克思主义现象与本质对立统一理论下的财政本质论述，这也就形成了在其后几十年中在财政本质讨论中始终占主导地位的国家分配论③。如果说 20 世纪 50 年代的国家主体论还带有公共财政理论的痕迹的话，那么 20 世纪 60 年代确立的国家分配论已经是纯正的马列主义理论的产物了，这也为当时社会主义计划经济财政建立了理论基础，为当时集中力量办大事等一系列的财政政策作出了理论阐释。这一时期，还有把财政本质归纳为价值分配论④、国家意志论⑤和国家的资金

① 谭本源：“我国过渡时期财政的本质和职能”，《财经科学》1958 年第 1 期。

② 曹国卿：《社会主义财政本质和作用》，湖北人民出版社 1957 年版。

③ 许廷星：《关于财政学研究对象》，重庆人民出版社 1957 年版。

④ 王亘坚：“财政科学中各门学科的对象”，《教学与研究》1957 年第 5 期。

⑤ 赵春新：“论财政的本质与范围”，《财政学问题讨论集（上册）》，中国财政经济出版社 1965 年版。

运动[①]等的，这些理论也都是从不同层面强调了国家的分配主体地位。到1978年中国改革开放后，随着国家经济体制的调整，顺应新的形势，除了国家分配论有了新的发展，又兴起了社会共同需要论[②]、剩余产品决定论[③]、再生产前提论[④]、政府理财论[⑤]等论点。其中，以国家分配论和社会共同需要论影响最为深刻。可以说，在西方公共财政理论和马列主义理论两套理论体系下，对财政本质的讨论最后都集中到了国家需要论和公共需要论两个点上。但两者的区别还是明显的，形同而质异，在国家分配论看来，实现财政目的的手段是国家参与社会产品的分配，而公共需要论则是通过政府介入市场失灵领域生产和提供公共产品。

1998年，贾康研究员在综合研究各派财政理论后，提出社会集中分配论[⑥]，社会集中分配论把分配主体由国家延伸到前国家形态，和后国家形态，包含了人类文明可能出现的各个社会形态，并认为财政的本质是由当时的社会生产力和社会主导的生产关系所决定的一种带有集中性特征、以社会总产品（主要是其中的剩余产品）为对象的分配关系，是该时代的广义生产关系的一个组成部分。最终落脚到了分配关系上，其既坚持了国家分配论的基本内核，又充分吸收了其他流派的合理部分，是马列主义思想指导下的财政学家在公共财政理论和马列财政理论碰撞后的理论结晶，也是马列主义财政本质观在新的历史条件下的进一步发展。

著名城市理论家刘易斯·芒福德曾指出："人类用了5000多年的时间，才对城市的本质和演变过程获得了一个局部的认识，也许

① 李成瑞："从实践中的若干体会来谈社会主义财政的实质和范围问题"，《财政学问题讨论集（上册）》，中国财政经济出版社1965年版。

② 何振一：《理论财政学》，中国财政经济出版社1987年版。

③ 王绍飞：《财政学新论》，中国财政经济出版社1984年版。

④ 陈共：《财政理论与财政改革》，东北财经大学出版社1995年版。

⑤ 马国贤：《政府经济学》，中国财政经济出版社1995年版。

⑥ 贾康：《财政本质与财政调控》，经济科学出版社1998年版。

要用更长的时间才能完全弄清楚它那些尚未被认识的潜在特性。"① 对事物本质的探讨是非常艰辛和困难的，但它又是非常重要的，是研究任何科学都不能回避的。在以往的财政本质讨论中，人类已经取得了不少有益的认识，但似乎还有进一步推进的空间。黑格尔曾言对本质的认识是从现象到本质，从不甚深刻的本质到更深刻的本质不断深化，从初级的本质到二级本质，这样不断地加深下去，以至于无穷②。我们这里试着再多追问几个为什么，试着看，财政的本质能否还往深层推进。

财政的本质和财政的起源总是分不开的。要把握一个事物的本质，必须从其最初的产生和发展去探索。让我们先穿越时空的隧道，处身人类社会的时间开端，来观察当时在广阔无垠大地上生活的人类。这时世界虽有无尽的植物，万千的动物，可以成为人类的食物，但无论是植物的采集，还是动物的捕捉，都需要人们的相互协作才能实现。大型动物的侵害，也随时会吞噬掉弱小的人类，人类必须互助才能维持生存。正是这种生存的有限性，把人类联结成一个个的团体，人类需要合作，人类需要组织。其实，即使到了现在的发达社会，也没有人能够自给自足，都是以相互依赖的方式获得生存。

马克思指出："我们首先应当确定一切人类生存的第一个前提也就是一切历史的第一个前提，这个前提是：人们为了能够'创造历史'，必须能够生活。"③ 最初的原始人群落通过共同劳作，公平分配，共同食用，实现了人类的生存和繁衍。

人类因生存需要建立起来的组织，经过数百万年的锤炼，由群

---

① ［美］刘易斯·芒福德著：《城市发展史——起源、演变和前景》，宋俊岭、倪文彦译，中国建筑工业出版社2005年版，第2页。

② ［苏］列宁："黑格尔〈哲学史讲演录〉一书摘要"，《哲学笔记》，人民出版社1993年版，第213页。

③ ［德］马克思："德意志意识形态"，《马克思恩格斯选集》第1卷，人民出版社1972年版，第32页。

落而聚落，而族团，而游团，而部落，而酋邦，而联盟，而国家。中国原生的国家形成理论：人生来有自然的不平等，有生存的艰难，需要国家来集中财富，济贫扶危，并为民生财。中国国家早期，人们对最初国家的追忆是："大道之行也，天下为公，选贤与能，讲信修睦。故人不独亲其亲，不独子其子。使老有所终，壮有所用，幼有所长，矜寡孤独废疾者，皆有所养。男有分，女有归，货恶其弃于地也，不必藏于己，力恶其不出于身也，不必为己，是故谋闭而不兴，盗窃乱贼而不作。故外户而不闭，是谓大同。"①这是一个老弱病残受到社会照顾，儿童由社会教养，一切有劳动能力的人都有机会充分发挥自己才能的大同社会，无疑这虽然包含着人的理想，但也显示着部分国家形态初期的事实。中国早期文献，也有称作文化元典的著作，提出了国家财政"养万民"的职责，这些包括慈幼、养老、赈穷、恤贫、宽疾、安富、恤孤、养疾、合独、问病、通穷、赈困、接绝。这些人类最基本的生计需求就是"民生"。集中分配这种现象的出现，正是人类生存需要自然演生的结果。国家这种组织形式的形成，是人类集中分配这种形式自然演生的结果。

社会契约论者，以一种简单化的方式来描述，在历史上的某一时刻：部落群体自愿决定将统治权交给统治者，不再是像以前那样遇到重大危机时的临时举措，而是永久的将统治权交给统治者及其继承者，并且纳税和服役，然后统治者通过国家为每个部落民提供无法独自取得的公共服务。然而历史不会有这样的时刻，国家的形成是一个自然的过程，人类对她的需要，不是要用自由换取公共服务，而是需要通过她保障自己的生存和自由。没有自由之后，也就没有了公平的公共服务。自由的根基是人生存的基础，失去了自由这个根基，人不仅得不到公平的公共服务，而且连自己的生命都朝不保夕。

休谟说"政府是邪恶的"，但政府正是人类互助的结晶。《自

① 《礼记·礼运》。

然》杂志2005年9月1日披露，由来自美国、德国、以色列、意大利以及西班牙的67名科学家组成的国际科研小组完成了人类与黑猩猩的基因组比较。分析显示，黑猩猩与人类在基因上的相似程度达到96%以上。黑猩猩会制造工具，会合作狩猎，会分享食物，也有社会组织，还形成了等级，也有战争暴力，甚至还有了产权意识，但是它们始终没有形成集中分享食物的制度。哈维兰的《文化人类学》描述它们在捕杀猎物后，大部分在场的都能得到一份肉食，或者在机会来临时抓取一片肉，或者坐着乞求得到一片肉。雌性狩猎者不常和雄性分享，甚至当最高的占支配地位的雄性在旁边发脾气，也可能被拒绝，分不到一份①。而人类不但会分享，而且形成了集中分配共食的制度，并且发明了公开透明的制度来保证集中分配的公平公正。早期的人类，集中采集和捕猎食物，围坐一圈，通过一定的仪式，公平分配，分享共食。后来发明了火，大家在广场中间升起火堆，围火堆坐成一圈，烤熟食物，公平分配，大家载歌载舞，分享共食。后来有了语言，群落头人会用唱或说的方式，在广场中心，向大家说明收获多少，如何分配。再后来发明了住房和储备食物的仓储设施，人类围着中心广场，建造房屋，所有的房屋都面朝中心广场，哪怕面阴背阳，也要朝着中心广场。在中心广场的分配，必须在所有人的注视下，公开透明地进行。所有的房屋大小一致，所有的仓储集中管理。

不少学者，如马克思主义的创始人马克思、经济学家亚当·斯密、社会学家涂尔干、心理学家马斯洛、人类学家马林诺斯基都从不同学科背景揭示了人类需求可以分成很多层次，从生存需要，不断延伸和提升。在集中分配满足了人类初期生存和发展的需要后，人类又有了精神的需求、安全的需求，甚至享受的需求，个体的需求在碰撞中融合和分解，形成了群体的公共需求和个体需求。特别

① ［美］威廉·A·哈维兰：《文化人类学》，瞿铁鹏、张钰译，上海社会科学院出版社2006年版，第71页。

是在家庭产生之后，分配结构分化为群体和家庭两个层面，最初的基于个体生存的需要，主要由家庭内部进行分配。群体的分配一方面是以家庭为单位进行食物等分配，一方面是维持和保障整个群体的公共需要的分配。集中分配形态延伸了人类的需要，人类的需要进一步促进了集中分配制度的发展。

梁启超曾说，“中国国家积乡而成，欧洲国家积市而成”。从词源上来看，在中国，乡（鄉）的甲骨文是，两边的、表示一群人，中间的也写成，就是“食”，表现的就是一群人围坐共食物的场景，乡（鄉）本义是乡人共食。群体的人数不断膨胀之后，在上再加两个“口”就变成两个“邑”，“邑”就是村镇和城市了。形象地展示了国家形成的过程。而古希腊文的“Πόλι”（Polis）的基本意思包含着“公共事务的管理”。含有公民权、公民集体、城市、城邦、国家等诸多意思，其起源可以追溯至希腊城邦社会的创始时期，表示整个公民集体。修昔底德《伯罗奔尼撒战争史》里记载的尼基阿斯的演讲：“是人，而不是城墙或者没有人的船舰，创建了城邦。”从中西辞源，我们可以了解国家最原始的演生过程，以及财政从集中分配共食到为公民提供均等的基本公共服务的演生过程。

亚里士多德认为事物的本质是一个发展的过程。在事物发展的初期就能够发现事物的本质和特征，但只有到最高阶段才算充分地体现了它们的本性或自然。让我们在遨游远古世界后，再次时空穿梭，回到当下，经过5000多年演进后的财政支出结构，基本民生保障已经成为了世界各国政府财政支出最重要的部分。以国际金融危机爆发前的2007年为例，基本民生保障支出（含教育、社保、医疗、住房）占国家财政支出的比重，加拿大为65.5%，丹麦为71.6%，法国为68.5%，德国为70.8%，意大利为61.9%，荷兰为61.7%，美国为58.4%，公共服务的导向已经十分明确。

从国家产生以来，财政原本的公平分配秩序不断被打破，不可否认，我们在历史上的确可以经常看见掌握国家机器的人，以国家为工具，聚敛民财。国家财政也曾在长时间里，毫不含糊地为统治阶级利益服务，“富者连田阡陌，贫者无立锥之地”。从理论上说财政再分配是集中剩余产品再分配，但我们看到更多是他们连必要产品也要剥夺。一些统治者贪欲无限，自己要吃得更好，就忘记了人民也要吃饭，“朱门酒肉臭，路有冻死骨”。但我们也要看到人民也在不断奋起反抗，据统计，中国历史上发生了600多次的农民起义，他们把“均贫富”写在自己斗争的旗帜上。埃及的石头柱子上至今还刻写着当年那惊心动魄的一幕：“大地像陶钧般翻倒过来”。马克思强调：“工人阶级的解放斗争，不是要争取阶级特权和垄断权，而是要争取平等的权利和义务。”清代末帝溥仪的逊位诏书写道：“人心所向，天命可知。”原以为“受命于天”、“君权神授”的天子君王，直到历史的最后才明白天命其实就是“人心所向”。

统治者貌似很强大。秦始皇一统天下，创造“以天下奉一人”理论，“力役三十倍于古，田租口赋盐铁二十倍于古，”以为可以二世三世递万世而为帝，结果二世而亡。多少大帝国，冰消瓦解，顷刻之间。英王查理一世，法王路易十六，多少自以为君权神授的统治者一个个被送上了断头台。既得利益者可能是强大的，也可能是虚弱的，但也可以是高贵的。我们看到伟大的佛陀为了大众脱离苦难，放弃优越的生活，苦行参悟。中国古代楚国的三闾大夫屈原为哀民生之多艰而长太息以掩涕。曾任英国海关高官的亚当·斯密在《国富论》中，严厉谴责了将政府财政仅仅理解为纵容利益集团通过政治渠道攫取财富的行为。出身贵族，承袭伯爵的克劳德·昂利·圣西门开创了空想社会主义。英国实业家罗伯特·欧文在自己的工厂进行了社会主义实验。美国创建者之一，弗吉尼亚最富有的产业主罗伯特·卡特释放了自己继承的四百多名黑人奴隶。领着高薪的中国大学教授李大钊努力“研考民生凋敝之原”。

历史上多少仁人志士，努力财政改革，不断探索着如何实现财富分配的均衡。历史早期更多设想从分配土地来达到均财富的目的，如秦之授田、汉之限田、魏之屯田、唐之均田。古代希腊、印度、罗马、日本等诸多国家都曾经尝试过国家授田制度。而中后期则更多利用财税手段来实现公平正义，如唐之两税法、宋之方田均税、明之一条鞭法、清之摊丁入亩，都是希望按照资产多少作为纳税的依据，实现社会公平。而在欧洲大陆，荷兰人发明了遗产税，英国人发明了所得税，德国人发明了累进所得税。人类对财政和财政作用的认识也在不断深入。在资产阶级革命的巨大冲击下，亚当·斯密开始建构公共财政学的理论框架。面对圈地运动后陷于赤贫的农民和社会动荡，英国颁布《济贫法》，国家介入分配，用征税的办法向流离失所的贫民实施救济。后起的资本主义国家——德国构建社会保障制度，凝聚民心，谋求发展。在 19 世纪末的镀金时代的工业文明综合症的躁动中，美国建立了现代预算制度，进入“进步时代”，在 20 世纪 30 年代的大萧条中，美国建立了现代社会保障制度……财政改革在无数惊涛骇浪中不断走向民生和公平，到现代，几乎所有的国家，无论什么政体，什么意识形态，都不得不确认财政具有提供基本公共服务的基础职能，在一些国家还把这样的职责写入宪法。

个体的生命很无常，很短暂，我们无法把握。我们却能把握更长远的历史，我们子孙的生活和命运。就像我们的远祖们，似乎已经走了很远了，但其实他们从来没有离开过。他们开创的公平分配的理念，他们创造的公开透明的监督机制，一直存在人类的记忆之中，内在地规定了财政发展的方向。英国著名小说家狄更斯曾经笑话英国财政部的原始落后，到 19 世纪还在使用账板（tally - stick），一种在木片上刻齿的最原始的记账方式（1826 年前英国财政部使用的账板见图 1 - 1）。狄更斯嘲笑道：“仿佛它们就是宪法的支柱一般。”[①] 英国在当时是相对落后的，在 1066 年诺曼底公爵

① ［美］丹齐克：《数——科学的语言》，苏仲湘译，商务印书馆 1985 年版，第 17—18 页。

征服之前还保留着很多原始部落的习惯法，不仅留下了账板，还留下了国王必须靠自己生活，国家征税必须满足公共需要和公众同意两个条件，还留下了部落会议这样原始的议政传统。这种最原始的自然法，使征服者创建的强大的王权也不得不为之让步，并强力影响着英国财政史的发展，通过几百年的努力，终于将这些原则变成了宪法的支柱，规范着所有的财政活动。这种公共财政的理念，也深刻影响了人类财政文明的走向。我们在嘲笑英国原始账板的时候，也要看到同样原始的财政理念闪烁的人类理性的光芒，它将成为人类财政活动永恒不变的行为规范。

图 1－1　1826 年前英国财政部账板记账示意图

民生是财政的起点，也是财政的归宿。

至此，我们可以来稍稍讨论一下财政的本质了。首先什么是财政现象，应该是国家集中分配活动，如果把历史形态延长，再往内走，就是社会集中分配，再往里深入，就是社会共同需要，再往更深层迈进，就是民生。

如果我们反向推演，从内核向外推进，就是个人生存的有限性，产生了结成群体分享食物以维系个人生存的需要，进而生成了社会共同需要，进而产生了社会集中分配。陈龙将社会集中分配论称为本质的外化，财政的现象和本质在这里交织在一起，实现了辩证的统一。

这样我们就基本厘清了财政本质的层次，认识到了财政本质的核心是民生。

在讨论人的本质时，卡尔·马克思曾写道：“人的本质是真实的社会，他们通过创造、生产建立了人类社会，这是一种社会实体……这个真实的社会之所以存在完全归功于个体的需要和利己主义，也就是说真实社会的出现是直接由人类本身的生活活动而形成的。”（Since human nature is the true community of men, by manifesting their nature men create, produce, the human community, the social entity. ……this true community appears owing to the need and egoism of individuals, i. e. , it is produced directly by their life activity itself.）国家或社会应该是由单个的具体的人的个体需要而组成的“自由人的联合体”，不能简单将个人同化为一个整体的集体。形成这样的合作，是为了解决具体的个体生存和发展及在解决个体生存和发展中形成的共同需要。个体需要才是财政的最终的利益主体，没有独立于个体需要之外的共同需要，但是个体需要也受着共同需要的制约。社会和国家的形成和进化，就是各种需要不断冲突和调和的结果。人类伊始就学会了贡献和分享，在互惠中锻炼了组织，形成了社会和国家。曾在很长时间把财政异化为满足国家的需要，甚至是国家统治者的需要，而忘记了最基础的是个人的需要。马克思强调国家和社会“就是人的世界。”在马克思的《共产党宣言》里还有一句被广泛传颂的话：“每个人的自由发展是一切人的自由发展的条件”。（We shall have an association in which the free development of each is the condition for the free development of all.）在中国传统政治理论中，这个个人的生存和发展的需要被称作“民生”，中国古老的民歌中唱道：“民生受天命”。中国儒家的最高理想是“为生民立命”。

财政体现了权力，
也展示了人类的梦想，
表现了血腥和残酷，
也诠释了公平，
然而没有什么比民生，
这一维系人类延续的价值更能震撼人心。

第二章
早期国家财政

管辖你们的王必须这样行事：
他必派你们的儿子为他执鞭坠镫，
又派他们躬从行伍。
为他耕种田地、收割庄稼、打造军器和车上的器械。
必取你们的女儿为他制造香膏、做饭烤饼。
也必取你们最好的田地、葡萄园、橄榄园赐予他的臣子。
你们的粮食和葡萄园所出，他必取十分之一。
又必取你们的仆人婢女、健壮的少年人和你们的驴供他差役。
你们的羊群他必取十分之一。
连你们自身，也做他的仆人……

——《圣经·撒母耳记》

世界上最早的国家，有的认为是古代苏美尔，有的认为是古代埃及。所以一般世界历史的书有的从古代苏美尔开始写，有的从古代埃及开始写。近年印度考古发现，古代印度历史可能比古代苏美尔和古代埃及还要早上4000年。我们本章就从古代苏美尔、古代埃及和古代印度开始写人类最早的国家财政历史。同属古代文明中心，但稍晚出现的古代中国和古代希腊，我们另章专写，就不在这里争第一了。

一、从公天下到私天下

我们本章不写希腊和中国，但却从希腊和中国写起。在希腊神话里，有个故事，讲希腊有个神叫普罗米修斯，对人类很是亲善。有一次，万神之王宙斯让他宰杀一只大公牛，在人类和众神间进行分配。普罗米修斯故作聪明，他杀了牛后，分为两堆。一堆分给人类：他放上肉、内脏和脂肪，用牛皮遮盖，顶上放着牛肚子。另一堆分给众神，他放上光骨头，巧妙地用牛的板油包蒙着，而这一堆比较大。他的小聪明惹恼了宙斯，他拒绝给人类完成文明所需的最后也是最为关键的一物——火。普罗米修斯为了弥补自己的过错，为人类偷来了火种，使文明降临人间。他终于激怒了宙斯，宙斯不仅惩罚了普罗米修斯，还决定给人类更多灾难。宙斯派一个美丽少女潘多拉带着一个密封的盒子来到人间，盒子里装着的灾难、瘟疫和私心。来到人间的潘多拉被好奇心驱使，打开了那只盒子，而智慧女神雅典娜为了挽救人类命运而悄悄放在盒子底层的美好东西“希望”还没来得及飞出盒子，惊慌万分的潘多拉就把盒子关上了。人类所有的灾难和不幸，都来源于一次不能贯彻公平原则的分配，它带来的“私”更将影响人类财政文明演进的走向。

在中国的象形字里，私写作“”，亦或“”、“”。形似一个头朝下的人。被解读为头朝下的婴儿，指属于个人的婴儿。在农业革命后，“厶”加上了“禾”旁，成为“（私）”，表示属于个人的婴儿、粮食和财物。也就是说，在最初的公产社会，只有婴儿是属于个人的“私”，到后来田土分给个人种植，有了属于自己

私的粮食。其实在“公”之前就应产生了“私”的概念。当一个原始群落把一块土地圈作自己群落的公产的时候，建立起对这块土地排他性的所有权，就产生了群落的“私”。弗里德里希·恩格斯曾这样描述文明时代的部落：“只有在部落的居住地才是比较稠密的，在这种居住地的周围，首先是一片广大的狩猎地带，其次是把这个部落同其他部落隔离开来的中立的防护森林。”① 就是说，在部落内部从公有制向私有制转化之前，部落间已经有了某种意义上的关于地域划分的产权制度的安排。也正是这种产权意识，带来了部落间的争斗和抢夺，也带来了部落组织结构的不断升级。在从采集部落转向生产部落之后，人们又发现，把土地分到各个家庭，人们生产的积极性高涨了，把更多原来休闲和载歌载舞娱乐的时间用来生产，生产出来的粮食更多了。恩格斯曾经想象，是因为有了更多的剩余产品，导致私有制产生。或者正好是相反的，是因为私有产权制度的出现，才让人们愿意生产出更多的剩余产品。但是人有着天生的不平等，身体的局限，气力的不同，也有性格的差异，一些人更喜欢载歌载舞，喜欢吟诗作赋，像伊索就是喜欢给人讲寓言，这样就带来同样的土地收获量的不同。一些人被迫借贷维持生计，甚至把土地转让，最后沦为债务奴隶。私有产权在部落内部制造了财产的不平等。

在西方词源中，private 的“私”的含义，来源于拉丁语，有着“剥夺”的“privates”和“隔离”的“privus”之意，它有着剥夺公产和他人劳动之意。排他性产权意识的产生，不仅刺激了人类生产更多的食物和产品，也更刺激了部落间的争斗，通过争斗要剥夺其他部落的土地、财富和人口。部落扩展了，新组成的共同体中，有了不同身份的区别，有了征服者和被征服者，族群原来的原始公平原则被打破了。这些被征服者，不仅不能获得同等的待遇，

① 恩格斯：“家庭、所有制和国家的起源”，《马克思恩格斯选集》第 4 卷，人民出版社 1972 年版，第 155 页。

还被迫劳动，获得很少的食物，甚至沦为奴隶。为了保卫和自存，部落首领的权力不断加强，而且有了武装侍从。

由于人口规模的急剧膨胀，各类公共事务不断增多，组织系统也日益复杂，原来的公平分配的机制已经无法完全维持。头人、酋长不仅可能多吃而且可能多占，围绕他们形成了亲属、助手、各类执事等多维利益团体，形成多元的等级结构。战争不仅加大和巩固了头人酋长们的权力，而且因为征服和被征服，在新组合的共同体中，有了不同身份的区别。族群原始的公平原则首先在对待被征服者身上失效。由于土地和食物的分配，都以家庭为单位，在族群内部也有了贫富的分化。

部落的巫师也已经不能维持公平分配，他也要得到更多的分配和供奉。他成为维持新的分配秩序的神圣性的工具。他甚至以神的名义，把部落及部落的人民恩赐给部落的首领。更多的时候，酋长就是巫师。他的统治权和巫术神力都是神的赐予。1988 年，中国河南濮阳出土的一座疑似 6000 年前部落首领的墓，其身体两侧是用蚌壳拼出的龙虎图案。可以说是中国古代“左青龙右白虎”天象风水观的最早展现，表现的正是墓主人通过巫术驾驭青龙白虎的能力，也清楚地表明，部落酋长和巫师的合体。

以家庭为单位的分配，家长掌握着家庭财富绝对的控制权和分配权。在家族，族长掌握全族财富绝对的控制权和分配权。在聚落，头人掌握全聚落财富绝对的控制权和分配权。在部落，酋长掌握全部落财富绝对的控制权和分配权。逻辑好像是这样一步步走上去，当各级领袖产生私欲心不能再维持公平，而原有维持公平的透明机制完全失效之后，部落酋长就不仅掌握了全部落财富绝对的控制权和分配权，还掌握了制定新的分配规则的权力。在部落联盟，其领袖也逐步拥有了全联盟财富的控制权和分配权。4000 年前，中国的华夏部落联盟的首领大禹，在会稽山召集联盟分配大会，防风部落的酋长因进贡来迟，就被当场处死。这样的故事，在以后匈奴、鲜卑、拓跋等大大小小的部落联盟会议上都时有发生。但这一时期，所有权力的基础，都是在于领袖能主持公平分配。在夏威夷口述传说中，酋长不能满足人们对公平分配的需要，就会被他的人民抛弃，甚至杀死。但是领袖者的私心还是在膨胀，原来推选出来的联盟领袖制度也逐步演变为世袭制度。

财富是有魔力的，当无数的财富被生产出来，虽然提高了人民的生活质量，但也大大刺激了头人、酋长们，侵蚀了他们的心灵，他们利用公职去损公肥私、假公济私，甚至最后将公产、部落、酋邦、国家化公为私、化国为家。权力不再是权力，而象征着无限的财富。公天下，演化成了私天下。天下为公成了人民遥远的记忆和追思，但这个记忆一天都没有离开人民。“天下为公”的理念既制约着一代代“私天下”的君主，也激励着无数知识分子去追溯权力的来源，设想出各种理论，想把它关到笼子里，更鼓舞着人民一次次拿起武器，反抗横征暴敛，他们高举“均贫富”的旗帜，希望重建“天下为公”的世界。

二、第一个国家财政机构

财政长官是祭司

人类最早的国家可能出现在西亚的新月沃地，这里可能就是《圣经》里描述的伊甸园所在。我们在第一章已经讲到人类首先在这里发现了野生谷物，并最早在这里开始农业试验，并取得成功。人类目前所知的最早国家也出现在这里。我们直到公元 1900 年前后，人们才知道这里曾经存在早期的国家。1877 年，法国外交官欧内斯特·德·萨尔泽克在这里发现了一种刻有文字的泥板。其后丹麦人尼布尔、英国人亨利·罗林森等又发现了大量的这种泥板，还有刻在悬崖峭壁上的这种文字。再经过 30 多年，这些文字才被解读出来，我们才知道他们称自己为“黑头的人”（sag - gi - ga），苏美尔人（Sumerian）是后人给他们的名字。现在发掘出的刻有文字的泥板，已经超过百万块。其中至少有 5000 块以上的泥板是历史记录，乃至神话、史诗和故事等，让我们对其整体历史和文明有个大致的了解。除此还有大量的经济文书和财政记账，是我们研究其财政史的很好史料。虽然我们到现在对苏美尔人是何人种，从何处来等都还不清楚，但却能对它的财政历史有一个大致的了解。

我们在上一章第一次关注这里时，这里还只是一块不小心长出野生谷物的荒野，一群人发现了它，停留下来，想办法吃掉。到了这一章，我们又回到这里时，已经是一幅全新的画卷：流域上下，繁华的城市星罗棋布，高大的城墙外面是一望无际的农田，成片的枣椰树在风中摇曳。城中耸立着肃穆高大的神庙。

这片在今天已经被晒得干硬的荒土下，竟然出现了人类最早的灌溉，生产出了第一批成规模的过剩食物，也就是经济学家称的“剩余产品”。发现他们的探险家曾经十分惊奇地说：“举目望去，满目凄凉。你先是感到惊奇，尔后便是惊叹。”除了文字，还发掘出大量的各式建筑，最重要的是大量梯形金字塔的神庙。这样的神庙底层较大，然后一层层向上，每上一层，面积缩小一部分，形成一种梯形的金字塔建筑，各层铺以黑、红、青、白等不同颜色的砖块，分别代表阴间、人世、天堂和太阳等。苏美尔人进入这一地区时，首先修筑了这样的神庙，然后在神庙旁边逐次建立起各种建筑，最终形成城市，形成城邦。这里最初是祭司以神的名义建立起统治，每个城市都有自己的守护神。在神的世界，既有最高的天神安努，也有其他土地神、战神、爱神、空气神、风暴神、沟渠神、斧头神，等等，每一项自然现象都有相应的神，人间的每件工作也有相应的神，在神明之下，还有无数的小精灵，就像神庙的建筑一样，形成一个神的金字塔结构。我们从苏美尔的泥板神话里还知道，所有的重要事项，最高神并不能独断，还得通过由太阳、月亮、大地、天空、淡水、咸水和风暴七神组成的会议，以及由所有神组成的诸神大会的同意。在人间，也有这样的金字塔统治结构，最上面的是最高祭司，下面有高级祭司，再下面还有担任各种执事的神职人员，如掌香油、颂咒、作法、占卜、讴歌等等。具体事务也要由贵族会议和人民大会来决定。

在埃利都（Eridu）——最早的苏美尔城市，一代代的探险者和考古学家在这里发掘，爱阿普舒神庙下迄今为止已经发掘出至少有12层，就是说经过至少12次翻修，最早可以追溯到六七千年前，从最初的长方形单室建筑，发展成后来金碧辉煌巍峨壮观的金字塔神庙，是一代代苏美尔人供奉的结果。神庙将四方供奉储藏起来，一方面养育自己，一方面也回馈扶助百姓。这些储备越来越多，开始设立专门的祭司来管理，就是管理仓库祭司杜古尔，也有译作司库祭司，还有译作负责食品供给的散伽（sanga）。这应该是人类历史上最早的财政职官。早期的苏美尔城邦是在神庙的管理之下，不少学者称之“神庙国家”，我们或许也可把这一时期的财政称之为“神庙财政”。

苏美尔城邦的主神庙都不在城市中心，或位于边缘或远立城外，神的世界和人的世界是分离的。与其他职司相比，司库祭司与人的世俗世界离得最近。公共的田地现在都成了神所有，耕种公地，也要缴纳一定的租金。各行各业，都要有向神缴纳的供奉，由自愿发展成固定的税。这些税的征收、入库和保管，为神庙建设、城墙修建召集的工人所需口粮的发放，都需要很多的工作人员来相互配合完成。在司库祭司下，有一支庞大的财政队伍，其中有收税人玛什奇姆（Maškim）、船舶监督、牧人监督、渔场监督、田地巡查员、庄园监督等等。当时的财政管理，还主要是以仓储管理为中心展开。在以实物税贡为主体的时代，仓储是非常庞大的，从发掘的大量遗址看，不仅神庙里有各种各样的仓库，围绕着神庙也分布着大小不一的各种仓库。

祭司是当时最博学的，除了要能和鬼神沟通，能预知未来这样的专业技能外，还是各种专业知识的主要传承者。无论是与鬼神沟通的表演技能，还是其他各种知识的传承，都要经过一定的理性训练。是否能和鬼神有效沟通，外人不得而知，但这首先要建立在一系列标准化仪式的基础之上，有相对固定的程序、规仪和制度。祭司管理财政，也就为财政管理工作注入了技术化和制度化的血液，一开始就为财政管理打下了理性行政的基础。

他们把所有能获得的物资分门别类，分库管理。每个库房都设有专职的书吏记录收支出入，他们把绵羊、山羊、猪、牛、奶和谷物，各种物资都用一个符号来代表，还发明一些符号来记录收支的数量。为了方便计算，他们还发明了人类历史上最早的计算工具——用泥捏成的陶筹（tokens）。经过约 2000 年的发展，代表物品的符号演变成了楔形文字。记录数量的符号演化成一套有规则的计数法，他们用十进位作普通的计算，用六十进位来计算时间。

他们用削成三角形尖头的芦苇秆或骨棒、木棒当笔，在潮湿的黏土制作的泥板上刻写，晾干后再进行烧制。这种烧制的泥板账册不怕被虫蛀，也不会腐烂，经得起火烧。所以我们今天还能看见当年留下的成千上万的泥板账册。他们还发明了圆筒印章，在黏泥上滚过，就能刻印上相应的符号。让每一份账册都能清楚地标示出责任人。绘制成象形图表的泥板账册，让管理者一目了然，文字、数学、图表，完美的结合，让财政管理更加精细，也赋予了艺术的气息。看着泥板账册，我虽然完全看不懂，也还是被它的形象艺术感动。

精细的财政管理的需要带来了人类最伟大的发明——文字和数学，也凸显了责任的重要。这是神庙财政对人类文明最伟大的贡献。完成了这项伟大的工作后，神庙回归到神庙，把世俗还给世俗。

《苏美尔王表》开头："王权从天而降了"。祭司的主要职责在于主持对神的祭祀和沟通，还有很多世俗的事务需要处理，随着城市的发展，这类世俗的事务就越多。最初的世俗的统治者是如何产生？有学者认为最初可能都是临时性的，因为战争的需要，最优秀的武士被挑选出来了。由于战争的频繁，这样的职务从临时变成长期。新的领袖和他的武士们逐渐掌握政权，成为国王和贵族，建立世俗的政权，世袭的王朝。他们也以神授的名义营造政权的合法性，想方设法得和神结合。拉格什王古地亚的圆筒石印章——类似中国皇帝的“玉玺”——上刻着：“古地亚梦见神宁吉尔苏来到了跟前，对他说：‘你要为我建造住所。我把这个符号交给你，我用神圣的星相向你讲述我的宗教仪式。’”他通过这种方式，来向神宣誓保证修建和养护神庙，换得神的支持。在一块泥板上还记录着一场乌尔国王和充当战争、爱情和生殖女神伊南纳替身的女祭司的盛大婚礼：“在一个没有月亮的白天，在新年的那一天，在举行仪式的那一天……国王扬着头走向洁净的女神，走向伊南纳，与她结合，从她那得到愉悦和满足。”更多的国王们在自己名字上加上神的符号，自称神的化身，为自己打上神的烙印。有的国王还兼任了最高祭司，有的最高祭司夺得了王位，被现代史家称之祭司王（priest king），建立王权和神权的二元一体结构。

1974 年，一支意大利考古队发现了一座公元前 3000 年的王宫废墟，在王宫的一间房屋里发现了 40 多块散放的泥板文书。后来又在一个廊柱下的地下室里找到更多的泥板文书，竟有 2 万多块，考古队怀疑这里是埃卜拉国王的档案室。由这些档案可知，埃卜拉城邦有 26 万人，其中 2.2 万人住在城内，由 1.17 万名专业行政人员管理。这样庞大的行政人员队伍有很大一部分属于财政工作人员，他们既要管理王宫的仓库，又要在王国的各个地方监督生产和征收赋税。他们模仿和承接了神庙的财政管理系统，而且比神庙更深入到世俗的方方面面，财政不再仅仅是仓储模式。

《吉尔伽美什》里描写圣埃安那神庙里的仓库：“瞧那外壁吧，铜一般光亮。瞧那内壁吧，任啥也比它不上。跨进那门槛瞧瞧吧，是那么古色古香。到那伊什妲尔居住的埃安那瞧瞧，它无与伦比，任凭后代的哪家帝王！”“他的仓房满满蓄积。”随着王权的扩大，国王开始侵夺庙宇的财产，变神库为国库。在吉尔伽美什神话里，吉尔伽美什王勇敢地扑杀了双头怪兽。国王也在逐渐消解神庙的财政职能，把城邦和神庙的双元结构财政改变为城邦的单元财政。

开始或以战争之名，占有神庙的地产，挪用神庙的资产来支付战争费用。后来更直接变神庙的土地为王室所有。一块泥板文书上写道："神宁吉尔苏之田归恩西王宫管理，女神巴乌之庙田归恩西之妻家管理，神宁吉尔苏之子的庙田，则归恩西儿子之家管理。"这里所说的各种庙田，原本公社之公田，后被以属于神的名义为神庙占有，现在又被国王和其家属分占。从萨尔贡王开始，国王直接任命自己的臣子去管理神庙的财务，直接占有神庙的巨额收入。国王任命的神庙管理者被称为"沙布拉"（šabra－e），他不仅管理神庙的资产，而且还担负着城邦财政的一些职责，在他下面设有负责王室土地登记员（sag－sug），王室监察官（maškim lugal），王室书吏（dubsar lugal）等。国王虽然有土地管理及收租的官员"桑格—阿品"（sag－apin），但还是需要相应的审计和监察，这样的工作，显然和神灵挂上钩，在当时效力要大很多。还有土地赋税登记和记录，这些放在神庙之下，好像有了公正的保障。一个全新的国家财政结构形成了。

财政长官是奴隶

埃及（Egypt）是现代人对埃及的称呼。古代埃及人称他们的国家为"黑色的土地"（kmt），表示他们的尼罗河冲积层的黑色肥沃的土壤。西方很早就开始研究埃及历史了，希罗多德写《历史》的时候，正值埃及后期王朝时期，他得以亲临埃及采访，写出了最直观的最早的埃及史。还有不少希腊、罗马的历史著作也都涉及埃及历史。但最大的突破，还是拿破仑攻入埃及后，他的一名军官发现了一块刻有埃及、希腊等三种文字的石碑，从而破解了古埃及文。从此，人们可以通过古埃及留下的大量埃及象形字文书和石刻来了解更久远的埃及史了。此外，还有《圣经》等作品记载了大量关于古代埃及的传说，也包含了很多真实的历史成分。

在《圣经·创世纪》里，就讲述了这样一个故事。法老护卫长的奴隶希伯来人约瑟（Joseph），因为能为法老解梦，不仅得法老赐了新名撒发那忒巴内亚（Zaphenath - Paneah），指婚了妻子，还任命他做维西尔，为法老"征收埃及地的五分之一"，行积谷救灾之法。

维西尔就是埃及王国的首相，最早被称为"捷提"（t3ty）。维西尔与其说是宰相，还不如说是国王的大总管。他有"全国的总管"、"国王全部命令的顾问"、"国王书写的书吏长"、"国王一切工作之长"等一大堆的头衔，兼有30多种重要的职务。约瑟被任命为维西尔的时候，法老对他说："你可以掌管我的家，我的民都听你的话，我派你治理埃及地。"维西尔不仅管理法老的宫廷事务，也管理国家事务。维西尔每天向法老报告国家的重要事务，传达法老颁给各中央部门的指令。重要的是他负责征税，负责管理国库，还负责官员薪俸和劳工给养的发放。维西尔是由国王侍从发展起来的，在那尔迈（Narmer）的调色板和权标头上，就被描绘成伴随国王的侍从模样。

埃及和苏美尔不同，很早就形成了统一国家。尼罗河很长，是世界最长的河流。但是河谷并不宽，狭窄处不过10多公里，最宽处也不过250多公里。北有大海，南有瀑布，东西都是沙漠，这样就形成了一个相对封闭的空间。大概公元前3500年左右，这里先后形成了42个被后来史学家称之村镇国家的诺姆，被一些家族统治着。大概在公元前3100年，来自上埃及提尼的那尔迈（Narmer）家族统一了上下埃及，建立埃及第一王朝，开始家族统治。家族政治是埃及的一个特点，前后有30多个家族，在埃及建立了32个王朝。而且家族政治的传统，一直延续到埃及国家被西方殖民者强占之后。家族统治的特点，带有家国不分的特征，其家臣甚至奴仆，也成为国家官员的一部分。维西尔显然就带有原来家族总管的特点。相对被征服的诺姆贵族，国王更容易亲信自己的家臣家奴。在古代埃及，奴隶和官员都称作 b^3k。这有点像英文里 servent 的用法。古王国时期的一段铭文写道："国王赞美我，……超过他的任何官员，他的任何贵族，他的任何拜克（奴隶）。"在官员队伍里，国王的奴仆还很多，专门给法老化妆服务的所谓官员就有 20 位之多。但随着国家体系的逐步完善，国家和王宫的两套体系逐步分离。最开始混杂在一起的财政管理结构，发展出国家—王宫双元结构财政，最后又统一于国家财政。

一般认为，在第一、二王朝时期，埃及国家机构的基本架构就基本形成了，但以我们现在对埃及早期王朝行政机构的了解，只知道他设有 sd^3wty，一般译作财政大臣，其主要职能是管理上下埃及国库的"白屋"和"红屋"，管理国家的税收，征收和分配各种贮藏品。从第二王朝开始，还要负责全国每两年一次的黄金、土地、大牲畜的清查，以确定税收的数额，保证国家税源。其属官有谷仓等各仓库的主管，还有磨制局、亚麻局、制绳局、制面包局等等机构。在第一王朝时期的酒瓶封印上铭刻着一些官员的名头，里面有"海关官员"，在后面的王朝文物中也有发现，但其具体所指还不是很清楚。而国库还分"白屋"和"红屋"，这是上、下埃及分离时各自的机构，此时地方财政是否还作双元管理，尚不清楚。到第三、四王朝时期，又称作"双谷仓之长"，还增加了负责宫廷、神庙和其他特权人物分配的"赏赐官之屋"，负责王室的"生活府邸"等属官。

中王国时期，一些地方世袭家族统治被消灭，中央集权得到进一步巩固。在一份文书中记载了一位法老告诫他儿子的劝诫诗：

来，让我说给你听。
在你将来登基之后，
若谨记下面的话，相信对你十分有益：
臣属一个也不可信任，
提防那些带有危险性的人，

不可单独接见任何人，
别以为他们是你的兄弟，
别以为他们是你的朋友，
……
睡觉时千万要警醒，
你要知道，在这种邪恶时代，
人是不可信赖的。

这是在一次消灭贵族叛乱后写的。这成为后世法老的座右铭。法老们更希望任命平民，甚至外族人、家奴为官。因为他们没有势力，易于控制。第十一王朝的孟图霍特普二世（Mentuhotep II）曾把非常重要的财政大臣的职务，授予国王的四个市民同伴。

在十八王朝时期，维西尔的职权被分解，出现了上埃及（南部）维西尔、下埃及（北部）维西尔两个维西尔。王宫事务主要由王家大臣负责，两名维西尔主要负责国家行政，征收赋税依然是其重要职责，他还负责接收外国贡品，并和财政大臣一起管理国库、阿蒙神庙的财产和宫廷作坊等。十八王朝还出现了国库监督、谷仓监督、牲畜监督等监督官吏，加强行政监督。并且设置了“两地君主之田野书吏”来负责税收涉及的田土计量和评估工作。财政大臣的职责也扩展到了矿山开发和海外贸易的管理。

在十九王朝，特别是在拉美西斯二世（Ramesses II）时期，财政大臣的职能逐渐为国王的总管接任，甚至一度降低到“后宫的监督”的地位。但是国王的总管由于管理着国王和国家庞大的财产，又直接威胁到法老。在阿蒙霍特普三世（Amenhotep III）时，分解成两个总管，一个在首都底比斯，一个驻下埃及的孟菲斯，负责王室地产。

在古王国时期，神庙的势力开始膨胀，但没有形成神庙财政。作为神的法老往往自任最高祭司。神庙祭司的职务也往往由宫廷家族职务演变而来，其职务由法老任免，始终在法老的控制之下。在新王国时期，还出现了“阿蒙第一先知”（或称“阿蒙大祭司”）的职务，负责管理阿蒙神庙的财务收支，还监管全国的神庙和祭司事务。虽然此职还是由国王任命，但势力有了很大的扩张，特别是拥有巨大的财富。在新王国后期，阿蒙第一先知一度成为埃及实际上的统治者，与法老分庭抗礼。埃赫那吞（Akhenaten）法老曾迁都阿玛尔纳，进行“去阿蒙化”改革，没收神庙的土地，分给平民。但是阿蒙神庙的祭司们通过减少麦种分配量，提高麦种价格，妨碍国家粮食供给，来制造社会矛盾。埃赫那吞改革并不成功。在第二十王朝后，埃及开始持续衰落，不仅失去了西非的霸权，而且先后被亚述、波斯、希腊、罗马入侵。这些外来政治势力，无疑都在一定程度上影响了埃及的财政制度，但直到最后的托勒密王朝，始终维持着中央集权的专制政体。国王始终是金字塔的顶尖，是所有司法和管理权的唯一源头。下面设财政大臣具体管理国家的财政事务，并任命下级财政官员。财政大臣控制全国的经济命脉，国王的谷仓和国家的金库。在各诺姆和村子也都各有谷仓和金库，负责为国王谷仓和国家金库收集谷物和税金。

除了大量官吏，从事财政工作的还有大量基层书吏。财政官吏大多也是从基层书吏一步步升迁上去的。从我们现在发现的一些墓志铭，可以很清楚地看到这一点。如《大臣梅腾墓志铭》，他是从食物仓库的书吏，做到食物仓库的监督，一步步做到宫廷主管。书吏工作很辛苦。埃及人虽然从苏美尔人那里学来一些零星的计数方法，但是没有学会十进位法，数字的表达也很笨重。一划代表一，二划代表二，依次，九划代表九，到了十，换个新符号“n”，然后两个“n”表示二十，三个“n”表示三十，依次下来，九个“n”代表九十。到了一百，再换一个新的符号如“の”表示百。镐状农具表达千，一根手指状图案表示万，一只鸟的轮廓图表示10万，一个双手上举的图案代表100万。他们没有零的概念。如要记录999这个数，需要用27个符号才行。卢浮宫博物馆目前保存着一块古埃及人书吏的浮雕。一个蹲在地上的男子，全身几乎一丝不挂，他有两支笔，一支搁置耳朵上，一支拿在手上。浮雕显示他正聚精会神地记录。每一笔收支，谷物多少，牲畜多少，都得一一记录在案。他们工作虽然单调、琐碎、辛苦，但是却是所有财政工作的基础，他们也有不断升迁的路径。

财政长官是委员

1921年，在印度河流域的哈拉巴发现了一座古城，经过碳素测定，当在公元前3000年以前，与埃及文明同时。截至20世纪90年代，共发现了1400多处遗址，印度境内有1400多处，巴基斯坦有500多处，甚至还延伸到阿富汗境内。发现了大量文字信息，但是至今无法识读，所以我们对他们的历史几乎一无所知。但从考古资料看，特别是发现的50多枚印章，我们知道他们已经有了国家政权和财政机构。还出土了丰富的计量材料，我们可知当时财政已经有了数字化管理。公元前1800年左右，这个文明衰落了，文字消失了，城市消失了，人民也不知所踪。这些残垣断壁和破碎的泥砖，被后来人称之“死亡之丘”。一群雅利安人移民发现了这里，经过四百年时间，他们已经遍布印度河和恒河流域，并逐步形成了以婆罗门祭司为社会核心、以祭祀为生活中心，以吠陀经为圣典的吠陀时代。吠陀包括《梨俱吠陀》、《娑摩吠陀》、《夜柔吠陀》、《阿达婆吠陀》四部，我们现在主要根据这些来了解吠陀时代的财政史。

在雅利安人侵入之后，在印度河恒河流域，又开始了一次从原始部落到国家的进化过程。《梨俱吠陀》里介绍在早期吠陀时代，形成了若干村落国家，这些被称作“贾那”或者“噶那”（jana）的部落组织，保持着很大的原始民主特色，公共事务由几个层次的会议来决定。“萨巴”是长老会议，不仅对重大公共事务拥有决定权，而且在司法行政方面也占有重要地位。“萨米提”是成年男子即战士参与的会议，由罗阇（raja）主持。还有“毗达多”是全体男女成员都可以参加的大会，公共产品分配等财政事务都由这个全体大会决定，并且还负责选举祭司。在当时，众国林立，征战不休，负责战争的罗阇脱颖而出，地位和权势不断加强，成为国王。国王最初是选举产生的，文献中曾提到国王的罢黜、重选和复位。后来国王（罗阇）也过渡为世袭继承，但是各种会议还是制约着王权，梵书记载有已经世袭十世的国王不能履行自己的职责倒行逆施，被议会放逐。值得注意的是，当时还有部分国家始终保留着选举制度，成为共和国（tribal republics）。佛陀所在的释迦国就是一个共和国，罗阇是由选举产生，但是我们习惯将罗阇译作国王，将释迦牟尼称作王子。释迦牟尼就是在这种民主的氛围中成长起来，主张众生平等。

在早期吠陀时代，我们还只知道有祭司，到了后期吠陀时代，王权有了发展，出现了班达伽里卡（司库官）、格拉马—波阇卡（收税官）等财政职官。当时国库被称为“国王的仓库”，国库的管理是当时财政控制的落脚点，司库也就相当于后来的财政大臣。在一些文献里还提到负责土地税征收的“阿格罗诺莫伊”。征税官可能有时候是凶猛的，有文献称征税官为“吃人的恶魔”。在列国征战和兼并中，开始出现了十六个大国，其中摩揭陀逐渐强大起来，并最终统一印度各国。但这一时期也遇到了波斯和马其顿的入侵，在抵抗马其顿亚历山大大帝的入侵的过程中，旃陀罗崛多脱颖而出，他出身于一个养孔雀的家族，他在赶走侵略者后建立的国家被称为孔雀王朝。孔雀王朝共经历十个国王，统治了137年（公元前324至公元前187年）。孔雀王朝中央政府设有财政大臣和总税务大臣，财政大臣的工作重点是审定支出，合理分配各项主要支出，使收支能够实现平衡。在地方实行较大程度的自治。在城市由几个委员会自治，分别是市场委员会、城市委员会和军事委员会等。每个委员会由5个委员组成。由市场委员负责税收和修理、给排水等公共工程。城市委员负责维护港口、神庙等公共设施。这种委员制，在历史上还是第一次出现。在农村实行村庄长老自治，每五到十个村庄设置一个官员高帕，负责国王的税收，并为此开展各项统计调查勘定工作。随着孔雀王朝的崩溃，印度的历史暂时失去了统一性。

三、第一笔税收

最早的税收是对神的供奉

我们一直在探索税收的起源，现在我们终于可以来到历史现场实地了解一下。当世界上大多数人民还在靠洞穴遮风挡雨的时候，苏美尔人已经有了自己的城市国家，并且学会了收税和纳贡来养育这个城市。而到了这里，一切似乎又都很简单了，就是要供奉神。在苏美尔人的神话里，人生就是用来侍奉神灵的，慷慨地向神庙布施，无条件地容忍祭司。在一块泥板文书里，非常诗意地写道："他们为她做了枣椰果露面包。他们在日出时刻，为她倒上酒和蜜糖。人们带着食物和饮料向她的神庙走去。他们在圣洁的神庙为伊南纳摆上贡品。"向神供奉，就是人们的日常生活的一部分。在另一块泥板文书上记载了一份献给神的贡品清单，有牛、羊、鸽子、鸡、鸭、鱼、枣、无花果、南瓜、奶油、油膏、饼等。

《圣经》里宣扬农牧产品的十分之一属于上帝："地上所有的、无论是地上的种子，是树上的果子，十分之一是耶和华的，是归给耶和华为圣的……凡牛群羊群中，一切从杖下经过的，每第十只要归给耶和华为圣。不可问是好是坏，也不可更换、若定要更换、所更换的与本来的牲畜都要成为圣，不可赎回。"这就是"什一税"(tithe)。我们现在知道了《圣经》里的伊甸园可能就在苏美尔，诺亚方舟的故事也源自苏美尔人的传说。什一税的说法也出自苏美尔。

在开始是自愿的供奉，但后来演化为强制的。从泥板文书中，我们可以看到司库祭司率人冲进人民的园中取走木材和果子，看到各行各业都设有税吏和监督。居住房屋，得缴纳房屋税。就是死了，还要向祭司支付大笔的丧仪费，包括“七大杯酒，四百二十块面包，七十二容器的谷……”

苏美尔资源贫乏，极大地促进了对贸易的需求，他们得从伊蓝、伊朗和亚述输入铜，从两河流域以北和以东输入木材。底格里斯河和幼发拉底河成为天然的贸易干线。贸易巨大收益的刺激，使贸易从河流向山区深入，原始的木盘式车轮驱动的两轮车和四轮车，驴子和骡子的驮载，竟然也支撑起巨大的运输能力，苏美尔人的浮雕作品生动展现了苏美尔贸易的繁盛。萨尔贡的铭文里说：“他使来自梅露哈、马干和迪尔蒙的船只停泊在阿加德的码头”。有专家认为这些地名很可能是指今天的印度河河谷、阿曼和巴林岛。在埃卜拉王宫发现的码头装货单和交货单提到的地名有200多个。苏美尔人最初因打劫客商而臭名昭著，后来学会了向商户征收固定的过路税。

美国考古队在尼普尔发掘出的泥板上记载了很多苏美尔人的谚语，其中有一条是“你有领主，你有国王，但是税吏最可惧。”苏美尔的税收已经渗透到了苏美尔人生活的方方面面。在国王取代神庙之后，国王税吏的触角也伸向了神庙。

泥板上记载了国王最新的法令：“祭司必须对粮食长官交纳土地税。看养专供取毛之羊的牧人，如果没有白羊毛，应该对监督交出相当数目的白银，收税人、司奠祭司的首长、草房之长、酿酒房之长、兵士之长，应该交出相当数目的白银以代羔羊。神的公牛应该在国王恩西的菜园里做工，还是在神的良田中做工，还是在菜园里做工，完全依恩西的意思。祭司的驴与其服役的牛，归恩西使用。恩西的兵士领取祭司的谷物以为奖赏。祭司应该以衣服、线、青铜器、山羊毛、鸟等作为缴纳租税之用。”

以前人死了，要向司奠祭司缴纳高昂的葬仪费。现在，国王的税吏会去参加他的葬礼，攫取一部分的殉葬品。国王不仅承继了神庙财政时代的税收，还把神庙和祭司归到纳税人的行列，进一步扩大了税收。

除了税收，当时财政收入还有很大一部分来自罚款。当时的各国法典都有丰富的关于罚款的条文。开始还有体罚的条文，后来更多是以罚款代替体罚。比如打人呀，伤人呀，都要罚款。就是丈夫和妻子离婚，还得向他的国王缴纳5个谢克尔①白银。

当然，还有一项大额收入也不能不提，那就是战争掠夺。在当时，苏美尔各城邦间战争不断，掠夺是战争的一个重要因素。恩格斯甚至说当时进行的战争，“纯粹是为了掠夺”。战争胜利，就一举将战败国的国库、土地和人民，尽纳囊中。一旦战败，也就可能一无所有。

乌玛王卢伽尔扎吉西率军攻占拉格什，不仅把拉格什王的国库抢劫一空，还蹂躏整个城市，屠杀和抢掠人民。泥板文书上记载了拉格什一位诗人的悲鸣：

为了我的大城，啊，为了我的财宝，我的灵魂在悲鸣，

我的大城，拉格什，啊，我的财宝，我的灵魂在为你们悲鸣。

在圣洁的拉格什怀抱里孕育的孩子，目前正受苦受难。

恶魔，一脚踏进庄严和神龛，

竟将我们的女神加以亵渎。

啊，拉格什，我们的女神，何时才能恢复你的尊严？

一份泥板文书记录了埃卜拉城邦从一次战役中获得的好处和分配方式：战败国马里须支付总值为2193米纳②的白银、134米纳和

---

① 谢克尔（Shekel），是古代两河流域各城邦普遍使用的铸币制度里最基本的货币单位。谢克尔既是重量单位，又是币值。1谢克尔约合8.4千克，约为180粒小麦的重量。

② 米纳（mina），重量单位，1米纳合60谢克尔，约502克。

26谢克尔的黄金作为贡物。其中15%奖赏给这次战役中立功的将士，其余归埃卜拉君主。

除了直接攻占，也有较强的城邦利用武力威慑，向较弱小的城邦索取贿赂和贡物。

人民的负担，不仅有税收，还有劳役。劳役是最早的税收形式。1986年，美国宾夕法尼亚大学博物馆的工作人员很细致地把一块石碑拼合起来。铭文讲述公元前2140年左右，拉格什国王古地亚修建一座神庙："埃兰人从埃兰赶来；苏萨人从苏萨赶来；马干人和梅露哈人从他们生活的山区采集了木材。古地亚人把人力和物力都集中到他的吉尔苏城。"每一段城墙，每一座神庙的修建，都要动用无数的人力。其中虽有外乡人的雇佣，但更多是本国人民的劳役征召。劳役之外，还有兵役，一些重要史实被作为这个年份的标识，乌尔国王舒尔吉统治的第十九年被标为"乌尔公民被组织为持矛士兵的那一年"。

尼罗河决定税收

埃及的土地，名义上都是法老的。最重要的税收是地租。但收租的方法很特别。因为尼罗河每年对各地的影响都不同，从第一王朝开始，法老就把全国分成很多区，通过对各地洪水深度的测量，来决定每个地方每年的税率。测量，最初是在尼罗河的岩石堤上作一个简单的标记，现在第一瀑布旁的刻痕测量石头还在那里，后来学会了用水位计测量。水位计是一种能插入水中的，带有刻度的梯形仪器。税率是不固定的，希罗多德说有个十分之一的税率，不知道是不是平均税率，这也可能和早期国家征什一税的习惯相关。《圣经》里说约瑟为法老征五分之一的税，这是特殊时期的重税。税收都是按照实物缴纳，法老国库里所藏的不是钱，而是从田里直接征收来的谷物，埃及人一直没有学会制造货币，也就没有货币税。

希罗多德记载了中王国时代塞索斯特里斯王在全体埃及居民中

间把埃及的土地作了一次划分。他把同样大的正方形土地分配给所有的人，而要他们每年缴纳租金，作为他的主要收入。如果河水冲跑了一个人分得的土地的任何部分，这个人就可以到国王那里去把发生的事情报告给他，于是国王便派人前来调查并测量损失地段的面积，经过确认后，他的租金就可以按照减少后的土地面积来征收。

法老其他的税也都是征收的实物，所以法老的财政官吏和税吏都很辛苦，特别是各个仓库的管理者。税收很严密，所有的财产都要评估征税，牧人要按所养的牲畜的头数缴税，手工工人要按制成品的数目缴税……所以法老有很多很多的仓库。

法老虽然没有铸造出货币，但却有出产黄金和白银的矿山。柏拉图有句名言："雅典人爱知识，埃及人爱黄金。"法老也有装黄金和白银的仓库。法老的国库也叫"白银之家"。

法老没有发行货币，却会使用货币。法老经营自己的事业，这也是法老国库的重要收入来源。法老用埃及的黄金、纸草等等过剩的物资去换回自己需要的各种物资。埃及没有商人，所有的贸易都是法老垄断的，所以也只有法老需要使用货币。法老的商队不仅深入沙漠和非洲的原始部落，也泛舟远航。在第四王朝时期，法老的商队就有了60条商船，法老的商队带来木材、象牙和动物毛皮等。斯奈弗鲁的一位书吏曾记录："这些造型优美的船，带回满满40船西洋杉木。"

埃及人的诗歌，这样赞美尼罗河：

看，这位伟大的君主，
既不向我们征税，
也不强迫我们服劳役，
有谁能不惊讶？
有谁，
说是忠于他的臣民，
其能做到信守诺言？
瞧，

他信守诺言多么按时，
馈赠礼物又多么大方！
他向每一个人馈赠礼物，
向上埃及，向下埃及，
穷人，富人，
强者，弱者，
不加区别，毫不偏袒。
这些就是他的礼物，
比金银更贵重。
……

尼罗河给埃及人太多的馈赠，却既不收税，也不要埃及人服劳役。这是说法老，不仅要向人民收税，还要人民服劳役。众所周知的著名的埃及金字塔，就是这个时候修建的。还有水利工程、神庙、城市……法老还有服役的工匠。埃及工匠的技术，尤其是制造奢侈品的技术，是人们一致公认的。他们制作的珠宝饰物非常精致，几乎到今天其工艺还没有被超过。

除了税收、劳役，法老还有地方官吏的进贡。一份纸草文书记载了阿蒙霍特普二世（Amenhotep Ⅱ）出巡，地方官吏贡品的清单：“金银若干车，象牙及紫檀雕像若干座……古玩、珠宝无数……盾牌680面，青铜匕首140把。”

战争胜利的劫掠也会丰富法老的国库。在一块碑文里记载了埃及人在一次战役中所获的战利品：“用数百只船装满的黄金、青松石、白银、绿松石、无数的金属战斧，且不说香料、肥猪、蜂蜜和各种木材……我劫掠了所有一切。”作为西非的霸主，埃及法老也常年接纳被征服各国的贡物，这些贡物的清单中的一份，至今还保存在底比斯神庙的墙壁上。

但对于神庙和祭司的土地与产业，法老赐予了免税或部分免税的特权。第六王朝的《珀辟二世的科普托斯敕令》给予神庙以特许权，免除与神庙经济有关的所有人的国家义务，规定不得把“任何劳动”、“任何负担加在他们身上”。

六分之一的分享者

梵书里说在国家产生之前，印度人民生活处于自然状态，其时弱肉强食，人民的生活没有保障，于是人民选出国王来保护生命财产，而献贡赋给国王作为报酬。也有梵书里讲是因为部落战争或者与魔鬼对抗，产生了国王。在早期吠陀时代，我们还不清楚当时的税收情况，只是知道国王供养祭司，祭司为国王接受人民的供奉。到了后期吠陀时代，税收制度和财政行政有了重大发展。人民以巴利和苏尔卡定期缴纳贡赋。巴利，开始好像是一种自愿的贡奉，后来成为强制征收。苏尔卡是向商人征收的。后来又有了巴伽税，巴伽是国王在收获谷物中应得的份额，即六分之一。国王也因此有了个别称，叫做六分之一的分享者。在特殊情况下，如收成的好坏，也有提高到四分之一或降低到八分之一。最基层的征税官是村长，他们在收获入仓时，会在各家谷仓门口查验收获物，并计算出国王应得的份额。除了巴伽，当时的税收还有商人缴纳的入市税和杂捐，牧人缴纳的牲口以及各种从业人员的贡品。国王有时也会想出各种花样充实自己的国库，如有的国王征收“乳金”，即为庆祝王储降生而征收的税金。有的国王在城市征收出生税和死亡税，罚款及出售物品的什一税。除了税收国王们还征发劳役。

约在公元前 6 世纪中叶，波斯征服了印度大部领土，建成波斯帝国的第 20 个行省，它每年向波斯交纳 360 塔兰特[①]砂金，比波斯其他 19 个州加起来还多。除此，还要以战车、圆盾、宝玉、帷幕和狮虎等物作为贡品。

---

① 塔兰特（talentum），古代中东和希腊—罗马世界使用的重量单位，约合今天的 30 公斤。当用作货币单位时，指同重的黄金或白银。

在孔雀王朝时期，《政事论》开列的税种有土地税、城市税、森林税、矿山税、道路税、执照税、产品税、商品税等。巴利税收演变成为了某些官员的给养，在特定地区额外征收的赋税。孔雀王朝后期除习惯上的巴利税（贡赋）、苏尔卡税（正税）和巴伽税（农产物中国王应得的份额）以外，取消特税、强迫劳动和捐款一类的苛捐杂税。

四、最初的公共事务

为神开凿运河灌溉民田

在一块苏美尔的泥板上写着："他以羔羊赎命，献上羔羊，即等于献上自己。"还有一块上写着："每天都要拜神，自愿向神捐献，因为这是神应得的。每天都向神跪拜、祈祷、祈求，你的愿望就会得到满足。"希望得到保护赐福和维持公平，是人民对神供奉的最原始和最普遍的动机。在苏美尔神话中，神有时还会依仗自己的神力与凡人讨价还价。神庙在接受供奉的同时，也承担了大量的公共事务。到了国王的时代，他不仅一再宣誓供奉神的义务，还不停向臣民陈述自己将维持公平和正义，会承担公共事务。

在神王时代，祭祀是首要的也是最重要的公共事务，这里承寄着人民的幸福和希望。税收很大一部分也是为了供奉给神。供奉给神的祭品必须是纯白的羊，在拉格什城邦的法典里，规定居民必须交纳白羊为实物税，这是要供奉给神的。如果他们的羊群里没有白色的羊，只有杂色的羊，就需要拿货币税来替代。神庙为了祭祀献祭的需要，也养殖了庞大的绵羊和山羊群。在乌尔第三王朝的舒勒吉统治时期的一份档案里，提到的牲畜总数就有35万头。

安全保障在战乱频仍的时代，也是非常重要的。一旦城邦战败，不仅土地财产化为乌有，而且自身也要变成奴隶。一则苏美尔诗歌描写亡国奴的悲惨：

国家在残酷敌人的手里，
诸神都给俘虏了去，
居民担负着苛重的贡赋和租税。
运河和灌溉渠归于荒废，
底格里斯河上再也不能行船，
也没有人灌溉田地，
田地不再生产谷粒。

乌尔城被伊拉蒙人攻破，乌尔城财富被洗劫一空，乌尔王成了俘虏。乌尔诗人写了一首诗。质朴的泥板虽历经近5000年的岁月，我们还能感到作者的颤抖：

我，被敌人奸污了，呀！他连手都没有洗；那双带血的手，把我吓个半死。

啊，可怜的女人。你的尊严已被禽兽剥夺净尽！
他脱下我的衣裙，去温暖他的妻子，
他抢走我的首饰，去装饰他的女儿。
我成了他的俘虏——事事得仰其鼻息。
想着那令人发抖的一天，
他闯进我的宫殿，我躲进了夹壁，瑟缩着像只鸽子。
他闯进夹壁，我爬上屋梁，像只飘飘欲坠的小猫头鹰。

他在追，我在逃，逃离神龛，逃离城市，像一只无依的小鸟。

啊！我在叹息：
“何年何月才能回到我那遥远的故乡？”

在苏美尔泥板中，也留下了很多英雄史诗，人们颂扬他们奋勇力战保卫家国的精神。国王们也在自己的铭文和法典中自称战士，宣扬自己的能力，承诺要抵抗暴力的武装侵略，保护城邦的神灵和人民不受侵犯。除了维持武备，还要修建和维护防卫工事。修建城墙也是当时各城邦不可或缺的一项重要工作。《吉尔伽美什》描写乌鲁克城“在刺眼的阳光下发出铜片一样的光芒”。乌鲁克城周围环绕着十多公里的城墙，城墙都是用烤过的砖砌成的。

对生产的支持，其实应该是苏美尔城邦最早的公共事务。正是因为灌溉的发明，才有了这么多的剩余产品，供养苏美尔城邦。虽然农具还很原始，但是苏美尔人却建成了庞大的灌溉水渠网络，受到灌溉的土地特别肥沃，竟然能生产出比同时期其他地区多36倍的粮食，好的年份还能达到105倍。在泥板文书里，经常可以看到国王们不厌其烦地宣扬自己扩大和保护人工灌溉网络的功绩，往往比战争的胜利还要重要。在拉尔萨国王的一块铭文里宣扬自己又开凿了一条运河，“这条运河供应为数众多的居民的饮用水……使谷物丰收……一直开到海岸。”

泥板文书提到的灌溉工程，包括节制河流和水渠的泛滥，修复洪水所造成的损害，加固河岸，灌溉蓄水池，调节田地的灌溉和有关田地灌溉的不同土工等。由于泥筑的工程，需要经常的疏通，需要经常维持一支相当专业的队伍。上游每新挖一条渠道，就将减少下游城市的供水量，对水源的保护和争夺是城邦政府最重要的事务。

运河和灌溉沟渠的遗迹现在还保存着，这些运河不仅为灌溉提供了便利，而且方便了粮食运输。这些工程都是国家的责任和国王的义务。

在尼普尔发现的12块泥板和一些残片，可以说是世界上最早的农业生产手册。从现存的100多行文字看，集中介绍了如何才能取得好的收成。手册建议农夫乞求田鼠和害虫之神宁基里姆保护庄稼幼苗不受损害。告诫农民不要等到大麦成熟到麦穗低下头时才收割，而应在那个恰当的时刻——最旺盛时——收获。这本农业手册的作者显然不可能是农民。因为在当时大多数农夫是不识字的。要学会和书写楔形文字是很不容易的事情，就是制作成泥板也不是一件容易的事情，在当时都有专门人员操作。这就很大可能是当时政府编写的指导农民生产的手册。用今天的眼光来看，这个手册的实用性有限，还带有很大的迷信色彩。

一般的苏美尔城邦都设有专门的学校，称作“埃都巴”（Edubba），意思是“泥板房”，就是学习阅读和书写楔形文字的学校，这也是现知的世界最早的官方教育机构。由神庙和王室主办，经费主要由神庙和王室承担，学生们也要缴纳一定数额的学费。在一块泥板文书上还刻写了一条谜语：“未睁开眼的人进去，大睁着眼的人出来。”谜底就是“埃都巴”。

神庙的祭司也承担着公共医疗的责任。

尼罗河的馈赠

苏美尔人把他们的洪水之神视作恶神，而埃及人则把他们的洪水之神看作“它的到来会给每个人带来欢乐”的神。希罗多德称埃及是“尼罗河的馈赠”。尼罗河的治理是埃及历代政府最重要的政务，埃及因尼罗河而产生。最早的村镇国家诺姆，用埃及象形文字表达就是河渠状（），其首领称为“河渠的管理者”。现存的前王朝时期曾统一上埃及的蝎王的蝎王权标头上，就雕着蝎王手持木锄主持开渠仪式的浮雕。埃及国家就是在治理尼罗河的水利工程的基础上逐步形成的。尼罗河的特点是每年准时泛滥一次，7 月开始涨水，10 月达到高潮，11 月退水。泛滥时将在河谷地带淤积大量肥沃的腐殖土，成为天然的肥料，使黑土地不用太多劳动，就能结出丰硕的果实。埃及人的农具一直就是木制品，不需要进步。但这样也把所有的田地界限，灌溉水渠都用黑土地盖上了，每年都得重新划界和开挖灌溉水渠。正是因为这个特点，埃及很早就形成了统一的中央集权国家。

第六王朝时，大概公元前 2420 年左右，从埃塞俄比亚高地吹来的季风，导致降雨不足、尼罗河水减少、农业歉收，甚至出现了人相食的记载，埃及陷入长期混乱，持续了数百年之久。大概到了公元前 1991 年第十二王朝时期，法老们找到了解决尼罗河持续下降的办法，开始在孟菲斯西南肥沃的法尤姆地区修建了宏大的灌溉工程。他们造了一个很大的大坝，又排泄了湖四周沼泽中的水，形成了一个面积达 1700 平方公里的天然水库。然后挖掘了一条 90 米宽的运河，可以把尼罗河河水引入水库。每当尼罗河泛滥时，他们就打开水闸，让水涌入盆地，储存起来。到了干旱的月份，再开闸放水，灌溉田地。

水利治理始终是埃及首要的，也是最重要公共事务。拿破仑在埃及时曾说："埃及政治与人民的福利，关系至深。政治清明，则沟渠治，水利溥；政治腐败，则沟渠塞，堤防破，灾害至。"① 马克思也曾形象地说："在埃及丰收是取决于好的或者坏的政府，犹如欧洲丰收取决于好的或者坏的天气一样。"②

埃及的另一项大的公共事务就是养官。因为尼罗河每年都要重新划界、修河渠、丈量水位等等，所以法老得养很多的官员。法老不仅要给这么多官员发放薪饷，一般都是食物——五谷、面包、啤酒等等，还要赐予他们很多土地，作为官俸的赐地不能世袭，不能买卖。

维持这样中央集权国家，还要养军，但法老的常备兵不多，因为埃及四周，不是沙漠，就是大海，防卫有限，内部秩序的维护主要靠法老的威严，所以需要的军队也不多。但后来也建了警察组织，有纸草文书说税吏往往带着警察去挨家挨户的收税。第十八王朝托特莫斯三世（Thutmose III）为埃及建立起一支强大的海军，

---

① ［法］摩赖：《巴罗河与埃及之文明》，刘麟生译，商务印书馆 1941 年版，第 20 页。

② 转引自［苏］格拉德舍夫斯基：《古代东方史》，吉林师范大学历史系翻译室译，高等教育出版社 1959 年版，第 135 页。

虽然花费增多了，但带来的收益也大。靠着这支海军，埃及对整个近东紧紧掌握，获得堆积如山的战利品，所征服之地的贡品源源而来。有文书说当时鉴定金银成色时，一次往往即达 9000 磅。埃及后期王朝开始大量征募希腊雇佣军，军费支出越来越大。

神庙祭祀等花费，开始并不大，直到古王国后期才逐步加大。其后每一届法老都要大力营造神庙建筑，每次征战回来，法老都要向神庙奉献丰厚的贡品，神庙成为“国家财富的储藏库”。

古代埃及最大的卡纳克（Karnak）神庙废墟前耸立的方尖碑上刻着：

> 花岗石，取自南方的石场，赤金，选自国外。此一神庙，远自河上，即可眺见。其光辉照耀两岸，灼灼有如朝阳……千万年后，见此神庙者，必将说：“不可解，不可解，前人何以能把全山，遍涂赤金”……晓谕世人，我筑此神庙，斗量赤金，如量黄沙……卡纳克有此建筑，乃使世人眼界大开。

在埃及的神庙遗址、各种碑刻、纸草文书留下了无数法老贡奉神庙的祭品清单。这里就不罗列了。神庙最盛时，占有埃及三分之一以上的土地，还享受免税特权。在一份纸草文书上记录着一个诗句，说法老总是把各种奇珍异宝奉献给神庙，从来就没有想从神庙里取点什么出来。

埃及史中，还有一个困惑，修建金字塔到底是为了法老的永生，还是为了救济更多的人民。希罗多德在埃及采访时，有人告诉他，“在第四王朝胡夫（Khufu）法老（希罗多德称之齐阿普斯 Cheops）之前，埃及人生活得富足而快乐，但是胡夫即位后，一切都变了……他把全埃及人当作牛马。一半人，他勒令到阿拉伯去运石头。另一半人，他勒令把石块从尼罗河运往工地……一次动员的人，便达好几十万。每三个月一轮班，如此工作 10 年之久，最后完成的建筑，其名就叫金字塔。”这是我们都知道的，修建金字塔是人民很重的劳役负担。但也有不少学者拿出很多证据，认为是法老在青黄不接时，为人民提供无数的工作机会和粮食。有纸草文书上写着："所有人的食物供给都由法老负责。"法老的财政部门也有专门供给人民食物的机构。埃及人仔细观察尼罗河的水位，建立仓库和粮仓，以便在发生饥荒时向百姓分发食物。财政部门不仅按照各地不同的水位确定税率，也按照这个测量结果来分配谷物的定额和可能要救济的额度。国家也鼓励富人从事救济事务，纸草文书上记录了一首诗："赠面包给无田可耕的人，与名垂千古同为不朽。"

教育也是重要的公共事务。基础教育的公立学校是由神庙负责承办，一般较富裕家庭子弟都有机会就学。从学校教师到帝国的文部大臣，很多时候都是由祭司担任。一些纸草文书上记录下来当时鼓励大家读书的话："专心去求学，爱书如爱娘。""万般皆下品，唯有读书高。""三百六十行，行行受人管，唯有读书人，自由似神仙。""当兵苦，种田忙，只有读书最快乐；朝读书，晚读书，忧愁痛苦一笔勾。"当时的手抄教本，也一直留存到了今天。学生由神庙学校毕业后，一部分可升入财政部门办的公立学校，在这里毕业后，就可进入政府机构实习。这是国家官吏的主要来源。教育也在一定程度上决定着古代埃及的命运，教育兴旺时，国家就能得到大量掌握了书写和计算的官吏，等神庙破败，教育中断后，不仅埃及文字无人识读，就连国家和文明也不存在了。

医疗是另外一项重要的公共服务。埃及早期法老中，就有一位医生，还留下了医学专著。可能提供一定医疗服务也是早期部落头人的职责，所以他们能有一些医术传下来。虽然埃及对医学已经有了很多认识，还有分科的发明，但是对于普通人民的医疗，主要还是靠祭司的巫术。如感冒了，祭司会认为有感冒鬼作怪，只要用咒语把感冒鬼赶走了，病就会好。在祭司那里，各种疾病，都是由各种鬼主管的，只要驱除了这些鬼，病就能治好。埃及人认为，人体健康首要注重的就是公共卫生，政府对这方面也比较注意。

谁提供的公共服务

在印度早期的哈拉巴及摩亨佐·达罗两大城市，我们可以看到宽阔的道路、城市要塞、大浴场、谷物仓库等，还有纵横交错的水利设施。更让今人惊奇的是他们已经成功地将污水排泄和饮用水分开，家家户户都有污水槽，可以自动把污水排到地下。这样的公共服务系统，是谁建构的，是如何运行的，由于我们还无法识别他们的文字，无法回答，只能惊叹。2001 年，在印度西部的海底又发现了比哈拉巴及摩亨佐·达罗更早 5000 年的城市，目前也还是只能让我们更加惊叹。他们终无法战胜洪水的泛滥，只能成为遗迹，供后人凭吊。

其后最值得称道的应是孔雀王朝的公共服务了。孔雀王朝的第三任国王，就是著名的阿育王。他经过无数次征战统一了印度。在最后一场征战，即征服羯陵迦之战中，他俘获了 15 万人及大量牲畜，取得大胜。但是面对 10 多万将士战死疆场，他深感悔恨，终于放下屠刀，立地成佛。在羯陵迦，阿育王发出“独立敕令”，并刻在岩石上，他宣称：“所有的人都是我的孩子。正像对我自己的孩子，我希望能向他们提供在此世和彼世中的全部福祉和幸福那样，我也希望向所有的人提供同样的福祉和幸福。”阿育王希望把他的人民当作子女看待，选派官员来照料人民，如同母亲把儿女托付给熟练的保姆看护一样，充分体现了佛家慈悲为怀的思想。阿育王碑文中提到负责乡村和县福利的官员叫拉朱卡和普拉代西卡。国王给孤儿老弱及无靠的人以抚养。当孤苦的妇女怀孕时，给以衣食，同时也对她们所生的子女加以周济。工匠，从国库领取生活费，为农人打造农具。牧人和猎人从国家获得谷类津贴，作为驱除野兽的报酬。一些学者，包括婆罗门和沙门，也都可以获得国家的津贴。阿育王还兴建了许多医院，为人民提供医疗服务。他认为他所做的一切努力都是为了要报答他从一切众生那里所受到的恩惠。

在孔雀王朝，即使最专横的统治者，也不能不对阿育王的遗训予以重视，国王应对人民的福利负责，采取措施确保城市与乡村公民的福利。

孔雀王朝在灌溉和其他公共工程上也花费大量金钱，最有名的灌溉工程是卡提阿瓦的苏达尔桑纳湖。一般大型的水利设施由国家负责，当地居民提供人力，享用这种水资源灌溉的土地要征收四分之一到三分之一的谷物税。孔雀王朝还修筑了大量设置有里程碑的道路，道路两边有多荫的树丛和水井。

当然，养军的军费支出和养官的俸禄支出，依然是孔雀王朝最主要的两项支出。《政事论》中提到孔雀王朝俸禄的等级设计，最高的是国王的高级祭司，有4.8万帕纳①，最低的是巡视员，只有60帕纳。

五、第一个预算设想

苏美尔人的收支平衡术与救灾策

在最初的苏美尔人那里，财政平衡不是问题。经常性的支出一般都和一定量的土地挂钩。无论神庙的执事，还是政府的官员，还是神庙、宫廷的各种公共机构，都是通过得到一定量的土地来满足生活和公务所需。执事和官员们会把这些土地出租给农人耕种，收取租金。土地总是和一定的职责相关联，就是得到相应的赐地，必须履行相应的职责。如得到赐地的军人因服兵役被俘，则他的赐地将给其他愿意代其服兵役的人，但该军人获释返乡，则应归还其田

① 帕纳（panas），古代印度货币单位，重约3.6克，相当于32粒种子的重量。

园并由其自行担负兵役。如果其子能够代服兵役则可继承田园。如果其自己不能履行兵役义务，而由愿意代服兵役的人取得其田园，一旦满了三年，他则无权索回。田园是公产，只是其服役的酬劳，不能作为其被俘的赎金。赎金应该由神庙或者国库另行拨付。但是如果被俘时其子年幼，可以将田园的三分之一交予其母，由其母养育。

但是，土地资源是有限的。官员队伍随着城邦国家的发展，不断膨胀。特别是战争频发，为了激励军人，也会不断增加军人的赐地。还有一些有权势者，会利用特权得到更多的土地。一份泥板文书记载，一个阿卡德的军队统帅曾从王室得到190公顷的耕地。这些都在考验政府的平衡能力，不过我们看到更多的是，国家会更疯狂地抢夺民田，甚至不断侵蚀神庙的公地。

农业总是靠天吃饭，就是有神灵护佑的苏美尔，也经常会出现灾荒的年份。在经历了多次荒年后，神庙和城邦也逐步建立起来储备救灾的思想和制度。在苏美尔史诗《吉尔伽美什》里父神阿努问女儿伊什妲尔："将有七年的歉收来到。为人民你可曾把粮谷积好？为牲畜你可曾使草儿繁茂？"伊什妲尔回答："我为人民储存了粮谷，为牲畜备足了草料。即或七年的歉收来到，为人民我已经把粮谷积好，为牲畜已经使草儿繁茂。"西方数字的"七"或者像中国文化中的"三"，既表示实数，又表达概数。如泥板文书里经常能看到"七贤"、"七年歉收"、"七身索子甲"、"造船七天竣工"、"船在泥什尔山搁浅七天"、"祭神时的七只又七只酒盏"、"烤了七个面包"、"七年如一日"等等。

对于普通民众的救济，神庙和城邦政府会采用建造大型工程来解决。每到农闲或青黄不接的时段，政府就会开工修建城墙、神庙或其他公共工程。建筑需要大量劳力，建立安努神庙这样的建筑，需要1500人每天工作十小时，五年才能完工。人民可以通过从事公共工程建设，按时定量从国库领取口粮。楔形文字的"食"是由SAG（人头）和NINDA（面食）组合成，字形就是一个"斜面碗”。斜面碗在很多遗址都有大量出土，大小基本相同，有着统一的规格。在泥板文书中确认，这就是为当时发放口粮的量器。

对于重大的财政开支，还要通过人民议政机构，经一定的程序的批准。苏美尔史诗《吉尔伽美什》里描述首领吉尔伽美什“问计于城中众长老，共把国事来商讨”，在众长老前，他反复申说：“完成诸井、完成境内所有的井，完成诸井和境内小容器，挖掘诸井，完成那系紧的绳索。”“觅取他们的答话”。“那已经召开的他的城市的长老会议，答复吉尔伽美什：‘完成诸井、完成境内所有的井，完成诸井和境内小容器，挖掘诸井，完成那系紧的绳索。’”在得到长老会议的同意后，吉尔伽美什又“在他的城市的民众面前，说出事由，觅取他们的答话。”他还需得到“召开的他的城市的民众会”的同意。这里的井是指蓄水池或水库之类的抗旱排涝设施。

法老做了一个梦

从各种记载看，埃及大多数时候都比苏美尔富裕，法老的仓库大部分时间都是满满的。周围的人遇到饥荒，都前往埃及找活路，买粮或者打工。

尼罗河周而复始地泛滥、退水。埃及人周而复始地划界、耕种、收获。一切都是这样的充满确定性。尼罗河带来的独特的生产方式，也深深影响了埃及早期的财政体制。法老也很享受这种确定性，他宣布对所有土地的最高所有权和支配权，但他不准许农民迁徙。为了管理土地的丈量、分配、核对，为了对粮食的税收、入库、保管、再分配，他养活了特别庞大的基层公务员队伍。土地这样一下都被淹了，一下都又出来了。他必须保证每一次出来，都有人能种粮纳税。土地没有固定的疆界，没有办法稳住农民。法老要想尽一切办法把一切固定下来，淹没时，他带他们去修金字塔、修神庙。退水了，他再带他们回来，把土地重新丈量分配给他们。一切都需要固定而确定。只要一个环节出现差错，可能所有的程序都乱了。法老尤其关心人口、财产和土地的清查工作。《巴勒莫石碑》详细记录了与国库财政收入活动有关的一切工作。在碑铭上我们可以看到通常是两年一次的按期进行的“第×次计算”，即人和物的清查。有时明确记载“计算（清查）黄金和土地”或“计算大牲畜”。清查人口、动产和不动产，并以此为根据征收税赋是一切国家的重要职能。后来发明制定了全国性的土地籍簿，才停止每两年一次的土地清查，但是牲畜还得每两年清查一次。到新王国时期，土地丈量、分配交给地方政府，税收部门相对独立，管理的分工合作灵活多了，不再需要进行监督劳动，对土地使用管理减弱，还出现了佃农等多种形式。

财政的收支都有固定的程式，只要尼罗河稳定地泛滥、退去，一切就都是稳定的，法老国库的各个仓库，也都是满满的。但一旦尼罗河有了点滴变化，国家的财政可能就会……

在《圣经》里有个故事。法老做了个梦。梦见自己站在河边，有七只母牛从河里上来，又美好又肥壮，在芦荻中吃草。随后又有七只母牛从河里上来，又丑陋又干瘦，与那七只母牛一同站在河边。这又丑陋又干瘦的七只母牛吃尽了那又美好又肥壮的七只母牛。法老就醒了。他又睡着，第二回做梦，梦见一棵麦子长了七个穗子，又肥大又佳美，随后又长了七个穗子，又细弱又被东风吹焦了。这细弱的穗子吞了那七个又肥大又饱满的穗子。法老醒了，不料是个梦。法老心里不安，召了埃及所有的术士和博士来，却没有一人能为法老解这个梦。后来找来希伯来奴隶约瑟，他帮国王解了梦：法老的梦乃是一个。神已将所要做的事指示法老了。七只好母牛是七年，七个好穗子也是七年，预示着七个丰年。随后上来的七只又干瘦又丑陋的母牛是七年，那七个虚空、被东风吹焦的穗子也是七年，预示着七个荒年。就是说，埃及马上会有七个大丰年，但接着又要来七个荒年。当丰年时，收五分之一的税，聚敛起来，积蓄在各地仓库，以预备将来的七个荒年。

在上埃及厄勒藩汀附近的塞赫勒岛上，保留着一块托勒密王朝时代立的“饥馑碑”，记载了第三王朝时期的法老左塞王统治时期，曾有7年时间，尼罗河涨水不足，国家粮食大面积歉收，导致严重饥荒。后因左塞王为主宰尼罗河泛滥之神的克努姆神修建神庙，结果饥馑奇迹般结束。原来埃及历史上果然出现过7年连续饥荒的年份，可能还不止一次，这样的记忆，无疑丰富了埃及的财政管理，必须未雨绸缪，计划将来，建立长期的预算和规划。埃及可能有了较重的税收，有了更多的储备。在位于阿布辛贝的一座神庙的壁画上，展示了公元前1300年前后，拉美西斯二世（Ramesses II）的一座仓库：一袋袋的大麦，成摞的饼和成堆的坚果，数百头的牲畜。在阿玛纳城，考古工作者还发现了一座仓库，该仓库中有大袋的谷物和大量的鱼干，它们被分成六份，分放在六排架子上。很可能就是当时的储备方式，在度过一年后，仓库还有六年的储备，正好应了七个荒年之说。

法老在古埃及的本义是“大房子”，大房子有被解读为宫殿等，但也有解读为仓储，法老原来是仓储管理者，作为神灵的载体，法老为人民准备筹划安排着一切。

婆罗门的预言

在古代印度，当每年开始时，婆罗门会把关于旱灾和雨季、顺利的风向和疾病等情况预告与会的群众。人们设立有仓库以准备应付由于虫灾而引起的紧急情况。国王在每次将要发生物资缺乏的可能状况时，总能事先做好适当的准备，以有备无患。在这方面，从已有的记载看，似乎从未发生过差错。

为了实现收支平衡，孔雀王朝把全国分为四类地区：第一类，为士兵提供给养，这一类不用纳税；第二类以谷物、牲畜、黄金或原料纳税的村；第三类，为国家修建堡垒和其他公共设施提供劳动力的村，他们以役抵税；第四类，以日用产品代替赋税的村。这样就能通过不同的收入形式，来对应各种支出所需，实现收支平衡。这就要求税务官“计算已耕地、未耕地、平原地、潮湿地、花园、菜园、围栅、森林、神坛、神庙、灌溉工程、火葬场、饲养房、旅行者免费供水池、敬香地、牧场和道路，从而确定不同的村、田、森林和道路的界限，把赠品、买卖契约、布施物以及田地免税的情况登记下来。”只有建立完整的数据库系统，才能减少国家财务行政的不确定性。

同时对各种减免税进行严格控制，要求“国王赐予耕种者的恩惠和宽免，只应是有利于国库的增益；而耗空国库，则应避免”。对于不好好耕种的人，国王可以没收其土地给其他劳动者耕种，以保证国家赋税。

六、第一部财政法

苏美尔人如何用法律规范财政

在出土的泥板楔形文书中，有大量的法律文件，苏美尔人为人类建立了最早的法制传统。对于苏美尔人法律的起源，有学者推测，在苏美尔城邦最初神庙是以神的旨意进行规范统治。到了世俗的国王时代，国王需要另建统治合法性和人民行为的规范，于是出现了法。

从尼普尔出土的《乌尔纳姆法典》是我们现在找到的最早的人类成文法典，其序言说：“这位伟大的勇士、乌尔的君主、苏美尔和阿卡德的君主乌尔纳姆在这个国度建立了平等的秩序，消除了凌辱、暴力和冲突。孤儿不再交由富人处置；寡妇也不再被交给有权有势的人。”这些法律保存最完整的，也是集大成的当属著名的

《汉谟拉比法典》，原文刻在雪花岩的石柱之上，埃兰人侵入巴比伦后把石柱带回苏撒，1901 年为法国考古队发现，现保存在法国卢浮宫博物馆。多数学者赞成《汉谟拉比法典》公布于其登基的公元前 1792 年，但也有学者通过天文学的证据认为应在公元前 1848 年。《汉谟拉比法典》的序言宣称要“让正义之光照耀整个大地，消灭一切罪人和恶人，使强者不能压迫弱者”。

人间公平和正义的主持者，不再是神，而是国王的法律。这些法律规范了世俗的人的婚姻、财产关系，也包括财政规范。

第一，保护神庙和国家库房的安全。规定如果盗窃了相关财产，会被处死。不仅如此，接赃者也要被处死。第二，对于土地财政相对应的各种关系，进行规范。以确保相关土地不会被出售，其挂钩的各项义务得到履行。第三，维持基本的经济秩序，对于各种商品价格、债务利息作出具体规定。第四，为了保证国家税收，许多法律还对执行细节作了具体规定，如《伊新国王李必特·伊丝达的法典》第十八条规定：“倘房屋之主人或房屋之女主人不履行房屋纳税的义务，而其他自由民代为履行，且经过三年而主人或女主人并未赶走此人，则此负担房屋税的人可以占取房屋；房屋主人不得提出要求。”第五，对违反法律的各种行为，规定了相应的赎罪金额。

法老他自己说

埃及没有留下苏美尔那样的成文法典，至少目前我们还没有任何这方面的发现。有学者根据纸草文书中的一些只言片语，认为在第十二王朝时期就已经有了成文法典，还有学者说这样的法典记录在 40 张皮革上，放置在维西尔大厅的维西尔面前。但这种推测，并没有得到广泛的同意。

在法老的法律开头经常是“法老他自己说”。在埃及，法老说的就是法律。在埃及立法是法老一个人的事，他没有也从不委托给任何人或任何团体。他只把司法执行工作委托给他的官吏。

法老具有神的属性，代表着公平和正义。一块浮雕上刻着：不分贵贱贫富，既来申诉均受重视。在其他一些文献中，我们也能看到在宣扬法律面前人人平等的思想。

法老的敕令和口谕就是法律的意志的合法表达。法老关于财政方面的敕令留下来的材料还不少，既包括搬运、挖掘、运水以及贡纳金、铜、食品、药膏等，还包括了给神庙的赐地和免税。希罗多德记述在阿苏奇斯当政时，曾因埃及金融紧迫，定出一条法律，一个人可以用他父亲的尸体作抵押来贷款。还规定，债主对于债务人的全部墓地有财政置留权。我们所能知道的就仅仅是这样的一些片段。

埃及虽有长老组成的咨政院（Saru）以备法老咨询，还有“十人委员会”，但好像很多余，只是从部落时代留下来的遗存，对法老没有任何作用，至少我们至今还不清楚他们的作用。

刻在岩石上的财政法

在古印度留存下来的文献中，乔达摩的《法经》应是涉及财政法最早的文献，大概诞生于公元前6世纪。其中对收入和赋税的规定如下：

> 婆罗门的补充收入是接受布施。
> 刹帝利的是战争虏获品。
> 吠舍和首陀罗的是工钱。
> 农民把收成的十分之一、八分之一或六分之一，
> 作为赋税缴给国王。
> 牲畜与黄金的十五分之一被征为赋税。
> 在商业中征收十二分之一。
> 根、果、花、药草、蜂蜜、肉、草和木柴征收十六分之一。
> 每个手工业者每月应为国王工作一天。

这是指依自己劳动为生的人。

也适用于船和车的所有者。

商人应把一种商品比市价便宜卖给国王。

阿育王时把自己的法令刻在岩石上，他的与财政法相关的条文多是对政府提供公共服务的强调：

在神所宠爱的阿育王国家的各处，并在和它接壤的珠达、盘底耶、凯罗拉普特拉，甚至在锡兰人和希腊人的国王安条克那里，也在与安条克王相临的国王那里，神所宠爱的阿育王实行两种医疗：对人的医疗和对牲畜的医疗。

他命令把药草运往一切没有人畜所需药草的地方，并加以栽种。他命令把块根植物和水果运往一切没有这些东西的地方，并加以栽种。

他命令在道路旁掘井植树，以便利人和牲畜。

此外，古印度著名的《摩奴法典》，不仅规定了各等级在财税方面的权利与义务，并有赋税专章。《摩奴法典》是婆罗门教的祭司以人类始祖摩奴的名义编写的。中国现有两种《摩奴法典》的汉译本，一本是从法译本转译的；一本是从梵文原本直译的。

七、第一次反抗

泥板文书里的呻吟

苏美尔泥板文书，生动地反映了当时的历史场景，表达了强烈的人间社会的生活气息。在《吉尔伽美什》史诗中，我们听到人民于暴政之下的呻吟，也听到了人民的愤怒：

吉尔伽美什不给父亲们保留儿子，
日日夜夜，他的残暴从不敛息。
这是我们的保护人吗？
吉尔伽美什不给母亲们保留闺女，
即便是武士的女儿，贵族的爱妻。
……
那吉尔伽美什仗恃他的膂力，
像野牛一般统治人们。
……
拥有广场的乌鲁克王吉尔伽美什，
为娶亲他设了鼓，随心所欲，
连那些已婚的妇女，
他也要染指，
他是第一个，丈夫却居其次。

在其他的史诗里，还记载了吉尔伽美什为修筑乌鲁克城墙，极力征调夫役，闹得民不聊生。在史诗里，人民向神祈祷，终于，神另外派下勇士，促动吉尔伽美什醒悟。吉尔伽美什一度还被人民流放到外邦。更多泥板文书，记载了人民的反抗，很多城邦国家在人民的反抗中被推翻。一块泥板文书记载阿加德国王理木什"被其仆用泥板文书杀死"。另一块泥板文书记载一个叫玛尼什吐苏的国王"被其宫殿杀死"。

在巴黎卢浮宫博物馆，完好保存着两块圆锥状的泥块，上面记录了拉格什国王卢加尔安达横征暴敛，被乌鲁卡基以暴力推翻。这两块泥圆锥上刻写的就是以乌鲁卡基名义发布的文告。反映了乌鲁卡基希望限制贵族，并恢复土地、牲畜等公共所有制的愿望。在文告中，他免除了各种苛捐杂税，"他命船舶监督离开船舶。他命牧人监督离开驴和羊。他命渔人监督离开渔网。他命粮仓长官离开祭司的税谷。他免除在没有白羊或没有羔羊时征收白银的监督。他免除祭司应献恩西宫中礼品的监督。”乌鲁卡基宣布要恢复“原有秩序”，他以神的名义将土地重新收为公共的土地。他禁止祭司借丧葬之名向死者家属收取大量物资。他颁布命令：“使拉格什公民从债务奴役、欺骗、谷物和财宝被盗窃的情况中解放出来，从残杀和掠夺中解放出来。”在公共事务方面，他不仅疏通旧运河，还新挖掘了一条新运河。我们从其他的文献知道，乌鲁卡基的统治只有六年，他在一场与邻邦的战争中死去，他的事业也中断了。

大地像陶钧一样翻转起来

相比苏美尔人，或者其他什么地方的人，埃及人本来很舒服的。因为尼罗河，他们花很少的气力，就会有很多的收获。他们本来有很多的休闲时光，他们会思索很多奇怪的问题。天上为什么会有太阳？星星来自何处？人死亡后是去了哪里？还有，是谁规定尼罗河会定期涨落？当然尼罗河也教会他们相互协助，筑渠修坝，互助共利，但这需要领导者。这个领导者的权力越来越大，还告诉他们，原来是他掌握着尼罗河的涨落，是太阳神的化身，他会住在金字塔里永生。他们开始被迫种地向他交租税，开始为他修筑巨大的金字塔。当日子还能过下去的时候，人民还能忍受，但压迫越来越大时，终于有一天，他们会揭竿而起。

希罗多德形容农夫的悲惨：“每一个农夫仅纳十分之一的税，想象中其负担似乎很轻，但事实上则不然。麦尚未熟，虫先吃了一半。另一半成熟后，又受害于河马。田里，老鼠、蚱蜢、小鸟再吃，收回来的已所剩无几。其实，能收回一点，已算幸运。那倒霉的，遇到恶人，半抢半偷，根本一点也拿不回来。犁朽烂，耙坏了，正发愁，税吏来了，‘要十分之一！’没有。没有？法老的士兵，加上吆喝的黑人，就动手揍人。打得鼻青脸肿不算，还绳捆索绑拖到河边。孩子被绑成一串，妻子和农夫用绳系在一块。士兵凶横地把农夫头下脚上持着，说一声去，头就被浸在水里……”还有奴隶，“这些受到强迫劳动的人，可说是很可怜的。他们常常食不果腹，衣不蔽体，伤了无人恤，病了无人问。一年到头，都有做不完的工，干不完的活。无论老弱妇孺，都非做到精疲力竭，不准休息……每个人都感到生不如死。”①

荷兰莱登博物馆藏的第344号纸草文书，记载了公元前1750年左右中王国时期的一次贫民暴动的场景。“……庶人已变成珍宝的所有主。那些曾经是穿不起草鞋的人，现在已经变成为财富的所有者了……贵族陷于悲哀，而庶人则感到喜悦。每一个城市都说：‘让我们打杀我们中间的富有之人吧’……大地像陶钧一样翻转起来。……真的，档案库也被打开了。档案库中的租税公告表也被偷窃。奴隶已变成了奴隶的所有者了。真的，官吏已被打死……真的，计算收成的书吏，他们的登记簿也被毁灭了。埃及的谷物已成为共有财产。”

世界历史上第一次喊出公平和正义的崇高主张。但是，接下来却是，“看啊：国内的庶人已经变成富翁，财富的所有者却变成无产的人了。看啊：本是受管理的人，却已成为奴隶的所有者。那本是受人驱遣的人，现在却来驱遣他人了。看啊：那本来自己还没有面包的人，却已变成仓库的所有者了。他人的所有物补充到他的粮仓来了……看啊：望族的贵妇，珍宝的女主人，正在交出自己的儿女，作为婢妾。看啊：高官显宦的孩子，现在衣衫褴褛，他们的畜群已属于掠夺者所有了……看啊：那本来是举借谷债的人，现在自己却出贷谷物了。看啊：那本来还没有临时奴隶的人，现在却已经是代代相承的奴隶的所有者了。”像尼罗河周而复始的泛滥，埃及的体制也有极大的自我修复能力。革命者成了新的压迫者，他们还

① 对于埃及奴隶，有很多证据证明他们和希腊、罗马的典型奴隶不同，他们拥有很多权利，甚至土地权，只是身份地位很低，一般来自战俘、外邦人和债务人。

不知道建立什么新的统治形式。

在每一个王朝的末期，我们都可以看到大量国家官吏、王公贵族徇私舞弊，抢夺穷人财产的记录。有些官吏死后，在其墓志铭中一再强调“我没有霸占人家的女儿，我没有霸占他人的田地”，好像这是多么难得似的。

埃及的财政体制，始终公私不分、教俗不分、军政不分。庞大的官僚体系，又缺乏有效的监督，官吏们很容易滥用权力，中饱私囊。一切都靠法老的神圣和权威。在金字塔的一块石块上，我们发现石匠们刻的“看法老醉成这样”，当法老的神的地位开始被怀疑时，他就再也控制不住了。

印度河的喧腾与平静

在远古，由于印度河入海口的地质变动，河口上升，印度河成为大湖泊，将城市淹没。等大湖泊的水上升到一定高度，巨量的湖水不断侵蚀和冲击，把抬高的河口冲垮，夺路入海，土地不仅重新露出水面，而且形成数米的黑土层，成为肥沃的田地。吸引着又一批移民来此定居。如此往复，每次轮回时间都不能确定，不超过百年。或由此产生的轮回思想，也深深影响了古代印度的宗教和人民。一批批的移民使印度的民族众多，宗教众多，很难形成统一的国家。印度，更多是地理上的名词，纵使孔雀王朝及后来几个王朝有过短暂的统一，但统一质量有限，地方还带有很大的自治色彩，中央政府财政汲取能力有限，也无法支撑起一个帝国。印度史家也从不好意思称它们为帝国，甚至连王朝也觉得勉强。

相对松散、相对独立，较大程度自治的城市和乡村的管理也就较为宽松，人民组成的各级会议还有相当大的权威能够制衡行政权力。另一方面，由于种姓、等级和职业的挂钩，所有的职业都相对稳定，农民的生活似乎并不艰苦，他们不服兵役和其他公共劳役，所要做的唯一工作就是全力从事耕种。由于他们为社会贡献食物，被看作其他职业者的恩人。即使在战争和冲突时，他们也不会受到侵扰。由于轮回，即使低等级的人也相信，只要勤恳努力工作，死时经过某种仪式，来世也能上升到上一个等级。所以这里虽然也有贫富的差距，也存在不公平的分配，但是却相对平静。即使以阶级斗争为纲写出来的世界历史教材，也找不到多么激烈的斗争，只能以一些佛经故事里，国王被攻击、驱赶、杀害的带有神话色彩的故事来充数。

相对人民起义的兵戈博弈，宗教的约束作用可能更大一些。很多国王都信奉宗教。孔雀王朝的开创者旃陀罗崛多就是一个虔诚的耆那教信仰者，他最后甚至弃位出家，做了一个苦行僧，按照耆那教义苦行修行，最后饿死在南印度。他的孙子阿育王，也是著名的佛教徒，把佛家慈悲思想融入国家治理，对人民的剥夺相对也要轻很多，还能提供各种公共工程和公共救济。

八、最初的财政思想

或许我们还不能说财政思想，也没有文献记载下当时的财政思想。当时的财政理念都隐藏在各种神话故事中。

在苏美尔的一块泥板上记下了当时人们对神的祝祷辞：

啊，女神巴乌，拉格什城的创建者，
看，你的子民，在你的庇护下，多么健康富庶。
求你赐给他们平安，让他们长命百岁。
我们没有母亲，你就是我们的母亲；
我们没有父亲，你就是我们的父亲。
圣母，你知道什么是善，
求你把它像赐给我们生命一样的赐给我们。

万民的母亲，求你庇护我们，

让我们在你的照顾下，生活得平安、幸福、快乐。

人们通过向神祈祷，来述说心中的理想，对国家的愿景。希望通过神对国家的照顾，得到生活的平安、幸福和快乐。

国王也通过向神祈祷，来表达自己的施政纲领。乌鲁卡基那在他的法律上发誓，“他决不会把弱者和守寡者交给强者任意处置”。温马城国王在祷文中写道：“愿境内的人民见到一个公正的世界”。几乎我们能看到的每一个国王的法典的序言和结语都是向神承诺，要建立公平正义，要赐给人民福祉等等。当然也保证要为神献上丰厚的贡品，《汉谟拉比法典》里汉谟拉比王承诺要“使神庙更加富裕”。当然，什一税也是以神的名义征收的，在《汉谟拉比法典》里汉谟拉比王宣布要为神积聚更多的财富。开渠修路等公共服务的提供也都是对神的献礼。拉格什之王乌鲁卡基那向神述说：“他在乌鲁阿萨加为她建造一所她的剪羊毛的房屋。他为女神宁娜开凿一条流入宁娜城的运河，一条她所喜欢的运河。他使运河的蓄水库和海相通。他为她建造吉尔苏城的城墙。”

人民最初是为了获得神的保佑，希望得到公平、平安、幸福的社会，得到丰足的收获，向神庙和国家自愿贡献，后来变成固定的什一税。国王也是以神的名义来向人民征收赋税，他们的正当性也是神赐予的，《吉尔伽美什》里描述国王吉尔伽美什是神创造出来的：“大力神塑成了他的形态，天神舍马什授予他俊美的面庞，阿达特赐给他堂堂风采，诸大神使吉尔伽美什姿容秀逸，他有九尺的宽胸，十一步尺的身材！他三分之二是神，三分之一是人”。他为人们修建沟渠，也是给神的献礼，是神要赐予他的人民使用，以保证人民的生产能有较好的收成。

国王处理任何公共事务，必须得到人民的议会的同意，这也是神的意志。神也是这样做的，在苏美尔史诗里，神也没有绝对权威，许多重大事件，都是经过诸神会议决定的。意见不一致时，还会出现激烈的辩论。所以人间的君主也要受制于长老会、民众会、议事厅这样的机构。

在埃及，第十二王朝阿蒙尼姆赫特一世在一块石碑上宣扬："由于我勤于农事，虔敬农神，尼罗河两岸稻米，满坑满谷。在我当政的年代，老百姓，没有饥渴的，因为有了我，老百姓才能安居乐业。"

法老本身就是神，他是太阳神之子。埃及的一个地方州长这样吹嘘自己："国王把所有的工作都交给我，我没有侮辱过一个穷人家的女子，也没有强暴过一个寡妇，我没有鞭打过一个农夫，也没有驱逐过一个牧人，在我的周围没有一个贫困潦倒者，在我统治时期，也没有一个忍饥挨饿者。"他们对国王很忠贞，把自己看作国王正义的地方的代表。

法老的权威来自他们能让河流、太阳和土壤赐福于埃及的神奇力量。一旦农业歉收，就会直接会影响到法老的地位。古王国时代的一位哲学家伊普威尔（Ipuwer），鉴于暴乱、饥馑、腐败，曾发出这样的悲鸣："大家都在上供，但却不知道神在什么地方！"

在印度，国家也以神的名义把人民分成不同的等级。最古的吠陀经典当属《梨俱吠陀》，其第十卷中讲述了千首千眼的布路沙创世的故事：

由其头脑，产生月亮；
由其眼睛，产生太阳；
由其嘴巴，雷电和火；
由其肚脐，是生大气；
头首为天，双足为地；
由其两耳，是生四方；
诸神制作，世界以成。
其口转化，为婆罗门；
两手制成，罗阇尼亚；

尚有两腿，是为吠舍；

至于两脚，作首陀罗。

这就形成了影响至今的印度种姓制度。在财政上他们有着不同的权利和义务。婆罗门掌管宗教祭祀。罗阇尼亚后来发展成为刹帝利，担任国王和武士。吠舍主要从事农业、牧业和商业，通过捐赠和纳税的形式供养婆罗门和刹帝利。首陀罗从事手工业和帮佣，甚至沦为奴隶。

第三章
帝国财政的建构

对于目前正在世界上存在着的所有文明，
我不能确定哪个更古老。
埃及人、波斯人、腓尼基人以及我们希腊人，
事实上都可以平等地宣布自己是神的后代。
但是在所有这些不间断的兴起和衰落中，
我发现了一个不变的法则：
一个文明之所以能够成长壮大，
是因为在这个文明内部孕育着强烈的帝国理想化征服的欲望；
而这些理想和欲望一旦消失，
则整个文明必将干枯、死亡。
要么征服，要么被征服，
这是所有文明的生存法则。
……对于征服者来说，
建立并维系一个帝国，
这个经历将更加痛苦。

——古希腊　梭伦

帝国可以是指具有相当领土和人口规模的传统的君主国，也可以指能把权力或统治扩展到边界之外的国家。一般帝国都是超大规

模的国家，治理这样的国家，对其财政能力是极大的考验。能否有效建构可持续财政汲取管道，是一个帝国能否真正形成和延续的关键。规模的领土，必须有规模的财政的支撑，帝国财政在财政发展史上具有重要的作用和意义。本章重点介绍世界古代史出现在东西方的两大帝国财政——中华帝国财政和罗马帝国财政，他们对东西方其后财政文明的演进都有着重大的影响。

一、尝试中的帝国财政

征服与索贡

帝国通常都是通过征服形成的。

人的欲望是无穷的，一个欲望满足之后，又产生新的欲望。

帝王的欲望就更大了，几乎所有的帝王都觉得自己是已知世界唯一的主。德国中学教师奥尔格·弗里德里希·格罗特芬德对苏美尔楔形文字的破译作出了最初的关键性的贡献。他首先从无数波斯的碑刻铭文中发现了“万王之王X大帝乃万王之王Y大帝之子，Y乃Z之子”这样的套用语式。巴比伦王汉谟拉比在雪花岩上刻着天神授与他“统治全人类之权……使之成为万方之最强大者，并在其中建立一个其根基与天地共始终的不朽王国。”“我以为的金玉良言铭刻于我的石柱之上，并置于我的肖像亦即公正之王的肖像之前。我为凌驾于众王之上之王……”波斯王居鲁士自称：“我是居鲁士，宇宙的王，伟大的王，强有力的王，苏美尔和阿卡德的王，世界四方的王，安山城的王……永久王国的种子。”印度吠陀时代的小国君主，也自称“一统天下的君王”。古代中国的国王自称“天子”，宣称“普天之下，莫非王土，率土之滨，莫非王臣。”

在国家的最初阶段，大部分原生型国家财政明显有着“神庙财政”的特征，人民是自愿地向神庙捐赠。随着时间的推移，人民的自愿捐赠成为固定份额的捐献，一般都是10%，再后来变成了政府的强制征收。随着财富的积累，一个个城邦国家富强起来。以前进行战争，或多是部落间争夺生存空间，或者报复等，而现在爆发的战争则更多是为了掠夺。掠夺成了很多国家形成初期最主要的财政来源。

亚述国王辛那赫里攻占巴比伦后，留下了这段得意洋洋的记录：

> 我以主宰亚述神的力量包围了、占领了并毁灭了作为他的战利品的75个强大的城市、迦勒底的堡垒和它们周围的420个小居住地。我由乌鲁克、尼普尔、基什、胡尔萨卡拉玛、库塔、西巴尔押出来乌尔贝人、阿拉米亚人和迦勒底人，并把它们和犯罪城市的居民一起作为战利品……我抢劫了208000人，小人和大人，男人和女人，马匹、骡子、驴子、骆驼、有角大牲畜和无数绵羊，沉重的战利品，并带到亚述。在我的远征中，我从哈拉拉特的统治者纳布·贝尔·苏玛特接受了厚重的礼品：黄金、白银、大桑树、骡子、骆驼、有角大牲畜和绵羊。

赫梯国王德列平夸耀，“他到达了哈里普城，毁灭了哈里普城，并把哈里普城的俘虏及哈里普城的财富运到哈吐什。而以后，他到达了巴比伦，毁灭了巴比伦，并歼灭了胡里特人，而他把巴比伦俘虏及巴比伦的财富带到了哈吐什。”

今天有学者说，国家强大与否，和自己毫无关系，关键是自己要自由生活。但在人类文明伊始，国家一旦被消灭，国民就要立即沦为奴隶。不仅财产没有了，自己和家人的人身自由，甚至生命都没有了。最初的国王和将军们都是选举产生的，在战争中，没有人会选择那些温良恭俭让的谦谦君子，所能依赖的只能是那些凶悍勇猛的、甚至是野蛮的首领。人类的历史或者将开始由他们书写，征服，不断地征服。不是在征服战争中，被敌国征服，就是征服敌国。

但要形成帝国，不仅仅是征服，还要能稳定住征服的成果，能够征收到持续稳定的税收。征服和掠夺虽然能获得大量财富，但只是一时的，如果不能建立新的社会经济秩序，发展生产，建立财政持续汲取机制，征服是不能够长久和稳定的。征服的基础是军队，军队需要用财力来养活，需要用源源不断的财力来维系。从历史上看，帝国财政体制的形成有三个阶段，最开始是掠夺，并不占领城市。其后是索贡财政，就是建立附属关系，按照一定数目定期索取贡品。最后才是尝试帝国财政体制。

帝国财政模式初构

4000 多年前，人类历史上出现了被西方史学家称作最早的帝国——萨尔贡的阿卡德帝国（公元前 2371 年—前 2191 年），虽然其面积只相当于我们今天的宁夏回族自治区这么大，但是已经改变了人类文明形态，人类开始尝试管理多元的地域，建构复杂的财政体制。

苏美尔城邦之间战争不断，争夺土地、奴隶和霸权。王权在各城邦间流转，也逐渐形成一些大的同盟和霸主。阿卡德国王萨尔贡经过 34 次战争，统一了大部分的苏美尔城邦，自称“天下四方之王”、“普天下之王”，第一次建立中央集权的统治，他的铭文中说：“他使全国只有一张嘴”。萨尔贡攻占了很多城邦，掠夺了无数的财宝，这些都不重要，重要的是他开始在地方建立统治，征收赋税。萨尔贡被西方史学家称为“大帝”（The Great）。

在《阿卡德咒》里记载统一之初的场景：

人民饮食丰足，
沐浴过的人们充满喜悦，
拥挤到庆典场地，

相识的人聚在一起饮食，
外乡人像不平常的鸟窜来窜去，
纳贡者的行列中也有马尔哈希（城邦）。
猴子、大象、水牛、外来动物，
在公共广场多得挤在一起。
……
把阿卡德用黄金装满……用白银装满，
把铜、锡和大块的天青石运往国库，
让大麦在仓库里堆积成山。

萨尔贡突破了宗教的局限，突破了种族的局限，突破了城邦的局限，突破了征服的局限。征服者与被征服者，统一于新的秩序。国家规模的扩大，也增强了国家的财力，国家有了更大的力量来兴建更多的水利工程，修造运河，并能在更大范围内调节水利。无论对内贸易，还是对外贸易都有了很大发展。

萨尔贡任命阿卡德贵族和归附的地方贵族担任地方总督，但是地方总督仍有着很大的自治性，他们对阿卡德帝国的义务，就是定期纳税进贡。旧统治者和贵族还有很大势力，成为帝国不稳定的因素。萨尔贡大帝统治了他的帝国 55 年，在他去世后，地方势力就开始叛乱，但是阿卡德帝国还是存续了 5 代人。

在阿卡德帝国之后，又出现了乌尔第三王朝（约公元前 2113 年至前 2006 年），中央集权得到进一步加强。第一，是君臣等级更为森严。我们从《乌尔纳木法典》看到，国王被称为“给全国民众以生命之神”，官员被称为“国王的奴隶”。第二，地方官员不再世袭，全由国王任免，而且经常调换，他们不再是拥有自有财源的贵族，而是领取国家俸禄的官吏。第三，贡赋由地方官吏负责征收，国王在各地设置信使，定期向国王汇报各地收入情况。第四，完成了“土地登记簿”，实现了地界划分的登记。第五，建立了强大的王室经济，成为王室财政的主体。国王直接控制着全国五分之三的土地，国王的农场、牧场和各类手工业作坊遍布全国。乌尔第三王朝在古代帝国中，对地方的管控可以说是最成功的，虽然原来城邦各自的保护神依然存在，但已经失去了反抗的能力。乌尔第三王朝时期，一直没有发生大规模的地方叛乱，乌尔第三王朝最后是被埃兰人征服的。

其后，统一两河流域的是巴比伦王国（公元前 1894 年至公元前 1595 年）。巴比伦国王对一些城市和地区直接派遣行政长官管理，并在一些较大的地区设置总督进行监控。到王国末期，由国王任命的总督一职越来越多成为地方贵族世袭的特权。薄弱的交通联系时断时续，分裂和脱离成了常事。在伊比辛统治时期，首都发生了大面积的粮荒，粮价上涨了 60 倍。绝望中，国王命令尼普尔附近的伊新总督伊什比伊拉为他大量买进粮食。这位总督买了粮食，却在运输上遇到困难，他向国王奏报："马尔图人，所有的马尔图人已开进我国中部，攻克了一座又一座的要塞。他们力量太强，我方势单力薄，难以行动。"他还说，伊新和尼普尔也受到马图人威胁，希望国王授权他来保护这两个地方，国王只好答应。几年后，他就独立自立为王。其他总督拒绝出兵讨伐，因饥饿和财政危机困在首都的伊比辛也无可奈何，只能以神灵之名诅咒这些叛乱者。

审计、监督与特务

帝国财政体系建构，离不开审计和监督。

从苏美尔的泥板文书中，我们知道当时已经设有广泛的监督。在各个生产部门都设有监督和税官。如船舶监督、渔夫监督、牧人监督。税收征收的各个部门和环节也都设有监督，如征收白银的监督、征收贡品的监督。埃及也设有很多监督官，权力很大，地位也很高，具有较大的独立性。最重要的就是"记录监督官"和"谷物仓库监督官"。记录监督官负责对各类会计账簿和收支计算书进行审查。如发现差错或舞弊行为，轻者处以笞刑或罚款，情节严重者处之断肢或死刑。谷物仓库监督官主要负责监督租税征收，每年向法老提供一次收成决算报告。

对地方的监控也很重要，直接关系到国王能否按照规定收到地方的税赋。在埃及，地方行政单位叫“诺姆”，其行政长官为诺马尔赫（州长）。这些地方州长既有国王任命的，也有世袭的，但世袭州长在形式上需要法老的任命和批准。只要王室稍有衰弱，地方贵族就开始肆无忌惮的扩充自己的实力。很多时候，他们拥有自己的行政机构和军队，有支撑这些的财权。地方都有自己的财政大臣，第十一王朝时期的一个叫伊提的墓志铭里提到他是底比斯的财政大臣。自称在困难时期，养活了整个格伯陵，他有大量的牛羊，大批土地和财产。法老对地方的监控，在各个时期都有不同。第五王朝时期，设上下埃及官邸，负责监督地方和代国家征税。第十一王朝时期，任命王族成员担任重要地方的地方长官。第十二王朝时期，法老亲自巡行各地，督促将属于中央的税收上缴国库。第十八王朝时期，设置上下埃及，或南部、北部维西尔，负责监督地方和征收赋税。还出现了国库监督、谷仓监督、牲畜监督等监督官吏，加强了行政监督。并且设置了“两地君主之田野书吏”来负责税收涉及的田土计量和评估工作。

在印度孔雀王朝，王子出任地方总督进行监控。但最有创造力的是密探制度。密探由国王亲自领导，负责侦查官员和人民的行动，他们有权“对于一切在印度发生的事情都进行调查和监督”，并且直接向国王提交报告。阿育王对他的情报员颁布特殊旨令，要他们在任何时候、任何地方向他报告有关地方官和人民的事情，无论“当他在进餐时、在后官里、在内室中、在牛栏中、在轿子里或是在园林中，都不要有任何顾忌”。

波斯的帝国财政

从萨尔贡到波斯帝国居鲁士，中间的2000多年间出现了各种规模，大大小小的被称为帝国的国家，但是规模都有限，时间都不长。有些帝国只知竭泽而渔，大军过处、杀戮居民，掠夺财产，致使土地荒芜、生产衰退，激起人们反抗，走向衰落。也有的帝国成功建立中央集权，尝试各种措施稳定国家，以保证国家税赋。这些措施中，有的将不同地区的居民进行迁徙混杂，既消除其内在联系，也打破宗教和宗族的隔阂。有的通过大量密探，对征服区各方面的情报进行大量搜集，通过这些情报加强控制。有的通过笼络地方贵族，建立联合统治。有的通过建立地方行政层级，将统治直接延伸到最底层。到波斯帝国兴起时，人类已经积累了丰富的层级管理的经验。关键是波斯治下的各个地区，已经被各个大大小小的帝国反复整合过了，形成了较大地域的文化认同和制度认同，而且也已经成功建构起从基层到地区，再到中央的财税体系。帝国虽然还是以神授来维持财政的正当性，但财政已经从神庙财政中脱离出来。

波斯帝国（公元前 550 至公元前 330 年）最盛时，面积达到 695 万平方公里。它把大大小小的帝国征服了，发展成一个地跨亚欧非的庞大帝国。其面积相当于今日中国的 70%，却拥有 70 多个信仰不同神灵曾经分属不同帝国的民族和部落。

在大流士时代，把帝国分成若干行省，设总督治理。至于行省的数目，有说 20 个，有说 23 个，还有说 29 个。各行省内部还是沿用原来的统治阶层和法律制度，波斯并不追求统一。波斯虽然铸造了自己的钱币，但以前各国的钱币还能照样流行。就是官方语言，也是波斯语、亚拉姆语、希腊语、埃兰语混用。波斯唯一强求的就是服从和进贡。

为了保证服从，并能定期获得稳定赋税，大流士加强了对地方的控制，一是把整个帝国分为五个军区，驻军监控；二是建立特务组织，即所谓“国王的眼睛”，刺探各地情况；三是帝国的禁卫军也定期在各地巡视；四是建立全国驿站系统，便利军队调动和贡赋运送。

各地都有自己的财政机构，基本实施原来的财税制度。波斯帝国只是给各地规定一个上缴贡赋数，总督只要保证缴齐即可，具体如何征收，征收多少，帝国基本不过问。各地总督实际征收远远超过了上缴的定额。这些上缴的金银从各地络绎不绝的运往波斯，储存于苏萨和波斯波利斯的王家财库。各地上缴贡赋的定额有很大差别，最早征服的地区只需 170 塔兰特白银，其后征服的亚述和巴比伦王国 1000 塔兰特白银，最后征服的印度要上缴 360 塔兰特砂金，约合 4680 塔兰特白银，比其他行省加起来的还要多。各地税制不同，但一般都可以分为实物税和货币税，波斯人免征货币税，但可能也要交纳实物税。在波斯帝国，所有的贡赋只是从地方到中央单向流动，并没有再分配性质。地方上的各类公共支出，都由上缴后剩下的部分解决。从一些记载我们知道，帝国也在一些地方修建水库，重新挖掘疏通了尼罗河与红海之间的运河。

除了常规的贡赋，波斯帝国在常年的征战中，也会向一些地方强制征收临时性的军需物资和劳动力，这种负担也是非常繁重的。前 352 年波斯与埃及作战时，曾向西顿地方征集粮食等军需物资，还引发了当地人民大规模的暴乱。总体而言，波斯帝国的统治，还是相当宽容。它第一次把许多散落的文明点汇集起来，使印度、埃及与地中海世界连为一体，促进了技术交流和商业的发展。各地财富通过贡赋的形式汇集波斯，使波斯本部得到了最迅速的发展。当然，它也没有能真正使用好这些财富，大量贡赋就停滞在了它的国库，最后又被新的征服者亚历山大大帝运往希腊。

希腊的帝国梦

雅典第一任执政官梭伦在一次演讲中讲到："我本人游历了目前正在世界上存在着的所有文明，我也对已经消失的文明进行过仔细的考察。对于目前正在世界上存在着的所有文明，我不能确定哪个更古老。埃及人、波斯人、腓尼基人以及我们希腊人，事实上都可以平等地宣布自己是神的后代。但是在所有这些不间断的兴起和衰落中，我发现了一个不变的法则：一个文明之所以能够成长壮大，是因为在这个文明内部孕育着强烈的帝国理想化征服的欲望；而这些理想和欲望一旦消失，则整个文明必将干枯、死亡。要么征服，要么被征服，这是所有文明的生存法则。”

其实希腊是一个文化概念，一个地理名词，历史上不曾有过一个统一的希腊帝国。希腊是由数百个城邦组成的有共同神灵、共同语言，还有共同的运动会——奥林匹克运动会的地域文化体。城邦，就是一城一国，周围都是乡村。虽然有着很多相同，但是在财政制度上却有着很大的不同，其中最有代表的是雅典和斯巴达两个城邦。

斯巴达的平等财政

斯巴达人自称“平等人”，称自己的国家为“平等人公社”。传说很久很久以前一个叫枯古的立法者根据德尔菲神谕创建了斯巴达独特的体制。斯巴达人过着一种平均化、军事化的集体生活。所有的男性公民都编入“男营”，所有的女性公民都编入“女营”，丈夫和妻子可以定期见面、过夫妻生活，但是却不能在一起生活。所有的公民都接受统一的军事和音乐教育，所有的公民都在公共食堂就餐，吃同样的饭菜，喝一样的“黑肉汤”。每个公民都能从国家分得一份数量相同的土地，这些土地都由被称作“黑劳士”的国家奴隶为他们劳作，他们自己不用参加任何劳作，只需一心做好军事训练即可，随时准备听命出征。

斯巴达实行双王制，有两位国王。两个国王只有在打仗时才拥有无限的权力，一个国王充任统帅，一个国王留守国内。最高权力机构是由包括两位国王在内的30人组成的议事会。除了两位国王世袭以外，其他28人都由公民大会选举产生。只有60岁以上的公民才能当选，任期终身。议事会叫吉罗西亚，总揽军政大权，国家大事都由它讨论决定，再交公民大会通过。在议事会中，包括两位国王，所有成员都只有一票之权。公民大会只有欢呼赞同之权力，形同虚设。还有5位监察官，由议事会提名，公民大会欢呼选出，其职责最初只是监督公民“刮净胡须，遵守法律”，后来不断扩大。

从目前的史料，我们看不到斯巴达的财政官员系统。斯巴达人不崇尚文化，只能简单记录，其历史都是其他希腊人记录下来的。但我们归纳各种记载，基本可以发现斯巴达的财税结构分为两层，第一层是黑劳士向主人缴纳份地的地租。第二层是斯巴达公民向公餐团缴纳公餐费。按照规定，斯巴达公民年满30岁，成为正式公民之后就要开始交纳公餐费。只有在交纳公餐费用后才能成为全权公民，参加公民大会。如果不按时交纳公餐费就会被取消公民资格。地租和公餐费都由一系列的食物和10厄基那制奥波尔①的货币组成。食物包括大麦、干乳酪、无花果、油、酒等构成，货币用来买肉吃。此外，斯巴达公民在份地上收获的第一批农产品，还有打猎所获，都要上缴一份给他就餐的大食堂。最初斯巴达公民约有9000户，后来人口繁殖，土地需求扩大，斯巴达又征服了兄弟之邦的美塞尼亚，把它的土地分给斯巴达“平等人”公民，把它的人民变成黑劳士。

为了控制黑劳士，保证收入，斯巴达统治者要每年定期对其进行鞭打，让他们牢记自己奴隶的身份。还经常派人查访，杀害黑劳士中身体强壮的勇敢者和有不满情绪者。除了“平等人”公民和黑劳士，斯巴达还有庇里阿西人和其他外邦人从事工商活动，他们需交纳工商税。

亚里士多德说斯巴达公共财政不好，税额不能足额征收，握有

① 奥波尔（obol），古希腊货币单位，约重0.5—1克，6奥波尔相当于1德拉克玛。厄基那制据认为是古希腊最早流行的铸币制度，约公元前6世纪中期产生于厄基那岛。斯巴达为防止商品经济和财产分化，曾长期使用碎铁块这种最原始的铸币，使人们不易积蓄和携带。

土地的公民不肯自觉缴税，国库空虚。在斯巴达，很多支出都是由公民提供，如出征的军需物资等。平时和战时的劳役，则多由黑劳士担当，征战所需开支并不多。大多数斯巴达人都过着简朴的生活。

雅典公民没有赋税

雅典人并不是从一开始就是公民的，也不是从一开始就没有赋税的。亚里士多德曾经讲过一个关于僭主庇西特拉图（Peisistratus）的故事，他向人民征收十分之一的直接税，也就是种田、占卜、行医、经商，甚至卖淫，都要交十分之一的直接税。有一次他遇到一位正在耕地的农夫，他问农民这么努力，能收获到什么。农夫回答："痛苦和烦恼，但愿庇西特拉图也能收到我十分之一的痛苦和烦恼。"与赋税相比，地租的负担更为沉重。在当时，全国土地都集中在少数贵族手里，穷人为富人耕田，要交租六分之五，自己只剩下六分之一，被称作"六一汉"，这是我们所知的古典时代最重的地租。如果一旦交不起租，他们和他们的子女都要成为债务奴隶。这样悲惨的状况一直持续到梭伦（Solon）改革之时为止。

公元前594年梭伦出任首席执政官，他很有悲天悯人的情怀，亚里士多德的《雅典政制》摘录了他的一首诗：

> 我注目凝视，而悲哀充溢于吾心，
>
> 这爱奥尼亚最古老的地方竟至陷于绝境——

梭伦推动改革，首先是颁布"解负令"，取消以土地为抵押的债务，禁止以自由民人身作债务抵押，赎回卖到海外的雅典人。其次是按照财产多少将公民分为四个等级，打破以前贵族、农民、手工业者的三级之分，削弱了贵族特权。第一级可任执政、司库及其他一切官职；第二级可任除司库以外的其他职务；第三级可任低级官职；第四级可任陪审员。三是恢复城邦最高权力机关公民大会的威严，并由四部落各选100人组成400人会议，代替原来的贵族会议，成为公民大会的常设机构。梭伦仍保留了原来九执政官的制度，由首席执政官直接主管财政事务。当时具体财政事务主要以国库收支为中心展开，设有司库主管。

公元前560年，庇西特拉图进一步没收贵族的土地，分给穷人，并为农民提供低息国家贷款，收取收获量十分之一或二十分之一的土地税。庇西特拉图是雅典僭主，是独裁者，他能完成民主政体无法做到的工作。虽为僭主，他也得到了穷苦公民的赞誉。庇西特拉图在死后，将政权传给了他的两个儿子，希庇亚和希帕库斯联合统治雅典。他们专横傲慢，骄奢淫逸，任意征收赋税，甚至对于在街道转弯角上突出的二层楼房也要课税，引发雅典人民不满，将他们推翻。据说本土公民的直接税就是在此时被取消，此后再有言对公民征税者，就会被斥为“僭主政治”。

公元前509年，克里斯提尼（Cleistnenes）进一步推动民主改革，他把全国划为10个地区部落，以打乱原来4个血缘部落的结构。每个地区部落选出1人建立十将军委员会，选出50人组成500人会议。形成雅典民主政治体制。在新体制下，国库的司库也设10人分工负责，由10个部落各推选1人产生，一年选举一次，协助司库进行核算的会计人员也由选举产生。他们定期向执政官呈递国库收支账目，作为对国家财政进行管理的依据。

雅典把土地分给城邦公民后，国家还保留了一定土地，作为公有土地，分配给各级行政机构，供出租之用，出租所得用于公共事务所需。公有土地通常集中在富饶且人口众多的平原地区，收益比一般民田为高，也能吸引更多公民承租。这也是早期城邦最主要的收入。

雅典公民在此后很长时间里没有赋税，雅典公民通过捐助维持城邦的开支。这些公共事务主要是歌队、火炬赛、戏剧节活动费和圣餐仪式等。公民根据财产的多少，分为20个等级，每个等级提供不同数额的捐助。

外邦人在雅典是要交税的。首先是人头税。税额为一般每个男性外邦人每月 1 德拉克玛①，不同丈夫或者儿子居住的女性每月半个德拉克玛。一旦交纳了人头税，也意味着他们取得了雅典城邦的合法居住权。外地人来到雅典，主要是经商，他们从事经商活动也要交纳市场税和港口税。这两种税也不多，港口税一般控制在货物价值的 1% 。雅典公民也有从事商业活动，还有通过向外邦人贷款或者出租船只以获利，但是都不需要交税。也有资料显示，阿提卡地区的农民要缴纳农业税。除了捐助和税收，雅典城邦还有几样收入，如战利品和罚没收入，这些都不是经常发生的。

在大多数时候，雅典城邦并不是很富有。但公元前 483 年雅典人发现了银矿，使城邦的财政收入有了很大改善。城邦向公民公开出售采矿权获得了很大收益。对于源源不断增加的银矿收入，城邦政府并没有扩大支出，而是平均分发给每个公民。因为按照城邦的习惯法，资源属于雅典公民共有，所有公民都应共享。

除了城邦国库，雅典还有神庙的金库。神庙除了献祭和捐赠，政府每次战胜所获战利品的十分之一也要贡献神庙。除了雅典娜神庙金库蓄积丰厚，其他神庙金库蓄积也不少。这些神庙的财产在名义上是归于神庙的主人，希腊诸神所拥有，但实际上是城邦公有财产。神庙金库由城邦政府管理，神庙金库的司库由城邦政府任命。神庙金库是城邦财政的重要后备金，一旦城邦财政出现困难或者灾荒等，城邦政府就会通过借贷的形式启用神庙金库资产。

雅典帝国财政

公元前 514 年，波斯帝国大流士一世亲率大军渡过博斯普鲁斯

---

① 德拉克玛（drachma），是古希腊阿提卡制里的主要货币单位，既是货币单位，又是重量单位。作为重量单位，1 德拉克玛约为 4.37 克。作为货币单位，表示同等重量的银币，但事实上在不同时期不同地区变化很大。阿提卡制是厄基那制的升级版，在公元前 5 世纪中后期诞生于阿提卡半岛。德拉克玛至今还是希腊中央银行发行的主币的名称。

海峡，进抵希腊边界，并占领黑海海峡，控制黑海通道，封锁希腊粮道，控制希腊海上贸易，派遣使者要求希腊各城邦归顺纳贡。在征服道路上一直所向披靡如摧枯拉朽状的波斯大军，遇到了爱好自由、崇尚民主的希腊人的坚决抵抗。波斯人包围了米利都，占领了米利都，摧毁了米利都，将米利都所有的居民卖为奴隶。面对波斯的入侵，希腊人发出了救亡的呼声："前进呀！希腊的男儿，快救你们的祖国，救你们的妻子儿女，救你们祖先的神殿与坟茔！你们现在是为自己的一切而战！"在雅典和斯巴达的号召下，希腊人团结起来，组成同盟，一致对抗波斯大军。

公元前485年，波斯军攻占雅典，并付之一炬。历史学家修昔底德记述道："环绕城市的城墙只剩下一小部分，除了几间波斯头领住过的房子外，大多数房屋已经变成废墟。"由于长期藏富于民，希罗多德曾言雅典财政始终是贫困的。痛定思痛的雅典，决心集中财力，扩大军力，以保家卫国。公元前483年，泰米斯托克利（Themistocles）说服人民，违反祖制，不再将银矿的收入平分给全体公民，而是用来组建一支强大的海军。希腊历史学家普鲁塔克（Plutarch）这样评论泰米斯托克利："他是唯一有勇气站到人民面前提议将来自劳里姆银矿的财政收入拨出一部分用来建造三列桨战舰的人，而雅典人以前一直习惯于把这些钱财分给自己。"这笔巨资使雅典建造了200多艘三列桨战舰。这不仅使雅典躲过了灭顶之灾，也改变了雅典旧的财政传统，在强大财力和武力支撑下的雅典城邦在希腊世界的地位得到极大加强，也迎来了新的历史篇章。在公元前428年后，雅典还开始在战争时期对公民征收一种特殊的战争税，战争税的征收也是参照捐助制，以公民财产的多少作为征税标准。

随着战事的激烈，希腊同盟由31个扩展到250多个，几乎包括了全部爱琴海和小亚的城邦，已经成为希腊联盟中最有威力的强国的雅典成为当然的盟主。同盟也从军事同盟，发展到财政同盟。同盟决定建立金库，金库设于提洛岛（Delos）的阿波罗神庙，所以这个同盟也称“提洛同盟”。同盟金库的司库，即希腊财务官(Hellen tamiae)由雅典任命，实际上控制了同盟的财政。

同盟财政的收入，主要是各城邦每年上缴的贡金。同盟约定各城邦每年通过提交舰队装备或交纳贡金共同抗击波斯，并尊重各成员国的内部自治权。但除了累斯博斯、萨摩斯等较大城邦有能力提供战船外，其他城邦无力提供战船，只能以盟金或称贡金的形式入盟，由雅典代办。支出主要是为了购买战船，组建舰队。贡金的确定，通过了严格的测算，这次对财政史很有意义的测算被修昔底德记载了下来：联盟所拥有三列桨战舰最大数为200艘，每艘三列桨战舰需要8位指挥官和170名桨手，以及少量的重装步兵，合计所需约185—200名。每年出海时间从3月到10月，至秋季雅典公共葬礼而结束，共7个月。在艾吉纳港每人每天约需要消耗实物两个奥波尔（约为三分之一德拉克玛)。1塔兰特等于6000德拉克玛，计算下来，整个舰队花费就在438.67—466.67塔兰特之间。根据这个测算结果，“公正者”阿里斯提亚德提出将贡金定为460塔兰特，得到了同盟议会同意通过。各城邦应缴贡金按照其可耕土地的面积和商业繁荣程度进行评估，每四年对各城邦交纳的贡金进行评估和改动。

这是我们所知的关于财政支出测算的较早的记录。历史证明“公正者”阿里斯提亚德谨慎而精确的测算并不太切合实际。不是太少了，而是太多了。测算的假设基础是每年都有战事，每舰都满员，但事实是他们还没有把舰队扩展到他们假设的规模，战争就胜利了。而且还获得了大量的战利品，提洛同盟金库一下拥有了一笔巨大的财富。

公元前459年，希腊同盟军乘胜进军埃及，要彻底解决波斯帝国在埃及的军事存在，以解除其对希腊粮食供给和艾吉纳海贸易的威胁。连战三年，无功而返，而波斯海军则趁势进逼艾吉纳海，位于提洛岛的同盟金库受到极大威胁。公元前456年，提洛金库被迫转移到雅典的帕台农神庙。对于雅典城邦，这也算是不幸中之大幸了，从此同盟金库完全由雅典控制了。此后不久，雅典就开始大肆动用此款，视同己有。

希波战争结束了，同盟财政并没有结束，对于雅典来说也许正是开始。公元前 449 年，雅典和波斯签订了《卡利亚斯和约》，正式结束了希波战争。但是雅典认为波斯帝国的威胁还没有解除，同盟还需要继续存在。更重要的是要兑现当年抗击波斯时他们向众神许下的愿，也就是全希腊城邦要向雅典的神庙诸神贡献更多的祭品。同盟财政也有了继续存在的理由，需要维持武力防范波斯再犯，需要向众神履行当年的承诺。1927 年两位美国学者将雅典卫城出土的 100 多块残片拼合成了几块大理石石碑，上面刻着公元前 454—414 年间他们从同盟金库中所获得的份额——六十分之一，它显示当时有 265 个城邦向同盟缴纳贡金。雅典其他神庙也所获丰厚，大多得到了重建和修复，甚至更加壮丽。住在奥林匹亚山顶的希腊诸神，似乎也真的一直庇护着希腊。在希波战争中，波斯王泽尔士的庞大军队竟然毁于一场暴风雨。泽尔士欲哭无泪，只能命令把手铐脚镣投入海中，表示锁住它们，然后再抽打海水 300 鞭子，用来泄愤。对于雅典卫城的部分神庙废墟，雅典人发誓不再修复，而是作为纪念碑永久警示后人。

雅典以其强大的武力，开始制定希腊的战后秩序。各城邦原来的捐款变成了固定的税金，并按照地域划分为 5 个纳税区，实即雅典的监督控制区。雅典还通过在各城邦议会和政府机构派人常驻或担任要职，全面控制其政治、经济、文化和外交事务。同盟的贡金甚至由战时的每年 460 塔兰特，涨到 600 塔兰特，其后更猛涨至 1200 塔兰特。公元前 447 年雅典发布法令要求：“城邦，议事会，在诸城邦的巡视官以及常驻官员将监督每年的盟金并保证收回到雅典。分发给各邦的印信，目的是防止运送盟金者伺机行窃。各邦须把送交盟金的数额登记造册，密封加印，送往雅典。运送盟金者在交付盟金时须向议事会报告账目以便查验。”为了维持对各城邦的控制，保证贡金收入，雅典对提出退盟的城邦进行了残酷镇压。米洛斯（Melos）曾试图退出同盟，雅典为了杀鸡儆猴，增加威慑力度，对其进行了野蛮惩罚。他们屠杀了米洛斯的所有男人，将妇女和儿童贩卖为奴，将其彻底变成一座荒岛。米蒂利亚（Mytilene）也想退出同盟，同样也是男人被屠杀，妇女和儿童被贩卖为奴。还有一些城邦，如萨摩斯等，被毁掉城墙，没收船只，课以重罚。

史家将这一时期的雅典称之“雅典帝国”，它也这样称呼自己。但“雅典帝国”和我们一般理解的帝国并不相同，雅典城邦只是在希腊城邦体制中建立霸权，并未吞并同盟诸邦，变为自己治下的地方单位。雅典在国内始终维持着民主体制，并在希波战争中不断得到加强。公元前460年，官员开始领取国家俸禄，这意味着非富有人士也可以出任官职。其后从执政官到一般官员都逐渐改为抽签产生，并逐步扩展到四个等级的全体公民，民主基础向基层深入拓展。

财政审计监督也是民主体制的重要方面，无论你职务多高，都要经过数道关卡，接受公民的严格监督。我们前面提到的为雅典建立海军、屡建奇功的泰米斯托克利就由于不能严于律己，贪赃受贿，被雅典人民逐出雅典，流放外邦。雅典在战后最杰出的政治家当属伯里克利（Pericles）。卡尔·马克思曾说：“希腊内部极盛时期是伯里克利时代”①。在帕台农神庙修复工程中，著名雕塑家菲狄亚斯（Pheidias）贪污黄金被查，伯里克利出庭为之辩护，说到激动之处竟痛哭流涕，但菲狄亚斯还是被判刑。伯里克利自己也在报送的会计账册中被发现曾擅自挪用公款，不仅被判罚款，还被撤职查办。在雅典，任何官员卸任时，都必须按规定在离职后30天以内向审计机构报送会计账册，只有在确认所报送的会计账册不存在任何工作差错和贪污受贿行为时，才允许卸任离职。否则，将移交法办，一般课以贪污受贿所得金额十倍的罚金。审计官为罗基斯

① 马克思：“第179号‘科伦日报’社论”，《马克思恩格斯全集》第1卷，人民出版社1956年版，第113页。

塔埃（Logistae）和埃乌苏诺衣（Euthunoi）。罗基斯塔埃为最高权威，起初为 30 人，后减至 10 人，每部落 1 人，由抽签产生，任期 1 年。

雅典帝国的财政主要靠同盟的贡金支持。在雅典城邦本部，能够提供的赋税还是和以前一样少，更因战争结束，战时特别税也取消了。雅典人民不喜欢赋税，而且特别厌恶直接税。当然，雅典人民并不厌恶对外邦人和其他城邦征税。修昔底德等人指控伯里克利挪用同盟金库的贡金用于雅典城建设。雅典公民大会对此的决议却是："让他尽管从金库里取用，用到一个钱不剩也行"。并放逐了修昔底德。

在法国的博物馆保存着一份伯里克利在公元前 449 年发布的命令的残片，他要求从同盟金库提取 5000 塔兰特用于雅典卫城的建设，提取 3000 塔兰特用于海军维护所需，并提出以后每年要建造 3 艘新的三列桨战舰。正是在同盟贡金的支持下，雅典开始了大规模的神庙和城市建设。公元前 437—431 年，雅典卫城正门通廊、雅典娜神庙、埃雷赫修神殿、赫淮斯托斯神庙、拉汉姆尼斯各神庙几乎同时开工，还有雅典城法院、带廊柱的集市、剧院、音乐厅和体操场也都全面开工。这些建筑异常宏伟壮观，在各类雕塑的装点下更是美轮美奂，无不是人类文明的瑰宝。最后雅典人也忘记了建设之初所发的不再兴建雅典卫城的誓言，将雅典卫城废墟变成了一个光彩夺目的世界奇观。雅典还兴建了从雅典城直到海港的长城，兴建了大量码头。雅典实在是太有钱了，据当时记载几乎是以"三天一层楼"的速度推进，画家、雕塑家、建筑师和科学家从四面八方涌向雅典。只几年时间，一座辉煌灿烂的全新雅典就出现在世人面前，成为人类文明史再难企及的高峰。而同时期的其他城邦显然没有这样的幸运，战后各城邦重建工程，无不因资金缺乏而进展缓慢，就是奥林匹亚山上的宙斯神庙，也几度停工，持续了 1 个多世纪才终于完工。显然同盟金库无意履行战时的许愿，对这些神庙进行献祭了。

在希波战争之前，雅典公职人员只有350人，并且不领国家薪俸。但战后，雅典公职人员扩展到2万多人，全部拿国家薪俸生活。伯里克利高兴地发出号召：“劝告人民，抛弃田园，入居城市……人人都有饭吃，有的人服兵役，有的人当卫军，有的人从事公共事务……因为贡税、征税和盟国的捐款综合所得，足以维持两万多人的生活。”所有的公职人员除了薪俸，还有膳食补贴费。所有的公职都抽签轮换，所有的雅典公民都能享受。雅典人完全不用劳作，除了盟国的贡金，还有大量的奴隶为他们服务。就是医生、教师这些职业也都由奴隶担任。雅典人民有更多的时间休闲地生活，也从事些哲学思考、艺术创作之类打发时间。为了提高公民的生活品质，基本公共服务还向文化倾斜，就是去看戏也提供“观剧津贴”。贫穷的公民得到更多的照顾和经济支助。雅典公民也终不负帝国财政的投入，涌现了大量的文学家、史学家、哲学家、艺术家、政治学家、经济学家和建筑学家……人们这样描述雅典古典黄金时代：“在世界历史上，从来没有哪一个地方在这么短暂的时间里涌现出这么多形形色色的天才，取得了这么多辉煌的成就。”

伯里克利曾在一篇演讲中描述雅典民主政治的理想：“我们的制度是别人的模范，它之所以被称为民主政治，因为权力不是掌握在少数人手中，而是掌握在全体人民手中。在解决私人争端时，每个人在法律面前都是平等的；在公民里选择某人担任公职时，考虑的不是他是否属于某一个特定阶级，而是他是否有真正的能力。任何人只要愿意为国家服务，绝不会因贫困而在政治上湮没无闻。……我们可以享受各种娱乐，以提高我们的精神。整个一年之中，有各种定期赛事和祭祀；在我们的家庭中，我们有华丽而风雅的设备，每天怡娱心目，使我们忘记了忧虑。我们城邦这样伟大，它使世界各地一切好的东西都充分地带给我们，使我们享受外国的东西，正好像是我们本地的出产品一样。”正是因为民主政治，雅典城邦才能让全体公民共享帝国财政的成果。但是也要看到，4万多雅典公民的民主生活是建立在20万名奴隶、18万外邦人和无数希腊各城邦公民的痛苦之上的。为了保证奴隶老实服务，雅典对奴隶的专制措施无孔不入，从鞭打开始、到吊起脚来、抽筋折骨、剥皮、绞杀、烧死、从鼻子里灌醋、在肚子上压砖……无所不用其极。对其他城邦的人民也同样无丝毫怜悯之心，稍有反抗，就是课以重税，甚至杀光男人，将妇女儿童卖为奴隶。唯一值得称道的可能就是在对各城邦征税时，还始终能严格测量土地、评估财产，按照负担能力来差别确定税负。

当雅典公民热情讴歌帝国民主的时候，在帝国财政体制压迫下的各城邦却充满了对雅典的愤懑、恐惧和嫉恨，结果导致了希腊城邦的大规模内战——伯罗奔尼撒战争，雅典帝国从此由发展、繁荣走向衰落。

马其顿帝国财政

在希腊各城邦纷战不休之际，希腊北部的马其顿迅速崛起，完全改变了希腊政治的形势。马其顿人自称希腊之苗裔，说希腊话，拜希腊神。由于它地处希腊、欧洲、波斯交错地带，民族成分复杂。它崇尚希腊文化，又与波斯暗通。与希腊各城邦相比，马其顿无论政治、文化还是经济都要落后很多。但在伯罗奔尼撒战争期间，马其顿腓力二世在位期间，不仅发现了大银矿，还发现了大金矿，每年所获黄金高达 23 万盎司，使国家财力迅速提升。在财力的支持下腓力二世创建了“马其顿方阵”，这种方阵纵深 16—24 行，士兵均手执长矛、盾牌，冲锋起来像一团向前滚动的刺猬或猛扑的豪猪，令人毛骨悚然。在强大的财力和武力的支持下，腓力二世开始了希腊争霸，他挑拨离间、合纵连横，可惜在通过科林斯全希腊会议成为希腊同盟最高领袖之际遇刺身亡，壮志未酬身先死。公元前 336 年，腓力 20 岁的儿子亚历山大杀掉所有的亲属后，加冕为马其顿国王，开始继承父亲的征服事业。在此后的 13 年，亚历山大不仅统一了希腊，而且征服了波斯，建立了史无前例的大帝国。从巴尔干到印度之间的陆地和海洋，过去的波斯帝国、埃及帝国、印度帝国、雅典帝国，都成了他的领地。可以说几乎囊括了当时除了东亚之外的全部文明地区，只是喜马拉雅山挡住了他东进的兵锋。

亚历山大创造了一个奇迹、一个神话。他的帝国实在太大了，他认识到“如果不真予治下人民以若干分权，则帝国无从长治久安”。他沿袭波斯的行省制，一般任用当地人做总督，管理民政。军事和财政另由马其顿人或希腊人掌管。民政、军事、财政三权平行，同时发挥作用，各自向国王负责。亚历山大在一些重要地区驻扎重兵，进行监控。亚历山大的帝国还没有边界，它在不断膨胀。亚历山大也一直在征战，他还没有建立起一个稳定中央政府和职官系统。他征服的铁蹄停驻在哪里，他的政府就流动到哪里。他指定他最好的朋友哈帕鲁斯负责帝国财政，但是也经常给他很多与财政毫不相干的工作。他总是任命他的亲随侍从，承担各种行政工作，但都具有很大临时性。所以其对地方和地方财政控制也还很弱。一切都还缺乏制度和规范。财政总管哈帕鲁斯，营私舞弊，穷奢极欲，甚至还为他宠爱的女人修建庙宇。最后，他还席卷大量金钱财宝，带着6000雇佣军逃回希腊。埃及的财政总监，也是横征暴敛，暴行累累。由于财政运行不畅，帝国的军人竟然常常欠饷。一次亚历山大下令偿还长期拖欠的军饷，但士兵们却心存疑虑，怀疑亚历山大是寻机找出那些不满的人，不敢去签名领取欠饷，直到亚历山大下令不用登记直接发饷才敢去领取。

亚历山大基本按照各地的传统建立统治，在马其顿，他是国王；在希腊，他是科林斯联盟的领袖；在埃及，他是法老，是神的化身；在波斯，他是绝对的君主，要求臣民向他行匍匐礼。他在埃及拜谒阿蒙神庙，在巴比伦向马都克献祭，他还穿波斯君王的衮服，他努力迎合各方习俗和神灵。他也通过招募军队和联姻等方式，希望能打破民族界限，以达平等和谐的融合。他招募了大量波斯等各地军人，并和马其顿军队混编。他亲自带头和各地各族女子联姻，在他的带动下有10000多名马其顿战士和亚洲女子通婚。他是一个不同寻常的征服者，他尊重被征服民族的习俗，竟至于学习他们的习俗。他主张各民族间的地位是平等的，他有意把希腊的一些民主平等的思想注入他的帝国，倡导一种超乎某种文化之上的普遍的文化，也就是希腊化文化。亚历山大在融通各国各族习俗的同时，也在各地兴建了70多座希腊化新城，埃及的地中海岸、叙利亚北与幼发拉底河相接处、波斯湾畔、奥克斯河和考克河交汇处、印度河三角洲、印度河上的巨流交汇处、兴都库什险要处……都以亚历山大命名。这些亚历山大城不仅建有可以坐几千名观众的露天剧场，贴满马赛克装饰的浴池，供着希腊身体训练保护神的体操场，各类公共设施应有尽有，街道分布规则，两旁还有廊柱为行人遮荫蔽日，而且还都建有大型的图书馆、博物馆、学校、医学院。最重要的是这些亚历山大城都以希腊传统的方式实行自治，城市事务由市民自己管理，但是必须向国王缴纳赋税。亚历山大还以优厚待遇招徕各方人才，大力支持科学发展。读到这些，我们或许对亚历山大，这位亚里士多德的弟子的财政制度和政策有更多期待，但是亚历山大大帝的帝国理想，出现了一个小问题，就是他死了。那一年，他才32岁，他的死因至今还是个谜。这时他帝国的基本体制还没有开始构建，我们能读到的财政史，还多是他作为征服者的部分，掠夺和羁縻。还有很多公共建设，或刚刚开始，或还在规划中。甚至他还没有来得及建一个中央政府。

在亚历山大大帝去世后，他的帝国就瓦解了，他的几个将军瓜分了他的帝国。马其顿王国本土，因为长期的征战，早已财力、人力俱竭，由于亚历山大的突然去世，后继乏人，更陷入了长达50多年的内战，经济几近崩溃。最主要的土地税每年也只能收到200塔兰特左右。希腊一些城邦的民主和平等传统也被破坏，贫富差距日益扩大。以前最为公平的斯巴达，仅剩下100个左右的公民还拥有土地。雅典彻底失去了海上霸权，民主制度也开始倒退，3万公民中只有9000富人还有选举权，其后更建立寡头政治。希腊城邦制度也走向了历史的尽头。

二、罗马帝国财政

小国崛起

虽然希腊的帝国理想破灭了，但是它有一个伟大的继承者，这就是罗马帝国。罗马帝国在很大程度上可以说是希腊帝国的升级版：罗马共和国时代是 2.0 版，罗马帝国时代是 3.0 版。如果没有后面的这 2.0 版、3.0 版，希腊的光芒会黯淡很多。公元前 753 年，在意大利半岛中部兴起的罗马城邦，到 1 世纪前后扩张成为一个横跨欧、亚、非三洲的庞大帝国，到 1453 年君士坦丁堡陷落，罗马帝国存在了 1600 多年，从疆域、规模和存在时间，世界历史上不再有另外一个国家能与之匹敌。

拉丁平原为火山遗迹，坚硬贫瘠，没有金属，也没有出海口。这么贫瘠的土地，还缺乏自然河流。罗马人为什么要选择这里居住？他们从哪里来？这是一个连神话传说和史诗都没有留下的民族，罗马的神话是在希腊神话基础上的再创造，罗马人来源的传说不是口耳相传下来的，而是后来根据希腊史诗嫁接的。他们是如何生存下来，是如何积累起建立国家的财政基础，我们都不知道。

他们最初是拉丁人、伊特拉斯坎人、萨宾人……他们的信仰不同、语言不同、风俗不同，他们分住在七座丘陵之上。艰难的环境让他们手牵手联合起来，组成了七丘同盟（Septimontium），突破了种族的界限共同开创新世界，他们现在都叫罗马人了。因为土地贫瘠，难以为生，他们变得好战，掠夺邻里成了获得财富的主要途径。他们一直沿着台伯河谷，扩张到海，在这里他们遇到了希腊人的商船，有机会学习到了很多希腊的文明。但是他们对希腊各种元素进行了升级。他们把希腊诸神请到罗马，还为他们改了名，如宙斯改名朱庇特，天后赫拉改名朱诺。诸神不再像生活在希腊时那样自由随性，而是更加神化，更加严肃化，也更加官僚化，每个罗马神都职司分明，各有一大批属下职员。这也使未来的罗马帝国的官僚体系比希腊更为完备。罗马的社会比希腊更加开放，希腊是封闭的，所有的免税政策和社会福利只及于希腊公民，在雅典最盛时，公民不仅没有增多，反而从近 4 万人急剧下降到 2.1 万人。在斯巴达公民最多的时候不过一万人，后来缩减到不到 6000 人了。而罗马是开放的，罗马的公民数不断扩大。严肃性、纪律性、开放性都是因为罗马自然环境的贫瘠狭小，人们只有以严密的组织和纪律，相互合作才能求得生存。

罗马城的创立者被认为是罗慕路斯兄弟，传说他们是吸狼奶长大的，在罗马卡皮托利诺博物馆里还收藏着这对双胞胎吸吮母狼乳头的铜像。在王位的争夺中，罗慕路斯杀死了自己的同胞兄弟做了国王，开创了罗马的王政时代。王政时代从公元前 753 年到公元前 510 年，近 250 年，包括传说中的罗慕路斯，共经历了 7 位国王。罗马王政时代，还处于从氏族社会向国家过渡阶段，当时氏族部落组织还完整存在，国王经选举产生，任何罗马人只要成年，身心健康，在法律上都可被选为国王。国王也是普通公民，没有被赋予神性，也非神授，权力有限，其权力来自人民的授权，他只能执行法律，而无权改变法律。一切重要事项都要由按照库里亚（胞族）召集的全体成员大会决定。罗慕路斯另组建了由 100 位长者组成的元老院，作为咨询机构。第二王努马创建了很多制度和机构。第三王图卢斯和第五王塔奎尼乌斯兴建了很多公共工程，第六王塞尔维乌斯是奴隶出身，建立了人口调查机构和制度，并按财产多少把人民分为 5 个等级，每个等级都有各自的权利和义务。第七王塔克文被称为“高傲者”，由于他和其子的暴虐，要求平民和富人一体纳税，加重了平民税负，一家人被逐出罗马。罗马废除王制，建立共和国。

王政时代，国王亲自掌管财政事务，但当时的财政很是简单，没有多少经常收入，也没有多少经常支出。国家的公共建设，都是通过摊派力役（fronarbeiten）和摊派捐款（tributum）来进行。国家对于兵役、征工或一切公务一概不付报酬，官员也没有薪俸，但是不愿服役的人也可以自付报酬请人代劳。战争军需品也由军人自备，一般的公共竞赛活动由市民协助，这些都不需要国家财政支出。国家主要的财政收入也就是港口税、领地税，还有诉讼费。诉讼费就是普通诉讼案中的败诉人按所争议物品价值的多少拿出一部分，也称作“牲畜罚款”（sacramentum）。最大项的收入就要算战利品了。有限的财政收入主要供维持国王生活所需和祭祀等公共事务。此外，还有战时征收的特别费（tributum），这本来是人头税，在塞尔维乌斯国王改革后，就变成了一种财产税，按财产的多少分别征收1‰、2‰和3‰。

当时的城市为自治团体，也有自己的财政。其收入包括城市公共土地的租金（scriptura）、利用城市市场开设店铺的土地租金（staudgelden）、在城市海滨登陆的关税以及食盐专卖等。主要支出用于市政建设。

罗马公民从此不纳税

罗马人在推翻塔克文王朝后，在罗马建立起共和政体。新生的罗马共和国由公民大会选举的两名执法官（后称执政官），代替国王执行最高统治权。执政官权力相等，彼此有否决权，相互制约，任期一年。执政官不仅手握军事和行政权，还亲自掌握财政大权。首任执法官是布鲁塔斯和柯拉汀，布鲁塔斯的意思是“笨蛋”，这是他的外号，因为外号叫多了，真名就被人遗忘了，历史也没有留下记录。

罗马是在严重的财政危机中进入共和时代的。在和塔克文家族十多年的斗争中，国家财政已接近枯竭。而相邻的埃特鲁斯坎人、高卢人和其他一些相邻的部落都试图趁罗马人忙于新政权新制度的建设，不断从各方面入侵或蚕食罗马。而罗马国内贵族与平民的斗争，也越演越烈。罗马共和国是贵族建立起来的，50 个左右的贵族家族占据着所有的官职，控制着国家主要的权力机构。

面对财政危机，共和国新政府在“健全财政”的名目下开始紧缩政策，几乎所有的公共工程都停顿下来了，政府的土地不再像王政时代那样无偿平等地分配给公民了，而是通过出租来增加政府收入。但是贵族们却借此机会，通过缴纳很少的租金，就以承租人的名义，把大量国有土地变成了事实上的世袭财产。而失去土地的公民只能涌向城市，寻求一线生机，但在紧缩财政政策下，他们无法找到工作，而共和国政府还在想办法把兵役和赋税负担向平民阶层转嫁。公平分配的历史还记忆犹新，曾经受到公平理念熏陶的平民，已经无法忍受这种不公平了，平民和贵族的斗争延续了两个世纪之久，构成了共和国早期历史的主要内容。

挽救这场危机的，竟然是敌人的入侵。北方的伊达拉里亚不断骚扰侵蚀，高卢人更是一度占领罗马，大肆破坏接受赎金而回。罗马人团结起来，赶走了强敌，进而反攻，将强邻一个个吞并，不仅席卷整个意大利，而且将整个地中海地区尽收囊中，用了 400 年时间，罗马共和国统治范围从东边的叙利亚扩张到大西洋，从北部的阿尔卑斯山脉南下越海直达非洲。比照中国历史，一个王朝由盛而衰及亡，不过 200 多年间事，罗马却能越战越强，越扩越大，不能不说是一个奇迹。其濒临枯竭的财政竟如何能支撑起持续时间如此之长、规模如此之大的征服战争的呢？

在抵抗侵略和其后征服战争中，罗马共和国的内部争斗也逐渐缓解，政权逐渐向平民开放，制约权力的制度和成文法先后建立。公元前 366 年，出现了第一个平民出身的执政官。到了公元前 179 年，平民在元老院中几乎占了四分之三。公元前 172 年，两名执政官又都由平民出任。同时，一个财税管理系统也渐次磨合形成。

元老院事实上拥有最高财政权。虽然名义上执政官（Consul）负责国家行政，负责国家财务行政，但是任期只有一年，很难担负起管理财政的职责。由于元老院在布匿战争时发挥了重要而关键的作用，领导罗马度过了最危险的时刻，开始在罗马人心目中享有绝对的权威。随着罗马势力的扩展，更需要一个强有力的机构来管理、负责，当时还只有元老院能承担起这样的责任。元老院不仅控制了各行省总督及军事指挥官的任命，还控制了财政，管理国库，统管各项拨款。所有的财政及监察官吏，都由元老院任命。需要说明的是，元老院在名义上仍然是咨询机构，元老院的财政权和其他各项大权，都是来自于习惯，而非法律。财政官及监察官的选举权，名义上也在公民大会。

财政官（Quaesror），是为协助元老院处理国家日常财务行政事务而设立。最初只有 2 名，后来随着财政事务增多，特别是军事财务的增多，公元前 421 年又增加了 2 名军事财政官，负责处理军事财计工作，对军事长官负责。而且职位也向平民开放，公元前 409 年选出的 4 名财政官中，有 3 名是平民。公元前 3 世纪初，又增加到 8 名，新添的 4 名财政官分驻在合并地区的九个要冲地点，督促各地及时完成税收任务。公元前 138 年至公元前 78 年之间，财政官一度增加到 29 名，其中 10 名分派到各地，以加强对地方财政的控制，集中财政收入的支配权，具体是负责管理地方的金库和军队将官的费用开支，在有余额时，上缴中央金库，并定期提交财务报表。各财政官之间的职责划分按照岗位不相容原则设置，相互牵制、相互监督。如国库现金收支，政令和出纳相分离，一名财政官负责收支凭证签发，一名财政官根据凭证处理执行。对于财政收支，元老院还要定期派员复核检查。财政官之下，还设有一批训练有素的财会专才担任会计、秘书等职进行专业协助。

从公元前 433 年开始，每隔五年从退职的执政官中选出两名监察官（Censor），其中 1 名必须从平民中选出。李维的《罗马史》里写道："那年建立了监察制度，开始时权力不大……户口调查已经多年没有举行了，不能再拖着不办，而执政官因受多次战争的拖累，不能专司此事。于是元老院提出一份报告，认为户口调查不一定要由执政官主持，而应另设一官，由他决定调查方法并负责编制和保管一切资料。”监察官的职责包括五年一次的户口普查，统计公民财产状况，以确定其应纳税额；审查所有公职候选人的品格、财产状况、子女情况、对待奴隶态度、缴税记录等；监察包括元老院元老在内的公职人员，并有权开除道德败坏或腐败的元老；对所有公共工程的账目进行审计，处理不法官员；监察社会风纪，可以提高奢侈品税率，以抑制社会奢靡之风；管理各行省包税人契约；管理出租的国有土地、矿山和渔场。其最重要的财政事务应该是和财政官一起，编制国家五年预算，但其具体内容还缺乏史料。

总体来说，罗马共和国并没有在中央层面设立统管国家财政的官员，而是由元老院、财政官和监察官分管国家财政事务。监察官所涉事务很多，但在实际工作中，很难真正对官员起到监督作用，其五年选一次，任期最长只有 18 个月，就是说五年中大多数时间里是缺位的。无论财政官还是监察官，都经由选举产生，而非财政专业技术官僚，缺乏必要的专业素质，而且任期很短，难有作为。其辅助的财会记录人员，身份低下，不少都是由释放的奴隶担任，缺乏必要的职业训练。罗马共和国在财政上没有长远的计划，只是根据手头现有资金进行安排，如果有多余的金块和银块就储存到卡皮托山的农神庙金库，以备国家不时之需。财政的粗放管理不能不说是罗马共和国及其后来的帝国财政体制上的一个重大缺陷。

罗马共和国的财政状况也随着海外征服的不断胜利而大幅好转。其掠夺的金银财富之多，要求的赔偿金之高都是空前的，这些使共和国国家收入急剧膨胀。特别是对迦太基、马其顿等富足国家的征服，极大膨胀了罗马国库。第一次布匿战争胜利，罗马就向迦太基要求白银 3200 塔兰特的赔款。还有西西里、亚细亚等省和西班牙的银矿也不断充实着共和国的国库。西塞罗曾称西西里岛是“帝国皇冠上的第一个珍珠”。智者卡托（Cato）说西西里岛是“罗马人的仓库和奶妈，罗马人是由这位奶妈的乳汁哺育的”。除此，税收收入也增长很快，特别是港口税和奴隶税增长幅度最大。罗马的扩张使亚、欧、非大片土地连为一体，地中海成为其内海，极大地刺激了海上贸易，也带来了港口税的大幅增长。当时港口税税率各地还不一致，西班牙 2%，意大利、亚细亚、高卢等地 2.5%，西西里 5%。罗马的征服也使被征服地区的广大军民大量沦为奴隶，源源不断地运往罗马。奴隶出售时，要缴纳 2%—5% 的销售税。当奴隶到达港口时，要缴纳关税。罗马的奴隶都可以通过自己省吃俭用，存钱赎身。按照罗马的法律，释放奴隶要征收 5% 的释奴税，这项收入增长也很快，据李维的《罗马史》记载公元前 209 年罗马第一次动用国库积累的释放奴隶税，总额就达 4000 镑黄金。

由于对外征服不断胜利，各种收入都在增长，共和国政府也逐渐减轻罗马公民的税赋负担。公元前 381 年，法列里爱人向罗马投降，就被要求供应当年的军饷，以便豁免罗马公民承担的战争特别费。随着战争掠夺和行省收入的快速增长，元老院更于公元前 167 年宣布取消公民税，此后意大利的罗马公民享受了持续 150 年无税、400 年无直接税的幸福生活。

罗马公民分享国家财政丰足的成果

罗马公民不仅不用缴纳任何税赋，而且还有国家财政从多方面为他们提供基本公共服务，分享国家财政丰足的成果。

与收入的增长相比，罗马共和国支出的增长速度也不慢。军费支出是最大的一项，共和国常备军在 10 万人左右，其装备给养就是一笔不小的开支，还有将近一半的公民兵还得付饷。第二次布匿战争中，罗马一度陷入困境，动用了国库全部财富还不够，增加了财产税一倍，从民间征集财物，还动员富有者向国家捐赠，并且向公民预征土地税和发行国债。在行政方面，花费不大，政府长期不给官员支付工资。据说这样是为了阻止贫苦的平民参选行政职务，一个三餐难继的人怎么可能去为大众服务呢？其实当时官员们即使没有工薪，其以权谋私所得、贪污所得、受贿所得都不少。从官员们肆无忌惮的占用公产，就可知他们根本不在乎那点官俸收入。公元前 167 年的一位监察官称他们为“行窃于公民的人”。

另一大项支出就是为罗马公民提供各种公共服务。罗马的辉煌，至今遗迹尚存，供人凭吊。国家的道路四通八达，留下来“条条大路通罗马”的成语。除此，还有从多方面帮助贫穷公民的政策。元老院经常从迦太基、努米底亚和西西里运来粮食赠送给城市无产者。也从行省税收中拿出款项，购买葡萄酒和橄榄油等物品，分发给平民。公元前 352 年，共和国甚至成立 5 人团，帮助平民还债，并一再立法，严禁高利贷，规定利息限额，要求利率减半，延期偿付等，以免除平民沦为债务奴隶的威胁。

罗马在对外征服战争中，也夺取了大量土地，大部分作为公有地留在国家手里，还有就是分配给平民。公元前 396 年，罗马征服维伊后，分给每个公民 4 犹格①（一说 7 犹格）土地。据统计，从公元前 343 年至公元前 264 年，大约把 6 万份土地分给了拉丁人和罗马人，其中罗马人约占 4 万份。公元前 218 年，通过建海外殖民地，使 10 万公民获得土地。公元前 150 年，格拉古改革中又有 8 万人分到土地。公元前 80 年至公元前 30 年，有 30 万老兵获得土地。这些措施促进了小农经济的发展和巩固，使广大平民爱国热情高涨，在保卫罗马以及对外扩张中，都成为绝对的主力。元老院还替士兵建立了一套定期酬金制度，从制度上免除其后顾之忧。

公共娱乐也是当时重要的一项公共服务内容。公元前 220 年以前，罗马只有一天公共节日，即罗马人节。公元前 220 年，增加了一天平民节。第二次布匿战争时，为了鼓励士气、振奋人心，元老院又增加了阿波罗节、田神节和谷神节三天节日。公元前 173 年，又增加了一天花神节。其后这些节日又由 1 天延长到 5 天、7 天，

① 犹格（iugera），罗马亩，1 犹格大约相当 26.3 公亩。

甚至 14 天。节日作为公假，有赛马、竞技、戏剧、角斗、狩猎等活动，支出由元老院拨款。一些高级官吏为了获取声誉，也经常出资举办各种戏曲和竞技比赛。

公民权的渐次扩展

罗马慷慨地把平等的罗马公民权授予被其征服地区的人们，而且给予他们自治的权力，这在古代世界是很少见的。按古代城邦共和体制，被征服之地无公民权利可言。就像罗马被攻陷时高卢人的狂吼：“被征服者是该死的”。但是罗马征服高卢后，却授予了高卢人民罗马公民权。即使美国，也只到 1965 年才真正赋予黑人选举权。

罗马的体制是城邦的体制，它是一个自治的城邦共和国，这或许也就是他们理解的国家形式。当时有个诗人，写了这样的诗句：“罗马，你建造了一座版图辽阔的城市。”罗马的征服和扩张也是一个大的自治城市化的过程和公民权的渐次扩展。

征服之初，罗马根据顺服程度给予不同的待遇。对于最早顺服的城市，又根据不同情况，授予其城市全部或部分自治权，授予其人民完全公民权和半公民权，他们平时免税，战时为罗马提供军队或战舰。对于经过激烈战争后降服的地区，则列为纳税城市，这些城市虽然保留自治机构和处理一些内部事务的权利，其居民也能保有土地，但每年必须向罗马缴纳赋税。至于对罗马抵抗到底的地区，城市则被彻底摧毁，土地充作罗马公用地。

罗马公民权本为专属罗马公民享有的权利，其内容包括公权和私权。公权是指公民法规定的选举权和被选举权。选举权包括参与公民大会，制定法律和选举官吏的权利。被选举权是指可被选举为官吏或被选任为元老院成员的权利。私权就是公民的财产等等权利受到法律和国家严格而全面的保护。有权利就有义务，服兵役和参与国家事务也是一个罗马公民应尽的义务。罗马公民权对于不居住在罗马城的广大人民来说，公权更多是一种身份的象征，因为地域关系，他们并无法长途跋涉到罗马城参与选举和被选举。法律对公民私权的保护才是最重要的，如耶稣的门徒、犹太人圣·保罗被判处死刑，一句“我是一名罗马公民”，则能免于在耶路撒冷处死，被遣返回罗马，而圣·彼得则被当场钉死在十字架上。当然，在很多地方，公民权和公有土地占用权是一致的，直接关涉人民的经济权益。罗马公民权，在当时不仅是一种身份，更是一份具有含金量的资产。共和国政府也常把罗马公民权作为一种奖赏，《阿西利亚法》就规定凡外国人告发罗马官吏贪污受贿而使之定罪的，便可奖赏告发者以罗马公民资格。在地方，罗马公民权的区别授予也不是固定的，共和国政府让罗马公民权成为各地努力争取的目标，一些城市居然打出“不得到罗马公民权，毋宁死”的口号，罗马共和国政府也在不断扩大其公民权的范围，最后普及所有的罗马人民，被释放的奴隶也能获得公民权。

一个拥有公民权的城市在内政方面可以拥有一定程度的自治权。在各自治城市，课征赋税，一般都沿袭该地区旧制，并不统一。最普遍的是土地税，在西西里，根据土地每年收入抽取什一税，以实物交付；在亚细亚，什一税折成货币缴纳；在西班牙、马其顿和阿非利加，则征收固定的贡赋。放牧的牲畜按头计算收取年金。港口的进出口货物征收2%—5%的关税。还有其他一些赋税，但都是以前怎么征，现在也怎么征。原来免税的，现在也免税，罗马并不增加新的税负。统一的只是都要向罗马敬奉贡赋，并承担罗马在当地官员和驻军的费用。为了迅速将各地贡赋运往罗马，还有为了搜集地方信息，加强对地方的控制，罗马在各地修筑了庞大的道路交通网，并在沿线建立驿站和换马所，这些也都由沿线地方承担。

罗马向海外扩张过程中，在所征服地区建立行省制度。行省最高长官为总督，一般从卸任执政官和执法官中选派，任期1年，遇特殊情况可以延长到2—3年。总督拥有该行省的军事、民政和司法全权。其下属中配有一名财政官，负责管理财政和军事供应。行省下各自治城市必须置于行省的管辖和监督之下，但总督却缺乏监督，常有滥用职权、横行不法、搜刮钱财的，不过也有不少好的总督，特别是在共和国早期。西西里是罗马共和国建立的第一个海外行省，有记载其大部分罗马总督都是自己掏腰包来养活自己，他们已经“习惯于在总督任期内不把任何东西拿回家，只带走当地臣民的感谢以及罗马公民的赞许”。公元前 149 年罗马通过《反贪污法》，专门成立为惩罚贪污总督设立的惩贪法庭（Extortions Court），但山高皇帝远，这个法庭能起的作用有限，更可怕的是它也接受贿赂。据说一位总督卸任回国时，必须在三年任期内从其辖区公民身上敲诈三笔财富——用第一年所获偿还竞选时欠下的债务，用第二年所获贿赂惩贪法庭的法官们，直到最后一年所获的财物才有可能归自己所有。

自治城市的权力机构和中央政府一样，一般也由市政官、市元老院和公民大会几个部分组成。市政官和市元老院元老一般都是选举产生，虽然有时也受罗马的干涉，但在多数情况下城市还是能够充分享有市政自治的。有时候，自治市公民的参政权似乎比罗马市民还要多一些。市政官员、市元老、市议员等是没有薪水的，而且往往因担任公职而增加支出。在一些自治市参选公职，还需要有 10 万塞斯退斯[①]的财产作为担保，以保证他们在任职期间能够充分地致力于城市的管理和建设而无后顾之忧。

在那不勒斯的博尔波尼科博物馆藏有一块大约刻于公元前 49 年—公元前 45 年的“赫拉克勒斯城铜表”，该铜表自 1732 年被发现以来，已有很多学者从语言学、历史学、铭文学等多方面对之进行了考证和研究，一般认为这就是凯撒颁行的“尤利乌斯自治城法令”。该法令包括了自治城市的行政建制、人口普查以及市政建

---

① 塞斯退斯（sestertius），古罗马铜币单位。100 塞斯退斯等于 1 块罗马金币（单位是奥雷 aureas），1 块标准的奥雷金币重约 5.4 克。

设等方面的内容。该法令告诉我们当时自治市的人口、财产普查及地方建设情况都要制作成表，向在罗马的执政官申报，不仅要存档，还要抄录在公告牌上置于广场公示。根据这个法令，我们知道自治市和罗马城一样，也有向公民发放粮食和支持城市公共建设。法令规定向公民发放粮食时，应把名单在广场告示板公示，“每当向公民放粮时，无论何时何地向民众放粮，他要使公告板在每天而且是白昼的大部分时间保持陈列状态，由此它能从地平面处清晰可见”。如果有向不该领取粮食的官员或其他人发放粮食的话，“如果有人违反此项向他们其中任何人放粮，他必须以每牟狄乌斯①粮五万塞斯退斯之价向国家赔偿。”对于市政建设，不仅对道路等公共建设有规定，而且对其维护工作也做了专门规定，就是公路的具体路段的维护也都规定有专人负责。

在罗马城市化运动中，各城市都进行了大规模的公共建设，神庙、道路、广场、浴池、剧场、体育场……这些都极大地丰富了人们的生活，但是这些建筑大多模拟罗马城，富丽堂皇的门廊和柱廊，一切都规模巨大和极度奢华，经常举办各种大型娱乐活动。对于罗马城的寄生型财政来说，其有丰厚的财源可能无所谓，但对地方来言，不能不是沉重的财政负担。但是，这些建设以及各地广泛的联系，又都刺激了地方经济和文化的发展，特别是加速了落后地区的发展。

除了公共建筑的兴建，罗马还特别重视文教事业的投入。大量学校和公共图书馆的兴办，不仅推广了拉丁语和罗马文化的传播而且也支持了其他文化的传播，特别是希腊文化。罗马从来没有干涉过希腊文化的传播，甚至还在财政上予以大力支持，以政府公款的形式资助私人教师、修辞学家和某些教育机构。亚历山大里亚人虽然激烈地反对过罗马人的统治，但是仍然在学术上得到了罗马很多资助。罗马时代的很多艺术家、文学家、史学家、科学家，都大量

① 牟狄乌斯（modius），古罗马干物容积单位。每牟狄乌斯约合 8 公升。

出身行省，由此不仅可看到罗马的开明与开放，更可以看到罗马的文教财政之功。

总体来说，罗马对各征服地区的税赋都没有超出原来的水平，而且能够把罗马公共财政理念推及各个地区，对世界财政的进步做出了巨大贡献。罗马对地方的管理，基本只及于行省一级，官吏数目极少，所费不多，而且在每位总督上任前还从国库领取大笔活动经费，如马其顿总督比索在上任时，就领了450万狄纳里①。在地方主要依靠各城市自行选举官吏治理，罗马只是依靠军队和法律维系基本秩序。罗马对地方的贡赋要求也不高，并且有些就存于地方金库，减轻运往罗马的成本。普林尼的《自然史》记载公元前157年，罗马国库的总储备只剩下2500万狄纳里，还不及伯利克里时代雅典储备的一半。罗马的总督也有腐败，有时候甚至明目张胆肆无忌惮，但是据当时的希腊人观察，还是要明显好于希腊。地方虽也时有反抗，但大体还是稳定的。同盟为罗马提供的辅助部队相当于罗马军部军队的三分之二，粮草大多来自行省和同盟者。

公—私合作征税和公共建设

现在还保留着一份罗马城公共建筑的统计清单：方尖碑6座、桥梁8座、公共浴场11处、供水干管19条，斗技场2个，圆形大剧场2个、剧场3个、图书馆28处、斗剑学校4个、观赏海战的水上表演场5处，大理石凯旋门36座、城门37座、仓库货栈290处、公共面包房254处，殿堂1790间、公寓住宅楼46602座，青铜塑造的城市雕塑1万个。西方有句俗语叫“罗马城不是一天建成的”，这么庞大的公共建设，需要无数的人力、物力，当然还得有足够的财力。

① 狄纳里（denerius），公元前269年罗马铸造的银币单位，1狄纳里＝4塞斯退斯。

罗马是如何完成这些建筑的投资的呢？罗马有一套公私合作（Public－Private Partnerships）的办法，这就是将包税制和工程合同挂钩。除了实行贡赋制的行省，其直接税由自治市政府办理，交给财政官外，其他行省一切直接税和间接税的征集，都包给税收承包人去办理，而公共工程的兴建合同都承包给承包商负责，包税人（Publicani）按照合同预付工程款，然后再对行省居民征收赋税来抵补。有时候包税人和承包商之间也相互合并，成为一体。

包税制设计者当属希腊人，最积极的实践者是埃及的托勒密王朝。希腊发明包税制，是因为他们没有征税机构，只能委托给商人承包。在希腊税赋很低，包税制的弊端不是很明显。希腊的城邦大门或者海港，总能看见包税人坐在那里，征收关税。而希腊人托勒密将军占领埃及时，这里已经有着庞大的征税体系，而且已经运转2000多年了，但弊端是效率很低。于是包税人有了新的作用，就是监督税务机关，做到应收尽收。包税人和国王签署协议，保证完成一定量的征税任务，征收到所发现的最后一个银币。如果没能完成这一征税任务，则需要自己出资承担政府的这笔税赋损失。如果完成任务，包税人则可以得到征税数额的10%作为其基本佣金，如果增收出多的税款，则为包税人的奖赏。为了更好地完成税收任务，争取更多的收益，包税人常常扮演银行家和经销商的角色。他们贷款给纳税人，帮助他们生产。他们也组织商队，帮助纳税人销售产品。他们将征收到的粮食和葡萄酒运往到需要的地方，获得更大的利润。通过运作，包税人都能征到尽可能多的税收，政府也能保证完成税收任务。

罗马对包税制的发展，是将其和筹集工程项目经费结合起来，就是将一些地方未来的收税权承包出去，来解决当前城市基本建设的资金需求。这一方面解决了城市建设的资金问题，一方面也节省了政府的征税成本。包税合同一般一签五年，由监察官负责管理。我们知道监察官五年才选一次，而且一次最多只工作18个月，而包税涉及金额又特别巨大，所以办理签约的时间相当紧张。这样巨额的投资往往不是单一个体或者家族能轻易完成的，这也就催生了世界上的第一个公司，称作有限合伙公司（societates publicanorum），它通过出售股票来筹集资金，股票在罗马广场公开出售，其收益十分诱人。元老院的元老也可以持有股票，但是不能参与公司管理和经营。

除了包税制，在公共建设上还有另一种形式的公私合作，那就是私人出资兴建，捐赠给政府。政府支付的不再是收税权，而是一种荣誉——该公共建筑的命名权。最初是阿匹乌斯（Appius）公路，后来更多的公路以出资修建者的名字来命名了。这使罗马公路修建速度大大加快，无数条道路把整个国家连为一体。罗马贵族普遍认为从事公共工程是自己的责任和义务。捐赠公共设施给国家，与其说是将利益回馈给社会，不如说是在罗马社会中得到社会所赋予的荣誉。当然也有不少政治家以此扩大社会影响力，拉得更多选票。到了帝制时代，还有很多罗马皇帝把自己名字冠名在公共浴池上。皇帝捐建的公共大浴池，建造精美复杂，规模是普通公共浴池的数倍，甚至罗马公民还能在此和皇帝共浴。卡拉卡拉皇帝就说：“公共事业，在获得公民好感的效果上，与提供公共娱乐活动相比更有效。”

公平抗争竟为帝国奠基

罗马共和国的财政分配结构由三部分组成，一是罗马本土，二是罗马行省，三是罗马的奴隶。

就罗马本土而言，毫无疑问，他们首先是罗马征服战争的受益者，他们分配到了土地，享受了国家财政提供的各种公共服务。正因为分享了征服战争的胜利果实，所以他们也是征服战争的积极支持者。但是掌握着国家权力的贵族们，显然在征服战争中得到的更多，他们许多人都在征服战争中分得大量战利品，也利用掌握政权的优势，使各种财政分配政策向自己倾斜。在平民和贵族的斗争中，平民多次取得胜利，一些平民跻身元老院，出任执政官，但是很快他们成为新贵，他们很快学会了老贵族垄断权力的手段，开始封闭其他平民上升的通道。于是新的一轮斗争又起，周而复始。虽然平民作为罗马公民也享受了种种公共财政提供的福利，但是他们除了少数人由于经营工商业发财致富外，大多数平民缺少土地，生活困难，连年的战争也加重了他们的各种负担。由于罗马公民权的扩大，更多的平民获得可分土地的资格，更多的平民可以享受政府财政提供的各种公共服务，显然超出了政府财政的能力。还有，贵族们更愿意把新征服的土地变成公共土地，自己私占。说到土地分配，这里还有一个小插曲。公元前486年，执政官卡西乌斯（Cassius）提出一项土地法案，把从赫尔尼其夺得的大片土地在人民中分配，一半分给拉丁人，一半分给罗马平民。还计划把贵族私占的公地收回分配给平民。但遭到了元老院贵族们的激烈反对，他们煽动平民，说卡西乌斯要把应分给罗马人的土地分给拉丁人，通过公民大会把卡西乌斯处决了。人们很快就发现上当了，土地分配在其后就成了平民和贵族斗争的重要内容，特别是后期可供分配的土地越来越少，这样的斗争就更加激烈了。

公元前133年，保民官格拉古提出土地改革法案，不仅要分配增量的土地，还要对存量进行改革。他提出每户占有公地面积限于500犹格，如有儿子每个儿子还可各占250犹格，但每户总量不得超过1000犹格。超占部分收归国有，划分为每份30犹格的份地，分给无地平民。他的法案在贵族的激烈反对声中在公民大会强行通过。愤怒的贵族不仅将格拉古及其300名拥护者打死，还把他们的尸体扔入第伯河泄愤。格拉古的弟弟盖约继续哥哥的改革事业，进一步通过限制贵族占有公有土地，遏制土地兼并，让更多的平民公平的分得土地。公元前122年盖约和他的3000多名支持者被贵族势力杀害，尸体被投入第伯河。一部财政史真可谓惊心动魄，财政分配不公，往往会导致政局不稳，但任何倾向公平分配的方案都会伤害到既得利益，引起既得利益者的反抗，这种反抗往往是血淋淋的。公元前83年，前执政官苏拉率军进入罗马，自任无限期独裁官，集大权于一身，大肆屠杀民主派分子和无辜平民，夺取他们的财产和土地，并废除向城市贫民配粮制度。新的一轮斗争又将展开，民主派和平民势力也开始积蓄力量，以待时机。

对于罗马行省，罗马原则上不增加其原来的贡赋水平。但是行省总督往往把所管理的行省作为自己集聚财力和政治势力的一个通道，他们以行省为中心，培养发展自己的势力，任职期间不仅在行省大肆搜掠，还挑动对外战争，既掠夺，也扩大自己的武装力量。滥用权力的同时，总督也和包税人联合起来压榨老百姓，行省居民十分痛恨包税制。包税制在实际运行中，包税人在向地方征收时，往往加捐加税，肆意搜刮，甚至公开敲诈勒索。行省官员也多与包税人上下串通，贪赃枉法，大发其财。包税人还从事投机倒把活动，发放高利贷，盘剥行省居民。当时的罗马诗人曾经夸张地写道："整个世界都在包税人的统治下呻吟。"罗马史学家李维写道："有包税人的地方，就没有对公共法律的尊重，就没有各省的自由。"美国经济史家罗斯托夫采夫在他的《罗马帝国社会经济史》里写道："古罗马的包税人都是残酷的征税官，危险和无耻的商业竞争者。他们经常不诚实，很可能总是很残忍。"公元前88年，密特里达提（Mithridates）举起了反对包税人的旗帜，这一次骚乱波及罗马在希腊和东部的大多数城市，传说第一天就有8万罗马包税人被杀。

对于奴隶，是所有的被统治阶级中地位最低下的，受的压迫和屈辱也最重。当时在罗马，奴隶不仅从事农业、畜牧业、采矿业和手工业，也有担任教师、医生、乐师、侍从的，还有一些奴隶，担任国家低级职务，如狱卒、行刑人之类的。虽然罗马已经有了政府统计，但是从来没有统计过奴隶人数，因为他们认为如果奴隶一旦知道自己人数比罗马人还多，人多势众，可能就会反抗。奴隶为罗马人提供全方位的服务。罗马平民的福利是寄生在无数外省平民和奴隶的痛苦之上的，他们参加各种娱乐活动，领取免费的粮食。他们免费领取的粮食大多来自西西里，这里土地肥沃、气候宜人，被称作“罗马的粮仓”。几十万名衣不蔽体、食不饱腹的奴隶在这里辛苦劳作，生产出大量的谷物、葡萄酒和橄榄油，源源不断地运往罗马，填满贵族的粮仓，也大量发放给广大的平民。随着罗马公民的增多，需要更多的粮食，只能不断压缩奴隶的口粮，以便有更多的粮食运往罗马，满足罗马公民的需要。公元前 137 年夏天，忍无可忍的奴隶将长期积压在心里的愤怒一股脑地喷发出来，发动起义。整个西西里岛沸腾了，一呼百应，起义大军迅速汇集到 20 多万名奴隶。他们建立政权，选举国王和统帅，设立人民议会和人民法庭，斗争持续 5 年之久。虽被镇压，但反抗的火种留在了西西里岛，没有多久西西里奴隶就再举义旗。

奴隶的怒火不仅在西西里，也在罗马各地燃烧，甚至燃烧到了它的心脏。椭圆形的斗兽场，巨大的弧线形建筑是罗马建筑师的骄傲，这些有力但不失优雅的弧线建筑至今犹存，让我们还能想象当年的雄伟辉煌。这里曾经是罗马贵族和平民最喜欢的娱乐之所，但是这里对为他们打斗娱乐的角斗士来说就是地狱。角斗士在这里戴着镣铐，接受残酷暴力的训练。维也纳大学的研究人员曾对一个古罗马的角斗士墓中的 70 多具遗体进行解剖，发现他们连肉都吃不上，只能长期咀嚼大麦。他们的出路只有一条，在角斗场相互残杀到死。公元前 73 年的一天，角斗士斯巴达克对同伴说：“与其在竞技场里为人们娱乐卖命，不如在战场上为自由而战死。”在他的领导下，罗马奴隶发动起义。前后三年，有 12 万以上的奴隶参与。他们的起义被罗马残酷镇压，战斗到最后的 7000 多名奴隶被钉死在加普亚直通罗马的阿庇乌斯大道的两旁。

各阶层的人民此起彼伏的不同形式的抗争，也使一批批军人在平叛斗争中脱颖而出，开始干预政治，共和国的根基渐渐摇晃起来。44 岁的民主派干将凯撒，为自己谋取了一个高卢总督的位置，在那里训练出一支自己的军队，并通过不断发动对外战争，开拓了疆土，掠得了大量钱财和奴隶，为自己积累了一笔巨大的财富。在高卢，他屠杀了一百万人，俘虏了一百万人，所向披靡。公元前49年，凯撒率领他这支只知凯撒、不知共和国的军队以迅雷不及掩耳之势回到罗马，控制政权。平民把他当成“人民之友”来欢呼他的胜利，元老院任命他为终身独裁官、终身保民官、大元帅，他又通过其他途径取得神职——大祭司长。

这位新任独裁官，在26个军团的武力支持下，开始强力推行民主派的改革主张。首先，改组元老院，将元老院名额扩大到900人，增加了平民和被释放奴隶的代表席次。当然他也把元老院还原成了咨询机构，把公民大会变作可有可无的装饰品；其次，改革行省制度，惩治了一批臭名昭著贪污勒索的行省总督，剥夺了行省总督的军权，提高行省各城市的自治权，进一步扩大罗马公民权；再次，改进税收制度，废除了直接税的包税制，由国家征收；最后，在意大利和行省建立了至少20个殖民地安置老兵和平民10万人，他们每个人都得到了一份土地。而在另一方面，他改革福利制度，将免费领取粮食的平民人数从32万削减到15万人，以此减轻国家财政负担。将这一普惠的福利变为重点救济贫苦者的政策，虽然可能引起以前享受这一普惠福利者的不满，但是减轻了国家财政负担，为国家腾出执行减轻外省和奴隶负担政策的空间，从而缓解整体的社会矛盾，是具有意义的，我们不能像有些著作那样批评他背离了平民阶层。虽然他与克娄巴特拉的爱情，还有其他一些事情部分遮掩了他的光芒，但总体来说，他的改革都还是为大多数人谋福利，而且直接触碰了贵族们的既得利益，引起了元老贵族的极端不满。公元前44年3月15日，凯撒在元老院被刺杀，被连续刺了23刀。

凯撒被刺杀后，他的部将们发生内斗，甚至战争。到公元前30年，凯撒姐姐的孙子屋大维取得了最后胜利，再次统一罗马，成为罗马绝对的统治者。罗马由共和国进入帝国时代。

从寄生财政到帝国财政

经过4个多世纪的征服战争，经过了近1个世纪的内战。罗马人民已经普遍厌战，就是贵族们，也已经对长期的混乱无法忍受，期盼和平，希望能安静的生活。他们已经不在乎是谁来统治，只希望有人能结束混乱的一切，重新建立稳定的秩序，带来持续的和平。从18岁就开始四处征战的屋大维也期望和平，他向他的臣民作出和平的承诺，虽然他的将军们有的提出向南扩张，有的提出向北扩张的主张。公元9年，罗马军团在向莱茵河以东，多瑙河以北的广袤土地进军时，在条顿堡森林遇伏惨败，终于使70岁的屋大维下决心彻底结束征服战争。公元14年，屋大维去世时留下遗诏，罗马帝国的疆域西到大西洋，北至莱茵河和多瑙河，东到幼发拉底河，南到阿拉伯和阿非利加（今利比亚西部和突尼斯）的沙漠，把大自然的地理界限作为罗马帝国的永久边界。于是，罗马从此不会再有因征服掠夺获取的大宗收入，而有了漫长需要防守的边界和浩繁的军费开支。共和国的财政制度和结构，显然已经无法适应帝国的需要。

公元前29年夏，获得内战最后胜利、征服了埃及的屋大维回到罗马，他不是以内战胜利者身份，而是以对外征服战争胜利者的姿态回到罗马。他按共和国习惯举行了伊利里亚、亚克兴和埃及三个战争的凯旋仪式，用掠夺来的埃及托勒密王室的巨大财富犒赏士兵，给十几万老兵发放了优厚的退伍恤金，分配了土地。他大兴土木，兴建神庙、剧场、水道、浴池，让很多人有了工作和收入，也使罗马城焕然一新。他自豪地说："我接受的是一座砖造的罗马城，却留下了一座大理石的城市。"他馈赠罗马公民，发放粮食，免除他们所欠的国债，举行各种娱乐活动……这是罗马的最后一次狂欢，最后一次巨额的意外收入。接下来，屋大维要开始认真考虑接下来怎么办，如何建构新的财政制度和结构，关键是如何建立获取经常性的稳定财源的制度，以维系帝国的长治久安。

《圣经·新约·路加福音》里说："当那些日子，恺撒·奥古斯都有旨意下来，整个世界都应当被征税。"屋大维，现在都叫他"奥古斯都"，废除了罗马公民免间接税的法令，结束了罗马公民150年无税的历史。直接税虽然还是免的，但是他把免直接税的公民范围限定在公元前7年以前获得罗马公民权的居民、行省辅助军退伍士兵及其双亲、妻儿、个别特许城市和个人。不过免除的税也通过增加间接税得到了弥补，奥古斯都扩大了在罗马和意大利征收间接税的种类，除了共和时期的港口税和释奴税外，又设立遗产税、拍卖商品税、买奴税三种新税。遗产税，税率为5%，拉卡拉（Caracalla）皇帝时提高到10%。拍卖商品税，税率为1%，所以又称佰一税。买奴税，税率为2%。

在增加罗马和意大利税负的同时，奥古斯都也对行省税收进行了整顿，在规范的同时，也有所减轻。公元前28年，在全国范围内展开了人口和财产普查（Census），具体内容包括：各户人口数及其性别年龄，所拥有的土地面积和质量，奴隶及其他财产的数额和价值。在普查的基础上，重新确定了直接税。直接税包括土地税（Tributum Soli）和人头税（Tributum Capitis）两种：土地税向农民征收；人头税也称非农业财产税，向农民外的其他人征收。直接税税率一般为10%，但根据各行省具体情况又有所调整，并非统一。直接税取消了包税制，由地方政府直接征收。间接税虽仍采用包税制，但是置于督察使的监控之下。对间接税的税率也有所调整，对从东方进口的宝石、丝绸和香料等奢侈品征25%的关税，而对于经济落后地区采取若干减免政策，有的地方关税低到1%。总体来说，地方行省的税收负担较前有所减轻，特别是直接税包税制的取消，也在很大程度上减轻了行省人民的负担。奥古斯都的继承人提比略（Tiberius）皇帝时，曾有官员提出增加各行省的赋税，提比略回答说："让我的羊剪些羊毛，而不是剪光所有的毛只留下一张皮。"帝国早期的皇帝都比较注重对地方行省官吏的监控，甚至还鼓励检举揭发，一旦查出超额征税的官吏，将处于超征金额 10 倍的罚款，其中 40% 会奖赏给检举者。对于好的皇帝来说，让纳税人满意比征得税款更重要。在收成不好的时候，帝国也会减免或者暂缓征收。即使恶名昭著的尼禄（Nero）皇帝也为税制的进步作出了很大贡献，他颁布诏令，要求把过去一直保密的、关于每种税收的条例都公布出来，让人民审查。对于欠缴税款的追缴以一年为限，过期不再追缴。还要求各级行政长官严格管控包税人，任何时候优先处理控告包税人的案件。士兵们除了在出售物品时要纳税以外，他们仍旧是不纳税的。同时规定商船不列入商人的资产项目之内，并且不对商船征税，这样大大降低了粮食的运费。他还试图全面废除间接税，这引起了贵族的不满。后来他还没收一些贵族的土地和财产，让安置在殖民地的退伍老兵可以选择回到罗马分配土地，这些引起了贵族更大的不满。尼禄的许多法令在他去世后就被废除了，但是如取消“四十分之一税”、“五十分之一税”以及包税人所发明的诸如此类的其他苛捐杂税的法令却还依然有效。尼禄虽有很多异行，但其执政的 14 年以及死后的几十年时间，被看作罗马历史上最幸福、最和平的统治时期之一，他还曾以个人名义分配给罗马平民每人 400 塞斯退斯。即使贵族出身的历史学家在描述了他的诸多恶行后，也描述了在尼禄去世后，他墓前常年有民众自发献花。人民是善良的，只要你为他们做过哪怕一点好事，他们也会感念在心。

总体来说，到了帝国时代，行省居民虽然仍是国家税收的主要承担者，但是负担相对减轻，各地区负担也相对平衡，特别是设置了专对罗马公民征收的间接税，使其和各行省的税负差距也缩小了很多，在很大程度上，体现了全国性的赋税公平。到帝国中期，授予罗马公民荣誉的财政意义，已经从免税特权改变为和罗马公民承担相同的赋税。于是在 212 年，卡拉卡拉（Caracalla）皇帝将罗马公民权普遍授予整个罗马帝国的所有人民。

皇帝和元老院的分税制

以前人们说“罗马没有国王，但元老院的数百议员每个人都是罗马的国王”，现在罗马有了皇帝，但也不叫国王，而叫元首。奥古斯都大帝把他的帝国嫁接在共和国体制之下。经过500年的征战，500年的辉煌，共和的概念，早已深入人心，奥古斯都在构建新体制时，选择了与传统的习惯势力合作，他让他的权力由元老院和公民大会授予。公元前27年1月13日，屋大维抵达罗马元老院发表演说：

> 所有集中在我身上的权力，今天全部归还给诸位。我宣布，所有武器、法令，以及罗马霸权下的领土，全部归还给元老院和罗马公民手中。

作为回报，罗马共和国元老院也赠给35岁的屋大维“奥古斯都”、“大元帅”、“元首”等称号①，罗马从此形成二元体制，共和国与帝国并存。相应地，国家财政也出现了双元结构财政。

奥古斯都把全国的行省分为元老院属省和元首属省两部分，划分以军事需要为原则，凡不太稳定需要驻军的行省归元首，凡比较稳定不需驻军的归元老院。元老院属省包括西西里、撒丁尼亚、马其顿、亚细亚等10行省，基本都是早期征服，已比较安定，无需驻军的，也是当时经济比较发达的行省。元首属省包括高卢、叙利亚、色雷斯等32个行省，很多是经济落后地区。埃及为元首专属领地。行省在元老院和元首之间的划分在此后的变化，基本上仍是以是否需要驻军为原则。元老院属省总督，还是沿用共和时代从任满的执政官中选拔的办法。元首属省总督，则由元首任命。元老院

① 奥古斯都（Augustus）含有至尊至圣之意。大元帅本是共和国时期军事统帅的荣誉称号，从此，imperator一词演变为“皇帝”的意思。元首（Princeps Senatus）意为元老院首席元老和国家第一公民。

名义上仍有财政权，掌管国库，但元首对帝国财政有最后裁定权。元老院属省的税收归元老院管理的国库，元首属省的税收归元首，屋大维专门建立了元首金库，管理这笔税收。

在整个共和国时期，罗马始终缺乏一套系统完整的财政管理机构和管理制度，随着时间的推移，各种弊端越来越明显地暴露出来。帝国时代，虽然还是没有设立全国统一的财政机构，但是元首，也就是皇帝建立了自己的宫廷财政机构，事实上直接控制了帝国财政。一切重要的财政决策、财政管理人员的任命、财政机构的调整、收支项目和数额的增减，都由元首最终裁决。

罗马皇帝的宫廷机构，也有称私人顾问团、助手，也有称内阁，等等。毫无疑问，这不是国家的正式机构，只是协助皇帝处理国家事务的家臣，他们多从皇家的奴隶中选拔出来，经过释放成为自由人。他们作为皇帝曾经的奴隶，已经和皇帝形成主仆关系，即使释放也存在依附关系，他们能最忠实地执行皇帝的任何指令。虽然是被释放的奴隶，但是在皇帝光辉的照耀下，他们也可以很显赫，而且可以很富有，其中一位叫纳西索斯（Narcissus）的还一度成为帝国首富，拥有4亿银币的家产。但这些显赫和财富，都是依附皇权，一旦离开皇权就什么都不是，这和贵族是不同的，贵族是凭借血统，而不是皇权，所以皇帝愿意信任家臣。负责财政的财务总监，在家臣里是最为重要的职司。

奥古斯都还建立了自己的元首私库系统，元首私库也称皇库。皇库（Fiscus），一词原意为“篮子”，后来以此为词根发展出国库、财政、税收等词汇，其动词形式 Fiscalizar 在葡萄牙语里还表示“监督”、“稽查”。这样帝国的国库实际上包括了元老院管辖的国库（Aerarium）和皇库两个部分。对于皇库，又带有国库和元首私库的双重性质，很多学者试图梳理清楚之间的差别，但是很难分清楚。此后，还在公元6年从国库中分解出军事国库（Aerarium Millitare）。

奥古斯都组建了帝国收支统计处，定期编制国库和皇库的收支总账，直接控制和调节全国财政收支。帝国收支总账已具有国家预算的性质，它的编制是罗马财政管理水平提高的重要标志。奥古斯都亲手掌握这一账目，在临终前把它亲自交托给继承人，并呈送给元老院。

在共和国时期，财务官还负责管理和监督地方各行省财政，但现在只限于管理元老院所属部分。在元首所属部分，则另设督察使（Procurator），也多由释奴担任，是“奉皇帝之命到各省去收取皇家地产租税及其他收入并支付应付款项的皇帝使者”。他们被派往所有行省，负责元首属省的财政和监督元老院属省的财政。他们人数众多，任期不定，是元首控制帝国财政收支的得力助手。

在支出方面，双元财政体系并不是这么泾渭分明，元首是慷慨的，元首私库承担了大项的支出。支出最大项的是军费和官员俸禄。

军费主要包括军饷和退伍津贴。新的军饷标准是：军团公民兵年饷 225 狄纳里，近卫兵 750 狄纳里，罗马卫戍兵 360 狄纳里。对行省辅助兵仅发给给养。退伍津贴标准是：公民兵每人 3000 狄纳里，近卫兵 5000 狄纳里。退伍士兵都能分配到土地，津贴主要作为土地获得收成前的生活所需。为了取得土地分配，战争时代靠征服，和平时代只能靠购买，为了购买耕地分配给士兵，奥古斯都在意大利花费了 6 亿塞斯退斯，在行省花费了 2.6 亿塞斯退斯。退伍士兵也可以选择不要土地领取现金，但对政府都是一大笔开支。为了筹备和保证退伍津贴的发放，专门成立了军事国库，通过设立公民遗产税和拍卖商品税筹集资金，专款专用。奥古斯都还从私库拿出 1.7 亿塞斯退斯注入军事国库。

罗马官员以前是没有俸禄的，元首开始对自己任命的官员发放俸禄后，年薪数额由 10 万至 100 万塞斯退斯不等。因为共和国官员都是贵族或有钱人担任，所以可以没有俸禄。到了帝国时代，奥古斯都还为元老院元老制定任职资格，必须 100 万塞斯退斯。而元首的宫廷官员则多是释奴出身，必需要发放俸禄才能维持生计。

另一大项支出就是向罗马城平民发放的粮食，凯撒时有所收缩，奥古斯都又适当放宽到 20 万人的规模。常年维持大量的粮食供应，对帝国财政来说始终是一个很大的负担。奥古斯都设置了专管官员，来负责粮食的征集、运输和发放。平民有时还会因粮食供应迟延发生暴动，帝国不得不成立警察部队维持秩序。

此外，奥古斯都还有大量公共建设支出，他在统治的年里，修建了两个大型广场，罗马万神庙和阿波罗神庙，公共图书馆和公共浴池，梅塞纳斯剧院，罗马输水道和街道，等等。他还慷慨地给予艺术家们各种帮助，艺术家们也借助文艺为屋大维尽情讴歌，颂扬他的文治武功。

奥古斯都还花了很多心思，利用财税手段促进人口增长。国家对于结婚和生育的妇女给予奖励，但是妇女未生育小孩独身的话，只要拥有 2 万塞斯退斯以上资产，就要每年征收资产 1% 的税。如果到 50 岁后还独身，不仅取消其所有的继承权，而且自身拥有的财产也得让渡给其他亲属。这一措施也被称做独身税。独身税不是结婚就可免除，只有生育了 3 个孩子才能免除。对于男性，只有有了自己亲生孩子后，才能将遗产留给非法定继承人。在财税之外，还有其他一些措施，如参加公职选举，如果得票一致，子女多者优先。奥古斯都认为只有保护和培养健全的家庭，才能有健全的国家，他还制定法令，提高离婚门槛，对于通奸者将没收资产的 1/3，并终身流放。奥古斯都与前妻生的唯一女儿，因通奸罪被没收 1/3 资产，流放荒岛终身。奥古斯都和后妻经过很多努力，始终无法生养孩子，赋税的作用始终有限，庞大的帝国无子嗣可以继承。奥古斯都一生简朴，去世后将 4000 万塞斯退斯铜币留赠给全体的罗马城公民，350 万塞斯退斯铜币留赠他的两个选举区。全部军团 15 万士兵，每人得到了 300 塞斯退斯铜币，禁卫军团士兵每人 1000 塞斯退斯铜币，警察每人 500 塞斯退斯铜币。

从财政危机到全面管制

相传亚历山大大帝大军打到印度时，听人说再往东就是大海了，于是郁闷地对手下说："难道这么快，就没有可以征服的领土了吗?"奥古斯都在波斯时听到这个故事，非常惊讶地说："难道亚历山大不知道治理比征服更加难吗?"奥古斯都统治罗马长达43年，但是并没有能为罗马建立文官系统，只是依靠少数家奴和16万士兵维系着其625万平方公里、4750万人口的庞大帝国的统治。既缺乏统一的财政体制，也没能建立直接及于基层的税收征管体系。帝国初期的统一和稳定，无疑促进了生产技术的进步和生产的发展，特别是水轮车的普及，使一些贫瘠的地区都变成了粮食或葡萄、橄榄的高产区。运输的畅通，也能让埃及、西西里等帝国的"粮仓"的粮食源源不断运往罗马。商品经济的发展，使很多行省采用了货币税，保证了军饷的发放。

罗马帝国在征服时代建立起来的财政结构，是建立在掠夺大量财富的基础之上的，在失去征服和掠夺的巨大财源之后，新增的税收无法弥补，纵使很好的元首统治，也难免出现财政危机。低下的财政汲取能力，脆弱的财政平衡，仅用来维系社会发展所需都是帝国无法承受之重，还有军队的军备和保证他们效忠所必需的支出。图拉真元首一度想通过征服波斯湾拥有金矿的几个地区，来补贴帝国财政，他成功地把疆域向东扩展到波斯湾，但却没有能带来想象中的收入，反倒是耗尽了国库。于是后面的哈德良元首又放弃扩张，开始建城墙来保卫边疆，这又需要花很多的钱。共和国时代，征服不断胜利，带来滚滚财源，早让罗马人忘记了精打细算，也失去了长期预算的能力。

在奥古斯都之后，罗马帝国又经历了很多个元首。有的善良、富有同情心，有的博学、公正。曾经有一个时期被称为"五位好皇帝时期"，在但丁的《神曲》中，还有元首能升入天堂。一些好的元首为了筹集资金，甚至把自己的土地、珠宝拿出来卖掉，马克元首把餐具也拿出来卖掉了。但也出现了很多坏元首，养很多的妃嫔，生性凶残。有的元首未能及时支付军饷，被禁卫军砍下头颅示众。有的元首被叛军打败后自杀。有的元首企图主动退位，却被支持者反对，最后还是被叛军杀死。禁卫军甚至公开拍卖元首的职位，看谁能给他们更高的饷银。235—284 年，在这 50 年里，先后出现 25 个元首，平均两年一个元首。罗马谚语说“一天一个皇帝（Another Day，Another Emperor）”。

无论如何，帝国的财政还在运转，官吏和军人的饷银都在上涨。罗马城后期还能修建能容纳 5 万名观众的哥罗塞圆形大剧场，修建了供应罗马用水的规模宏大的输水管道，甚至奢华的竞技比赛还在进行，还一度建立对平民子女的国家抚育制度和各种公共救济制度。令人惊奇的是，无论财政如何困难，元首们总记得支持各类学术的研究和发展，有时候还非常慷慨。

罗马的赋税并不高，一般税率都在 1%—10% 之间。直接税的包税制取消后，政府时常收不到足额的税款，各种人都在逃税。但是，税制本身也存在很多不公平的因素，这些不公平因素，随时都可能转化成动荡的因素。罗马和各行省之间不公平，各行省之间不公平，行省内部各城市间不公平。最要命的是，为了实现公平，而推行的公平税制中，竟也暗含着不公平的因素，如对农民收获物征收的土地税和对非农民财物征收的人头税，都是统一征 10% 的税，但经过学者测算，农民的税负竟然是其他行业的 20 倍。对所有的商品课以相同税率的各种间接税，由于不考虑各类商品的差别，也导致各类商品税负的巨大差异。

罗马为公民提供的最长久的公共福利，就是发放粮食，这也一直是帝国财政的巨大负担。但大量粮食的进口，却影响了本地粮食的生产，影响了小农经济的发展，导致小农破产，土地向大地主集中。大地主原来靠奴隶劳动，但征服结束后，奴隶的来源枯竭了，而且奴隶劳动很不积极，有奴隶主写道：“我们把农业交给了最坏的奴隶”。他们只好再把土地分成小块租给小农耕种，却又想把农民当奴隶对待，变成隶农，永远束缚在自己的土地上为自己劳作，于是不甘失去自由的隶农又开始逃亡。

为了解决财政危机，帝国开始悄悄往货币里注水，一点点减少其中银的含量，从奥古斯都的100%，下降到92%、50%，到25%，最后下降到5%不到，彻底摧毁了帝国好不容易发展起来的商品经济，一下又打入到自然经济时代。帝国已经征不到足够的货币来发放军饷，只能以粮食代替，但是粮食的产量也在锐减。脆弱的财政平衡早已无法支撑，再加上中央官吏中饱私囊、地方官吏从中渔利，国家财政出现持续危机。在引起平民不满后，元首们又开始对富户下手，有的元首还直接强取一些富有者资产，甚至枭其首级，没收其资产，造成社会普遍不满。民变、骚乱、起义，此起彼伏，再加上争夺元首位置的战争，帝国境内已经烽火四起。北部的蛮族也乘机大量进入帝国，加重了帝国的防御需求。为了镇压和防御，帝国的军队不断扩充，为了寻找兵源，大量雇佣蛮族为兵，成为更大隐患。

284年，罗马竟然奇迹般地稳定下来。戴克里先（Diocletian）一统天下，采取种种措施，加强中央集权，强化国家机器。他不再称元首，而改称“多米努斯（Dominus）”，意为“君主和主人”，正式成为皇帝了，罗马帝国进入君主时代。戴克里先厉行改革，意图彻底解决财政危机。改革中意义最重大的，可能就是戴克里先建立起了预算制度。我们前面提到奥古斯都开始编制帝国收支总账，但没有能延续下来。在长期而持续的财政危机的逼迫下，戴克里先开始做国家预算，这在世界财政史上可能还是第一次，此前在灾荒的压迫下，一些早期国家产生过类似预算的思想，但是离预算制度还很远。这是第一次，国家根据预估第二年的收入和支出情况，来安排下一财政年度的收入和支出。戴克里先每年根据各部门提出的下一年度需求计划，汇总出整个的支出需求，然后确定次年的收入规模，作为任务分配到各地区，无论年度收获多少，都要按时缴税。

为了税负公平，戴克里先统一税制，罗马公民也要像外省人民一样纳直接税，行省人民也要像罗马公民一样纳遗产税。罗马公民结束了400年不纳直接税的历史。戴克里先重新丈量土地，编制了新的土地清丈册，建立了新的课税估价办法，区分土地的位置、肥瘠、耕作条件，在此基础上确定新税额。所有税务一律统合，收归中央直接管理，地方自治在财税方面名存实亡。在经济衰退、商业凋敝之后，现在罗马的税收以直接税为主。

为了保障赋税的稳定和可持续，戴克里先建立起了世界财政史上第一个管制财经体制。他把自由农民和隶农固定在土地上，把手工业者和商人固定在不同的行业，把市议员固定于市议会，所有的人都不得转行和迁徙，而且还得职业世袭。富有的市议员们的官位固化世袭，不是要制造"官二代"、"富二代"，而是为了让他们用自己的家产担保其各自选区的赋税能足额上缴。如果不能足额上缴，他们要用自己的资产填补上，如果他们无力负担，就把他们的家产全部没收来抵补。如果去世，要指定继承人来继承这项义务。手工业行会等同业公会也要承担担保赋税的义务。

戴克里先还发布了世界财政史上的第一次限价法案。这个限价法案，铭刻在帝国的各个行省，现在卡里亚、埃及和地中海各岛都有发现。法案序言写道："利润的追求者不但在乡村里和市镇里，甚至就在路上，都在放肆地以隐蔽的方式损害公共福利！他们出卖商品时要求过分的高价，不是四倍或八倍，而是达到这样的程度，以致他们的利润和方法不能在人类的语言中找到字样来形容……我们正义地为上述一切事实所唤起，为了回答要求解救的人类本身的需要，决定了必须制定物品出卖的最高价格……贪欲就将受到我们的法律所规定的界限的限制，受到法律的拘束力的限制……对于人类有益的情况很少是自然而然地被人接受的，经验告诉我们，恐怖是最有效的管束者和执行义务的指导者。因此，我们乐意让任何一个反抗这个法律的规定的人受到最大的惩罚以作他大胆妄为的报偿……我们号召大家要拿出决心来，以便使一个为公共福利而制定的法规得到自愿的服从和谨慎的遵守，尤其是看见这样的一种法律，其中的规定不仅是为了一个城市，一种人民，一个省，而是为了整个世界。”这个法案不但对各种商品价格，而且对各个工种的工资，包括了30种谷类、50种肉类、116种亚麻织品，44个工种，都规定了最高限额，违者一律处死。但是这个限价法案执行的不是很理想，戴克里先最后几乎放弃了全部货币税和货币支付手段，转向征收实物和实物供应的办法。

戴克里先的新税制体系建设用了十年以上的时间，期间大量的测量统计官员奔走于帝国的各个行省，为各个差异劳心费神，确定每块土地每个公民应缴的税赋。也有记录显示在调查期间出现了各种惊人的舞弊行为，如把儿童记录为成人，把死人记录作活人，确定的税赋大大高于应缴的税赋。为了保障税赋，戴克里先扩充了官僚队伍，特别是税收官吏，官员的数目激增到30000到35000人，当时流传“官员的数量比春天羊身上的苍蝇还要多”，“收税人比纳税人还要多”之类的说法。为了更好控制地方，把行省由50个发展到100个，每10个行省再组成一个大管区，由皇帝的禁卫军长官兼任管区长官。军队的规模发展到60万人。这样庞大的管理队伍，极大加重了帝国财政的负担。而帝国财政继续为贫民提供免费或低价的粮食，承办广大的公共事业让更多的人就业。由于大量破产农民流入城市，领取粮食的平民可能一度达到80万人。

屋大维宣称他“恢复了共和国”，却集权于一身。戴克里先虽建立了君主制，但却建立四帝共治制，让人分享权力。马克西米安（Maximian）以米兰为都，管理莱茵河和多瑙河边界地区。君士坦提乌斯（Constantius）以特里尔为都，管理高卢和莱茵河、不列颠。加莱利乌斯（Galerius）以舍米安为都，管理多瑙河诸行省和帝国东北部。四帝都没有以罗马为都，罗马的共和国架构事实上被废，罗马的元老院事实上下降为罗马城的议会。戴克里先在位期间只去过一次罗马，只呆了13天。元老院让他去讲话和接受勋章，他没有兴趣参加，就径直离开了罗马，以后再也没有去过了。元老院管辖的共和国系统虽然已经完全虚化，但帝国的财政机构还是有两个，现在是皇帝的内库（Comes Rerum Privatarum）和国库（Comes Sacrarum Largitionum）两部分，分别管理皇帝的私产和国家的公产。皇帝的私产主要是位于各地的大量地产，由执事（Msgistri）直接管理。国库只负责货币税的部分，实物税由禁卫军长官负责。此时，或者晚些时候，甚至模仿东方专制建立太监制度，太监也成为皇帝治国的亲信，最高级别的太监是"神圣大总管"，其下设"神圣礼物总管"负责管理财政事务。

戴克里先和马克西米安，在20年后退位，这也是戴克里先即位时的承诺。戴克里先，一个奴隶的儿子，从士兵一级级做到禁卫军统领，紫袍加身，成为罗马皇帝，最后又以平民身份回到家乡达尔马提亚（Dalmatia）终其余年。戴克里先的财税改革，一直被后人诟病，甚至认为是罗马衰落的重要原因。特别是他的限价法令和其设计的专制体制，更是被人深恶痛绝。但他还是为罗马带来了稳定，在极度动荡中，罗马帝国又延续了近200年。在395年帝国分裂成东西两部分后，其专制体制在东部以更绝对的形式延续，在476年西罗马帝国灭亡后，东罗马帝国又延续了1000年。

三、中华帝国财政

万世理财之法

科学家根据基因图谱发现，现代人类从南、北两个方向进入东亚。一条是约3.5万年前由南西伯利亚大草原进入东亚，一条是5万年前从南亚进入东亚。他们在这里繁衍生息，在迁徙过程中带动了若干文明点的兴起。距今6000年到10000年之间，在中国很多地方出现农业，在黄河流域主要是粟和黍，长江流域则以稻作为主。此间在各地兴起了大量的城市国家，号称万国。相互之间，兼并或者结盟，到商汤时号称3000余国，到周初，还有千余国，到战国之际，只剩下7国，最后为秦统一，形成一个强大的统一大帝国。

中国的大统一之局，一般认为与治水有关。与世界其他古代文明相比，中国所处的自然环境是相当恶劣而严酷的。英国历史学家汤因比指出："人类在这里所要应付的自然挑战要比两河流域和尼罗河的挑战严重得多。"[①] 4000年前，一场全世界性的大洪水，世界上流传下来几十个民间传说或者史诗，只有中国的大禹治水采用了疏导的方式进行了治理。根据传说，正是在这场治水成功之后，大禹在中国建立起来了最初的财政模式。大禹向舜帝汇报治水成功的一段话："带领人民播种粮食，把百谷和鸟兽的肉送给人民，让他们互通有无，调剂余缺，于是人民安居乐业，天下得到治理。(暨稷播，奏庶艰食，鲜食，懋迁有无，化居。烝民乃粒，万邦作乂。)"这被中国古人称为"万世理财之法"。大禹认为不仅要用疏的方式治水，还要引导人民从事农业生产，人民才能安居乐业，国家才能得到治理。传说黄帝时期就已经分官设职，设置了"农正"管理农业和财政事务，秦汉时管理财政的最高官员就叫"治粟内史"就源自此[②]，治粟内史其主要职责除了管理国家财政收支，还要推广农业技术，组织发展生产。从担任过农正的后稷、羲和的身份看，都是部落首领。当时财政收入主要来自农业，由此财政的增收主要来自农业的增产，所以对农业的监督和技术传播，也成了财政管理的重要内容。

① ［英］汤因比：《历史研究》，曹未风等译，上海人民出版社1959年版，第92页。

② 陆建伟："汉代大司农的渊源及其演变"，《首都师范大学学报（社科版）》1998年第1期。

也是通过这次治水，大禹加强各地的联系，并对各地土地、物产和人口进行了初步统计，并把田土按照肥瘠程度分为九等，在此基础上制定了中国最早的贡赋制度，其资料被后人整理编辑成《禹贡》，一直流传至今。大禹因为治水的大功，威望大大上升，被推举接替舜担任部落联盟首长，但他晚年破坏禅让的传统，将位置传给了儿子启，开创了中国历史上第一个世袭王朝——夏。现在考古还没能发现夏朝的文字，其历史很多都是后人追述的。现在所知关于夏朝财政制度最早的文字记载是2002年发现的西周中期的《遂公盨》，其铭文中有“天命禹敷土，随山浚川，乃差地设征”等句子，和现存的《禹贡》部分文字相吻合。

商代因为有大量甲骨文出土，我们对其财政制度有多一些的认识，如“东土受年”、“西土受年”、“王大令众人曰协田”等，都反映了当时的财政关系，但还缺乏系统而清晰的认识。而对于夏王朝的末帝夏桀和商王朝末帝商纣，根据周王朝的记载，都是因为生活过度奢靡，对百姓过度征敛而亡国，“桀纣之君”成为古代坏皇帝的代名词，也使后世理财者引为镜鉴。

共同的封建财政记忆

公元前1127年，周武王姬发在牧野大败商军，乘胜逼进商都，消灭商朝，建立周王朝。武王姬发和他的弟弟周公姬旦开创了封建制度，持续了900多年，这期间政治文化、财政制度等都受其影响。

周的封建制度，就是周天子为天下共主，名义上拥有天下的土地和人口，即“普天之下，莫非王土”。周天子将全国的土地和附着于土地的人口，分封给大大小小的诸侯，有公侯伯子男五等，让他们各制其地，各征其产，以藩屏周，即“率土之滨，莫非王臣”。这些诸侯要尽的财政义务包括，定期缴纳一定的土特产作为贡物，自备出兵助王征伐的军需和在天子的直辖领地王畿遇灾患时提供援助。在周初，周天子武力强大时，地方还能履行义务，到后来周室势微，诸侯对天子的义务也成了具文，尽不尽这些义务，尽多少，全凭诸侯自觉了。在各个诸侯国，诸侯又一层层向下分封，形成一个宝塔状的层级体系。每一个小封君都是封区内政治和经济的世袭主人，有权向他的人民征派赋役。

周天子和各诸侯，都还有一个直属的领地。周天子的直属领地称为“王畿”或“畿内”。在畿内地区，天子自行设官管理，并征收赋役，这也是周天子的主要财政收入来源。各诸侯在其直属领地，也是自行管理。战国时期各诸侯开始在直属领地设县，负责赋税之征收。随着县的数量增多，后来秦国又在县上设置郡，但国家财政的重心还是在县，如户籍统计、赋税征收，包括赋税保管，都以县为单位。郡的长官称郡守，其职责主要在保卫，一般由武官出任。

周天子前后一共分封了130多个诸侯国，各国之间相互交伐。在逐鹿中，中央集权的倾向日益趋强，新征服的土地一般不再分封而设县收税。对于原来的封建，各诸侯国都在进行改革，大部分都置县管理。到战国后期，仅剩的封君只能得到封地的土地租金了，其他赋税则归国家财政所有。此前，国家官员都是“世卿世禄”，有自己的封邑，不用国家财政另行开支，到战国后逐步建立俸禄制度。此前，国家征伐由封君提供自备军需的武装力量，到后来各国都有了国家常备军，由国家财政开支军费。这样，国家的赋税多了，国家的支出负担也加重了。为了弥补新增支出，一方面，“量吏禄、度官用，以赋于民”；一方面，估算人民以前供应武器装备等军需所需的费用，向人民征收。前者为税，后者为赋，所以古人说“有税有赋，税以足食，赋以足兵。”赋原来含有免除兵役的意味，成为按人头征收的人头税，因为贫富悬殊，故以贫富为标准进行差额征收。国家财政制度因之发生了大的变化，这个过程既是国家统一的过程，也是国家财政统一的过程。到秦国灭六国统一天下，废封建立郡县之时，其实各国内部已经逐步完成了这个统一的过程。

周的封建制度和后来游牧民族的分封制，和欧洲中世纪出现的 Feudal 制度，虽在外形上有所相同，但实际上有很大差异，这种差异表现在财政制度上就更大。我们在这里姑且称其为封建 1.0 版。

皇帝与国家分税

在周代封建制度下，财政就表现出双元结构特性。一套规则运行于周王室直接行政管理下的王畿地区，也就是以现在的西安和洛阳为中心的约莫 1 千里左右见方的地区；一套规则用以规范王室与 130 多个诸侯国之间的财政关系。后来在各国内部，单元结构趋势越来越明显，逐步形成统一财政。

在秦汉财政管理中，又出现了另外一个双元结构财政，就是皇室财政与国家财政。它们是通过分税相区别。

国家财政由治粟内史管理，治粟内史后改称大司农。其收入主要包括：(1) 田租；(2) 算赋，就是人头税，凡 15 岁至 56 岁的人口每年每人 120 钱；(3) 更赋，就是为了免除国家的派役而交的钱；(4) 算訾及算缗，是一种财产税，每訾万钱收算 127 钱为算訾，每 2 千钱出算 20 钱为算缗；(5) 算车船，商人的车征税 2 算①，非商人的车征税 1 算；(6) 算马牛羊，按其价值，每千钱课税 20 钱；(7) 榷酤收入，即酒专卖；(8) 均输收入，即均输官将各地贡赋按照品种和市场情况，或就地销售，或移地销售，或运京师使用，在市场运作中所或利润；(9) 卖爵收入。

皇室财政由少府管理，其收入主要包括：(1) 山泽之税，就是对使用山泽资源所征收的资源税，如砍伐山林、开采矿物、煮水制盐等。后来盐铁专营，其收入还是归属少府；(2) 江海陂湖之税，主要是渔业税；(3) 园池之税，主要是对栽培果树、种植蔬菜征的税；(4) 市井之税，就是各种商税；(5) 口赋，就是在算

① 120 钱为一算。

赋之外，对 14 岁以下幼儿征收的人头税，亦称口钱，每人每年 23 钱，其中 20 钱供养天子，3 钱补贴车骑马；（6）苑囿池籞收入，就是皇家的离宫、游园、狩猎场等通过经营，如种植果树、出租等取得的收入；（7）公田收入，就是少府等皇室机构所属的公田出租所得；（8）献物及酎金，献物就是地方郡县和封国每年向天子的贡献，以郡国之民的人口数，每人 63 钱。酎金就是天子祭祀时，地方诸侯敬献的助祭贡金，按照各诸侯国的人口数，每千人供奉黄金 4 两；（9）铸钱收入，汉初曾准许民间铸钱，后来将铸币权收归国家，因使用原料为矿产品，所以归少府管理。

划归国家财政的主要是国家正税，如田租、人头税等；划归皇室财政的主要是各种杂税。但是随着经济的发展，这些市井之税规模越来越大，盐铁专营所得更是巨大。皇室财政收入越来越大，而其支出事项主要限于皇室自身所需、皇室属官的俸禄和福利、赏赐等。其收入是大大的大于支出。而国家正税的田租、人头税增长有限，各种财产税多为汉武帝时为解决财政危机而设，虽有增长，但国家财政支出的官俸、办公费、军费、公共建设费等都增长快速。其支出是大大的高于收入。在这种情况下，皇帝不得不经常拿自己的钱补贴国家财政。汉武帝时军费大增，经常要用皇室财政补贴，干脆把盐铁专卖收入划给国家财政。东汉光武帝时，为统一管理国家财政，对皇室财政和国家财政的财权和事权重新进行了调整，少府所管仅仅皇室自有产业的收入，支出仅仅皇室自身生活所需。少府支出中原来属于国家事务的，如兵器制造与保管、赏赐等支出，都统统由国家财政统一管理。国家财政也适当拨款补贴皇室支用。

财政数据化管理与原始预算

相传大禹治水时，建立了最早的国家数据库。洪水涉及地域之广，影响人群之众，都是空前的。大禹的父亲鲧因为用水来土挡的“堵”法治水失败，被舜帝处死，由大禹接着治水。大禹为了吸取父亲的教训，进行了大量实地调研，采用“疏”法治水。由于“疏”，对各地情况的了解就非常重要，所以大禹在治水过程中建立起了最早的国家数据库，对各地的人口、土地都做了大量统计。根据甲骨文的记载，到了商代，国家数据库的建设更加完善，应用范围更加广阔。西周时，统计项目已经十分细致繁琐，并建立起从乡到中央的月报、旬报、年报制度。春秋时，管仲提出涵盖面更加广阔的统计设想，并在齐国付诸实施，为其经济改革提供帮助。

公元前207年的深秋十月，刘邦的军队抵达秦都咸阳城下。当初怀王曾与诸将相约，谁先入关中灭秦，即为关中王。现在咸阳的大门已经向他打开，关中王之梦已经唾手可得。秦始皇穷尽天下财力修造的宫殿，搜刮的无数珍宝一下都属于他了。但想着项羽“力拔山兮气盖世”的勇猛和他的40万大军，刘邦实在高兴不起来。刘邦的头脑是清醒的，现在还不是和项羽对抗的时候，他从秦宫退出，不再看这美轮美奂的宫殿一眼，他把所有珍宝都封存起来，不取丝毫。但他还是必须进入咸阳，即使被项羽疑忌也必须进去，他必须拿一样东西，这个东西比关中的土地，比廊腰缦回复道行空的宫殿，比秦始皇搜刮的奇珍异宝都还要珍贵。这就是大秦帝国的国家数据库——“天下图书计籍”，即记录天下情况的舆图、籍书、计账，它包括了天下关隘要塞、人口户籍、土地税收等各种统计数据。曾做过秦帝国地方官吏的萧何深知数据的重要，所以第一时间要得到的就是这个数据库。正是凭借这个数据库，萧何得以运筹帷幄，助刘邦统一天下，功封第一。

汉帝国建立后，同样重视财政的数据化管理，在丞相府设“计相”一职，专门负责。从各地挖出来的汉代简牍看，我们惊奇地发现，无论出自西北边陲，还是东海之滨，还是南方湿热之地，不仅内容格式一致，而且简的长短也一致。唯一不同的是西北不产竹子，用的是木简。按照当时的制度，“诸户口黄籍，籍皆用一尺二寸（约今27厘米）札”，而且时间统一为八月底。数据的采集和整理，都已经标准化了。当时规定律令三尺，经书二尺四寸，不同的政府文书采用了不同的标准。此后的朝代，无不致力国家数据库的建设，并且还不断扩展。一些朝代还试图建立全国物价变动情况的数据库，以此作为国家宏观调控的依据。宋明还建立起全国土地占有情况的资料库《鱼鳞图册》，不仅注明地主姓名、土地亩数、四至以及土地等级。还把每块土地形状绘制成图，每册前面又有土地的综图，仿佛鱼鳞一般，因此称“鱼鳞图册”。

汉代对国家数据库意义认识已经比较清楚：“以分田里，以令贡赋，以制禄食，以起田役，以作军旅”，是政府行政理财的重要依据。不过最重要的还要算对原始预算工作的推进。由于中国是灾难频发国家，所以得重视储粮备用，提出在年度预算的制定上还要考虑三年的中期预算和30年的长期预算。西周时出现了所谓的“以九赋敛财贿”，“以九式均财用”的预算雏形，也就是要让九项支出和九项收入，一一对应起来。这样做在当时可以保证每项支出有一定财政来源，方便用严格的制度来进行管理。以经常性收入来安排经常性支出，以收入的预计给使用部门一个开支的最高限额。基本原则是量入为出、略有盈余。与预算制度相配合的是严密的统计、会计、审计制度。管理以会计簿记为中心，所有的收入和支出，都有详细的记录，而且每个环节都有严格的审计、稽核和监督。对于王“玩好之用”这样无法预算的支出，则规定由各项公共支出的结余供给。

战国时出现了“上计”制度，就是要求地方把编户人口、垦田数字、赋税收入，乃至治安等情况上报中央，作为中央财政管理的依据，也是地方官员升迁考核的依据。考核的方法是“核其殿最”，“最”是上等，“殿”是下等，按照考核成绩决定官员的升迁或罢黜。在各项考核指标中，人口增长比重最大。西汉时，颍川太守黄霸以人口年增长率天下第一，被提拔为京兆尹，秩二千石。南阳太守召信臣，也因“户口增倍”，“治行常为第一”，“赐黄金四十斤，迁河南太守”，“复数增秩赐金”。比起中央考核郡守，郡守考核县官更为严格和周密，因为郡守的政绩都是县级数据的综合。

前面讲的黄霸就对各属县大大小小的事务都亲自过问，连写作《汉书》的班固都感慨其精力过人。正是在这样的努力下，他才能取得天下第一的考核成绩。现在保存下来的秦汉简牍中有不少地方“上计”资料，最完整的要算1993年连云港尹湾出土的西汉东海郡资料。

政在养民

大同社会是中国传统社会最高理想模式。《礼记·礼运》描述：“大道之行也，天下为公，选贤与能，讲信修睦。故人不独亲其亲，不独子其子。使老有所终，壮有所用，幼有所长，矜寡孤独废疾者，皆有所养。男有分，女有归，货恶其弃于地也，不必藏于己，力恶其不出于身也，不必为己，是故谋闭而不兴，盗窃乱贼而不作。故外户而不闭，是谓大同。”中国人希望建立一个老弱病残受到社会照顾，儿童由社会教养，一切有劳动能力的人都有机会充分发挥自己才能的大同社会。在国家建立以后，人们把这种理想附着于国家，成为完美国家的形象，这种理想也贯穿于整个传统社会。但这种理想要成为统治者的自觉行为并不容易。夏是中国历史上第一个朝代，其统治者迷信“天命”，自视为“天子”，受命于固常不变的天。夏桀曾说：“天之有日，犹吾之有民，日有亡哉，日亡吾亦亡矣。”他认为自己的统治是永恒的，于是为所欲为，荒淫无度，而罔顾人民死活。然而上天并没有像夏桀希望的那样永远保佑他，他在人民的反抗下丧失了统治地位。代之而起的商朝在一定程度上汲取了夏的教训，提出了“施实德于民”（《尚书·商书·盘庚》）的思想，但依然迷信鬼神，认为自己的统治基础来自鬼神的意志。商纣说：“我生不有命在天乎！”（《史记·殷本纪》）于是“小民方兴，相为敌雠”（《尚书·商书·微子》）。以周公为代表的周初政治家们在总结夏、商二代衰亡的教训时，深刻认识到人民的力量，认为“民之所欲，天必从之”（《尚书·周书·泰誓》)，将天命和民欲联系起来，上天关心的是人民的疾苦，天命是以人民愿望为依归，提出了敬天保民的思想。德政于是成了沟通天命和民欲的桥梁，要求统治者在政治上爱民、重民，经济上富民、知百姓疾苦，生活上节俭，以减轻百姓负担。

对于实施德政需要提供的公共产品，《周语》中有七德之说，具体而言，就是《逸周书》里所说："乡立巫医，具百药以备疾灾，畜百草以备五味，立勤人以职孤，立正长以顺幼，立职丧以恤死，立大葬以正同，立君子以修礼乐，立小人以教用兵，立乡射以习和容。春猎耕耘，以习迁行，教芓与树艺，比长立职，与田畴皆通，立祭祀与岁谷登下厚薄，此谓德教。"《周礼》虽然成书时间有争议，但也包含着周代的某些史实。《周礼》不仅提出了慈幼、养老、赈穷、恤贫、宽疾、安富的"养万民"政策，还设计了保障这些公共产品供给的制度和程序。管子"九惠之教"的理财思想也反映了提供公共产品的内容："饥者得食，寒者得衣，死者得葬，不资者得赈，则天下之归我若流水。"即政府应该提供"老老、慈幼、恤孤、养疾、合独、问病、通穷、振困、接绝"等公共产品。他对每一项政策都设计了专门人员来管理，并对其职责和工作方法程序都做了说明。

其他学派和思想家也提出了一些主张，基本上都在这个范围内，只是各有侧重。如孔子"博施于民而能济众"；荀子主张"收孤寡、补贫穷"；墨子主张"使民之饥者得食，寒者得衣，劳者得息"；庄子主张"以事为常，以衣食为主，蕃息畜藏，老弱孤寡为意，皆有以养"；孟子尤其注重对鳏、寡、孤、独等弱势群体的救助，他认为"此四者，天下之穷民而无告者。文王发政施仁，必先斯四者"。

中国古代思想家在公共产品的提供上还有一个值得重视的方面，就是"为民治产"的富民思想。孟子认为"民之为道也，有恒产者有恒心"，提出"明君治民之产，必使仰足以事父母，俯足以蓄妻子，乐岁终身饱，凶年无死亡"。管子认为"仓廪实则知礼节，衣食足则知荣辱”，提出“治国之道，必先富民”。所以古代思想家特别重视政府对生产的辅助，一方面在大同思想的影响下一再提倡均田地，如秦之授田、汉之限田、曹魏之屯田、北魏隋唐之均田，一直到晚清太平天国的《天朝田亩制度》；另一方面则对农民生产提供帮助，如大兴水利、提供种子农具的贷款、编制农书等等。晋文公认为政府的职责，除了“施舍分寡，救乏振滞，匡困资无”，还要“轻关易道，通商宽农，懋稼劝分，省用足财”（《国语·晋语》）。

纵观人类财政文明史，中国是世界上最早建立公共福利体系的国家。从周代开始，政府就建立了从中央到地方的各级机构来保障公共产品的提供，并且经常派出使者“分行四方，延问疾苦”，以便及时“开仓救饥”、“赈济百姓”。汉代财政支出中，社会福利支出有十多项，包括了收养孤儿、赈恤鳏寡、尊老养老、基础教育、医药救助、放赈救灾、丧葬抚恤、助贷贫民、协助生产等。这给政府财政带来很大压力，而各项标准还在不断上涨，如丧葬抚恤费成帝时一人 2000 钱，到哀帝时增加到一人 3000 钱。

汉政府还积极探索社会福利多元供给的途径。不仅卖爵筹集赈济资金，还提出“宠富民之假贷者以救之”，借贷民间资金进行社会救助，其后政府偿还富民先行支付的钱物，还对这些义民奖以爵位、官职，或免征若干年租税。政府还通过同样方法引导民间资金进入公共工程、文教事业等领域，政府自身也通过出售出租公田、节省政府开支，鼓励基层政府“畜鸡豚，以赡鳏寡贫穷者”等措施多方面筹集资金。

中国很早就有了通过仓储救灾的思想，并将其融入财政制度。《礼记》写道：“国无九年之蓄，曰不足；无六年之蓄，曰急；无三年之蓄，曰国非其国也。”在西周就形成了通过收支对口，均节财用，建立蓄积的理财制度，不仅要有年度收支计划，还要有三年、甚至三十年的中长期通盘考虑，认为只有如此，才能“虽有凶旱水溢，民无菜色”。汉代贾谊的《论积贮疏》里说：“夫积贮者，天下之大命也。”加强粮食储备是中国古代财政的重要工作之一。历代理财者，无不想方设法加强国家储备，既要加强农业生产，推广农业技术，来推动农产量的提高，秦汉的财政首长就叫“治粟内史”，汉武帝时改称“大司农”；又要巧妇强为无米之炊，通过授爵、赎罪等方式，鼓励富民捐粮增加国家粮食蓄积。在粮食仓储的运用上，古代政府也不仅停留在开仓放粮，赈济灾民上，而且不断探索发挥财政政策的放大效应。毕竟国家财力有限，而需救济的灾民甚众，有时候更是旧灾未复，新灾又生。战国时，魏国李悝发明平籴法，以粮食产量为指标。就是国家在产量高的年份以平价收购粮食，建立仓储，在歉收的年份再以平价卖出粮食。这样“虽遇饥馑水旱，籴不贵而民不散，取有余以补不足也”。西汉时，大司农耿寿昌又发明常平仓法，以粮食价格为指标，在粮食价格低时，大量购买建立仓储，在各州郡遍设粮常平仓以蓄积，在粮价高涨时及时售出粮食，通过平衡供需来保持市场粮价的稳定。这些措施使国家“仓廪实，蓄积有余”，对社会的稳定和可持续发展具有积极意义，也是财政政策的制度创新对国家和人民的重大贡献。

成也萧何败也萧何

秦始皇一统天下，建立皇帝制度。秦始皇的丞相李斯的理解是“以天下奉一人，所欲无不得”。他认为只要对老百姓厉行督责，让他们劳心劳力，没有心思想其他，就能实现“所欲无不得”。于是秦始皇北修长城动用 40 余万人，开拓岭南戍边动用 50 余万人，修建骊山皇陵则征发了 70 余万人。除中央朝廷直接征役外，地方官府杂役也无不征用民力。据估计秦朝日常服役的劳动者达到壮年男子的三分之一。这空前的徭役和工程所需要的各种费用更是人民的沉重负担。据说秦始皇时代的赋税，达到人民收入的三分之二。这也许言过其实，但是人民负担的酷重，还是可以想见的。史书上说：“力役三十倍于古，田租口赋盐铁二十倍于古”。结果经过六代的积累，秦始皇统一天下，完成辉煌伟业之后仅 15 年，帝国就土崩瓦解。而最开始反抗的仅数百戍卒，就天下云集相应。

刘邦建立汉帝国，萧何因运筹帷幄，功封第一。萧何治理国家，以惩秦之弊，提出“无为而治”、“休养生息”的国策，此后“萧规曹随”，为汉初的稳定和发展，贡献巨大。但是在立国之初，萧何就为刘邦大修宫殿，还提出理论：“天子以四海为家，非令壮丽无以重威”。后世帝皇无不大修宫殿，成为国家沉重的财政负担。汉武帝大修长乐、未央、建章、甘泉四宫，其奢华富丽程度，前所未有。王公大臣也竞相模仿，西汉末年当权的王莽集团，兄弟“五侯群弟，争于奢侈……大治第室，起土山渐台，洞门高廊阁道，连属弥望”，“后又穿长安城，引内沣水注第中大陂以行船”。统治阶级的奢腐，必然加重人民的负担，引起人民的愤怒，激化社会矛盾。

四、财政学初阶

公与私的分离

现在一般认为西方最早的经济学专著是古希腊色诺芬（Xenophon）所著的《经济论》（*Oeconomicus*），这里的经济是指家庭经济而言，是色诺芬退役后，回归田园，在自己的领地经营农庄，整理了苏格拉底这方面的思想，还有自己在实践中的体验，用与苏格拉底对话的体裁编写而成。在希腊语中，Econ 是家庭的意思，nomy 是管理的意思，合起来就是“家庭管理”，也可以译作“家计学”。

色诺芬在晚年的时候还写了本书，大概写于公元前 355 年，这应该是对西方财政学史具有特别意义的一部作品，就是《雅典的收入》(*The Revenues of Athens*)。该书主要探讨了雅典不依赖加重盟邦负担而自谋增加财政收入的方法。可以说是“国计学”。在该书中已经明显分别公私，例如他谈到：“像私人因拥有奴隶而获得经常收入一样，国家也应该拥有公共奴隶，其数目应该三倍于雅典公民。”

在《荷马史诗》、《伯罗奔尼撒战争史》这些古老的著作里，也已经包含了公共社会、公共利益、公共事务、公民、公平、分配正义等概念。在柏拉图、亚里士多德的政治思想著作中，我们已经能看到一个朦朦胧胧的公共财政的政治学分析框架。从目前掌握的资料看，古罗马对财政学贡献不多，没有专门的论述，只能从其财政运行中去寻找他们理财智慧的积累。但是罗马人尊重财产，重视契约，这些对财政学同样重要，他们还把希腊人的相关著作翻译、保存和传播，这同样是很重要的贡献。

内与外的分别

西方古典财政学除了区别公私外，还有一个特点就是分别内外。无论希腊还是罗马，在财政制度设计上都是分别内外的，本邦免税并享受各种福利，外邦纳税且很少享受福利，奴隶被完全剥削。在分配正义的理念之下，却有着这样严重的内外不公平。于是很多学者要通过一种论证来区别内外，以弥补这个不足。这种内外有别的思想，也是帝国财政模式的理论基础。

最开始是用天理，如古希腊诗歌里吟唱：“野蛮人归希腊人统治是天经地义。”西奥德克蒂剧本里的海伦说：“我父我母，俱出于神裔。”

亚里士多德在《政治学》里，提出“公民”理论，明确强调“惟有希腊人适于当公民”，但城邦显然需要工匠、劳工、农民、士兵、一个有闲阶层、教士及法官。所以在希腊人做了战士、统治者、教士、有闲人之外，还需要外邦人从事各种劳作。而亚里士多德认为城邦公民是一种身份，是应该拥有美德的。以双手直接从事生产者不能拥有公民身份，因为他们没有余暇时间来修炼自己的美德。亚里士多德还试图用自然秩序来阐述自己的理论，所有的秩序都是依照自然的意旨形成的。

希腊人热爱民主和自由，却靠剥削奴隶生存。柏拉图、亚里士多德这些大思想家都用了很大精力来论证，奴隶是一件财产，一个工具。奴隶是有生命的工具，而劳动工具是无生气的奴隶。实际上他们也清楚知道这种不公平将意味着什么，柏拉图就警告过："奴隶都不可避免的憎恨他们的主人，只有不间断地加以监督，才能保证我们不会被他们统统杀害。"罗马思想家西塞罗也继承了希腊的这种思想，并有所发挥，他认为劳动是"下人的行当"，"做穷人是一项不可饶恕的罪行"。他自己从事放高利贷，并认为这是高贵行业。

色诺芬用了很大篇幅来说明外邦人其实对雅典财政作出了很大贡献，他反对让外邦人纳税，而雅典公民享受各种财政补贴。他希望雅典能放弃通过对各盟邦的剥削来维持现行财政体制，应该努力寻找新的财源，以自己本身的财力来维持本国财政和人民福利，他认为只有这样"维持生活才是最公正的"。但他的平等同样有限，也将奴隶排除在外，他甚至认为对付奴隶也适用于训练野兽的办法，是训练奴隶使之驯顺的有效的方法，他建议由国家购买奴隶，并把它们出租以增加国家的收入。

有时候财政史是很残酷的，在财富的追求上，往往只有力量和成败，没有对错和是非。米洛斯（Melos）人向雅典寻求"公平和正义处理的原则"，自称是"我们的城邦建立以来享受了七百年的自由。我们把我们的信心寄托在神灵赐给我们的命运上，那个命运一直到现在是维护着我们的，""我们相信神祇会保佑我们，也和保佑你们一样，因为我们是代表公理而反对不正义"。

雅典人这样阐述自己的理论：

> 我们这一方面就不愿说一切好听的话，例如说，因为我们打败了波斯人，我们有维持我们帝国的权利；或者说，我们现在和你们作战，是因为你们使我们受到了损害——这套话都是大家所

不相信的。我们要求你们那一方也不要说，你们虽然是斯巴达的移民，你们却没有联络斯巴达人向我们作战；或者说，你们从来没有给我们损害；不要妄想把这套言词来影响我们的意志。我们建议：你们应该争取你们所能争取的，要把我们彼此的实际思想情况加以考虑；因为你们和我们一样，大家都知道，经历丰富的人谈起这些问题来，都知道正义的标准是以同等的强迫力量为基础的；同时也知道，强者能够做他们有权力做的一切，弱者只能接受他们必须接受的一切。

就是非的观点而论：保持独立的国家是因为他们有力量……

希望，那个危险中的安慰者！如果有结实可恃的资源，你们不妨沉醉在希望中。那可能使人受到损害，但不会使人遭到毁灭。但是按性质说，希望是一个要付出很高代价的商品。如果人们孤注一掷地把一切都寄托在它身上，只有完全失败以后，他们才知道那是什么一回事；反过来说，知道了这一点而未雨绸缪的人民，希望是不会使它们失败的。你们是弱者，只要在天秤上一摆动，你们的命运就决定了，不要让希望辜负了你们。

关于神祇的庇护，我们相信我们和你们都有神祇的庇护。我们的目的和行动完全合于人们对于神祇的信仰，也适合于指导人们自己行动的原则。我们对于神祇的意念和对人们的认识都使我们相信自然界的普遍和必要的规律，就是在可能范围以内扩张统治的势力，这不是我们制造出来的规律；这个规律制造出来之后，我们也不是最早使用这个规律的人。我们发现这个规律老早就存在，我们将让它在后代永远存在。我们不过照这个规律行事，我们知道，无论是你们，或者别人，只要有了我们现有的力量，也会一模一样地行事。

……向希腊最大的城邦低头，接受它提出的合理条件——在缴纳贡赋的基础上加入同盟，而自由享用自己的财产①。

① ［古希腊］修昔底德：《伯罗奔尼撒战争史》，谢德风译，商务印书馆 1983 年版，第 414—420 页。

最后，米洛斯人拒绝臣服。修昔底德无情地记载下：每一个到了征兵年纪的米洛斯男子被杀害了，妇女和儿童被卖作奴隶，此外，整座岛成了雅典人的殖民地。

中国古典国计学

中国古代一般用“国用”、“国计”、“邦计”、“度支”、“理财”等词汇来表达今天“财政”的含义。现在我们用的“财政”这个术语是从日本引进的。据日本学者考证，日本最早是福泽谕吉于1869年在撰写《财政论》时使用的，当时还是泛指经济现象，到1880年后才专指“Public Finance”。中国在1898年戊戌变法时的“明定国是”诏里就使用了“财政”这个术语，提出“改革财政，实行国家预算”的主张。

最早用西学方法研究中国古典经济学的陈焕章，是康有为的学生，清光绪三十年（1904年）的进士，又在清宣统三年（1911年）获美国哥伦比亚大学经济学博士，是既有扎实的传统学术底蕴，又有坚实的西方经济学基础，真正融贯中西。他将“The Economic Principles”译作了“理财学”，而认为财政可以用“国计”（national accounting）这个术语来表达，他认为唐代的预算书《元和国计簿》就用了“国计”，而“财用”、“会计”等术语，既可以表示公共财政，也可用于私人财务，只有“国计”可以准确表示公共财政①。

由于早期的洪水记忆和后来治水与救灾的实践，中国人很早就注重国家财政的研究，形成了丰富的财政思想，而且表现出鲜明的

① 陈焕章：《孔门理财学——孔子及其学派的经济思想》，翟玉忠译，中央编译出版社2009年版，第369页。程碧波在其著的《国计学》里，模仿西方经济学的方式，将“国计”译作“Nationnomy”，将“国计学”译作“Nationomics”。

国计特征。大禹治水为中国财政管理留下最初的模板，所谓“万世理财之法”，就是要引导人民从事农业生产，让人民能安居乐业，只有这样，国家才能得到治理。是将财政视作国家治理的基础。就公私之别而言，中国古典国计学是把为国理财与为民理财联结在一起的。孔子明确地说：“富与贵，是人之所欲也”，治国应以富民为先，“百姓足，君孰与不足；百姓不足，君孰与足。”中国是世界财政史上最早建构社会保障理论的国家，中国古典国计学以民生为基点，其国家生成理论是因为天之生人，有自然的不平等，所以要建立国家来集中财富，济贫扶危，所以理财以养民为本位，以民生为基点。西周有七德六保，《管子》发展到九惠，孟轲提出提供基本公共服务要突出重点。

在公共产品的提供上，中国古典国计学，还主张互助共担，而不仅仅是国家的责任，孔子说：“独富独贵，君子耻也”。“富而能富人”，“富有天下而无怨财，布施天下而不病贫，如此，则谓贤人矣。”《论语》记载子贡曾问孔子：“如有博施于民而能济众，何如？可谓仁乎？”孔子回答：“何事于仁？必也圣乎！”孔子是高度评价能惠及他人的行为。孔子理想的天下为公的大同社会是“人不独亲其亲，不独子其子。使老有所终，壮有所用，幼有所长，矜寡孤独废疾者，皆有所养。”

在中国古典国计学中，比较强调以德理财。这一点在《大学》中有很明确的表述：“得众则得国，失众则失国。是故君子先慎乎德。有德此有人，有人此有土，有土此有财，有财此有用。德者本也，财者末也。外本内末，争民施夺。是故财聚则民散，财散则民聚。”这段话的意思是说，得到民心，才能得到整个国家；失掉民心，就会失掉整个国家，所以君子要坚持以德治国。有德才有民，有民才有土地，有土地才有财富，有财富才能有用度。德是根本，财富是末节。如果国家财政使财富聚集于少数人手中，人民就会离散；如果财富能惠及广大人民，民心才能凝聚。《大学》进一步强调：“国不以利为利，以义为利也。长国家而务财用者，必自小人矣。彼为善之，小人之使为国家，灾害并至；虽有善者，亦无如之何矣！此谓国不以利为利，以义为利也。”意思是说，国家不应以聚集财富为利益，而应以施行道义为利益。国家理财若以聚集财富为目的，一定是从任用小人开始。小人自以为得意，若让他们来治理国家，天灾人祸就会一起袭来，纵使好人能人，也没有办法挽救了。这就是说治理国家不应以聚集财富为利益，而应以施行道义为利益。《大学》还非常极端的表示“与其有聚敛之臣，宁有盗臣”。意思是宁可有盗窃国家公共财产的大臣，也不能有专事搜刮聚敛民财的大臣。《大学》还提出一条理财原则：“生财有大道。生之者众，食之者寡，为之则疾，用之者舒，则财恒足矣。”意思是说，增加国家的财富的基本原则是，从事生产的人多，而国家财政供养人口少，工作很勤勉，花费很节省，如此则国家财政就会很充足。

《周礼》又名《周官》，是反映中国古典国计学的一部重要著作。宋人王安石曾说：“一部《周礼》，理财居其半。”虽然其成书时代争议很大，但是对后代财政管理和改革影响巨大。《周礼》提出了最早的预算设计方案，并提出了“收支对口，量入为出”的原则。《周礼》强调公平理财的理念，在《周礼》中出现了40多处“均”字，体现在财政管理的方方面面。《周礼》也十分重视民生，提出了救荒十二政和养民六法。在财政制度设计上，《周礼》特别强调牵制制衡，有非常细密严格的会计审计制度设计。《周礼》还强调在赋税制度的设计上要注意生态平衡和可持续性，无论是捕鱼、伐木、猎兽，都要有相应的时间、区域和种类限制，《周礼》专门设置了“兽人”、“渔人”、“山虞”、“川衡”、“林衡”、“泽虞”等负责相关政令。很多古人把《周礼》作为国家财政制度的理想模板，成为历代财政改革最重要的理论根据。其提出的“均节财用”、“均万民”等理财思想成为中国古代最基本的理财宗旨。在清朝国家的最高财政管理机构——户部的大堂，就悬挂着雍正皇帝亲笔题写的“九式经邦”大匾。“九式经邦”就出自《周礼》的“以九式均节财用”“以经邦国”。大匾旁还悬有训辞：

“周礼以九式之法均节国之财用，职綦重焉。尚其平准出纳，阜成兆民，毋旷乃守。”以此作为当时财政工作的宗旨和准则。新中国财政部进驻户部衙门时，这块大匾还在。对大匾上“九式经邦”几个字，很多财政部老人还记忆深刻，其所表达的“收支平衡，量入为出，略有结余”的治国理财理念也引发了这群财政人深深的思考。

在赋税制度上，中国古代大多数思想家都主张轻税原则，孔子、孟子都认为什一税是比较理想的。孔子提出了按能力征收的原则。孟子还提出了平等、累进、普遍等征税原则。傅玄提出了赋税三原则：“至平、趣公、有常”。在西方很早就有直接税和间接税的分类概念，中国虽然没有这样的分类，但从孔子的论述看，他是主张直接税，反对间接税的。孔子主张的有土地税、宅基税和个人劳役形式的税，而认为应该取消关税、市税等间接税①。

在政府支出方面，大多数思想家都主张节约有度，如孔子提出“政在节财”，“节用而爱人，使民有时”等主张，管子提出“取于民有度，用之有止”。在中国古代典籍中有三个分类，一个是《尚书·洪范》，它将支出分为7类：（1）经济支出，包括农业和工商业；（2）宗教支出；（3）公共工程开支；（4）教育开支；（5）司法开支；（6）外交开支；（7）军事开支。一个是《尚书·尧典》，它将支出分为3类：（1）物质福利支出，包括水土治理等有关自然环境的公共工程、农业、劳工、自然资源管理等；（2）心智道德建设支出，包括教育、宗教、音乐等；（3）政府事务支出。第三个是《周礼》，它将政府支出分为9类：（1）祭祀支出；（2）宾客支出；（3）丧葬和饥荒支出；（4）皇家衣食支出；（5）工事支出；（6）庆典支出；（7）饲养牛马支出；（8）官员俸禄支出；（9）某些场合的特殊礼品支出。

---

①② 陈焕章：《孔门理财学——孔子及其学派的经济思想》，翟玉忠译，中央编译出版社2009年版，第385—386页、第374—375页。

中国古典国计学还有一个重要内容就是注重宏观调控，其理论源头就是管仲的轻重术。《管子》一书，是后人根据管子的思想整理和发展形成的，其成书时间有很大争议，特别是其中的《轻重》篇。轻重之术用今天的话就是通过政策调节价格、税收、财政、货币的结构，以促进经济发展、物价稳定、财政充裕、民生幸福。这个调节，不是单项的，也不是固定的，而是“视时而立仪”，不仅调整各单项之间的整体结构，也调整每个单项的内部结构，每个调整都牵一发而动全身，产生联动效应。如税收，既减轻农业税、商业税，又开征房产税。既对贵族的私田统一开征农业税，又按照田地肥沃程度收成情况调节税率；既开征房产税，又为贫困户兴建并提供住房；既为民众提供社会福利，又着重振困救急；既促进市场流通，又对盐铁实行专卖；既要提倡节俭，又要在水旱灾害时大修宫殿以给人民工作机会……所有的调整都是按照“既……又……”模式，因时因势权衡轻重而动。西方经济思想总是“必须……才能……”的线性思维，而《管子》却是“要实现……则既需……又要……”的联动互济思维。西方思维是一分为二，非此即彼；中国思维是一分为三，分中有合。古代中国哲人始终重视事物中各种因素的变化关系，以求相互补充促进，轻重之术就是要调节好它们之间的轻重关系，“合阴阳，而天下化之”，“以轻重御天下之道”。有如中药开方，一服药下来，要君臣佐使，相互搭配。前辈学者唐庆增认为他是重商主义，马非百认为他是重农主义，也有学者认为他是市场放任主义的先驱，也有认为他是市场干涉主义的始作俑者，也有认为他是2600年前的凯恩斯，也有认为他是古代中国的供给经济学、货币经济学等等。从西方经济思想来看，《管子》可以说集各种矛盾的学说于一身的大杂烩、四不像，不按常理出牌，但对管子来说是“殊而用一也”，其关注的是财税、物价、谷物、万物、货币的内部结构和联动关系，通过建立土地、人口、国用、乡县、货币的统计系统，运用“衡”、“准”、“流”、“权”、“势”等手段，“调通民利”，以达到“富民”的目标。他相信“仓廪实则知礼节”，只有民富才能国富，国家才能大治。这样他的轻重理论由价、税、财的联动扩展到国家和社会的综合联动。

霸道与王道

中国古代理论中，有王道和霸道之说。1924 年孙中山先生在对神户商业会议所等团体的演说中说：“东方文化是王道，西方文化是霸道；讲王道是主张仁义道德，讲霸道是主张功利强权。讲仁义道德，是由正义公理来感化人；讲功利强权，是用洋枪大炮来压迫人。”① 我们在这里也可以用王道与霸道来标识东西两种帝国财政模式，就是西方的霸道帝国财政模式和中国的王道帝国模式。

什么是霸道帝国主义财政模式？《左传》说：“德以柔中国，刑以威四夷”。顾颉刚先生在《浪口村随笔》中，精彩地论证了这里的“刑”是“用兵”之意。《左传》的这段话可以说，非常形象地描述了霸道帝国财政模式的特征，通过对四夷的武力威慑剥削，来维持本国人民的高福利政策。这也就是我们在前文中所说的雅典、罗马这样的帝国财政，其本国的民生财政是寄生在对周边民族和国家的压迫之上的。这也道尽了此后西方帝国主义的理想。在霸道帝国财政模式下，国内和国外的财政政策是不同的，或者说帝国内核心民族和被征服民族的财政政策是不同的。

王道帝国财政模式，则是完全不同的，其基础是“一”。中国古代很早就提出了这样的理论基础，如《淮南子》里说：“夫天之所覆，地之所载，六合所包，阴阳所呴，雨露所濡，道德所扶，此皆生一父母而阅一和也。”在先秦时代，各国基本在内部完成了财政等各项制度的统一，秦始皇一统天下，又将天下的制度统一起

① 孙中山：“对神户商业会议所等团体的演说”，《孙中山全集》第 11 卷，中华书局 1981 年版，第 407 页。

来。中国皇帝对他的子民是一视同仁的，“普天之下，莫非王土；率土之滨，莫非王臣。”汉武帝即位之初就诏告天下要“德及鸟兽，教通四海”，就是要把德政普及到周边各民族各国家。如犹太人在欧洲历史上，长期被不平等待遇，而迁移到中国的一支，却受到平等的待遇，宋朝皇帝赐其国姓“赵”，下诏曰：“归我中夏，遵守祖风，留遗汴梁”，他们也很快融入中国。

在帝国内部，中国很早就形成了“编户齐民”体制，就是所有国家的户籍人口，在身份上是平等的。无论赋役制度、兵役徭役制度，都是一视同仁的。在中国历史上，凡是政府比较好地掌握了编户齐民的时候，人民财税负担都比较均等，社会也比较稳定。反之，一旦编户齐民被破坏，世家豪族与国家争夺人口，荫蔽户口，则人民负担加重，身份等级复杂，社会出现混乱。中国能形成长期统一局面，很大程度上可以归功于这种统一平等的制度。在帝国之外，中国建立华夷秩序，奉行“厚往薄来”的“怀柔远人”，讲求互惠互利，正如明成祖在郑和下西洋时给各国的诏书里所言：“今遣郑和赍敕普谕朕意，尔等只顺天道，恪守朕言语，循理安分，勿得违越，不可欺寡，不可凌弱，庶几共享太平之福。”

古人云不患寡而患不均，雅典、罗马这种霸道帝国财政模式，使帝国内各民族在不平等下相互仇视，只要有契机，就很容易土崩瓦解。而在王道帝国模式下，中国各族不断融合，国家实现了长期的统一局面。

第四章
游牧财政的冲击

盖取塞外野蛮精悍之血，
注入中原文化颓废之躯，
旧染既除，
新机重启，
遂能别创空前之世局。

——陈寅恪

在公元2世纪，生活在北方草原的各游牧民族，开始大规模南下。在东部有匈奴、鲜卑、乌桓等各族进入汉晋帝国；在中部有嚈哒等部进入贵霜帝国、笈多帝国；在西部有日耳曼诸部落、西哥特人、匈奴人进入罗马帝国。在游牧民族的冲击下，欧亚四大帝国先后崩溃。整个欧亚大陆经历了一次浴火重生式的洗礼，原有的财政秩序完全被打破，战乱、天灾、民变、饥饿……人民陷入绝望，新的社会秩序和财政结构却已悄然形成，融汇多种文化于一体的新结构，出人意表地开出全新世局。

一、游牧生产方式下财政制度的演生

游牧人的世界

畜牧业几乎和农业同时发源于西亚，此后，农业居民定居下来，发展出农业文明，进而建立了国家。而从事畜牧业的人们，逐水草而居，不断向北进发，与农业居民渐行渐远。在农业世界的外部，如欧亚大陆的中纬度草原、非洲的萨赫勒荒漠草原、北美的新大陆北部草原、南美的潘帕斯草原，有一个游牧人的世界。

1219年，丘处机应邀赴中亚成吉思汗行营与其论道，在经过农牧交界处，写道："北度野狐岭，登高南望，俯视太行诸山，晴岚可爱，北顾但寒沙衰草，中原之风，自此隔绝矣。"其实这里也有无限的风光，肥美的草原，数以万计的大大小小的河流流淌滋润，四周还有高山森林相接。一到夏天，草原上阳光明媚，绿草如茵，杂花纷飞。无边无际的草原上，骏马奔驰，牛羊成群。南北朝著名民歌："敕勒川，阴山下，天似苍穹，笼盖四野。天苍苍，野茫茫，风吹草低见牛羊"。当时草有2米多高，牧民和羊群都淹没在草里，等风起来，把草刮得弯曲低垂，才能见到牛羊。到了冬天，大片雪花漫天飞舞，草原、山峦、道路、河流、树木，都被雪花遮掩，洁白得没有一点瑕疵，在清晨的阳光下，幻映出一道道五光十色的彩虹。

在这里也生活着非常多的民族，从东到西，先后兴起了匈奴人、鲜卑人、羯人、氐人、羌人、乌桓人、突厥人、女真人、契丹人、蒙古人、月氏人、塞族人、闪米特人、斯拉夫人、日尔曼人、科伊桑人、班图人、布干达人。他们在草原上东奔西突、征战厮杀、时隐时现，也在世界财政史上留下了自己的痕迹。

游牧生产特性

草原风景虽美，但生活却十分艰难。畜牧是他们主要的生活来源，所谓“生生之资，仰给畜牧，绩毛饮湩，以为衣食”。为了保证充足的牧草地放养牲畜，必须“逐水草迁徙”、“随畜牧逐水草”，迁徙无常，居无定所，天天凌晨起身，摸黑出发，顶着寒流赶羊追马，真可谓“千山鸟飞绝，万径人踪灭，孤穹对星月，独牧寒风中”。物质生产力相对低下，人口增长缓慢，社会发展滞缓。简单的组织结构，长期停留在纯朴而原始的状态之中，其生产生活状态也制约着、引导着其组织形式和财政制度的走向。游牧经济的生产方式一般具有分散性、流动性、平等性、单一性、原始性等特性。

分散性是由于放牧需要相当广阔的空间所决定的。在农业发达区，一般 1 亩地就能养活一个五口之家，而在牧区，即使最为肥美的草场，可能也需要 10 亩左右的草地养活一个五口之家，而在贫瘠的草地，有时甚至 1 头羊就需要 40 亩左右的草地喂养，养活一匹马有时需要 300 亩左右的草地。所以放牧都非常分散的。北宋人范镇《东斋记事》曾记载契丹人放牧场景：“契丹马群，动以千数，每群牧者才二三人而已”。

流动性也可称游动性、迁徙性。游牧的“游”就反映了这个特性。流动一是因季节。不同季节草的长势都有不同，所以说游牧是“逐水草而居”。夏秋冬春，由北向南，再由南向北流动。二是因场地。一块地，最多能供一只羊吃 7 天到 9 天，这也需要经常的流动。

平等性，首先是发展水平落后，还保留着很多原始的政治平等特性。其次是经济水平的相对平等。一般牧民都是以家庭为单位游牧为生，畜养规模有限。一般牧民的五口之家，需要拥有 300 头以上的家畜才能达到小康水平，而在百头以下，就是贫穷，必须负债才能维持生活[①]。一个家庭如果把牧群发展到一定规模，其承受的自然灾害或者疫病的风险就会倍增，很可能在一场灾害中丧失所有的畜产。牲畜在百头之下，无以为生，或沦为贵族的家奴，或去农业区另谋生路。去掉一高一低，剩下中间的，就比较平均了。

单一性是说与自给自足的定居农业社会不同，游牧民族产业相对单一。产业的单一性使游牧民族生活物资不能完全自给，商业活动或者劫掠就成了其维持供给的重要补充渠道。与农业文明相比，游牧政权的财政有时候包含着更多的商业元素。在中国鲜卑人建立的北魏政权还设有商贾部。在欧洲，西斯拉夫人维涅德部落贵族通过与相邻的罗马行省进行贸易往来，不仅满足了维持生活的多元需求，还能积蓄大量财富。在靠近罗马帝国的接壤地带，罗马的货币通行，但深入牧区，贸易仍是物物交换。当然很多时候，他们也会进行劫掠。塔西陀说维涅德人“从事劫掠，徘徊于佩夫金人和芬人之间的境内”。著名人类学者伊文思·普里查德对非洲努尔人的劫掠有非常详细的描述，努尔人几乎是每年在雨季末的9月就出外劫掠。就是在基本生活需求方面，游牧也不能完全满足。在17世纪初期的中国东北满族后金政权，采集和狩猎还是游牧经济的重要补充，国家设有专职部门进行管理。

原始性是说与农业文明相比，游牧社会发展比较缓慢，还保留着很多较为原始的本性。在中国历史上，常称之“蛮”、“狄”、“戎”、“夷”等。在西方历史上多称北部游牧族为“蛮族”（Barbarians），在罗马民间传说中，他们野蛮、没有人性，长得丑陋而畸形，剃着光头，只会骑马而不会走路，不种庄稼，靠喝奶和吃生肉为生，没有固定住所，总是住在马车里，没有法律，没有是非对

① 1920年，苏俄学者曾经对蒙古族普通的游牧家庭进行专门调查，根据其调查资料，一个普通的五口之家的最低需求量是13头牛、90只羊、3只骆驼和14匹马，共120头，人均24头。见兹拉特金：“游牧民族社会经济史的几个问题”，《民族译丛》1981年第5期。

错的观点，等等。可以说，对他们是陌生而充满恐惧。游牧人天天和恶劣的环境斗争，和野兽斗争，也形成了尚武的精神，崇拜英雄和武力，人人骁勇善战，个个都是天然的将士。即使劫掠，游牧人也不仅仅视其为生计所需，而也视为最光荣的英雄行径，对于不劫掠或怕劫掠的，会被认为是懦夫，受到族人的蔑视。虽然有被称为野蛮的一面，但也保持着很多原始的公平和民主的元素。

以上种种特性，也因为各地地理和气候的不同，有着程度的不同。这些不同也影响着各区域财政制度不同的演变。多一分降水，或者少一分降水，历史可能就不同了。

游牧国家与财政

游牧民族形成国家的时间晚于农业民族。至公元前后，大部分游牧群体还多处于部落联盟时代，未形成国家。即使形成国家，也还带有浓厚的氏族残余。明清之际的大思想家王夫之曾对农业国家和游牧国家作了一个对比，他认为农业国家“有城郭之可守，墟市之可利，田土之可耕，赋税之可纳，婚姻仕进之可荣”，而游牧国家则是“逐水草，习射猎，忘君臣，略婚宦，驰突无恒”。国家的组织形式、财政制度等受生产方式影响巨大，或者说在很大程度上受制于财富的产生方式。如一些游牧国家“游牧行国”，采取了多都制，随着季节的变化，游动办理政务。在财政制度上，不少游牧国家采取巡行索贡。在考察游牧生产方式对其财政制度演生过程的影响时，我们可以发现在迁移过程中，充满着各种不定因素，任何背景的变化都会对其造成不同程度的影响，而且农业文明的参照也或多或少改变着它的发展轨迹，漠北漠南、近农远农、森林部落、草原部落、联合部落、单一部落等等各种因素也使其表现形式更加丰富，我们几乎不可能概括出一种完全一致的发展模式，但不可否认，其还是有一定的共性特征。

第一是分封制。分封制是由游牧的分散性等特征建立起来的一种财产分配制度，与农业文明产生的封建制有相似之处，也有很多不同的地方，我们或可称封建 2.0 版。也有学者称之“游牧封建主义”（Nomadic feudalism）。

由于游牧生产的分散性，往往是以家庭为单位。然后再以血缘为纽带，形成一个更大的组织单位，即氏族。氏族因为人口的增多，也需要分解出新的氏族，新的氏族需要拓展新的牧场。新老氏族结合，组成部落。部落再和别的部落组成部落联盟，于是形成了国家的雏形。游牧生产的特性决定了，他们不可能像农业那样分割成小块进行个体经营，他们需要能够一年四季周期移牧的广阔地带。各个部落间为了草场相互争夺，氏族内部也纷争不断。对于基辅罗斯的形成曾经有这样传说，在 9 世纪中晚期，第聂伯河流域的斯拉夫人，对于部落间的侵袭和内部纷争感到厌倦。为了社会的安定，他们想成立一个国家，来为他们划分草场，但是家庭和家庭，部落与部落，争吵不休，他们几次想自己组建国家都失败了。最后他们达成协议：“让我们去找一位王子来统治我们，让他按照法律来判断我们的是非曲直。”他们派出三名使者走访各地，到过很多地方，最后在一个称为罗斯的诺曼部落找到了他们需要的统治者——三兄弟，他们发出邀请：“我们有广大而肥沃的草场，但是没有秩序。来，请管理我们、统治我们吧！”于是，三位具有王者风度的兄弟接受了这个邀请，带着武装侍从到来，把这片土地分为三部分，大哥统治诺夫哥罗德，老二和老三分别统治白湖和伊次波尔斯克。这个传说的真实性一直受到后来的俄罗斯史学家怀疑，但是也说明了草场的划分是游牧政权的重要工作。从历史上看，游牧部落联盟或者游牧国家的首领有经过部落会议推举出来的，也有暴力征服形成的。

游牧政权的分配架构，是把家庭—氏族—部落这样的生产生活架构和草场的分配机制结合起来，形成了相对的“地域化（localization）”，成为游牧政权统治的基本结构。在这样的分配机制下，原来的族长、联盟的首领成了领主，牧民成了依附民，有了领主和依附牧民的关系，形成相对的阶级关系。我们知道，游牧生产本身的分散性和平等性，与国家的组织原则——集中性和阶级性是相违背的，而通过封建架构，就出现了相对的集中性和阶级性，成为游牧国家的统治基础。这里说“相对”，是因为与农业主体国家相比，游牧的集中性和阶级性都具有相当的弹性空间，这也给游牧国家的基础带来莫大变数，使其政权具有结构的不稳定性和短暂性。

符拉基米尔佐夫在其《蒙古社会制度史》一书中写到“嫩秃黑（牧场），即足够一个游牧单位维持生活的面积，是属于主君——那彦，或诸王——可卜温所有”。13 世纪初期，蒙古社会的“每一个首领根据自己管理人数的多少，都知道自己牧场的边界以及春、夏、秋、冬应该选择何处牧放自己的畜群”。“1206 年成吉思汗的大分封，实际上就是对蒙古草原资源的再分配”。“如果没有皇帝的命令，无论什么人都不得留住在任何地方。首领驻留在何处，由皇帝本人下命令，首领则给千户长指定场所，千户长给百户长指定场所，百户长给十户长指定场所”，并“不得转移到另一单位去，否则要受惩罚”。与草场分配相对应的是，建立了从下向上，一层层的贡赋上缴体制。

分封结构一般在部落封建基础之上，还有一个可汗家族的血缘分封。由于游牧是根据四季变化南北流动，所以很多游牧部落联盟或国家就分为左、右或者东、中、西部，再多些就分为东方诸部和西方诸部。其首脑一般都是可汗的兄弟或儿子，称为左贤王和右贤王，或东部大人、中部大人和西部大人，或东道诸王和西道诸王。在征服与被征服战争中，征服者往往是把整个被征服部落纳入自己的联盟，或者说分封框架中。当然征服者也有把若干氏族或部落和一定区域的土地封赏给子女、亲戚和功臣，成为他们的采邑。

第二是家计财政。和早期国家财政一样，游牧国家的财政也往往表现为家计财政的特点，家国一体。游牧国家的政治与财政结构建立在一个个相对独立的血缘集团之上，在这样的血缘集团内部，都有按照血缘谱系建立起来的等级秩序和固定的职司分工，部落首领或国王，往往招募个人侍从，组成自己的宫廷机构，并选派自己的侍从或家臣来掌管国家财政事务。特别是因为同族子弟都已各自被向外分封，国王的侍从和家臣多来自外族异姓，这些个人侍从和家臣，接受首领和国王的庇护，只对首领和国王个人效忠，这就保证了首领和国王对国家财政的绝对控制，所谓“同姓主兵封于外疆，异姓主政居于庭内”。速不台（Sübehdei，又作速别额台、雪不台等）为蒙古贵族世袭奴婢，后被挑选为成吉思汗的那可尔（nökör，军事侍从），是“四狗”之一。其在任职时，向成吉思汗发誓：“愿以老鼠之警觉守护汝之财产，以乌鸦之勤奋为汝聚敛财物，如盖毡或风毡守护汝身。”游牧国家的收入除了少量金银珠宝和实物外，更大量的是牲畜。金银珠宝和各种实物由内库保管，自有家臣和侍从看守。而牲畜只能集中放养，随时迁移。很难把公产和部落首长的私产完全分开，有时管理者的私产也在一起放养。一些学者用“家产制国家”（Patrimonial State）或“分封型家产制国家”的概念来解释古代游牧帝国的国家结构。

第三是索贡财政。农业社会的财政收入的前提是对土地的直接占领和管理，而游牧民族则不在意于土地的事实占有，更多采取设军镇震慑，收取贡纳。如北魏在北疆设六镇监控高车部放牧；辽对北疆的控制也是设立沙漠府及军镇进行控制；金是设三路招讨使，屯兵驻守；清朝在蒙古草原也是设立军府制度进行管理。对诸部的勒索主要是以朝贡的名义，以年为单位。如辽圣宗开泰八年（1019 年），诏阻卜人岁贡马千七百，驼四百四十，貂鼠皮万，青鼠皮二万五千。索贡是通过原有部落酋长来达到征收的目的。在基辅罗斯最初的一两百年里，大公和王公们更直接通过巡行各地来收取贡赋。每当初冬，大公就要带着侍卫队巡行各地，向各地居民索取牲口、毛皮、蜂蜜等物品。一次伊戈尔大公去德列夫安人那里索贡，被那里的人知道了。德列夫安人说：“狼惯于吃羊，如果不把它打死，整个羊群都会被它拖光。”于是，他们埋伏于道，歼灭了伊戈尔的侍卫队，活捉了伊戈尔，并把他处死。

第四是收入来源的多元性。游牧民族的财富获取主要集中在三个方面：畜牧、狩猎、劫掠。狩猎和劫掠都带有不定时的特点，是畜牧收入的重要补充。前面提到游牧经济的产业单一性，使牧民不能满足基本的生活需求，同时草场的生态承载力也有限，扩大畜群以扩大收入的限制很大，所以只能寻求更多的补充渠道。狩猎和劫掠，虽说是补充财源，但有时候竟比畜牧所得更大一些。作为国家财政收入的狩猎和劫掠，和一般普通的狩猎劫掠不同，多采用"亲征—狩猎"或"劫掠—分配"的模式。《魏书》里记载穆帝猗卢时期的一次打猎："大猎于寿阳山，陈阅皮肉，山为变赤。"

对农业民族的劫掠始终是游牧国家的重要财源补充。劫掠收入虽说非经常性收入，但是通过对农耕国家的武力威胁，也可将非经常的劫掠变成游牧国家的经常性收入。无论中华帝国的皇帝，还是罗马帝国的皇帝，都不得不用巨款来向周边游牧国家和部落来购买和平，如中国宋帝国给予辽、金、西夏的"岁币"，罗马帝国给予日耳曼部落的"补助金"。如果"补助金"因某种原因未按时支付，日耳曼部落的酋长们就拿起武器到帝国来催讨。408 年西哥特人围攻罗马，获得大量"赎金"而去。410 年，才隔两年西哥特人就再围罗马，城内奴隶为内应，打开城门，罗马城陷，西哥特纵兵大掠三日。

在劫掠和索贡之外，商贸也是游牧财政的重要支撑，罗马北部的蛮族几乎和所有的罗马行省做贸易，匈奴不仅通过关市建构匈汉市场，获得很多汉帝国的物产，还和乌桓、鲜卑、丁零等各族做生意，通过转卖征收或劫掠来的人畜物资，获取大量收益。丰厚的收益，也促使他们自觉保护欧亚商路。在三、四世纪，阿兰人的部落联盟和后来的阿兰国就有效保障了亚欧商道的安全，便利了东欧和中亚细亚，乃至中国的商贸往来。

第五是游牧国家的支出不多。即使君主也多过着原始、简单、朴素的生活。纵使也出现奢侈程度不断上扬的过程，也要远远低于农耕国家君主的奢靡程度。史书上曾经描述前面提到的伊戈尔大公的儿子斯维雅托斯拉夫大公："他剃着光头，耳戴耳环，身穿普通白衣衫。出征时不带辎重车，席地而睡，以马鞍为枕，吃半生不熟的马肉。"游牧君主生活中的奢侈品主要来源于农耕区。唐僧玄奘西天取经途中，曾到过西突厥统叶护可汗的王庭。他记叙说，统叶护可汗穿着绿色的绫罗，达官贵人们也都穿着锦袍。可汗和官员们穿戴的绫罗绸缎，无疑都是来自农耕区的产品。

一般游牧国家都没有官员俸禄开支，往往采用按等级层层封赏机制。如获得战利品、狩猎收入、商贸收入和向农耕国家敲诈所得等，往往从上到下进行赏赐。战利品往往是按照战功赏赐，希腊历史学家希罗多德曾在公元前5世纪中叶到斯基泰人部落国家进行调研，他描述他们把在战争中杀死的人的首级带到他的国王那里，凭首级的数量领取战利品。这样的血腥场面同样也在其他一些游牧部落国家出现，这样做的目的也许不仅是野蛮，而仅仅是财政分配计量的需要。

对于本应是最大项的军费支出，却是由各部落承担的义务，战时自备军需。广大牧民，本身就是战士，聚则为军，散则为民。游牧国家要承担的养军支出并不大，战时给养供应一般直接从敌人那里抢夺，抢夺不成就率众打猎，甚至采集。

早期的游牧国家，基本都没有城市等公共建筑。嚈哒人在入侵中亚细亚的前夕，还没有城市，所有的人都住在毡幕里。随着游牧民族军事活动的加强，在一些定居点周围也筑起了一些防御工事，但相对都很简单，如萨尔马泰人防御工事常建在很高的海峡上，三面峭壁，只需要一面土垒堑壕。后来随着向农耕区域的深入，也开始筑城。但在没有直接占领经营农耕区域之前，即使筑城，规模也很有限。马克西米努斯（Maximinus）曾作为罗马的使节深入匈人的领地，他描述匈人自建的城市按照罗马的标准，只能说是一座小村庄，虽然也有一条水渠，有了浴池，但是没有引水管。对于罗马人来说浴池是文明的标志。匈人之王阿提拉（Attila）还是住在帐篷里，不过他的帐篷已经有了木地板，木地板上铺了地毯，中间有火盆，有桌子和椅子。阿提拉的王座，有着经过雕刻的扶手和高靠背。蒙古人打到俄罗斯，占领了很多城市，建立征服政权，也还习惯住在帐篷之中，阿拉伯史料中记载了使节觐见金账汗国别儿哥汗的场景，别儿哥汗坐在覆盖着白毛毡及丝织物的大帐篷里接见。

游牧民族一般宗教意识都很强烈，但是宗教花费却并不高。有时候堆一垛石头，就可以说是一个神圣的宗教场所了。日耳曼人没有神庙，只是在视为神圣的小树林中祭神，“把森林丛林献给神祇”。游牧国家一般只有在进入农耕地带后，才开始兴建一些神庙。

教育医疗等公共服务，程度很低。医疗之责任往往由部落巫师之类担负，或施法术或草药。养老的责任都在家庭，一般游牧民族按兄弟总数，每个儿子都得到畜群一份，同时留一份给父母。一般由最小的儿子继承父母的那份产业和赡养父母的义务。这是一种针对父母养老的社会安全保障方式。

游牧民的工作异常辛苦，物资极度贫乏，生活非常艰难，在游牧国家向南征服的过程中，他们也承担了无穷无尽的兵役、劳役和军赋的负担，但是游牧国家也利用了被征服地区的社会资源——包括物质财富、劳动力等——为草原服务，使荒凉的草原进入一个超正常繁荣的黄金时期。波斯史家志费尼在描述蒙古时期草原生活变化幅度后说：“蒙古人的境遇已从赤贫如洗变成丰衣足食”。征服也每每能让草原出现一个昙花一现的短暂繁荣期。

二、游牧民族对农区财政的冲击

原始的基因

游牧民族除了口耳相传的史诗，很少有自己的历史叙述，对于他们的历史叙述多是出自与之接触的农耕文明的记述，同时期的欧洲人甚至称他们为“没有历史的人”，我们对他们的历史了解还很少，而且各地差异很大，几乎所有的关于游牧文明的著作，对相关概念都难作出十分清晰的界定。在汤因比的《历史研究》中，将游牧文化定性为“停滞的文明”，认为游牧社会没有前进、发展，其历史仅仅限于单调的循环往复。毋庸讳言，游牧国家的文明进度要远远落后于农耕文明，其游牧的生产方式制约了国家形态的发展，其有限的产出也无以支撑一个国家财政的需要。虽然在和农耕文明的碰撞地带产生了一个个貌似强大的游牧国家，但是武力的维持所需要的集权性和长期性，也就不得不破坏掉原来的生产方式需要的分散性和平等性，原来的草原组织形态也就难以维持，原来的游牧经济也就随之崩溃，国家也只能随之瓦解，草原也就再次回到原来的结构，重新组合。曾经辉煌的匈奴帝国在崩溃后，深入草原，一路西走，经过200年到达欧洲时，几乎失去了所有的历史记忆。曾经建立辽政权统治燕云的契丹人，当败亡西走，耶律大石在草原深处的西辽残部只能建立一个草原结构的政权。曾经统治中国近百年的蒙古人，回到草原后，又完全回到部落体制。草原的生态承载力决定了其只能维持原生形态生产生活方式，但也因此草原比农耕地带更多的保留了人类文明的原生财政精神——公平、公开、透明的公平分配，他们又一次次在与农耕文明的碰撞中，把这种精神重新根植于农耕地区。

游牧民族在很长时间里保留着原始的公平分配习俗，根据20世纪50年代对鄂温克人的调查，他们一直遵守着神圣的按户平均分配的原则。分配猎物，不论是否参加劳动，是否有劳动力，只要是公社中的一个帐篷，法定上就分得一份①，充分反映了游牧社会财产分配的原始平等制度。在对实行游耕方式的苦聪人进行的调查

① 吕光天:《北方民族原始社会形态研究》，宁夏人民出版社1981年版，第13—16页、第169页。

显示，他们把土地分成小块，实行原始共产互助的生产方式进行游耕式的农业生产①。在一些闭塞的游牧区，甚至从来没有交过税，没有服过役，根本不知道什么是赋役制度，长期过着一种纯真的自在生活②。不过，通过一些考古资料，还是让我们看到财产分配的不公和阶层的结构：从东到西的草原上，散布着一些巨大的墓室，里面有着各式的陪葬品，在帕兹勒克的巨冢里还有大量的黄金和大批的马匹陪葬。在卡坦达巨冢里发现非常精美的黑貂皮衣服，外面不仅有用小块白鼬皮勾勒成的鳞状花纹，还镶嵌着至少 5000 个以上的金叶装饰。即使在建立了森严等级的强大部落联盟国家后，我们如果揭开层级构筑的政权的外壳，里面还有血缘结成的一个个小的氏族或部落组织。在小的组织单位里，还是一直残存着公平分配的原始制度。《蒙古秘史》里写道："母亲阿阑·豁阿死后，兄弟五人把马群、食物等分了。"游牧部落的分配制度，乃至其后搭建起来的分封体制都是脱胎于草原游牧民分割家产的方式。盖上这个外壳，在阶层结构里，我们还可以看到残存着的平等习俗。嚈哒人贵族各有 20 人左右的侍卫，侍卫和首领同食，一起参加战斗，也和首领平分战利品。

凯撒在《高卢战记》中描述当时与他敌对的苏维汇人，财富主要来源于狩猎和游牧，农业不占重要位置，财产平等。到了罗马后期，随着层层搜刮的加重，不堪忍受的罗马平民开始用羡慕的眼神看待被他们称为"蛮族"的周边各部落，蛮族部落也成了逃亡的隶农们的主要目的地。侵入罗马帝国的"蛮族"，却得到了广大罗马平民、隶农和奴隶的同情和支持，这些人情愿把"蛮族"当成自己的解放者。一些奴隶和隶农，甚至成为入侵帝国领土的"蛮族"军队的向导，也有一些直接组织起来，加入到入侵者的军

① 吕光天：《北方民族原始社会形态研究》，宁夏人民出版社 1981 年版，第 400 页。

② 南卡诺布：《川康牧区行》，四川民族出版社 1988 年版，第 14 页。

队中，一起扫荡帝国的大奴隶主和大土地所有者。

游牧国家的平等是包容和开放的。一个大的游牧民族的兴起，总是在对散落草原的各游牧氏族的重新整合上构建的。很多血缘的谱系，有时候也都是因为政治的需要而编造的。如在亚细亚草原，各游牧部落以前被称作萨尔玛提亚人（Sarmatians），到了1世纪又先后成为阿兰人（Alans）。阿兰人总是强迫被征服的周边民族参加自己的部落。因为部落的基层组织一般都是通过血缘的名义连接起来的，按照同姓不婚的习俗，一个部落联盟里还得有妻族、母族等与之共生。对商贸的需求，也使其对外来人口的包容性很大。这些也使分配的制度能够平等地惠及更广泛的人群。对于降附的其他游牧族群，也多按照原部落组织形式安置在草原上，如北魏曾经俘获大量高车人，将其安置在“东至濡源，西暨五原、阴山，竟三千里”的地区，为之畜牧。虽然因融入先后，存在族群间的剥削，但在各族群的氏族等基本单位内部，依然以公平分配为主导。

这种包容性也扩展到决策体制上。在游牧国家里，还普遍残留着原始民主决策体制。如氏族有氏族会议，部落有部落会议，部落联盟和国家形成后，又有了贵族会议。部落联盟或国家的贵族会议，我们不能简单视为阶级压迫的工具，其更是各个氏族的代表会议。它将民主决策权从氏族内部扩展到了各结盟部落，甚至被征服部落，将各部落的首领纳入贵族会议。一般财政事务，诸如草场之划分、财富之筹集和分配，都由各级会议讨论决策。藏族史诗《格萨尔》中讲述在游牧国家“林国”，部落的迁徙、更换草地、草场的划分，都只能由部落大会作出决定。国王或者部落首领的权力虽然在逐渐加强中，但始终还是受到一定的制约。前面提到的伊戈尔大公想偷懒，要把向部落索贡的事务委托给其他人，引起王公们不满，他只能亲自去索贡，就是在这一次，他被抗税的德列夫安人打死在那里。

对于财政事务的讨论和政令的执行，往往是公开而透明的。匈奴人除了正月在单于庭举行的贵族会议上，对一年财政收支情况进行小范围的会计核算外，在春季5月和秋季这样的游牧生活变换时期，会在特定的地点举行大规模的国家财政会计核算工作。首先是举行祭祀大典，然后对各部落的人口和畜产进行统计核算，计划贡赋的征纳。对于故意不出席大会或者迟到者，往往会被依法诛杀。《魏书》提到桓帝时一次鲜卑人的草原部落大会，“远近赴者二十万人”，可见规模之大。在日耳曼人部落，所有的成年男子携带全副武装参加民众大会，以敲击武器同声喝彩表示赞成；以怀疑不悦之声表示反对。

司马迁的《史记》认为匈奴统治时期还没有文字的记账，这种公开透明的大会，不仅是集中会计，也能起到相互监督之效。此后，游牧国家也把会计计账引入财政管理。凯撒的《高卢战记》里记述他曾在厄尔维几人的营帐里交货，用希腊文写成的字板上面记载着厄尔维几人的分类人口统计，包括了老人、儿童、妇女和能持武器的男子数。13世纪的阿美尼亚史学家斯捷潘·奥儿别里安尼曾讲述这样一条史料：阿美尼亚阿答毕塔儿撒亦赤“到梯弗里斯去，吩咐将汗室大底万中的迭卜帖儿取来给他，并从头到尾读了一遍；因为上面录有阿美尼亚应纳税的寺院名，他预先将一百五十多所寺院名划掉后，召见了大底万的书记官，让他将迭卜帖儿重录一份。然后，他焚掉了旧的迭卜帖儿，就这样免了我们这里所有寺院的税。”当时大多数蒙古人统治区域已经开始用账簿管理财政工作了。

但是由于游牧生产方式，很难做到像农耕地区那样“量入为出”的管理。经常是“量出为入”，因支出之需要，再去寻找收入。吴才麟研究员1981年曾参加云南省基诺族举行的推毛切（新年）活动，对其部落分配作了调查：在推毛切的前一天晚上，纳俄罗和各氏族长到酋长家开会，商量公共活动如何进行及物质资料如何消费。如果食物不足，就决定去打猎①。吕光天对鄂温克人的调查显示当时的族长“新玛玛楞”按照所需要的主要肉食、所穿

① 吴才麟：《史前经济与财政起源》，中国财政经济出版社1990年版，第185页。

的皮张和用来去交换以换回日常生活用品的商品猎物进行具体的分工猎取①。《魏书》曾记载太武帝拓跋焘与群臣讨论，司空奚斤说可先征讨大檀，如果打下来了，就可以收其畜产，增加国家财政收入；如果打不下来则率领大军转道去阴山打猎，多杀禽兽，皮肉筋角也可以弥补军需。

游牧国家的财政得自畜牧业的有限，劫掠、狩猎、耕种和采摘始终是重要补充。游牧国家分封分配的只是草场，而不是畜产，各人自有畜产。牲畜的最大特点是虽要依附草场，但也是可以随时活动的，如果剥削过重，牧民自可一走了之。1860 年代，生活在伏尔加河流域的土尔扈特人，因无法忍受俄罗斯沉重的赋役负担，十几万人赶着牲口，举部东迁，归附清朝。当然，他们也付出了巨大代价，根据清宫档案《满文录副奏折》的记载，离开伏尔加草原的十七万土尔扈特人，经过一路的恶战，加上疾病和饥饿的困扰，“其至伊犁者，仅以半计”。

在迁移频繁和群体构成具有不稳定性的情况下，把游牧部落组织起来需要比组织定居农业有更加强大的领导和权威。在中国的史书中说到游牧国家的形成总会提到其“明刑峻法”，“每以军令从事”。蒙文通甚至认为“法家之术，本之戎索”，“法家者，戎狄之教”②。在财政管理方面，也经常是以残酷的军法加以约束，如果有拖税抗役者，往往会以最严厉的手段加以制裁，甚至是“举部戮之”，这可能也为此后各地中央集权财政体制的建立埋下了伏笔。

---

① 吕光天：《北方民族原始社会形态研究》，宁夏人民出版社 1981 年版，第 166 页。

② 蒙文通：“周秦少数民族研究”，《蒙文通文集》卷 2《古族甄微》，巴蜀书社 1993 年版，第 7、18 页。

从掠夺到征服

游牧随季节迁移，主要是南北的游移，每到冬季他们就来到温暖的南部，与南方的农业文明发生直接接触。我们前面已经说到，游牧产业单一，生活物资很难自给，而漫长的冬季是他们物资最为短缺，生活最为艰难的时期。这一时期，他们会在南边呆很长时间，有时候通过商业交换从农业居民那里获取所需，有时候直接进行掠夺，甚至深入南下，出现征服农业地域的情况。在历史上，气候总是在不断变化，忽冷忽热，呈周期变化。如夏商之际，中国气候温暖，今天河南一带还生活着大象，但是到了商周之交，气候开始转冷，汉水还有两次结冰的记录，经过二三百年到了春秋时期，气候再度转暖，山东地面到处都是亚热带的植物，如竹子、梅花。《诗经》里描述此时的陕西终南山，“终南何有？有条有梅。”东汉之末，气候又出现变冷的趋势，首都洛阳几次暴雪，冻死不少穷苦百姓。三国时，淮河都结冰了。到了南北朝时期，南京周边的河流湖水都结冰了。进入隋唐，气候又变得暖和起来，长安也能栽种柑橘。到了宋代，气候又加剧转寒，苏东坡有诗云：“关中幸无梅”。1111 年冬季的太湖，不仅全部结冰，而且坚实到足以通车①。在这些严寒的时期，北国世界，完全无法游牧，一片凄惨荒凉，游牧人民只能南下求生，在绝望中寻找希望。也由此引发了三次大规模的对农业文明的冲击。

我们所知道最早的游牧族征服农业文明是在公元前 1680 年，希克索斯人征服埃及。从现代考古的证据看，希克索斯人大约是在前 2000 年左右从中亚细亚开始南移，经过两河流域，进入北叙利亚，一个波浪接着一个波浪地来到埃及东北边缘。从中亚细亚到埃及的

---

① 竺可桢：“中国近五千年来气候变迁的初步研究”，《考古学报》1972 年第 1 期。

沿途，都有希克索斯人巨大营地的遗存，他们住在这种营地里，马和战车都能放在大营里。这个过程经过了几个世纪，有的就在中途定居下来，还有分支进入印度。希克索斯人对埃及实行间接统治，让西三角洲、中埃及和上埃及的统治家族继续维持统治，只要求他们承认藩属地位和按时缴纳贡赋即可。根据甲骨文献记载，公元前1310年左右，也有游牧民族侵入商朝，但是被商朝击退，未能成功进入。

第一次冲击时，农牧双方的力量都不大，特别是游牧民还没能形成大的国家体制，对农耕区域的冲击也很有限。最大的一次攻击，是第二次变冷时期。这一时期，农耕文明已经出现了一批强大的帝国，而且势力也直接深入游牧区。从世界范围来看，随着2世纪全球气候变冷，北纬35°—60°之间的整个北方地区，陷入严寒。游牧民族在整个欧亚大陆开始大举南下，在东部有匈奴、鲜卑各族，中部有嚈哒人，西部有日尔曼和斯拉夫各族。在它们的冲击下，东部的西晋帝国，中部的贵霜帝国、笈多王朝，西部的罗马帝国，都先后土崩瓦解。第三次冲击是13世纪时，主要是蒙古人及突厥人对东亚、中亚、南亚、西亚、东欧和中欧的入侵。

对农耕区的劫掠是游牧部落财政的重要补充。在早期，他们多是趁冬季在南边过冬的时节南下劫掠，抢得到就抢，抢不到就走，来去如风，神出鬼没，所到之处，践踏庄稼，劫掠财产，杀戮民众。游牧国家成立以后，这种劫掠的规模更大。为了维持有组织的武装，完全打破了游牧生产的组织形式，使本来脆弱的游牧经济更加脆弱，完全不足以支撑国家的财政，对农耕区劫掠的需求也就更大。很多日本学者，如青木富太郎、护雅夫、江上波夫等甚至认为劫掠是游牧国家的一种重要的生产方式，一种自然的无偿的财政增收行为。当然这样的劫掠也包括了各游牧部落之间的劫掠，但我们这里更关注的是对农耕区域的劫掠，这也是其财富积累的主要手段。财富的魔力是很大的，特别是质朴的游牧贵族们从汉朝、从罗马获得大量奢侈品，使其生活品质有了很大提高，其财政对农耕区劫掠的依赖性更大。劫掠也从季节性劫掠，变成常年的常规活动。虽然史书提供的数据有限，但史学家们还是通过统计的方法，发现了这样的变化规律。

但劫掠行为也必然会遇到各农耕区域的反击，现在仅存的一首匈奴民歌："失我祁连山，使我六畜不蕃息，失我燕支山，使我嫁妇无颜色。"传达了他们对汉朝反击的痛苦的历史记忆。农业的生产，需要长期稳定的环境，为了应付游牧国家的侵扰，也付出了巨大的代价，无论是罗马，还是汉帝国，在修筑长城、屯兵反击方面都耗费了大量财政资金。为了营造稳定的生产生活环境，农耕国家往往会进行妥协，通过定期给予游牧国家一定量的物资和金钱来换取和平。这些物资和金钱或称贡品或称礼品，无论称什么，其实质都是用金钱购买和平。如宋朝建国，就设置"封桩库"，贮积金帛，准备作为赎取燕云的费用，辽国如不允赎取，就作为武力夺取的军费。在多次武装冲突后，宋和辽达成协议，每年给辽银十万两、绢二十万匹，以换取和平。此后，宋又与西夏达成协议，每年给予西夏银万两、绢万匹、钱二万贯，后增至银七万两、绢十五万匹、茶叶三万斤。后来宋和金签订的协议，岁币就更高了，达到银二十五万两，绢二十五万匹。同时，还通过建立市场，方便游牧民用马、牛、羊、动物皮毛、瓶羚角、红花、柴胡等换取生活所需物资。

对于农耕国家来言，这些都是巨大的财政负担，但是相对战祸连年，无止境的军费支出，相对于生产凋敝对人民生活和赋税的影响，这些都是没有办法的办法。无论汉帝国，还是罗马帝国，也尽量接纳周边游牧民族在帝国边境定居下来，罗马地方政府还努力进行人口统计，以便利提供粮食供给。对于罗马来说，不能为新移民提供必要的生活保障，接纳他们入境就是极不明智的决定。从公元前 200 年起，汉帝国每年供应匈奴粟米数千斛，在匈奴遇到灾荒的年份还有专项救助，防止他们因乏食而劫掠，先后拨北边郡县粮仓谷米 34000 斛，进行救助。公元前 48 年，拨谷 2 万斛赈济匈奴贫苦牧民。公元前76年，匈奴地区发生蝗灾，东汉政府即时拨赈济粮，分发其贫民3万多人。

劫掠、贡金、贸易和羁縻，在很多时候，都是力量博弈的结果。匈人首领阿提拉大帝去世时，其悼词说道："他是最勇敢的部落的主人，他以前所未有的权威单独拥有斯基泰和日耳曼王国。他还占领了两个罗马帝国的城市，大大震慑了他们，而那些从劫掠中保留了剩余财产的人，因他们祈祷和每年的贡金而得到平安。"阿提拉大帝去世后，他的数量足有一个小部落那样多的儿子们要求平分他的遗产，他的帝国瞬间崩溃。他的一个儿子，叫登吉奇希（Dengizich）的，占据贝尔格莱德附近的一个地方，他派使臣去君士坦丁堡见利奥一世皇帝，希望能够恢复多瑙河畔的市场："忍受饥饿折磨的日子不能再等待下去了。"但是利奥一世拒绝了他，还借机将其杀死，把他的首级割下来，带到君士坦丁堡。

对于游牧国家而言，在和平情况下，以农耕国家的贡金来替代劫掠，当然是获取经常性收入的最好办法。在很多时候，他们并不习惯通过直接管理来获取收入，所以通过征服战争，建立直接统治，也并非他们的首选。当然要使贡金成为政府的经常性收入，还必须始终保持武力进行震慑才行。但维持这样的武力，必然减少游牧收入，增大军事费用，同时在获取农耕地域的金银珠宝和各色奢侈品时，贵族们的欲望也会不断膨胀，这样索取贡金的数量也不断膨胀。每次提高贡金数量的谈判，都是通过劫掠开始的，他们往往选择在战场提出建议。即使阿提拉攻陷过西罗马帝国的首都，女真人攻占过宋帝国的首都，但是他们多是避重就轻，绕过布有重兵的城市，只抢掠没有抵抗能力的乡县，以战养战，直扑首都，只是为了劫掠和增加贡金的谈判，并没有取而代之进行直接管理的意图。很多征服王朝的建立，或是机缘巧合。我们会关注到气候变冷的因素，使他们南下，但更多的应该还是正好遇到农耕政府内部腐败的机会。

还有一个因素是，南下的游牧部落被农耕政府收容在边境，但并没有能很好地管理他们，反而因为腐败加重了其各种赋役剥削，引起反抗，最终他们从帝国内部崛起，颠覆帝国。在罗马帝国，他们本已建立起接纳蛮族部落在帝国定居的良好机制，但是腐败的官员们把帝国拨付分配给新移民的粮食克扣，拿到黑市交易，通过黑市高价大量攫取蛮族人的财富。走投无路的哥特人到后来已经没有东西可以换取粮食和食物了，竟被迫用自己的孩子来换取少量的粮食或肉食。当时的市价是一个孩子换一条狗。在中国的西晋帝国，贪官们大量把内迁的游牧民贩卖为奴，当时羯族部落首领的王子石勒，竟也被贩卖为奴隶，正是他后来起义给了西晋帝国以最沉重一击。游牧族在农耕文明的内部兴起，成了扫荡这股腐朽势力的重要力量。

我们纵然可以从游牧文明对农业文明的冲击中找到若干进步的因素，但是无论如何也无法消解其巨大的破坏作用，广大的农牧民更是受到了巨大的痛苦。贪官污吏为个人一己之利，至国家危亡、人民苦难于不顾，实在令人叹息。在这个过程中，财政负担不断加重，最后都落到万千人民身上。各种赋役名目横空出世，某些地方的税率竟一度达到80%。

双元结构财政

财政制度的形成和演变，在很大程度上受制于生产方式。财政的攫取，必须符合财富的生产规律。

农业社会中，财富主要产生于土地。种植农业获取收益的前提是必须对土地进行长时段占有，由此最初的分配几乎都是以土地分配来体现的。换言之，就是政府的大多数开支项目都是和一定量的土地挂钩，以土地产出来对应。官俸是世官世禄，是“分田制禄”。军费是寓兵于农，军赋出自井田。教育支出，也是为学校划出一定“学田”来提供。也由此形成了最初收支项目相互对应的早期预算模式。而游牧社会中，财富主要产自畜牧，但畜牧不能自给自足，需要其他产业配合补充。在分配上，一是分配供畜牧的草场，二是通过集团打猎或劫掠，进行分配。

土地的生产受制于天，产量有着很大的不确定性，分成地租也使国家对财政收入很难有精确的了解，只有等收成上来才能有比较精确的统计数字。这也就产生了最初的“量入为出”的财政原则。量入为出是世界财政史上最早出现的财政原则。畜牧经济缺乏必要的稳定性，对于收支都不好控制，经常是有支出需求，才去考虑开辟财源，去抢劫或打猎，出现了“量出为入”财政思想的萌芽。

农业产品便于储存保管，于是以仓储为中心的蓄积型管理也就成了早期主要的财政管理模式，早期国家财政机构基本也是由司库系统演变形成。农业还有一个特点，就是对土地精耕细作能提高单位产量，使政府获得更多的税收，所以政府也就更多介入生产，提供水利设施、技术指导和生产监督，从仓储型管理发展成为生产管理型模式。但是随着收支规模的扩大，财政危机的频发，财政又逐步发展成为预算管理模式。游牧产品是活的牲口，其管理只能以官营牧场的方式进行，和农业对土地的利用相反，长时间固定在某一片草地上经营，必然导致对草原生态系统的破坏，草场会越来越不利于牲畜的生长和发展。于是更多采取宫廷化半军事化的管理模式，一般由宫廷的总管类官员通过武力控制的方式，在特定的大片区域内进行放养。

农业税收产生于固定的土地，所以政府对地方控制一级级直接及于最基层，落实到每块具体的土地，建立层级征收体系。游牧税收产生于游动的各个氏族或部落，只能建立间接的税收管理体系。

农业由于其集中性和层级性，很早就发展出城市，形成社会分工和产生大量公共事务，其财政从一开始就负起了为这些公共事务筹集和管理资金的责任。同样，集中性也便于政府集中提供各种社会福利。在游牧社会，由于生产的分散性，政府的公共事务要少很多，而且社会福利只能寄希望于氏族和宗教团体。农业社会，经常以劳役来满足公共建设，这在当时是必须的。如大型水利设施的建设，如果没有强制劳役，而仅仅靠当时政府有限的财政汲取能力是很难完成的，否则出现大规模的洪水泛滥将带来毁灭性的灾难。在游牧社会，牧民的役的负担，更多是军役，不仅要提供自身，还要提供必要的装备，甚至税收也与军备直接相关。如北魏要求每百只羊上缴戎马一匹。因为分散性，游牧社会也需要大型集会这样的公共产品，来满足人民对集体温暖的需要，包括相亲婚姻的需要，在这样的集会中，有各种竞技活动、集体的盛宴，也包括了财政的统计、贡纳和分配。

农牧业财政制度不同的运行和演生模式，是前工业时代最主要的两种财政模式，其分化是不同的生产方式决定的，而生产方式的选择又是地域决定的。在亚欧大草原的东端，农耕区和游牧区的分界线阴山—贺兰山一线正好同 15 英寸降水线大致重合。这是自然的分界线，沿着这条线修建的万里长城只是自然分界的结果。在这条线以北也有过农业的尝试，也有过城市的兴建，但是并不能持久。没有强大农业滋润的城市，在前工业时代只能渐渐成为废墟。俄罗斯考古学家索斯诺夫斯基和奥克拉德尼科夫在漠北色楞格河与伊伏尔基河交汇的匈奴城市，还发现了覆盖全城的供暖系统，虽然有满足北方严寒的公共产品提供，最终还是只能成为一片废墟。在亚欧大草原的西端，则由漫无边际的大森林把欧洲大陆分成农、牧两块土地，虽然罗马人也曾修筑长城，但是由于自然气候的因素，农牧却能够交错存在，这也决定了欧亚不同的历史走向。

面对中原沃土，辽太宗耶律德光曾慨叹“我不知中国之人难制如此”，蒙古人还一度想“悉空其人以为牧地”。在前工业文明时代，人力毕竟难以胜天，当一个国家将农、牧两部分土地揉捏在一起时，就建构起了双元结构财政体制，在农耕区和游牧区分别执行不同的财政制度。如北魏世祖宣称的“以五方之民各有其性，故修其教不改其俗，齐其政不易其宜，纳其方贡以充仓廪，收其货物以实库藏，又于岁时取鸟兽之登于俎用者以物膳府。”后来的契丹是“以国制治契丹，以汉制待汉人”。

双元结构体制之所以能够成立，必须有一个最重要的基础，就是必须有一个一元的意识形态或者统治者，以思想或领导力，将具有不同运行规律的两种模式统领起来。这个思想或领导力，是结构内部秩序的灵魂，为内部秩序创建规则，规范约束各自的运行。双元结构财政体制必须在一元性下才能界定好各自的运行秩序，如果没有这个一元，就没有双元结构财政体制的存在。双元结构财政体制的演化和走向取决于这个一元的演变和走向。在游牧国家统治农耕地区之初，无疑是草原本位，但是随着在农耕区的深入，特别是财政对农业依赖的逐渐加强，逐步向农业本位过渡，而从农耕区退去就又回到草原本位。在草原本位下，往往剥削残酷，竭泽而渔，如元初三大理财之臣，阿合马、卢世荣和桑哥长达 21 年的“理财”。卢世荣自称“我立法治财，岁常倍增”，在三人“理财”之下，国家财政收入几乎都是成倍地增长，平民百姓“虐政所加，无从控告”。贝都因人（Bedouins）入侵北非，变肥沃的农田为牧场，毁坏或荒废了几个世纪中人们修建的水利工程。他们的羊群吞食破坏了天然植被，曾经供给罗马人修建舰船的木材的广袤森林消失了，曾经作为罗马人粮仓的良田没有了，水土流失日益严重，甚至草场也渐渐沙化，成为今日的不毛之地。罗马人修建的巨大城市消失了，成为一些小小渔村，拥有 6 万个座位的圆形剧场的废墟还在那里供人凭吊。而在农业本位时期，则多能借助原体制的财政制度和理财思想。而农耕国家对草原的统治，也常是希望通过“离散部落”等措施，将其纳入自己的统治轨道。在牧区接近农区的边缘的河谷地带，出现了一片片农田，形成了以定居农业为主要特征，以畜牧为辅助的产业，也改变了这些地区原有的财政结构。

双元结构财政出现的前提条件是与原有的单元模式相适应的生产方式、经济模式、政治形态或权力结构发生了变异，而新的生产方式、经济模式、政治形态或权力结构还没有形成，尚在转轨过程中。在这个过程中，各种新的变量在一段时间内会相互交织，严重影响财政的运行和绩效，出现若干中间变量。农牧生产方式下的两种财政体制，在一元的统治下，也在相互影响。由于这些新的变量在结构中比例的不同，也使同受欧亚草原游牧文明冲击下的欧洲大陆和亚洲大陆的财政史有了不同的走向。

全球分地忙

游牧国家对农耕文明地区的一个有益影响，可能就是掀起了一股分地高潮吧。无论是罗马帝国，还是汉帝国，乃至后来受到游牧国家冲击的晋帝国、宋帝国、明帝国，都不可避免地出现土地兼并现象。原本承担国家公共事务支出的大量公共土地，被皇帝、国王、官吏、元老院元老等等利用政治特权占为私有，同时他们也利用政治特权，强买、霸占、抢夺平民的份田和私田。无论在东方，还是西方，大规模的土地兼并都成为挥之不去的阴影，成为社会矛盾的聚焦点。也可以说在整个古代社会，乃至近代社会，土地兼并总是如影随形，没有任何国家能够摆脱。无论皇帝、官僚，还是富商巨贾，都在希望通过土地不断获得超额的地租。土地兼并不仅造成社会贫富分化不断加剧，还严重影响国家财政收入，是历代财政改革的首要任务，但也可以说每次政府自上而下的改革，都成梦幻泡影。强占大量耕地和依附民的大型庄园主在东方和西方都大量出现，无数勤劳的农民成为在庄园上劳作的奴隶和隶农，也就是科鲁麦拉的《论农业》里所说，“不带枷锁的和带枷锁的”劳动者。他们成为庄园主的依附民，为庄园主创造财富。国家失去了土地和人民，财源枯竭。在3世纪，东方和西方都发生了大规模的农民起义，动摇了帝国的根基。游牧国家也趁此机会，大规模进入农耕地带。他们带着他们的原始性和平等性进入农耕地区，竟意外解决了困扰东西帝国最头疼的土地兼并问题，构建起新的国家分配结构。

不少游牧国家，处于半农半牧状态，早就有了对农业的管理，如古日耳曼人社会，土地为公社公有，公社平分土地，但是占用土地只限一年就要轮换。他们这种平等分配土地的方式，也影响了他们此后对农区的管理。恩格斯在《家庭、私有制和国家的起源》一文里介绍："德意志野蛮人把罗马人从他们自己的国家里解放出来，为此他们便强夺了罗马人全部土地的三分之二来自己分配。这一分配是按照氏族制度进行的；由于征服者的人数比较少，广大的土地未被分配，一部分归全体人民所有，一部分归各个部落和氏族所有。在每个氏族内，则用抽签的方法把耕地和草场平均分配给各户。"

《史记·匈奴传》说匈奴人"各有分地"，他们平均分配草场，也分配耕地。慕容鲜卑广招流民，罢诸苑囿，"以给百姓无田业者"，并贷民官牛。拓跋鲜卑初在畿内地区实行"计口授田"制度，后又在全国推广均田制度。女真有猛安谋克户，是"计其户口给官田"，"凡官地，猛安谋克及贫民请射者，宽乡一丁百亩，狭乡十亩，中男半之。请射荒地者，以最下第五等减半定租，八年始征之。作己业者以第七等减半为税，七年始征之"，其制度类似北魏的均田制度，当时的《金虏图经》一书就径称"均田"。努尔哈赤的后金政权采用"计丁授田"的方式在辽沈地区实行农业开发，将辽沈土地分成三十万日（每日约计5亩），分给士兵，每一男丁分给田地六日种粮，一日种棉。其纳赋之法是每三丁种官田一日，每二十丁以一丁当兵，一丁应役。后金改称清以立后在东北地区继续实行类似计口授田的制度，《清史稿·食货志》称"东省为八旗根本，旗、民杂居皆土著，异于各省驻防，内外城旗随缺伍田，向有定额，即计口授田遗意"。到了清末平息新疆回民之乱，将归附的回民徙往"塔里木河滨，计口授田"。

这些土地分配政策，一方面与游牧国家的习惯有关，一方面也因为当时长期动荡和战乱，使大量土地荒芜，人口数量锐减，为土地分配创造了条件。新政府也亟需将人口和荒芜的土地结合起来，恢复生产，成为政府的财源。

三、游牧冲击后的世界

欧洲财政封建化

游牧民族的南下，完全改变了欧洲大陆的政治地图。被汉帝国击溃的匈奴人，公元前后出现在咸海沿岸，他们击溃了里海以东的阿兰人，渡过乌拉尔河、伏尔加河，进犯顿河沿岸的塔那伊斯人，一路大事烧杀，无情地消灭一切抗拒者。捷列克河、库班河、顿河沿岸的很多古城都被毁灭。不少游牧民族也被迫并入匈奴部落联盟。到 3 世纪，他们已经兵临罗马帝国边界，在西方历史上，他们一般被称为匈人（Huns）。他们一度放弃游牧，而在整个欧洲横冲直撞，专事劫掠为生，也积累起很多财富，后在欧洲中部建立匈牙利王国，至今国内还保持着很大片的草地。被匈人裹挟而来的突厥人，也和当地人融合，后建立起保加利亚王国。哥特人在征服南俄草原后，建立起部落联盟的国家，由“王”统一领导，以武力统治其他部落，征收贡赋。刚刚稳固，就马不停蹄地向西跨进，占领西班牙和南高卢大片地区，建立西哥特王国。他们没收罗马地主 2/3 的土地，分给西哥特人。汪达尔人从莱茵河南下，一度占领西班牙大部地区，后来跨过地中海，在北非建国，切断了罗马帝国在非洲的财政来源。勃艮第人在罗纳河和索恩河流域，建立勃艮第王国，并与当地人达成协议，共同分配土地。法兰克人在克洛维率领下，跨过莱茵河，占领卢瓦尔河、塞纳河沿岸地区，建立法兰克王国。法兰克人此时已经发展到农畜兼营，土地分到各户耕种，并可世袭。在占领罗马高卢行省大片土地后，克洛维又把原来罗马国有土地和无主土地赐给自己的亲兵和官吏。查理大帝时，法兰克王国差点就重建了罗马帝国那么大的国家，但是由于公平分配意识的强烈，按照法兰克人习惯法，国王的遗产归他的王族共同所有，他有几个儿子，他们都要平分他的财物、他的士兵、他的私人领地和国家领地。于是查理大帝的三个儿子将他的帝国分解为法兰西、德意志和意大利三国。

除了陆上游牧民族外，还有一支被称为“海上游牧民族”——北欧海盗，对欧洲的冲击同样不可小觑。北欧海盗，是由北欧沿海的渔猎族跨越畜牧阶段发展而来。他们常年漂泊海上，体格魁梧，满面虬髯，胆识过人，喜爱冒险，血液里奔腾着强烈的征服欲望。劫掠对于他们说是英雄的事业，光荣的事迹。事实上，当时很多其他人也这样看，有不少诗人，写诗歌传颂他们用强权和暴力劫掠的荣耀的业绩。那时，由于食品的不足，经常整个部落都陷入长期饥饿的境地，部落酋帅们（或也可称之国王和王子）也参与到海上游牧的行列中来。对内部，他们带回来维持生存的财富，维持着原始的公平分配，保持着人性的善良，但是对外他们贪财、野蛮，道德是有双重标准的。他们挂起黑旗，进攻商船，掠走财物，还要杀死那些不能交付赎金的人。他们偷袭海岸，将村庄劫掠一空，还要杀人。他们绑架人口索取赎金，也劫掠人口去贩卖为奴。被他们不断侵扰的沿海居民恨死他们了。罗马人宣布：“Pirata hostis humani generis”，即“海盗是人类之敌”。英格兰人最早的税丹麦金（Danegeld）就是为了应付丹麦海盗的侵扰，其用途有二，一是筹集抗击丹麦海盗的军费，二是战败后支付给丹麦海盗的贡金。

海盗也从事贸易，劫掠来的各类物资，只有通过贸易，才能转换为需要的财富和生活生产资料。歌德有诗云：“谁也不会问，这是谁的财富？哪里来的？以什么代价？战争、贸易和海盗——同一事物的三种形式。”很多海盗奉行“均分”的原则，根据有限的资料所知，他们一般把劫掠的多种多样的各类物资卖出，以获取金钱进行分配。首先一半所得要用作公共基金，以购置船只所需的新索具和风帆，购置武器和其他装置。基金还要用于赡养伤老残病人员，另外一半所得在全体船员之间“均分”，所有的人，无论船长，还是普通船员，都分得完全相同的一份。海盗的贸易精神和原始平均分配思想，无疑为此后建立的新国家注入了新鲜的血液，和他们的双重道德标准、征服掠夺的性格一起融入了新的欧洲，深深影响了未来世界的财富分配格局。

随着时间的发展，在斯堪的纳维亚半岛上逐渐形成了三个国家：挪威、瑞典和丹麦。也还有大量的海盗离开斯堪的纳维亚，从海上向欧洲内陆腹地进发，进行新的劫掠和征服的事业。罗马帝国崩溃后蛮族纵横驰骋的欧洲，也使他们如鱼得水，畅行无羁，为所欲为。欧洲的几条大河流域、地中海沿岸，都成了他们的世界。而瑞典维京人更深入东部，征服斯拉夫人部落，建立起俄罗斯国家，融合出新的民族。

随着时间的推移，海盗集团的内部分配规则也有了改变。船长和航海长要分双份，新手只能分到半份。成功的海盗集团，在船上都有严格的纪律，这是海上安全航行的需要，也是从事劫掠争战的需要，海盗船长的权力也在无限扩展，其得到的分配份额，或者说其在分配中的决定权也越来越大。船长的权力和财富，在劫掠事业中不断壮大。只有那些最勇猛，最凶残的海盗才有可能成为成功的船长。他们也常常和陆地上的君主合作，寻求他们的庇护，也为他们劫掠财富。这些君主也乐于通过海盗，为他们提供新的财政收入渠道。

那是一个弱肉强食、成王败寇的时代。北欧海盗中最凶横的一支——诺曼人的快船往来于波罗的海、北海、地中海、黑海和大西洋之中，来去如风，所到之处劫掠一空，然后付之一炬。沿海的人民都在祈祷：“主啊，救救我们，免遭诺曼人的袭击。”法国国王为免入侵之苦，还把莱茵河口的一座城市拱手送给诺曼人，因为这里能很容易进入德国的各条河流，好让他们能以此为基地去劫掠德国人。但他们去劫掠德国的同时，还是忘不了继续劫掠法国。他们占领塞纳河河口大片土地，把大量当地人贩卖到外地当奴隶，让这里成为废墟。在劫掠中积累了巨额财富的海盗头子罗洛，终于安定下来，决定在此定居。在他成功攻击巴黎后，法国国王将这里赐予他，称作诺曼底，罗洛成为名义上向法王效忠的诺曼底公爵，其交换条件是协助法国抵御其他海盗的袭击。他的曾孙威廉一世在1066年征服英国，成为英国国王。威廉一世恢复了已经停征了15年的为抵御他的祖先而设立的丹麦金，还让其成为一种常规性税收，当然，只是供他自己使用。他还把税率由原来的每海德[①] 2先令提高到4先令。但始终有一些仍怀着平均分配理念的海盗，被称为“均分派”，他们劫掠有度，对掠夺对象不加杀害，还给予食物和衣服，在最近的一个港口释放他们。他们购物时支付真金白银，他们给穷人施舍，给教堂和各种慈善机构捐赠大量金钱。所以他们积累的财富始终有限，拥有的武力也很单薄。甚至他们有时候都无力装备和修理舰船，只能向老百姓借用所需之物，并答应把未来劫获战利品的一半分给他们。著名的均分派海盗首领克拉乌斯·什捷尔捷别克尔和戈杰凯·米赫里，在汉堡广场被处死。他们的故事被演绎成很多诗歌、叙事诗、歌曲和小说。

恩格斯在《家庭、私有制和国家的起源》一文里写道：“德意志人究竟是用了什么灵丹妙药，给垂死的欧洲注入了新的生命力呢？但是使欧洲返老还童的，并不是他们的特殊的民族特点，而只是他们的野蛮状态，他们的氏族制度而已……凡德意志人给罗马世界注入的一切有生命力和带来生命的东西，都是野蛮时代的东西。的确，只有野蛮人才能使一个在垂死的文明中挣扎的世界年轻起来。”“他们的个人才能和勇敢，他们的爱好自由，以及把一切公共的事情看做是自己的事情的民主本能，总之，是罗马人所丧失的一切品质，——只有这些品质才能从罗马世界的污泥中造成了新的

---

① 海德（hide），当时英国的土地分配单位，一般以满足绝大部分家庭生活为标准。在不同区域划分标准不一样，从100—200英亩不等。

国家，养成了新的民族。”①

无论是陆上游牧民族，还是海上游牧民族，他们在劫掠和征服过程中，其文明也和各地本土文明相互融合，形成了新民族和新的思想，延伸到欧洲各个角落。其内部的原始均分思想和对外掠夺的尚武精神，都渗入到未来的财政思想中。无论是被称作“蛮族”的陆上游牧民族，还是被称作“海盗”的海上游牧民族，他们的野蛮和罪孽，是完全毋庸置疑的，但是，他们却经常被作为自由的象征，吸引着罗马帝国的奴隶、隶农、平民、落魄贵族、失业者，一切失意者投奔他们。他们原始的公平分配的理念，给予了正在深重压迫下痛苦呻吟的人们，一个新的的神话和憧憬。

一个游牧国家的兴起，都是从一个游牧英雄的崛起开始的。他首先组织部族武装，并成为其首领。由一个家族凝聚起一个个氏族部落，建立起家族统治。其他部落向统治者部落纳贡，以及以军事上的负担作为义务。在这个框架下，各部族作为依附部落实行自治。这样的框架也在欧洲重建秩序，就是封建化。这个新的封建制，我们或可称为封建 3.0 版。这个封建 3.0 版，绝不仅仅是简单的单向的同化（Assimilation），而是双向的调适（Acculturation）。马克思认为是“发生了一种相互作用，产生一种新的、综合的东西。”②

封建，首要就是“封土建国”，以“封土（fief）”为基础，就是征服者会把大片的土地分封给亲属和部将，作为“采邑”。封建主也被称为领主，他们的采邑也被称作领地。领主们也很慷慨地把自己的领地分封给另一些小的封建主，这样一层层分封下去，最下面的是以前自由分得份地的战士和农民。

我们可以将封建制度看作一个财政分配框架。每一级享受下一

---

① 恩格斯：“家庭、私有制和国家的起源”，《马克思恩格斯选集》第 4 卷，人民出版社 1972 年版，第 152—153 页。

② 马克思：“政治经济学批判导言”，《马克思恩格斯选集》第 2 卷，人民出版社 1972 年版，第 15 页。

级的赋税和服役，同时，领主也必须为依附民提供保护和基本公共服务。所有级次都不越级效忠和纳赋役，就是说领主的依附民只效忠领主，而并不用对国王效忠。

罗马帝国财税体制在蛮族冲击下，几乎完全被打垮，不仅基础征税体系崩溃，而且土地荒芜，贸易中断，人口四散逃亡。欧洲的编年史家只能用“荒野”来称呼这一片片空旷地域，饥荒大面积蔓延，人们为了生存，被迫吃老鼠和蛇，吃一切能找到的东西，甚至出现人吃人、母子相食的惨剧，大量的人被饿死。格雷戈里在《法兰克人史》里写道，585 年，差不多整个高卢都遭到了饥荒，大量的人饿死，许多人被迫吃各种植物、青草，因而周身肿胀而死。杜哈德的《西方中世纪早期的经济和社会》里记载：868 年，勃艮第和阿奎丹灾荒严重，饿死的人很多，以至无人掩埋死者，人们相互残杀相食。无论对于国家财政，还是对于普罗大众，恢复生产，让人民有饭吃，让国家有税收都是头等大事。封建制度就是在这样的背景下应运而生，它把国家财政、土地和人民结合在一起。可以说封建制度并无一个完整的系统，并无事先的顶层规划，而是形势如此。由于各地历史、地理、情势的不同，各地封建制度差异也很大，但就本质而言，都是通过封建的方式，实现土地和人口的的结合，重建国家的财税体系。封建主对土地垄断性占有而对从事生产的农民不直接占有。这些农民虽有独立经济，但在人身上依附于封建主。

封建制可能包含了游牧族的分封制、亲兵制、部落制和古罗马的庄园制、庇护制、隶农制等等各种元素。但重要一点是，生产者的身份比以前有所提高，不再是奴隶，而依附关系，很大成分上是因为战乱而寻求互助的需要。农业生产需要相当长时间的稳定环境，才能获得收成。要在游牧民和海盗的轮番劫掠下，既维护人身和财产的安全，又能持续地生产，只能建堡垒互保，这是庄园城堡经济的最现实的原因。现在保存下来的一份法兰克墨洛温王朝时期的委身依附文书写道：“众所周知，由于我无衣无食，所以请求您的恩典，允许我委身于您的保护之下。为此您应为我提供帮助和维持我的衣食，我将尽一切力量服务于您并使您满意。在我一生中，一定给您一个自由人的服务与尊重，并且无权脱离您的权力与保护。我的一生将永远留在您的权力与保护之下，由之，我们双方如有一方要更改这协定的条件，则需付给对方以若干索里达①的罚金，本协议永远有效。”在协议中，我们既看到依附关系的建立，又要看到对依附者“自由人”身份的强调。有的是封土上原有的自耕农、有的依附者是带地来投靠求庇护的、有的是无地农民来租地的、有的是欠债拿地来典当的，因情况的不同，各人承担的赋役也有不同。一份租地的文书里写道：“缘由感受经常穷困，并到处找寻职业无着，我乃请求大人鸿恩，依让地性质，拨给你的，庄园的土地给我耕种……我允许依上述土地关系，我永远不做任何反对与损害你的行为，而且在一切方面做对你有利的事……什一税与其他属于佃户范围内的赋税，我每年负有缴付的义务。倘使我忘了本请愿文书上的条件，竟敢违反诺言中的任何款项……你应有完全权利把我逐出上述土地，再依照您的权利处理这些土地，绝无异议。”在各封建主的领地里，还存在一些拥有生产资料、独立进行商品生产的小手工业者，也因生产资料是自备，还是由领主提供，而承担不同的赋税负担。主要的赋税包括了一定量的小麦、葡萄酒、鸡蛋、母鸡等实物和少量的金钱。农民使用领主的磨坊、面包烘炉和榨油机也得付费，也称之付税使用。

公元816年，法兰克王国发布的关于自由农和农奴的法令，规定只要有以下五条中任何一条，无论依附领主的自由民还是农奴，都可以无条件地解除依附关系：第一，领主不公正地奴役他；第二，领主的想法危及他的生命；第三，领主与他的妻子通奸；第四，领主故意拔剑攻击他；第五，领主有能力却没有尽力保护他。

① 索里达（sulidi），法兰克国家所使用的罗马金币。1索里达约重4.48克，每一个索里达为40个银币。

这是从法律层面确立了依附者自由民的身份，他们和领主只是建立了一种契约关系，如果领主不能提供必要的公共服务及尽保护之责，以及道德的缺失，都可自动解除依附关系。虽然迫于形势，自由不是那么充分，但已是历史很大的进步。

世界财政的历史，始终在不断寻求新的起点，达成国计与民生的平衡。这一时期的财政被称作“家计财政”。在这样的体制下，国王也是众多领主中的一员，也有被称作“首席贵族”，他也只有在自己的“王领”才真正像个统治者。当然，在初次分配时，国王获取了最大份额的领地，但随着对新封臣和教会的赐地，也会不断减少王领土地。国王的主要财政收入来源于王领的封建地租，封建主缴纳的协助金和补助金①数量有限，全国性赋税也很少，且还要经过议政机构的授权。此一时期的国家财政是与王室财政与大大小小的众多封建主的家计财政的合计，封建主在地方处于半独立状态，垄断了地方财政，也承担了地方公共服务的支出责任。国王或者说国家任何权力的集中和扩大，赋税的增加，都是侵蚀贵族半独立主权取得的。地方封建主，由各种因缘，获得采邑的途径是多元的，这也导致其君主或领主也是多元的。甚至某国国王，也可以从其他国家的封建主那里继承采邑，成为另一国的封臣。这也使得这一时期的财政结构更加复杂，维系封建财政的是契约，而不仅仅是等级权力。

王室财政，直接表现为宫廷财政。法兰克王国的国王最早把王室财库藏于宝座之后，英格兰国王将王室财库藏于寝宫密室，其管理者也多为内侍之官。法兰克王国宫廷总管（major domus），也有译作“宫相”（maire du palais），在王室财政的管理上具有很重要的位置，不仅管理王室财库，还负责管理王领的土地，负责这些土地赋税的征收。同时，他还拥有自己的采邑。法兰克王国墨洛温王朝后

① 协助金为国王作为封君向封臣征收的约定俗成的封建常税。补助金是王室财政入不敷出或进行战争时征收的封建非常税。

期的宫相丕平，是法兰克国王的世袭家臣，不仅掌控了国王的财政，还拥有自己庞大采邑的财富。后来，他夺取了王位，他的儿子就是著名的查理大帝，他自己也有个著名的绰号——矮子丕平。新的国王更愿意用仆役来为他服务，掌管具体事务，至于文书工作，则委托给一群教士来负责。这时候的官员，性质上属于国王的家臣，由国王自己支付他们薪俸。12 世纪时的一份文件记录了当时英王依官职之高下级别发放薪俸，最高者每天 5 先令，依次递减。薪俸之外，还有少量食物补贴，如面包、饮料，还有蜡烛等。地方官吏主要为国王征税，所以他们从为国王征收的赋税中扣除一部分作为薪俸。

在国王的生活所需方面，在最初的时候，多还是简朴的。文献记载，查理大帝平日只吃 4 道菜，喝酒也很有节制，一般难得喝到三次以上。夏天的时候会吃一些水果。不过查理大帝非常喜好外国使节的来访，这方面的花费惊人，不仅是招待费，还有礼品，在他获得慷慨美誉的时候，他的国家和财政也承担了巨额的负担，但他本人并不在乎这方面的花费。到了中世纪中后期，王室支出就很多了，各国王室都很愿意兴建王宫，并不惜巨资装饰。

在财政的管理上，已经由以仓储为中心的蓄积型管理向生产型管理发展。封建主为取得好的收获，越来越多介入到具体的农地管理，他们监督农民劳动，管理生产。到收获时，收割麦子和采摘葡萄，都得等领主宣布命令才能进行。随着管理的加强，特别是三圃制①的推广以及重犁的普及，农田的单位产量有了很大提高，谷物的单位产量翻了一番，耕地的总面积也增加了 3—4 倍。这也就使领主和农民，都有了余粮可供出售，购买更多的手工业产品，慢慢恢复和发展了商业，启动了城市的生机，也将为国家带来更广阔的税源。仅过桥费、过路费之类的关税，已经开始丰实国王和各个领主的财库。

① 三圃制即将耕地分作三部分，一部分秋播夏收（小麦和裸麦）、一部分春播秋收（大麦和燕麦），余下一部分休耕，以恢复地力。

军费在战乱中本是国家无法承受之重，但在封建体制下，却逐层分解下去。国王由领主负担军役，领主通过分封豢养骑士负担军役。骑士通过领主赐予的采邑供养自己和筹备装备军需。我以前喜爱读武侠小说，罗辉同学给我讲中世纪骑士的故事，说他们类似中国武侠小说中的侠客，忠肝义胆、除暴安良、伸张正义、向往自由。罗辉兄后以中世纪的骑士作为论文的题目，也给了我很多关于骑士的知识和传奇。骑士本质上是一名骑兵战士，采邑是其服兵役的报酬。在查理曼统治时期，一个骑士的标准采邑大小为 12 曼西（manse），而国王的封臣一般都有 30 曼西土地作为采邑。许多骑士享有土地保有权，除了军役，不负担任何义务，各项赋税全免。领主还为骑士提供教育、基础训练和其他一些公共服务。除了采邑，骑士还能分享战利品，当然如果他被俘虏，就得付赎金了。骑士的主要负担是装备，在最初骑士是一个开放的职业或者说阶层，只要置得起马匹、盔甲等装备，打仗时能出征，就能成为骑士，但装备并不便宜。一般一个骑士要准备的装备包括骑士需要的马、盔甲、盾、长矛、剑等，一般一匹战马要花费 50 苏（sous），相当于 5 头良种奶牛的价格，而且骑士一般需要几匹马供自己和随从使用，盔甲更在 100 苏左右，全套下来可谓价值不菲。特别是为了展现骑士形象，他们还会比拼装备的奢华程度。到了后期，经过价格革命，物价飞涨，一般骑士已经很难负担起一套像样的装备了。塞万提斯笔下的唐·吉诃德也拥有一匹瘦马、一副祖上传下来的生锈的铠甲，还有一个随从。唐·吉诃德憎恨奴役压迫，酷爱自由和公正，以锄奸救苦、除暴安良为自己的天职，敢于为主持正义而忘我斗争的精神，可能是这个时代留给后世的宝贵财富。就像世上有好人，也有坏人一样，当时也有很多坏的骑士，但我们更应注意到那些好的骑士，这个中间阶层的出现，也必然对未来的分配结构，对未来的财政史带来更多的影响。

当时的财政支出还包括了救苦济贫，如发放救济金或救济物资。查理大帝不仅关注本乡本土，还经常越海向叙利亚、埃及、耶路撒冷、亚历山大、迦太基运送财物，怜恤贫困。只要有灾害传到他的耳朵里，他都愿意积极地予以帮助。查理大帝在位时，兴建了很多公共工程，如美因茨附近莱茵河上长达500尺的大桥。

至于国家很多公共事务，教会承担了不少责任，国王也会向教堂捐赠土地、金银、宝石等财物。最重要的是当时教会承担了教育的职责，查理大帝也为教会捐赠了大量教士学校，并大力赞助古典拉丁文的研究，他还支持教会音乐的教学。教会学校还开出培养管家的会计课程，满足了各级“家计财政”的需要。很多骑士都目不识丁，无论是国王、领主，还是骑士，都得依靠教士来帮他管理账簿。教会档案也保留了大量中世纪时期的庄园账簿，这是我们研究中世纪财政史的珍贵史料。这些账簿主要是为向封建主报告庄园的年收入，提供了包括土地、劳动、牲畜、粮食等财产的详细目录。由封君封臣关系派生出的“委托收付制”的会计原则，还有收支平衡公式等，都推进了财政管理能力的提高。

国王和各级领主，也都有对一些文化事业予以支持。如当时的行吟诗人（Troubador）就一个王宫接一个王宫，一个城堡接一个城堡去献上自己的作品，寻求资助。绝大多数行吟诗人靠写诗为生，他们一般为骑士或城堡主的幼子，没有遗产可以继承，不得不自谋生路。正是在一些国王和领主的资助下，行吟诗人们为那个时代注入了文化的活力。

中华帝国财政体制再构

在欧洲，农业一般包括了种植农业和畜牧业，但在中国要相对单一得多，仅指种植业，如秦晖先生所言为世界罕见的“纯农业”（单一种植业）①。还有一点也很重要，就是中国有黄河流域的小麦

① 秦晖：《田园诗与狂想曲——关中模式与前近代社会的再认识》，中央编译出版社1996年版，第2页。

农业区和长江流域的稻谷农业区，也就形成了一个抵御游牧文明冲击的两个抗冲击带。每次游牧民族南下，占领北方的小麦农业区后，还有一个长江的自然抗冲击带，保留下农耕文明的种子。小农经济也以稳定而丰厚的财源，强烈地拉动着中国财政制度演进的方向。这也就决定了在受到游牧族冲击后，欧亚大陆东西两端不同的历史走向。

汉帝国崩溃之后，天下三分，战祸相寻，人民转徙。西晋短暂统一，接着又是八王之乱，大乱由宫廷向宗室诸王间扩展，进一步向各族间扩展。忽而是堂弟引鲜卑乌丸骑兵打堂兄，忽而是堂兄引匈奴五部兵助阵打堂弟。被严寒逼迫向南求生存的各边境民族，乘机进入中原，四向奔腾。中华大地，几度桑田，几度牧场。黄河上下，长江两岸，几番征战，几多白骨。四百年的战乱，千军万马厮杀呐喊，中国出现空前混乱之局。人口大量流失，生产凋敝，社会分化严重。腐败横行，梁竟陵太守鱼弘公开宣称："我为郡，所谓四尽：水中鱼鳖尽，山中麋鹿尽，田中米谷尽，村里百姓尽。"（《梁书·鱼弘传》）假冒伪劣充斥社会，不法分子伪造的货币"入水不沉，随手破碎。"（《宋书·颜竣传》）社会道德极度滑坡，政府求才文告公然提出"得无盗嫂受金而未遇无知者。"（《三国志·魏武帝纪》）据统计，此间农民暴动达330多次。

就财政制度的演进而言，这一时期可分为两条线索，一条是南方的秦汉制度的演变，一条是北方农业文明和游牧文明碰撞下的演变。

我们先来看南方，最早是孙氏兄弟在这里建立吴政权，其后西晋统一，但接下来游牧民族大举侵入北方，西晋覆灭，晋室南迁，建立东晋，其后又有宋齐梁陈政权更迭，史称六朝。由于孙吴政权是在地方豪强支持下建立，东晋政权在门阀支持下建立，其财政体制从一开始就陷入国家政权与世家豪族的博弈之中。孙吴建国之初，就通过赐田复客制、食俸邑制、世袭领兵制、封爵食邑制等制度让世家豪族分享国家财源。东晋政权更建立在皇权与南北门阀共治基础之上，南北世家豪族竞相抢占本应为承担国家赋税的田地，荫庇本应为国家纳税的人口。一代书家王羲之，经常与好友谢安结伴而游，出身头等门阀之家的王谢，并不仅仅是为了寄情山水，而是为了继续寻找宜于垦耕的山林川泽，以便占据开发。在这种情况下，政府能够控制的土地和人口都极其有限，原来税收依靠的田租户调制已无法维持国家的运转。东晋政府在咸和五年（330 年）推行“度田收租”制度，亩税米 3 升，这是希望通过直接对土地征税来扩大财源，但却引起占有大量土地的世家豪族的抵制，很难收上来，5 年后，政府“算度田税米”，“空悬五十万斛”。政府虽下令尚书诸曹以下免官，但还是做了让步，减为每亩税 2 升。这已经低于曹操的每亩 4 升的税率，但还是得不到这些权贵们的认同。最后政府只好改税地为税人，《晋书·食货志》记载：“孝武太元二年，除度田收租之制，王公以下口税三斛，唯蠲在役之身。”这是将占有大量土地的地主的地税转嫁到少地或无地的普通农民头上，但是当时大量人口也控制在世族大地主手上，政府所能掌握的编户极其有限，也就意味着改变征收对象，对国家财政增加也有限，最后竟一再调高税率，“又增税米口五石”。后世学者马端临认为“赋颇重矣”，姚鼐更是用“大骇”来形容自己读到此段时的感觉。梁陈时，又改“口租”为“丁租”。再看户调，户调本以资产为标准来征收。计赀征调，本为均平户调，但是在南朝也很难执行。最后还是和田租一样，改税财为税人，改为计丁征收，由户调改为丁调。形成“士族分财源，丁口担赋调”的局面，由此也造成了更大的财政困境，直到王朝结束都无法缓解。

南朝在特殊的政治形势下，也有一些体制上的探索，最重要的当属中央和地方之间的分税制。一是分税，中央税主要是田租、户调以及市税等。地方税除了供应地方官员俸禄的“禄米”、“禄绢”之征外，还有各种工商杂税和传屯邸冶专利收入等。虽然在中央税和地方税中都有商税，但是商税不是共享税，中央征收的是统一的市税，地方则在此外征收其他名目的商税或附加税。二是分机构。

为了保证中央税收，刘宋政府开始在各地方设台传，派出台传御史控制。州郡台传各有仓库，储备国家税收收入部分。并设豫章仓、钓矶仓、钱塘仓等大贮备处，以供储备和在州郡间调度平衡。三是分权，在实行分税制后，对地方事权进行了划分，在分税制实行后，地方建设费用，如教育办学、水利兴修、救济流民基本都由地方负责支出。有些时候，地方长官可向中央政府提请资助，也可以由国库调拨一部分，然后地方再配套一部分经费。在实行分税制后，中央财政收入逐渐强大，地方也有了一定财权从事地方建设。《晋书·桓玄传》记载荆州水灾时，刺史殷仲堪动用地方财力救助，以致本州仓廪空竭。《南史·梁宗室下》记载梁时有北徐州刺史萧暎“常载粟帛游于境内，遇有贫者，即以振焉。”《宋书·礼志一》记载庾亮任职武昌，从地方经费中拨付兴学费用。

缺乏制约机制的财政分权，导致地方官吏毫无节制地搜刮，使人民负担日益加重。中央政府虽一再下诏，“州郡县屯池塞，诸非军国所资，利入守宰者，令一切除之”，“损公侵民，一皆止却，明立定格，班下四方，永为恒制。”但有令难止，法难责众，中央只能又一次次下诏赦免，“不问多少，并从原宥”，“无问多少，亦悉原除。”后来，中央政府想出让地方长官以“献奉”的方式来分享地方财源。一般节庆或有大事，都要求地方“各献金帛等物，以助国用。”在当时地方长官离任还有所谓“送故费”，这个费用特别巨大，一般都是数百万钱，几至地方“府库为之空虚”。中央也采用“献奉”的方式，让他们吐出一些。这种“献奉”是强制性的，《南史·垣护之传》记载宋孝武帝时，“刺史二千石罢任还都，必限使献奉。”《魏书·岛夷萧衍传》记载“（献奉）多者便云称职，所贡微少，言为弱惰。”《南齐书·曹虎传》记载有些官员吝于“献奉”的，竟遭诛杀。

因此，南朝财政运行的结果只能是国家赋税虚竭，而人民被盘剥得无以复加，最后国乏民困，国家的灭亡只是时间问题。

我们再来看北朝一系。西晋末年，各民族纷纷进入中原腹地建立自己的政权。匈奴人建立的有汉国、前赵、夏，羯人建立的有后赵，氐人建立的有前秦、后凉，鲜卑人建立的有前燕、西秦、西燕、后燕、南燕、代国、北魏，羌人建立的有后秦。以上匈奴、羯、氐、鲜卑、羌，史称五胡。此外还有汉人建立的前凉、冉魏、北燕、西凉，巴氐人建立的成汉，卢水胡建立的北凉等，前后20余国，但因北魏年间的崔鸿选取其中有代表性的十六个国家的历史写了本叫《十六国春秋》的书，所以后人也就习惯称之十六国。这一历史阶段也被称为“五胡十六国”时期，共123年。其后鲜卑人建立的北魏统一北方，北魏后来又分解成东魏、西魏，后又为北齐、北周取代。

十六国之初，游牧族在中原大规模圈地建牧场、猎场，更有一些统治者穷奢极欲、暴虐荒淫，对中原地区的农业生产带来了很大伤害。但也有一些统治者采取开明的做法，如前后赵实行双元结构体制，在汉地依靠地方贵族，建立租赋制度，核定户籍，劝课农桑，为国家重建财源基础。后赵主石勒制定的赋税标准，比之西晋和东晋的户调与租课要轻得多。前燕主慕容皝在龙城收纳大量汉族流民，组织垦荒屯田，用官牛者，官民六四分成；用私牛者，对分。前秦主苻坚不仅减免租赋，还大兴水利。在兴修水利时，为不增加自耕农负担，大量征发富室奴仆使用。在边防地区推行屯田之法，以免人民转输军需之苦。提倡节俭，宫廷开支也节衣缩食。

从十六国发展的进程看，最先而起的是当时汉化程度最高的匈奴族，其首领刘渊曾长期生活在晋都洛阳，熟读汉文典籍。其他部落首领也多早就移居中土，或多或少已有汉化倾向，苻坚、姚苌等更以“中国”自居，视其他民族为“夷狄”，但最终完成北方统一的拓跋鲜卑却是在各族中汉化程度最浅的，建国初还基本保持着部落体制。

拓跋鲜卑发祥于今内蒙古自治区鄂伦春自治旗阿里河镇西10公里的噶仙洞周围，至今遗址犹存。大概在曹魏年间进入今天的呼和浩特附近的盛乐，势力不断向南扩张。在东晋咸康四年（338

年），拓跋鲜卑首领什翼犍在盛乐建立代国。但还明显具有部落联盟性质，与其说是国家，毋宁说是在国家机器面前徘徊的部落联盟。代国财政以掠夺为主，“因敌取资”，积累的畜产“云中川自东山至西河二百里，北山至南山百有余里，每岁孟秋，马常大集，略为满川”。但就在其建立基本制度，试图进一步发展之际，前秦主苻坚挟雷霆万钧之力杀向代北，俘获什翼犍，击灭代国。苻坚灭代后，散其部落，设官统治，并采取怀柔政策，三年无税。前秦的统治，对拓跋鲜卑由部落组织向地域化组织转化，有着积极的推动作用。十年后，什翼犍的孙子拓跋珪复国，改国号魏，还继续推进前秦制度，“离散诸部，分土定居”。拓跋鲜卑建立的魏，史称北魏，经过三代的努力，在436年统一北方。此间50年，北魏先后灭卫辰、高车诸部及后燕、夏、北燕、北凉诸国，掠得牲畜和财宝无数，建立起数量庞大的库藏仓储，构成北魏最初的财政积累。

北魏领土扩张迅速，面对新的形势，北魏当局没有能力也没有经验迅速消化胜利果实。其能采取的方式就是大体上不打乱各地区各民族原有的社会结构和财政管理方式，利用原有方式，“纳其方贡以充仓廪，收其货物以实库藏。北魏对地方的管理主要分为三个圈层，第一层是畿内地区，是北魏的核心统治区；第二层是畿内外围的部落区；第三个是外围的广大占领区。每个区管理方式不同，而在每个区内又各有多种情况，相应也有不同的赋役税收制度。在畿内地区，迁来大量新民“计口授田”，收获五五分成，别无其他赋税负担。第二层是畿内外围地区，布置着大量部落组织，主要在战时提供从征的武力和少量的贡赋。第三层是其外广大的占领区，按照各地不同生产方式，实行双元的财政管理体制，基本以平城为中心，东北自和龙向西南经平城、太原、离石，渡河，经渭北上邽，至仇池，划一条斜线就将全国大致分为西北和东南两部。东南为汉人区，采用州郡制管理，主要依靠地方豪强地主管理；西北为各族杂居区，采用军镇等制度管理，赋税征收主要采用贡赋制。在某种意义上，北魏前期财政制度也可以看作游牧分部制的扩展。畿内地区的基层组织依然是采取“部”的单位来组织人民，在广大汉地，虽没有采用“部”的编制，但采用了宗主督护制来征收赋税。唐长孺认为：“仍然视聚居的大族为一部落，宗主督护制就是这样一种认识下建立的。在鲜卑政权看来，宗主如同部落酋长，负责征集赋税、调发徭役。”①

游牧族原始的平均分配的习惯法，也在北魏的财政制度中得到体现。如早期的“计口授田”，后来发展出均田制。在耕作上，政府也提倡相互帮助，以诏书的形式鼓励无牛的家庭通过人力换取有牛家的牛力，来垦田锄地，制定出交换标准，并要求“同部之内，贫富相通”。在租赋的调配上，也按照贫富将人民分为三等九品，上三品入京师，中三品入他州要仓，下三品入本州，不同户等承担不同距离的运费，通过赋税制度调节了收入的不平等。北魏皇帝还经常遣使者巡行四方，对于鳏寡孤独不能自存者，免除杂徭，提供帮助。明元帝还亲自在赤城接见老年人，询问民间疾苦。北魏通过减免七十岁以上老人的子孙的徭役负担，来资助他们养老。依托大城市的医疗机构，对“贫困无以自疗者，皆于别坊遣医救护，给医师四人，豫请药物以疗之。”对于人民“从役死事者，郡县为迎丧，给以葬费”。北魏政府还划出正税的九分之二作为预防灾害的专项保险经费储备地方。

北魏在平城（今山西大同）建都之初，一切都很简陋。所谓宫殿，也就一些土屋瓦屋，国库建于宫廷之内，由殿中尚书管理。皇帝妃妾，竟带领婢使千余人，织绫锦贩卖，酤酒，养猪羊，牧牛马，种菜逐利贴补宫廷用度。宫中服装所需，也都是宫中婢使自行生产。至于百官俸禄，并无固定支出，而是依循游牧部落劫掠赏赐的习惯，每次在战争胜利后，将战利品按官员等级立功大小进行分配。对于官员的基本生活保障，就是常年供应米、肉、酒等日常生活用品。最大项的是军费支出，主要是以战养战，靠缴获战利品来

---

① 唐长孺：《魏晋南北朝隋唐史三论》，武汉大学出版社 1993 年版，第 100 页。

弥补，如果战之不胜，则大军转而北进狩猎，以充军实。而军人之基本装备，则由军人自备，如此一时期的民歌《木兰辞》所记："昨夜见军帖，可汗大点兵。军书十二卷，卷卷有爷名。阿爷无大儿，木兰无长兄。愿为市鞍马，从此替爷征。东市买骏马，西市买鞍鞯，南市买辔头，北市买长鞭……"

到了太和年间，北魏的财政收支结构有了很大变化，虽然畜牧业还占有很重要的地位，但农业越来越成为财政收入新的增长点，来自于编户齐民个体的财政收入呈逐年上升态势。在文明太后冯氏和孝文帝的主持下，北魏参照各种制度，进行了改革和制度创新。由此开始的改革，一直持续到唐代方才完成，不仅造就了大唐盛世气象，也重新建构了古代中国的财政管理体制。

太和九年（公元485年），北魏推行三长制，即五家立一邻长，五邻立一里长，五里立一党长，重建基层赋税征收系统，用以替代宗主督护制。同年，颁布均田令，按户授田，年满七十还官。制定了与均田制相适应的定额租调制，以一夫一妇为受田纳税单位。另一项重要改革就是建立起以度支尚书为中心的中央财务行政系统。只可惜，孝文帝改革还效仿南朝建门第制度，学习世家贵族式的生活，随之而起的就是贪腐和搜刮，新都洛阳成了夸富的中心，吏部成了官爵交易的市场。腐败最大的受害者就是最底层的人民，各级官吏以贪渎刻削为能，征收赋税，小斗改大斗，小尺改大尺，但还不够维持他们奢豪的生活和买官的费用，又发明了税收预征制度，最狠的地方要预征六年。苦难深重的人民实在难以为生，只有铤而走险，起义烽火一时间烧遍全境，半壁江山再分裂，北魏分解为东、西魏，其后北齐、北周取而代之。

东魏、西魏、北齐、北周，及继承北周的隋、唐，不仅传承了太和改制的成果，并有所发展，最终在唐代完成这一历史进程。在秦汉财政制度解体后，财政行政机构出现分散化倾向，管理财政事务的各曹分别置于度支、左民、都官、祠部、吏部、殿中、七兵诸尚书管辖之下，太和新制开始整合，最后在唐代完成统一，集财权于户部。自东晋南北朝以来，苛捐杂税，纷然勃兴，人民税收负担沉重。唐初简单税制，基本固定为租、庸、调三项。唐代的均田制取消了奴婢、部曲和耕牛的受田，有效防止了地主过多占地，并与租庸调制，寓兵于农的府兵制结合在一起。唐代设义仓，“每亩税二升，粟、麦、粳稻，随土地所宜”。后改为按户征收，以贫富为标准征收不等的粮食，以此为义仓储备，到了荒年则开仓赈济。在最初的中央地方的事权划分中，把赈贷等都划归中央财政，由中央财政统一负责。

唐代财政最重要的制度创新，应该是预算制度的建立。唐代户部的内部机构严格按照预算管理流程来设置，共有户部、度支、金部、仓部四个司。具体运作上，户部司主要掌户口、籍账、赋役等，它是户部的头司，也是预算管理的起点，负责每年编造收入计账，作为预算编制的依据。度支司掌预算编制。金仓二司，一方面负责统计、审核、估算第二年政府各部门的支出情况，一方面负责预算执行。

唐代预算编制的原则是量入为出。首先是户部司要在五月下旬前编制来年的收入“计账”。天下计账要从最基层的家庭做起，首先是户主亲手据实填报，称之“手实”，包括了户籍、资产、赋役情况。然后由里、乡、县、州逐级汇总到户部司。这些都有统一格式的表格，户部司对这些资料收集核查，最后统计出下一年度的财政收入数。其次是各部门编制下一财政年度的支出“都账”，要求在8月上旬申报到度支司。然后由比部勾检计账，金、仓二部审核都账。最后是度支司按照量入为出的原则来编制“支度国用”，也就是我们现在所说的国家预算。唐代预算编制还有一个基本原则，就是“破除见（现）在”。所谓“破除现在”就是对来年需求的估算，要破除当前执行金额，重新审核预估，有点类似零基预算。为了保证“破除现在数”，明确规定今年结余不能进入来年的预算，只能入后年预算。

预算编制完成后，要先送宰相办公会议审议。宰相办公会通过后，再一式两份，一份上呈皇帝，一份送门下审议。门下审议要经给事中、门下侍郎、门下侍中等几重审读，然后将审读意见上报皇帝。预算经皇帝批准后，就成为正式的法律文件，金、仓二司以“符”的形式下达，从中央到各地就要开始执行。预算不仅要下发到地方各州县，地方的预算还要“书于县门、村坊，与众知之”。当时还没有印刷，只能雇人抄写。据当时的统计，光抄写用纸就得50多万张。对于预算外支出和追加预算，也要走严格的程序。户部要先审核，再报到宰相办公会批准。

日本学者习惯把唐代中国称为律令制国家，大津透关于唐代预算的论文的标题就是《唐律令制国家的预算》。当时各层次的法律贯穿于预算从编制到执行的每一环节之中。国家预算运行的理念、制度，最后都落实成为具体的法律条文。对于预算编制、执行、监督涉及每一职位的职责，都有相关条文规定，对于每一个细节，都不放过。从手实的填写开始，在文书的最后户主要写保证辞：如有虚假，请求依照法律严惩我。其后里正、乡长、县令逐级审核上报。《唐律》规定，脱漏增减，都要按照相应的量笞杖，就是打板子。如果脱漏数目到了一定量，还要判三年以上有期徒刑。对预算执行的规定就更复杂具体了，每一项都要先经财政部门的财务审计和尚书省的行政绩效审查。每一项都有具体时限规定，对“不如期者，举而按之”，还要移送司法。为了加强对预算执行情况的检查的权威，还把审计职能从财政系统分离出来，放在了司法部门的刑部，负责最后审计。

1912年，一群自称探险家的日本盗墓贼在中国新疆吐鲁番阿斯塔那挖开了一些唐墓，他们是来盗取“干尸”的。因为特殊的气候环境，这些千年古尸竟得以风干保存下来。在20世纪初就有外国探险家在这一地区发现干尸，于是吸引了大批探险家蜂拥而至。这群日本“探险家”这次一共获取了10具干尸，在他们将这些干尸装箱时，他们意外发现干尸身上穿的纸衣、纸帽、纸鞋上竟有很多文字，好像是用废弃的政府公文裁剪而成，他们小心地揭起这些纸，收藏起来。这群探险家的头目叫大谷光瑞，所以这支队伍叫“大谷探险队”，他们发掘出来的这些文书被称为“大谷文书”。后来这些文书被反复转卖，失散各处，其主要部分由日本龙谷大学图书馆收藏，龙谷大学整理编印了《大谷文书集成》。在“大谷文书”中，有一件是他们在阿斯塔那二三〇号墓发现的，根据墓志铭，墓主叫张礼臣，在长安二年（702 年）去世。大谷探险队在张礼臣的干尸下方发现了带有苇席编织痕迹的长篇文书。在文书的最后，可以看到“仪凤三年十月廿八日　朝散大夫行度支员外郎狄仁杰上。”狄仁杰编制的这份国家预算，竟这样重新出现在世人面前。这是我国目前所发现的最早的国家预算文本。《大谷文书集成》第 1 集的第 98 幅图片展示的就是这份文书的残片。狄仁杰是仪凤三年（678 年）从管理司法的大理寺调任户部度支司员外郎，负责预算编制工作的。

狄仁杰在司法部门工作时，不仅能屡破奇案，而且能严于执法，对于违法的权宠奸佞毫不容情。到了预算司任上，他主持预算编制，始终坚持依法办事。刚上任，他就遇到高宗的宠臣，管理国库的司农少卿韦弘机案。韦弘机也是一个理财专才，早在高宗初年远征高丽时，他就因负责军需供给，表现出理财能力，后来负责几个专项，都能在预算时间内如期完工，很得高宗宠幸。高宗就食洛阳，感觉宫室破旧。韦弘机就献策，说自己在司农任职期间，节省下来的经费就有四十万贯之多，可用来修建宫室。韦弘机为讨高宗欢心，不仅整修了旧宫，还新修了三座壮丽豪华美轮美奂的新宫。特别是上阳宫，面临谷水，南临洛水，北有广阔苑圃，东接皇城，被后世建筑史家认为是建筑与自然完美结合的设计典范。高宗很是高兴，立即入住上阳宫，提拔他做了司农正卿。狄仁杰大为愤怒，他认为这笔所谓节约出来的经费，也是国家正税收入，应该用于有利于国计民生的公共工程建设，韦唆使皇帝兴建豪华宫殿，是典型佞臣，而且破坏了国家的法度，法所不容。狄仁杰认为这区区几十万贯钱根本不足兴建如此规模的工程，他经过调查，发现了韦挪用国家其他预算经费的线索，还发现韦借机贪污。狄仁杰掌握证据后，上奏高宗，二罪并劾，使韦弘机被免官除名，一生未能再被起用。当时同凤阁鸾台平章事的户部尚书王本立处事不能依法，还弄权欺压下属，也被狄仁杰参劾去职。当时高宗还想护着王本立，狄仁杰对高宗说："国家虽然缺乏英才，难道会少王本立这类人？陛下为何怜惜有罪之人，而不顾国家法律？如果陛下一定要赦宥王本立，就请将我放逐到无人之地，为将来的忠贞之臣的鉴诫。"高宗只好将王本立治罪。《资治通鉴》记载王本立仅1个月后，就死了，没有记载他的死因，但《新唐书·则天皇后本纪》称他是被处决的。狄仁杰的预算编制工作，和他的探案才能一样突出，不久就升任度支司郎中。后来狄仁杰下到地方，经过多地历练后，天授二年（691年），重又回到财政部门，任地官（户部）侍郎，全面主管国家财政工作。

在这份预算文书起草者狄仁杰的后面，我们还看见了司议郎某某读，朝议大夫某某省，金紫光禄大夫行左庶子同中书门下三品上柱国龙山县开国公张大安审。后面还有"诺"等等就看不大清楚了，再后面有某某日酉时下字样。虽然有些残缺，但基本揭示了唐代预算审议、下发的全过程。

我们还看到了预算下发后执行的繁忙景象。"西州主者奉旨如右"、"旨应需行下"、"符到奉行"、"谨以牒举"、"今以状下县"、"旨下五县"、"某月某日入案"、"某月某日受即日行判"、"某某检无稽失"。展示了西州接到预算后下发、执行到红笔勾检审计的全部过程，繁忙而有序，每一步的时间、事项及责任人都有明确记录。

虽然因为做过纸衣、纸鞋、纸帽，被剪去了很多文字，还是足以令今人感叹。在西北边陲的这一抔黄土下，掩藏的不仅仅是大唐的预算文书，而是大唐何以强盛的秘密。以前读唐代预算法律条文，曾惊异其细致完备。今天再读吐鲁番文书，发现这些条文原来真的执行过，更是让人吃惊。而在这帝国最边缘的荒漠沙城中，这些条文还能这样一丝不苟地认真执行，就不应该仅仅是吃惊，而更应该是敬仰。这残篇断文间呈现的与律文完全相符的规范格式，细密严谨的安排，严格的朱批勾检，这难道不是大唐强盛的秘密吗？那是中国历史上空前繁荣昌盛、辉煌壮丽的时代，被外国学者称为“中国的黄金时代”。其文治武功，雄浑博大，意气昂扬，均蕴藏着无穷魅力，至今令人神往。

唐人说：“度支所务，天下至重，量入为出，从古所难……上系邦本，下系元元。”预算编制在今天都不是一件轻松的事情，需要海量的信息的搜集和处理。在1000多年前的唐代竟然能把帝国全部的财源纳入国家预算管理，并且竟还成功了。不能不说是一个奇迹。它显示了帝国非凡的动员力和执行力，帝国的空前繁盛没有丝毫的侥幸。

但是遗憾的是，在当时条件下编制和发布预算都是很浩大的工作，成本很高。开元二十四年（736年），当时的户部尚书李林甫认为预算一年一造，劳民伤财，发明了基数预算方法，将各项稳定的收支，编成书籍，每年只在此基数上对一些项目，随时增补，这样每州不过一两张纸。预算简单了，但大唐江山却江河日下，28年后，唐人只能用诗歌缅怀那个时代了：“忆昔开元全盛日，小邑犹藏万家室。稻米流脂粟米白，公私仓廪俱丰实。”元和二年（807年），唐政府编写出了《元和国计簿》，此后宋明清各朝，都以此模式编制《会计录》颁行天下，形成了中国独特的传统预算模式。清末，近代西方预算方法传入中国，光绪二十年（1894年）刊行的《光绪会计录》收入、支出项目的布局上就开始参照西式报表形式，并附中西收支项目对比。清代预算最早译作“度支清账”，颇有点唐制的感觉，但后来还是学习日本译法，称之为“预算”。

游牧民族冲击后的日本财政

大概在中国两汉时期，农业在日本逐渐普及，并形成了若干小国，其中的倭奴国王还曾到东汉帝国进贡，汉光武帝赐予的“汉委奴国王”金印1784年在福冈县志贺岛出土。这些小国已经有了租税制度和财政制度，但具体情形，由于缺乏记载，今天还不是很清晰，日本历史学者广泛地在东亚史中寻找线索，并借助考古材料和歌谣来重组古代国家的基本面貌。

在游牧民族的第二轮冲击波中，日本列岛也受到了波及。东北亚的游牧民族，经由朝鲜半岛侵入日本，征服并统治了北九州地区，并在这里与日本原有文明碰撞、融合，形成了大和部族联合国家。这个国家后来统一了日本。由于天皇的谱系已经被神化，我们只能从若干神话故事去捕捉有关信息。如《古事记》中神武天皇是得到驾神龟的神人帮助，渡海而来。这一时期的墓葬中，埋葬的大量武器、马具、衣物、日常装饰品都显示和东北亚游牧民族文化有着高度的同属性。这一时期被日本史学者称之“古坟时代”。

最初的日本，是以天皇的“天孙”家族为中心的、各大族政治军事联合体。在大陆草原有众多的部落氏族，一个征服王朝的兴起，往往是通过血缘谱系的重构，将众多氏族部落融合成为一体。与大陆系游牧民族的征服王朝不同，天皇家族以单独的部族入侵日本列岛，并没有可供融合的其他草原民族，其只能通过婚姻等方式和日本土族部落建立联合统治。但也有相似性，最重要的就是包容性和封建制。

农耕社会一般都有自给自足的相对的封闭性，视周边民族为夷狄、为野蛮人，不易接纳。而游牧民族要包容开放得多，天皇家族的大和王朝从建立伊始，就开始大规模地吸纳各地人民，称之为“归化人”。这些拥有各种各样技能的归化人，以自己的知识技能为大和的经济发展和壮大做出巨大贡献。当然游牧民族的劫掠财政在日本也有所展现，大和集团还动用武力在中国和朝鲜沿海抢劫财物和劫掠人口。

归化人中有着统治经验的人，不少被吸收进入大和朝廷，成为官吏，其中不少担任财政职官，为日本财政的专业化发展提供了经验和帮助。东汉氏有两代人参与管理财政，后来获赐“直”姓，管理手工业者。秦氏在很长一段时间里参与管理大和财政，主要负责管理三藏（斋藏、内藏、大藏）财务的出纳。王辰尔一族赐姓“船史”、“津史”，为大和朝廷管理船舶、港津的关税。王辰尔的外甥因编制置于吉备的白猪屯仓的田部户籍有功，被赐姓“白猪史”。其他归化的游牧人，因经商的才能，也多有参与负责经济事务。

天皇制统一日本的过程中，建立“氏姓”制度，天皇家族、大伴、官僚、归附的地方豪强和归化人，组成一个个称作“氏”的组织，其首长为“氏上”，统治着称为“田庄”的土地和称为“部曲”的人民。原来各据一方相对独立的地方豪强给予“国造”、“县主”等称号，继续委任他们管理地方，只需贡纳而已。天皇也在各地建立直属的屯仓，占有大量良田，定户籍、分土地组织农民进行生产，成为天皇财政收入的重要基础。但是新旧庄园还在发展，虽然大化革新一度借鉴隋唐的均田制、租庸调法实施班田收授法和租庸调法，建立以户籍、计账为基础的财政管理制度，但并没有能够阻止以庄园制为基础的大土地所有制的发展和保护庄园制的武士阶层的兴起，最终在日本形成封建制度，一直持续到西方武力侵入之前。

封建社会的财政必然表现为某种分税形式，这也成为在封建社会解体后，构成新的中央集权国家新型分税制的基础。分税制并非市场经济国家的必然产物，而是封建制度解体后的遗产。中国早期在封建制度解体后，也曾出现汉初的分税制，但是随着中央集权的不断加强，而形成集权财政。而西方和日本，由于封建制度的解体，是在受到近代商业文明的直接冲击下完成，中央集权的建立也是伴随着工业革命的进程，这样就有了市场经济和分税制的结合和重构。

第五章 宗教对财政文明的影响

对于基督徒而言，
拒绝平等就是拒绝信仰上帝。

——理查德·托尼《平等》

无论是上古的神王时代，还是中古三大宗教的普及，宗教和财政的关系都非常紧密。上学时，曾经旁听哲学系和宗教系的部分课程，感觉作为哲学和宗教的研究视角，更多关注精神的世界。记得一位讲中国中古哲学的老师多次述及，历史学研究者总是习惯把某位思想家的思想拉到特定的历史背景中，从对现实的回应中去理解，这是把伟大的思想拉到和他们一样低俗的层面，而真正的思想是超越时空的。思考和写作本章时，总是有点战战兢兢，无论读《金刚经》，还是《圣经》、《古兰经》，总是想从中寻觅财政文明的痕迹和线索，而无法真正从心灵上获得精神的感召和启示，体验精神皈依的神迹。本章所述，也仅仅探索宗教对财政文明发展的影响，特别是为人类财政保存着提供民生服务和原始公平分配的思想，并通过多种方式影响着财政文明演进的方向，而无法对更有意义的精神世界进行探索。

一、宗教的财政功能

宗教与财政同源

宗教和财政，都是为因应个人生存的有限性而产生。宗教通过各种仪式规范，使人类和超自然的力量建立联系，给予精神的鼓舞，让人们能够面对生活的艰难和困乏，并生出解决的勇气。人们向虚幻的神灵奉献产品和财富，以求五谷丰登、猎物充足、六畜兴旺、身体健康、祛病消灾。神职人员通过财富的集中，为人们提供实在的救助，帮助人们发展生产、维持生计、基础教育和医疗救助。

财政的产生，因为人类面对个体生存的有限性，而产生集体合作的需求，形成群体，大家共同劳动，通过一定公开透明的仪式，进行公平分配，均享劳动果实，共抗野兽侵袭，维持生存和发展，最终形成国家和国家财政。

宗教在很长的历史阶段，和国家财政相互补充，特别是在那混沌初开的岁月，为人类社会的稳定和延续提供精神的和真实的支柱，使人类得以存续和发展。精神的力量是无穷的，即使无神论者看《午夜凶铃》也会感到害怕，每个人内心都有想象的神灵诱发自身潜力的能力和机制，我们当然无法忽视这股巨大的力量，但这里更要说明的是，早期的宗教还承担了集中财富，为人类提供生产指导、知识传承和医疗救助等功能。哪怕还只是无文字的口耳相传，也使人类的知识得以积累和传承。哪怕只是巫术和草药并重，也为早期的人类提供了尽可能的治疗和心灵的安慰。在此后人类社会发展的漫长历史中，无论是穿越深峡险滩，还是经历惊涛骇浪，宗教的财政功能始终都在为人类的个体和集体提供支撑作用。今天，尽管宗教面临着现代科学的冲击，但是其为社会提供公共福利和基本救助的功能依然没有消减，还在发挥着重要的作用。

宗教保存公平分配的理想

人类社会伊始，宗教就以其神圣性，通过公开透明的仪式和程序，为分配的公平性提供保证。在人类社会早期的发展中，神职人员在很长时间，还承担了主持分配的角色，因为人们能够信赖他们。公正公平的分配，也作为各个教派的宗旨，写入了他们的经典。这些宗旨，以神灵之名，为古代的财政工作提供价值导向，为各种损公肥私的行为进行必要的道德的约束。

在《圣经》里耶和华为人们指出了一条仁义、公平、正直的善道："你也必明白仁义、公平、正直、一切的善道……智慧必使你行善人的道，守义人的路。"(《旧约·箴言》)《旧约·诗篇》这样写道："神是公义的审判者。""他要按公义审判世界，按正直判断万民。""公义和公平是你宝座的根基。""王藉公平，使国坚定。"《旧约·以西结书》里耶和华对以色列王说，"你们应当知足，要除掉强暴和抢夺的事，施行公平和公义，不再勒索我的民。"《旧约·箴言》里说，"恶人的道路，为耶和华所憎恶；追求公义的，为他所喜爱。"《旧约·阿摩司书》里说，"惟愿公平如大水滚滚，使公义如江河滔滔。"

在《古兰经》里，"世界的一切财富是属于全能的真主"，人人都有享受安拉所赐财富的权利。强调要公平合理地分配社会财富，尽可能缩小社会各阶层贫富差距。人们应当根据真主的法度合理分配财富，使人们先天能力和资质上的不足在后天中得到弥补，使贫弱病残者在生活上有所依托，而富人也不至于聚敛过多的财富。因此，《古兰经》里设计了天课、均分遗产、慈善救济等方式，在财富分配的环节上力求做到使社会上每位成员都有获取财富的均等机会，并且能够改善受惠最少者的生活状况。

与基督教和伊斯兰教相比，佛教的平等思想更为彻底，作为最重要的原则，贯穿于大小乘的各类佛典之中。佛教的平等是梵文的意译，意谓宇宙本质皆同一体，一切法、一切众生本无差别，故称“平等”。佛教经典中的“平等”是人人平等，众生平等，生佛平等，众生与无情的平等。《长阿含经》说：“尔时无有男女、尊卑、上下，亦无异名，众共生世故名众生。”《法严经》说：“一切众生，莫不是佛，亦皆泥洹”。佛陀虽是佛教的创始人，但他从来不以佛主自居，而是把自己当成僧团中的一员，与普通众僧一样，赤足云游，持钵乞食。《金刚经》一开篇就为我们展现了一个众生平等的画面：

> 尔时世尊，食时著衣持钵，入舍卫大城乞食。于其城中次第乞已，还至本处。饭食讫，收衣钵，洗足已，敷座而坐。

在印度的祇园精舍里，有一天到了吃饭的时间，佛陀穿好衣装拿着钵盂去舍卫大城乞食。在城中，佛陀逐家挨户，不论贫富贵贱，一视同仁，依次乞食，直至钵满为止，便返回住处，待分施仪式结束之后自己才用了饭食，然后再收起袈装和钵盂，洗去脚上的泥沙，铺好座位，安然而作坐。在佛陀认为，僧人所乞之食不能独自享用，应分为三份，一份施水陆众生，一份供养师长及老弱病残，剩下的一份才是自食。所以佛陀在自己吃饭之前还要进行分施仪式，将自己辛苦乞来的饭食分给水陆众生及老弱病残，体现了佛陀视自己与水陆众生、老弱病残平等以及慈悲的思想。

道教奉为经典的《道德经》，认为“民之饥，以其上食税之多，是以饥；民之难治，以其上之有为，是以难治；民之轻死，以其上求生之厚，是以轻死。”针对这种情况，应该“损有余而补不足”，使人民生活得到一些改善，国家就易于治理了。道教的原始经典《太平经》揭露富人剥削穷人：“或有遇得善富地，并得天地中和之财，积之乃亿亿万种，珍物金银亿万，反封藏逃匿于幽室，令皆腐涂。见人穷困往求，骂詈不予；既予不即许，必求取增倍也；而或但一增，或四五乃止。赐予富人，绝去贫子，令使其饥寒而死，不以道理，反就笑之。”在《太平经》看来，天地间的财物，原是用以供养众人的，不能让个人或极少数人独占为私有，“此财物乃天地中和所有，以共养人也。此家但遇得其聚处，比若仓中之鼠，常独足食，此大仓之粟，本非独鼠有也；少内之钱财，本非独以给一人也；其有不足者，悉当从其取也。愚人无知，以为终古独当有之，不知乃万户之委输，皆当得衣食于是也。”

对于违背了神的意旨，神也设计了地狱，让他们在死后接受审判，受无边之苦。无论耶和华、安拉，还是佛陀，都谴责违背公平正义的行径。耶斯列平原一位葡萄园主拿伯（Naboth）仅因拒绝交出临近亚哈王地产的葡萄园，就被用石头打死，耶和华判决了亚哈王死刑：“狗仔何处舔拿伯的血，也必在何处舔你的血。”在《圣经》里，上帝惩治违背其律法和指引的行动方向的行为的手段，还有雷电、瘟疫、战争、雪灾、蝗灾、虱灾、蝇灾、畜疫之灾、疮灾、雹灾、蝗灾、黑暗之灾和击杀长子等。《圣经》所展示上帝的暴力随处可见，贯穿全书。佛陀慈悲，也通过轮回因果，引导人类向善之心。

宗教始终在通过自己的经典，为人类保存着公平正义的理想，引导着信众向着这个方向前行。在面对社会不公君王不义时，宗教教义就成了斗争最有力的理论和武器。1303 年，意大利西北部皮埃蒙特地区爆发了多里诺领导的农民起义。修士出身的多里诺，认为私有财产是一切灾难的根源，主张财产公有，宣称没有私有财产的“千年王国”就会来到，号召被压迫者起来，很快就聚集到了 16000 多人，他们破坏庄园，多次击败来镇压的军队。1381 年英国农民起义，也是以实现原始基督教的平均主义的“千年王国”为最大愿景。被称为肯特的“疯修士”的约翰·保尔等一批下层教士，走向田间地头、走向城镇乡村，去宣传他们的理念：“我们最初都是被作为平等的人而造出来的。正是邪恶使人的暴政无视上帝的法律，而导致了奴役的产生……他们有什么理由这样奴役我们？难道我们不是同一祖先亚当夏娃的后代？他们衣着天鹅绒和上乘的呢绒，饰以貂皮和其他毛皮，而我们则不得不穿粗布。他们享有酒、香料和好面包，而我们则只有黑麦和麦秸渣充饥，以清水解渴。他们拥有漂亮的邸宅和庄园，而我们则必须在田野中顶风冒雪干活。正是依赖我们的劳动，他们才得以维持奢华……我们必须改变我们的处境。”保尔有句话，在当时成为名言，那就是“当亚当耕田，夏娃织布之际，谁是贵族”。他们抨击分配的不公不均，要求取消徭役、地租、捐税和财产差别，实行各阶层的平等。他们宣称所有财政署的人，“无论他们在哪里被找到，都应当被斩首”。农民起义军进入伦敦后，他们把财政大臣海尔斯和其他官员一起拉到塔山斩首，并将他们的首级绑在木杆上，游街示众后焚烧，而后又将其遗骨悬挂在伦敦桥上示众。王庭财政官奥维尔霍尔和王室税务官科巴特，虽然跑掉，但是他们的庄园也都被洗劫一空。

1358 年法国农民起义，从 5 月 28 日开始，到 6 月 24 日即被镇压，前后不足一个月。时间虽然很短，但在法国历史上却是声势最浩大的一次农民起义。当时法国北部和西北部广大农民闻风响应，揭竿而起者有数十万众。这次起义被称为扎克雷（jacques），也有译作亚克理、雅克团的。Jacques 是当时封建主对农民的蔑称。当时的封建主极度蔑视农民，一位同时也是行吟诗人的封建主这样写道：“从种类上说，从行为举止上说，农民都要比猪更低贱。他们对伦理道德极度厌恶，他们若偶得一笔横财，就会失去理性。所以呢，有必要让他们的钱袋永远空空如也。谁要是管不好他的农民，就是等于助长他们的恶。”深受压迫的农民揭竿而起，杀死贵族，焚毁记录封建义务的账簿，提出了“消灭一切贵族”的口号。起义虽然时间不长，但给予了法国封建主沉重的打击，扎克雷后来也成了法国农民起义的代名词。遗憾的是对于这次起义却缺乏必要的历史记载，现在只能看见少量的事实，而且很多记载还带有偏见。为了弥补这个偏见，法国文学家创造了不少文学作品来展示，其中最著名的是梅里美创作的《扎克雷》剧本，在剧本里梅里美创作了起义领袖修士若望的形象，对于把起义领袖设计为修士，作者在序言里做了说明："我让一个修道士做起义者的首领，这样的假设，我认为是无损于历史的真实的。"作者介绍了当时意大利、德国北部、英国发生的几次农民起义的领导者中，很多都是修士。

宗教教义中包含的公平正义的理想，也是当时的反抗者能找到的最好理论武器了。在中国的无数次农民起义中也多是以宗教教义相号召，也经常以宗教组织的形式来组织和发展。黄巾起义就是以《太平清领书》为理论，起义领袖张角是太平道首领，自称"大贤良师"，以为徒众画符治病进行传道。东汉末年，统治集团日趋腐朽，外戚宦官轮番执政，竞相压迫农民。赋税负担日益加重，连刚生下来的婴儿也要缴纳人头税。加上这一时期，天灾也特别严重，水旱虫蝗牛疫风雹地震轮番袭击农村。沉重的赋役和天灾，严重破坏了农村经济，逼迫农民到处流亡。这也使张角的太平道发展迅速，很快有了几十万人，遍布北方各州。张角将其道徒分为三十六方，大方万余人，小方六七千人，各立首领，由其统一指挥，并宣传"苍天已死，黄天当立，岁在甲子，天下大吉"，在公元 184 年发起起义，以黄巾为标识的农民起义军，在七州二十八郡同时俱起，声势浩大。其起义的口号、宣传的理想和组织的方式，都是来自宗教。

虽然黄巾起义最后失败了，但是在此后的地方割据中，道教徒们还是奇迹般地在群山环绕的汉中地区建立起来一个宗教王国。他的建立者是五斗米道首领张鲁。五斗米道的创建者是张鲁的祖父张陵，因入道者被要求出米五斗而得名。张鲁曾经参加黄巾起义，但五斗米道和太平道是不同的。由于张鲁参加了黄巾起义，也把太平道的一些教法吸收到了五斗米道里，进一步发展了五斗米道。张鲁自称"师君"，集宗教领袖与政治领袖于一身。五斗米道是有鬼论者，入道的一般徒众称为"鬼卒"。他们相信人无时不受着鬼的监督，你若做了坏事，鬼会降灾，你做了好事，鬼会赐福。鬼卒掌握教义后可以成为祭酒。祭酒可以自行发展组织，成为部门首脑，统领自己发展的徒众。发展徒众多的称为“治头大祭酒”。除了祭酒外，不另置官吏。无论本地人还是外来移民，都要入道，不准有例外。境内广设免费住宿的义舍，义舍内提供义米义肉，供行人量腹取食。废除一切严刑酷法，主张先教化。有小过错的，先自己反省，认罪后罚修道路一百步。路修好了，罪行也就得到了宽恕。就是犯重罪的，也要先原谅三次，然后行刑。这个原谅估计也是要当小过罚修路的。据说因为这条刑法，汉中的道路建设十分可观。境内禁止饮酒，市场也始终保持平价。这样一个理想化的人间天国，在那样的一个乱世，“雄据巴、汉垂三十年”，不能不说是一个人间奇迹。他吸引了很多无家可归者来投奔，仅关中地区投奔来的就有数万家，还有不少黄巾起义失败后，流落各地的一些太平道徒也来依附寻求复兴再起的机会。

在此后的中国历次农民起义中，我们都能看到各种宗教的影响。由佛教民间化发展起来的白莲教，在元明清三代的农民起义中发挥了重要作用。

宗教承担部分财政职能

无论某种特定宗教是否具有实现人们希望的作用，但是所有的宗教都承担了一定的财政的职能。通过财富的集中，为人们提供基本的公共服务，在发生危机时给人以帮助。

最原始的宗教信仰，就在远古因人类互助共生的需要而诞生，其后犹太人在扶老携幼的逃难途中形成了犹太教，基督教和伊斯兰教也在西亚沙漠中艰难求生的人群中形成，佛教在印度森严等级压迫下苦苦挣扎的人群中产生。宗教伟大的互助共生情怀，不断提升着财政思想，引导着财政文明向着公平正义的方向发展。

早在6000年前，苏美尔人的国王就曾强调，对穷人和孤寡给予公正的待遇是一项神圣的职责，这是由倾听他们求助的太阳神沙玛什（Shamash）所颁布的天命。著名的巴比伦王汉谟拉比的法典开篇就宣示：唯有国王和当权者不压迫其弱小的国民，太阳才会光泽人类。埃及法老同样接受了神谕，要眷顾那些穷困者，因为太阳神瑞（Re）是“穷人的维西尔（Vizier）”。腓尼基的乌加里特城邦深信，唯有坚持公平和正义，饥馑和干旱才会得到抑制。除了极少数宗教派别外，绝大多数的宗教都是以维护公平和正义的秩序，提倡人们互助共生为核心教义。

英文中的“charity”（慈善），原意就是“基督”的爱。上帝宣扬“凡是我的都是你的，你的也是我的。”耶稣说：“我赐给你们一条新的命令，乃是叫你们彼此相爱。我怎样爱你们，你们也要怎样相爱。”（《约翰福音》）在基督教原始教义里，耶稣无条件地爱人，把自己献给每一个男人、女人和孩子。他要求给饥饿者以食物，收留无居所的人，看望病人和犯人。“当你们做善事的时候，不要让你的左手知道是你右手做的。”（《马太福音》）“那许多信的人都是一心一意的，没有一个人说他的东西有一样是自己的，都是大家公用”。（《使徒行传》）“我实在告诉你们，这穷寡妇所投的比众人还多，因为众人都是自己有余，拿出来投在捐项里，但这寡妇是自己不足，把他一切养生的都投上了。”（《路加福音》）“良善的夫子，我当作甚么事才可以承受永生……你还缺少一件事，变卖你的多有的，分给穷人，就必有财富值天上。你还要来跟从我。”（《马太福音》）“我若将所有的接济穷人，又舍己叫人焚烧，却没有爱，仍然与我无益。”（《哥林多前书》）

为了劝说富人施舍钱财给穷人，《圣经》宣扬穷人是上帝的选民，上帝是穷人的救世主，他与穷人同在，因此施舍穷人实际上就是向上帝奉献。为了考验富人的信仰，上帝经常以穷人的身份入世行讨，收取富人的“罪债”。《圣经》反复告诫富人不要贪婪追求物质财富，而要信奉上帝，不管得到什么东西都不要私自占有，而要把它们无偿分给那些向自己求告的人。《圣经·马太福音》把给饥饿的人以食物、给口渴的人以水喝、给旅途中的人以住所、给赤身露体的人以衣物、看护病人和慰问囚犯等七件善事，看作能使上帝高兴的事情。

正是在这种教义的指引下，在罗马帝国衰落，政府社会救助能力极大削弱后，基督教会应运而生。号召信徒，组织人民，建构起以教会为中心的社会福利体系，为中古欧洲的发展做出了积极的贡献。首先是对于穷人的救济工作，兴办各类慈善机构，对各类贫困人群进行救助。其次是兴办各类教会学校，对知识的传承和研究起了很大作用。三是创办大量公立医院，为社会提供了广泛的基本医疗服务，特别对当时欧洲摆脱黑死病等疾疫灾难厥功甚伟，其德至大。教会要求每个城镇都要建立医院，德国的大多数城镇至少有两个医院，一个专治麻风病，一个治疗其他疾病。在一些大城市，如1262年的图卢兹市有7个麻风医院和13个其他医院，其中一个医院有56张床位。在13世纪的佛罗伦萨市，9万人拥有30个医院，1000多张病床。在15世纪时的布雷斯劳市，3万人拥有15个医院之多，即两千个人便拥有一个医院。芒福德认为“许多中世纪城镇中医疗和预防疾病方面，远比后来维多利亚时代的城镇为好。”① 公立医院是基督教对人类的重要贡献，不然不知将有多少穷人悲惨死在街头。教会在某些时候，还资助公共设施建设，在罗马帝国崩溃后，正是教会出资修复了罗马的输水管道，让罗马能恢复供水。

伊斯兰教认为人与人之间存在先天资质和条件方面的差异，而且分配的结果并非是绝对平均的。根据伊斯兰教在真主面前人人平等的观点，人们应当根据真主的法度合理分配财富，使人们天资上的不足在后天得到弥补，使贫弱病残者在生活上有所依托。《圣训》和《古兰经》都明确规定：“取于富人，施与穷人，无论穷人身处何地。”在《古兰经》里，富人的财产中已经包含有穷人的天赋权利在里面，“真主创造财富和资源的目的是为人服务，每个人

① ［美］刘易斯·芒福德著：《城市发展史——起源、演变和前景》，刘俊岭、倪文彦译，中国建筑工业出版社2005年版，第315页。

生来具有吃、喝、穿衣、交通、居住、结婚、医疗、教育、工作和接受培训的权利”。伊斯兰教的“天课”，相当于济贫税，按照财产多少征收，越富有的人缴纳的数额越高。这是政府通过强制性的措施，来实现富人帮助穷人的机制。其施助对象主要是残疾、衰老、鳏寡孤独、贫穷者。在所有虔诚的穆斯林看来，一切没有缴纳天课的财产，包含着严重的道德罪恶，使用这样的财产，心灵将时时不得安宁，甚至会遭受无尽的煎熬，“在那日，要把那些金银放在火狱的火里烧红，然后用来烙他们的前额、肋下和背脊。这是你们为自己而窖藏的金银。你们尝尝你们所窖藏的东西的滋味吧!”穆斯林在缴纳天课时，既把它当作是自己在今世修功行善、洗涤心灵的精神追求，是关心他人幸福，体恤贫困病弱者的行为。除了“天课”这种法定的济贫税，穆斯林还经常将自己的土地、房屋、金钱、粮食等主要财产，无偿献给清真寺，由清真寺向周围需要救助的人施济。一般在斋月、开斋节、宰牲节等日子，清真寺会用这些财产向周围需要救助的人提供食物等生活必需品。在一些伊斯兰国家，还有专门供给贫困者食物的公共厨房（imaret）。除此，伊斯兰教还鼓励穆斯林个体广为施舍，《古兰经》说：“如果你们公开地施舍，这是很好的；如果你们秘密地施济贫民，这对于你们是更好的。”“不分昼夜，不拘隐显地施舍财物的人们，将在他们的主那里享受报酬。”在穆斯林社会，经济活动的目的是福利，就是大伙共同分享和利用资源。伊斯兰教对基础教育的重视，也是很值得称道。在伊斯兰教兴起之前，阿拉伯游牧民族文化程度还很低，而伊斯兰教兴起后，自动地承担起普及教育的职责。由于文化落后，没有师资，就把战俘中识字的人找出来做教师，只要教会多少人识字，就可以获得释放。基本上每个村都有一所以上的昆它布——初级学校。后来随着教育的普及和提升，不再借助战俘和外邦人，而由清真寺承担起这一职责。昆它布一般设在清真寺内，或周围。有文献记载昆它布围绕《古兰经》传授诗歌、文法、书法、算术，还有昆它布教儿童骑马、游泳等技能。在一些拥有奴隶的穆斯林国家，甚至还建有奴隶馆，为奴隶提供一定的教育。虽然伊斯兰教国家的教育有很重的宗教色彩，但对文化的普及还是起了很大作用。伊斯兰教对基本医保同样重视，真主在古兰经里有个名字就是医治者的意思。穆斯林不仅从精神上得到安慰，也能得到实际的医疗救助。

佛教非常重视布施，为“六度”之首，倡导福田布施，福田分为四种，即对佛法僧三宝的敬田，对父母师长的恩田，对贫穷孤老乃至饿狗蚊虫的悲田，以及架桥、铺路、掘井、造林等的施物福田。佛教中也有所谓七福田、八福田的说法，较全面地反映了社会公益事业的方方面面。如《佛说诸德福田经》：“佛告天帝，复有七法，广施名曰福田，行者得福即生梵天。何谓有七？一者兴立佛图，僧房堂阁；二者园果浴池，树木清凉；三者常施医药，疗救众病；四者作牢坚船，济度人民；五者安设桥梁，过度羸弱；六者近道作井，渴令得饮；七者造作圊厕，施便利处。”佛教从东汉末年传入中国，接下来的帝国分崩，战乱频仍，民族厮杀，人民流离，给了佛教传播和发展的空间。佛教的传入，不仅给当时在无穷尽苦难中煎熬的人们以精神的慰藉，也给予了更多力所能及的最急需的最真实的帮助，为公共服务的提供增添了新的方式，注入了新的活力。赈济活动是佛教寺院和僧侣的经常性工作，僧人或于佛寺，或游行民间，进行一些力所能及的工作。他们或向受战乱灾害之苦的人分发衣食，或于平时给予贫困的人一些必要的物资，让他们可以维持基本的生活。施粥是寺院最普遍的行为，《大唐福田寺故大德法师常俨置粥院记》记载该寺设置粥堂向贫乏施粥，连续 29 年，无一日中断。僧人智通曾在蒲坂设立孤老寺，以照顾在战乱中失去子女的老人，提供基本的饮食起居。《两京新记》记载长安北有慈悲寺，常以赈给贫乏为事，故以慈悲为名。政府也经常在灾荒时节，委托寺院协助救灾。北齐河清四年，梁州、沧州、赵州等地发生洪涝灾害，于是皇帝下诏赈济，但是国家财政困难，无力为之，于是直接将赈济任务委托给当地寺院。寺院还组建基础医疗机构，为穷困人家提供基本医疗的救助。唐政府于长安年间设置了悲田使，正式承认并资助这种病坊，而具体事务仍由寺院管理和进行，这样悲田养病坊成为半官方的机构。悲田是佛教词汇，《大乘理趣六波罗蜜多经》："悲田谓诸孤露贫穷困苦"。除了收治病人也收容一些穷困无依的。敦煌文书中《唐天宝时代敦煌郡会计账》里还保存着当地病坊的会计账簿。从宋代开始，佛寺还和政府合作创办居养院、安济坊、漏泽园，为贫病无依者或无主尸骨提供救济。这些政府和寺院合办的医疗救济机构，为当时社会医疗救助发挥了很大作用。佛家寺院对当地公共实施建设方面也发挥着重要作用，如挖井建池、架桥修路等。《泉州府志》记载，泉州历代造桥 260 座，有 60 多座是僧人主持兴造。1196 年，泉州开浚东湖 2.9 万丈，当地政府全部交给僧人负责。此外，佛家寺院也有对文化事业进行资助，如收藏图书，为一些地方启蒙学校提供场地，也有资助读书人，如唐代的韦昭度、卢仝、刘瞻、陆羽等很多知名学者都曾在少年读书时，受到寺院资助。在中国古代最受敬仰的观世音菩萨的尊号就是"大慈大悲救苦救难观世音菩萨"，这也反映了当时人们对佛教的期望。

当然宗教理论也不支持绝对的公平，他们也承认因能力和天资的差别而存在于人与人之间的贫富距离。《古兰经》明确表明"我将他们在今世生活中的生计分配给他，我使他们彼此相差若干级，以便他们层层节制"、"使你们中的一部分人超越另一部分人若干级"，这些经文实际上承认现实社会中贫富差异的合理、合法性。宗教提倡的是互助，富人帮助穷人，共同富裕。

对于救济的对象，并不是以贫穷为唯一指向，而是由于能力和天资的欠缺造成困难的人。基督教明确提出要救助真正的穷人，指责那些身体健壮的流浪乞讨者，指责他们终日游手好闲、不劳而获，榨干了国家财政，窃取了真穷人应得的施舍。他们提倡"劳动道德"、"不劳动者不得食"。伊斯兰教教法学家也指出"接受施舍的穷人不是伸手要饭的乞丐，而是生活不足以应付吃穿住行和赡养家人的正常消费”。

宗教与国家争夺财源

任何宗教团体，为了自身生存的需要和救济世人的需要，都需要累积相当规模的财富，而且必须有经常性收入的来源。这样就会和国家政权发生争夺财源的矛盾，对于国家君主而言，他当然希望“普天之下，莫非王土”，但是却离不开宗教的支持。

作为古代国家的君主，首先是希望自己被神化，这也是他取得万民供养的基础，而宗教正好为他提供了神的加持，所谓“君权神授”。在财政方面，宗教也为政权征税的合法性提供了理论，是古代国家财政秩序的重要支柱。

我们上面提到欧洲中世纪农民起义，多以宗教理论相号召，但是宗教也赋予君主合法性。起义军领袖也最终受制于这样的理论，他们只是希望让统治者在分配中能有起码的公平之心，他们不敢推翻受过教皇加冕的国王。起义军在攻下首都，拥有巨大优势的情况下，而与国王和贵族谈判，导致受骗被杀。扎克雷起义中，义军占领巴黎，查理诱骗义军首领卡尔进行谈判。卡尔轻信了他的花言巧语，亲自到查理军中谈判。恶人查理竟背信弃义地将他扣留起来，严刑拷打，并将烧红的铁环作为王冠戴在他的头上，将其折磨至死，然后趁着起义军失掉领袖之机，率军一哄而上，打散了起义军，将各地起义军同妇女小孩杀死两万余人。不可一世的波拿巴将军，捡起了被革命丢到臭水沟里的王冠，不敢自己戴在头上，还找来教皇为其加冕，甚至还离婚再娶，以使自己家族的血统更高贵。欧洲自古流行一句谚语：“没有人会为非贵族流血”，意思就是没有人会为没有贵族血统的统治者卖命。

宗教对于人民，就像一把双刃剑。它既为人民提供精神和物质的帮助，但也限制人民推翻旧政权、创造新财政制度的空间。当然，宗教保存的人类公平正义的理念，也一直推动着人类财政文明的进步。在每次革命之后，统治者都不得不进行些让步，让出部分既得利益，减缓社会矛盾。革命的残酷，让人心悸，有时候结果也不一定美好。于是很多人反对革命，但纵观历史，哪一次革命，又是人们真的希望发生，实在是活不下去了呀，革命的发生都是历史曾经的真实存在。财政收入固然对政权的延续至关重要，但是一旦收入过度，也会严重影响政权的延续。

宗教对于统治者，同样是双刃剑。宗教不仅为政权提供合法性支持的同时，也为政权立下了公平正义的目标，一旦缺失了这个目标，可能也就失去了合法性的标签。当然更大的危害是，宗教领袖也失去了公平正义的标签，成为追逐财富者不断扩大自己的财源，甚至利用自己的神权和财富，直接来影响政治，进而取而代之。巨大的财富，有时也会动摇精神的力量，一些宗教领袖甚至以炫耀其奢侈的生活方式，作为他们蒙受神恩的凭证。无论早期国家，埃及、苏美尔，还是欧洲的中世纪国家，我们可以看到国王们不停地向宗教组织捐献财富和土地，我们也经常看见国王们大胆侵犯神权，抢夺和没收宗教组织的财富和土地。

对于普通百姓，他关注的其实只是分配的公平，宗教理论只是保存和描述了这个最原始最质朴的诉求。我们也可以看到历史上革命烽火中，作为宗教人士的大地产主同样也是革命的目标。最重要的只有社会财富的公平分配。

二、基督教会财政

基督教世界

今天，如果你恰好在某一时刻，走在欧洲的某条小路上，突然间大大小小的无数个钟同时响起，瞬间响彻整个城镇，会吓你一大跳，仿佛穿越时空，回到了中世纪。这是教堂的钟声，提醒你这是基督的世界。

基督教在欧洲的兴起，不是罗马皇帝的恩赐，事实上正是罗马帝国的衰落给了基督教发展的空间。在罗马帝国中后期，灾疫横行，天花、腺鼠疫、猩红热、霍乱、伤寒、麻风病、白喉轮番来袭，不分年龄，不分男女，不分贵贱，不分贫富，都面临死亡的恐惧。罗马皇帝克劳狄二世（Claudius Ⅱ）也于270年死于一次大瘟疫。亚历山大主教狄奥尼修斯（Dionysius）曾绝望地写道："突如其来的瘟疫像晴天霹雳一样，这真是……比有史以来的任何灾难都可怕"，"地球上的人类在急剧减少，世界正在走向毁灭！"教会史学家优西比乌斯（Eusebius）悲痛地写道："一度写满名字的户口簿，如今却全被删除，口粮的匮乏和瘟疫的肆虐几乎一下子消灭了所有人口……到处都倒着一丝不挂的尸体，连续好几天得不到掩埋，有时会被狗吃掉，这是一幅多么悲惨的景象！"

在古代社会，人们面对危机，只能向神灵求助。罗马史家蒙森曾指出："（古代）意大利人敬神，最重要的是以神为工具，达到非常具体的世俗目的。"瘟疫肆虐，罗马人的第一反应就是向众神的代言人——祭司求助。可祭司也已经被吓懵了，他不知道众神为什么会突降灾难，他们所能做的就是赶紧逃离这疾疫流行之地。他们的逃跑，使已经万分紧张的人们愈发惶恐。人们转身去找医生，结果发现医生也早跑了，来不及跑的也死了。

基督教就是在这样的情况下出来给了人们信心和帮助。面对灾异，基督教本来就有"原罪"、"救赎"等理论，"义人必因信而生"，"要爱邻舍如同爱自己；你这样行，就必得永生。"这些朴实的教义允诺人死后可以复生，给了在灾难中绝望的人们莫大的安慰。更重要的是基督教不仅给予了精神上的安慰，而且对人们面临的痛苦和困难给予了最实际的帮助。在基督教教义中，治病救人、捐赠和济贫等本就是头等的义务。瘟疫期间，基督徒们以殉道的精神，游走于难民之间，奋不顾身地行医布道，照顾病弱，安葬死者，并为之祷告。一个个基督教会逐渐在救灾扶困中结成了一个庞大的社会救助网络，他们筹集经费，相互支援，推动社会救助。在他们用实际行动把基督徒互助的爱的理念传播并根植于社会救助缺失的罗马人心中的时候，一个初具统一规模的教会体系也已经屹然在罗马崛起。当罗马皇帝要迫害基督徒时，罗马人却开始向教会贡献自己和金钱。据统计，3世纪时已有基督徒600万人，甚至一些大地主、富有工商业者和官吏、皇族也都加入了基督教。有了1800多个教堂，遍布罗马全境。

313年，罗马皇帝君士坦丁发布“米兰敕令”，正式承认基督教合法，并归还此前没收的教堂和财产，准许教会接受遗产和馈赠，豁免教会神职人员的赋役。在罗马皇帝的支持下，基督教逐步形成统一的教会组织，并成为罗马国教。476年，西罗马帝国灭亡，罗马主教为维护帝国崩溃后的罗马城社会秩序作出了重大贡献，逐渐成为意大利中部地区事实上的世俗统治者。拉丁文Pope之原意为父亲，本来是所有主教的称呼，后来罗马主教凌驾于所有主教之上，成为唯一的Pope，中国译作教皇，也有译作教宗。早期的教皇们都很朴素，如罗马头等贵族家庭出身的格雷戈里，散尽家产，修了7座修道院，并赠送给修道院足够的土地，为修道士提供日用口粮。其余的财产，乃至他所有的家用什物，他全卖了，把收入全部分发给穷人。他穿上简陋的衣装，献身于上帝的圣坛职务。其后，随着基督教在欧洲的传播，教会获得了大量赠地，成为欧洲最大的封建领主，也因之形成了精神与世俗统一的教会财政。

“基督教世界”成了中世纪西欧的代名词。基督教柔化了封建骑士的横蛮，把平等、互助等理想注入财政思想，推进了人类对财政的理解，切实推进了人类的福利。可惜伟大的理想后来被淡忘，舍本逐末，奢靡之风弥漫西欧，实在令人叹息。

教会财政

教会最早的收入是“什一税”，这是《圣经》里提到的，《利未记》中记载摩西向耶和华许愿：“地上所有的，无论是地上的种子，树上的果子，十分之一是耶和华的，是归耶和华为圣的。凡牛群羊群中，一切从杖下经过的，每第十只要归耶和华为圣。”其实，不仅《圣经》，在早期国家中很多都采用了什一税，包括早期中国，这可能与当时主要产业的农业亩产量有限有关，超过了这个比例就会影响到人民的生活，后来随着亩产量的增加，加诸于人民身上的税负也随之攀升。基督教会就利用《圣经》中关于什一税属于上帝的说法，要求信徒奉献什一税。在早期，什一税是虔诚的基督徒自愿向教会捐赠的，教会在布道传教中，也会鼓励基督徒们捐赠什一税。什一税的收入主要用于教会的日常开支和救助穷人，一般四分之一归主教，四分之一救济穷人，四分之一用于维持教会的修缮，四分之一用于教职人员的俸禄。这也就是基督教会早期比较简单的财政。

到罗马帝国君士坦丁大帝承认基督教会的合法地位后，教会财力有了很大提升，不仅有普通基督徒的捐赠，还有来自皇帝和贵族的大笔捐赠，拥有了大片地产。特别是教皇在全欧洲建立起庞大的财政系统后，教皇财政能力已经是当时非常强大的一股财政力量了。教会在教廷中央设立最高财政管理机构称为圣库（Apostolic Camera），在欧洲各国每一教区设一总征税官及数名助理税官。圣库也被称作使徒署或财政署（Papal Exchequer），财库长（Arcarius or treasurer）也被视为财政大臣。财政管理官员还有度支大臣（Saccellarius or Paymaster）、档案大臣（Protoscriniar）、警卫大臣（Prmus Defensor）、恩赐大臣（Nomenculator or Minister of Grace）等。教皇非常重视财政工作，有时甚至亲自兼任圣库长的职务，亲笔签署收据。根据教皇阿格诺（Agatho）的传记，他只在生病的时候，才会另行任命一位圣库长。度支大臣的主要职责是负责支出事宜，如向士兵发薪，向贫民施舍，把教皇的礼物分发给各级神职人员，并负责审计收税官的开支项目。警卫大臣不仅保卫教廷，也负责保卫和管理教会的地产。恩赐大臣负责保护被监护人、寡妇、孤儿及被压迫者，每个人都可向他求助。教皇另有锦衣库，不仅保存教皇的祭服、圣器和装饰物，还有各种珠宝及大笔现金。

与同时期的欧洲诸国相比，教会财政管理体制是相对完备和先进的。一是因为教会财政系统有了长时间的发展和经验积累；二是因为教会已经有了从精神到世俗都较为统一的管理系统；三是当时教会拥有知识上的优势，不仅能为自己的财政管理提供支持，还为各国培养财经人才；四是教皇国所在的意大利地区商贸相对发达。当时教会在财政管理上非常重视账簿管理，有着严格的登记、核查、审计程序，并且开始尝试进行预算管理，在梵蒂冈档案馆里至今还保存着从1480年至1623年间的11份预算案。教会财政也推动了会计账簿工作的进步，其管理经验也为欧洲各国学习。教会还较早利用商人参与财政管理，提高管理绩效。教皇一般授予为教廷办理财政事务的意大利商人或银行家“圣库商人”（Campsores Camere）或“教皇商人”（Mercatores Papae）的头衔。当时商人或银行家为教会财政提供的主要服务有税款存储、转运、放贷、支出等，有时还直接充当税官，向纳税人征收税款。到后期，商人还借款给教会，以缓解短期财政困难。这种借款一般以税款为偿还保证金，并由此发展出政府公债制度。

教会的收入包括什一税、各种宗教业务收费、捐赠及世俗领地的收入等。

什一税仍是主要的财政来源，但已经不是基督徒自愿捐赠了，而成为强制性税收。789年查理大帝规定交纳什一税是每一个法兰克居民的义务。英格兰在785年，盎格鲁—撒克逊在946年也都先后作出类似的规定。教皇在给各地教会的指令中，经常提到要全额征收什一税，不许有任何减少。除了各国政权的协助外，教会也用自己的办法加强什一税的征管，一是在一些宗教聚会中提醒大家要足额交纳什一税。二是对欠税者或拒交者进行诅咒：不交纳什一税会受到圣父、圣子、圣灵及所有神的谴责，无论他是睡去或醒来，行走或就座，站立或躺下，说话、骑马、吃饭、喝水，在树林中、水中、乡下或城镇，他都会受到诅咒。他不能参加教堂的宗教活动并且与背叛上帝的撒旦一同受地狱之苦。英国14世纪诗人乔叟的《坎特伯雷故事集》就描写了一位善良的牧师，不愿对堂区内没有交纳什一税的居民进行诅咒。此外，还有教会法庭起诉、停止宗教活动、拒绝主持圣事、开除教籍等处罚方式。对于在交税前先扣除自己消费的部分，或以次充好等欺骗教会的行为，教会也会有严厉的惩戒。

各种宗教业务的收费包括起草和签发各种法律公文的文秘费、赦免各种罪罚的赦罪费、高级教职人员到地方巡视收取的巡视费、晋见教皇的晋见费、教皇授予高级教职时收取的评议费等。这些收费项目，最初很多是自愿奉献的礼金，但后来变成一种强制性的规费。1215年，被授予了圣阿尔班修道院院长职务的威廉在得到祝圣后，没有任何表示就准备回国时，教皇不得不亲自出来提醒他："你不是圣阿尔班修道院院长吗？你多次从我们这里得到那么多特权，难道不向本教皇表示一下敬意就想走吗？"威廉当即捐献了50马克，被拒绝，他只好向高利贷者借了100马克上交。后来这种收费更发展成一种卖官鬻爵费，最初是卖官，教皇大幅增加各类官职的编制，1471年增设了24个秘书职位、150个公证员职位、60个见习摘要员职位、81个简函文书职位，1486年增加了72位司玺员职位，1487年又增设了30个秘书职位，1507年增设了101个档案文书职位，1509年增设了141个河道监职位……但是这些职位总是有限，而且重要的是还得支付工资。后来教皇就想出一些好听的虚衔，开始授爵，如什么"圣彼得骑士团契"、"圣乔治骑士团契"之类的，这种爵称不仅可以买来自己用，还可以不经教会同意转卖。

在基督徒捐赠的什一税成为常规税后，教会还接受基督徒的其他捐赠，这个数目也不少，几乎各国的历任国王都曾多次捐赠，贵族们也很喜欢经常给教会捐赠，还有普通的基督徒也常从自己微薄的收入中挤出一部分捐赠给教会。一般基督徒在去世前，立遗嘱分割遗产时，也不会忘记留给教会一部分。每一座教堂都为方便基督徒捐赠设有捐款箱接受捐款，教会也会鼓励基督徒捐款，以求得赦罪。除此，还有专项捐赠，如对圣战的捐款，这笔捐款往往由税官直接交予带军首领，而不入圣库，一般用于资助圣战、收复圣地、镇压异端或抗击土耳其人。

教会收入除了以上属于宗教性质的税费外，还有作为世俗领主的收入，这种收入和其他封建领主的收入基本一致。包括了土地租金、巡视费、军役税、协议金、市场税、设摊费、营业税、过路税、过桥税、渡河税、港口税、罚金、调解费、诉讼费、法庭收入、盐专卖收入等等。

教会的支出，首先是教皇和他庞大的教会机构的开支，行政开支一般占到 12%—15% 之间。教皇除了自己的消费外，还大力资助自己的家族。虽然教皇是选举产生，不能世袭，但是他有家人，有家族，甚至有私生子。据学者估算，这笔开支一般占到 4%—14% 之间①。

教会是中世纪的福利国家，施舍开支一直占有一定比重。在第三次拉特兰公会议上规定："上帝的教会是一个仁慈的母亲，它不仅应为穷人提供灵魂的需要，也应提供肉体的需要。"从 6 世纪末直到教皇国瓦解，教皇作为罗马主教一直维持着罗马城的基本民生支出，包括供水设施和城市各项公共支出，还有各项救济事项，不仅包括罗马贫民，还经常有外来避难者。教皇还一直慷慨地资助文学艺术事业的发展，这也使意大利艺术的发展在当时的欧洲遥遥

① 龙秀清：《西欧社会转型中的教廷财政》，济南出版社 2001 年版，第 197—198 页。

领先。

教会财政最大项的支出是军费，也正是庞大的军费支出多次把教会财政带入危机。特别是八次十字军东征，其耗费之巨，现在已经无法估算。基督教诞生于耶路撒冷，而发展于欧洲。在欧洲壮大起来的基督教看到自己诞生的圣地都被异教徒控制者着，心里很不舒服，所以在教皇的鼓吹下，组织了十字军，要去夺取那些圣地。这是宗教的理由，我们也毫不怀疑宗教的热情甚至狂热，很多将士肯定深信这是救赎之路。但我们也同样不能忽视理想旗帜下的财政因素。曾经出席克勒芒大会的吉柏特·诺萨根据自己的观察和其他史料写成了《法兰克人的神圣事业》一书，他描述在那个时候，由于普遍缺少粮食，一般人，连富人在内，都过着很困苦的生活……穷苦的人们寻找野生草根果腹。在严重的饥荒下，到处都难觅食物，谁也不再关心所出售的房产价格如何，以前最昂贵的东西，也以最低廉的价格公开拍卖。我们在上一章也提到中世纪时欧洲的饥荒和经济苦难，在这种情况下，财政的日子也不好过。教皇乌尔班二世（Urban Ⅱ）在第一次十字军东征时的动员演讲中说：

> 对于到东方的人，万一死于陆路上或海上或死于和异教徒的战斗里，从此会消除罪过。我站在上帝代理人的地位，给予到东方者这项诺言。
>
> 该战争应即开始，该战争一定会有丰富的战利品。愿那些过去从事劫掠的人们，现在参加战斗。让那些过去反抗本族同胞的人们，现在进行对野蛮人的正义战争。让那些以前为微小报酬做雇工的人们，现在领得永远报酬。让那些自暴自弃地损毁其躯体与灵魂的人们的努力，获得双倍光荣。谁知这里愁苦、贫穷，到那里将变为富翁。

从这个演讲中，我们可以看到教皇讲到了两个目标，一是赎罪，二是获得战利品。从他们出征的那一刻，就开始了对犹太人的杀戮和抢劫，并将这些财富进行分配。马因斯的犹太人，把无数的财宝交给该城的主教保管，希望获得他的庇护和救济。马因斯主教接收了他们所托付的财物，但是他们最终难逃大劫，700 多犹太人被刀剑猛击头面而亡。亚尔培·亚亨的《耶路撒冷编年史》中写道："这种行为，与其说是按照上帝的裁判，不如说是起于谋财害命的贪婪心理。"他描述当时犹太人被这种屠杀方式吓呆了，他们赶紧自己相互戕杀，以减少痛苦的方式去死。母亲亲手把她们吃奶的婴儿的喉管割断。

福尔克里·沙特尔的《耶路撒冷史》记载十字军攻入耶路撒冷，屠杀成千累万的人，妇女和幼孩，均不得幸免。他们因为知道敌人会狡猾的藏匿财富，他们剖开死人的肚皮，要取出他们生时所吞下的每一枚金币。因为死人太多，他们把尸体堆积起来，放火烧为灰烬，这样能更容易找出所吞的黄金。他们抢劫神庙，也冲进市民的住宅中去，占夺住宅中能找到的一切东西。为了避免内斗，当时形成了这样的习惯法，任何人，不管是富人还是穷人，首先进入一个住宅的，可收取、获得，并领有那住宅中的一切东西，作为自己的财产，不受别人的侵犯。

接下来是教会、国王、贵族，还有资助这次东征的城市和商人们瓜分战利品的狂欢，这些财富迅速充实了教会、王国、城市的财政。但是，再接下来呢，就是接连的失败和财政的噩梦。以教会当时的收入绝对维持不了这么庞大的战争费用，只能想出新的花样横征暴敛，如战时什一税等。第四次十字军东征时，教皇的直接拨款是 18 万弗罗林①，而当时其总收入也不过 20 多万弗罗林，英诺森三世不得不从自己的私库拿钱来补贴舰队的供给。据推算，八次东征的总军费在 176 万弗罗林以上。

① 弗罗林（florin），1252 年由佛罗伦萨和热那亚共同铸造金币，重约 3.5 克左右，足金，随后成为大多数欧洲货币的原型。

上帝站在纳税人一边

在西方有句话说“上帝站在纳税人一边”（When taxpayers had God on their side）。穷人相信自己是上帝的选民。

当罗马教皇把一顶皇冠戴在查理大帝的头上的时候，加持的不仅是合法性，不仅是皇帝的尊号，而且也把基督教的财政思想带给了他。他的人民深信这些财政思想和他的政权的合法性一样是上帝赋予的，一样可靠，两者整合在一起了。

其实早在496年克洛维国王接受洗礼，皈依基督教时，这些思想就已经融入法兰克了。614年《巴黎敕令》就有了这样的规定：

> 无论何处，如果开征了一个邪恶的新税并引起人民的抵制，应当调查此事件并取消这一邪恶的税收。

这是克洛维的三个孙子逐鹿王位大打了30年后，为王国重新统一签署的协议。克洛塔尔二世（Chlothar II）还明令废除一切对于土地的捐税。法兰克人还流传下来一些中世纪早期的故事。法兰克分裂时期的图尔（Tours）国王曾经制定一个公约：“永远不会给人民增加新的税赋”。他的一位伯爵却擅自在自己的领地开征了一种新的人头税。国王知道这个情况后惊呆了，害怕上帝因其违约行为而发怒，他赶紧废除了这一新的人头税，返还了已经征收的税款，并且为他的罪行向上帝忏悔。荷兰的威廉国王还处死了超额征税的税官，这个砍头的场景被后来的艺术家绘制成《威廉执行的正义》（*Administration of Justice William the Good*）的油画，至今悬挂在荷兰哈瑟尔特（Hasselt）的市政厅。还有一个故事是说法兰克国王达戈贝尔一世（Dagobert Ⅰ）时曾经征收人头税，这是违反惯例的，居民去找教士们反映。教士们去找新国王，请求他祷告，以消解罪孽，新国王非常恐惧，命令停止征收这一人头税，还销毁了已经编好的征税账簿。

这些故事反映了当时基督教关于税赋的一些教义对皈依的世俗国王有一定的制约作用。这些故事的真实性还有待考证，当时的编年史作家多是教士，难免有意无意地夸大宗教的作用，他们是期望能对后世的君主有所影响。后来教会自己走上了对权力和财富的无限追求，发明出很多苛捐杂税，人民也理所当然的拿出他们当年的武器，以最本源的宗教理想来抗争。1415 年，被埋葬了 30 年的威克里夫的尸体被挖掘出来，处以火刑，因为他宣扬了惟有《圣经》才是上帝的真理。还有更多的提出和宣扬这一主张的人，被认定为异端，活活烧死。最后给予教会财政以沉重打击的恰恰是上帝这支无形的手。

教会财政走到后来越来越脱离其宗教本性，来自宗教属性的收入占比越来越低，来自世俗领主属性的收入占比越来越高，到了 60% 以上。教会的领袖们越来越像一个世俗领主了。同样，用于施舍的费用在支出中的比重一度下降到 0.1%，用于教育的比重一度下降到 0.2%。坎特伯雷大主教佩卡姆（Pecham）在 1284 年写给肯特的堂区主持人彼得·波恩克（Peter Blaunc）的信中说："最近我出行时经过你的堂区，发现那些需要救助的人被忽略了，他们缺少主的布恩，饥饿使他们陷入极度痛苦中。"于是，该堂区主持人命令其代理牧师给每个教堂拨了 100 先令救助穷人。100 先令仅 5 英镑，实在是微不足道。不是教士们的慈悲心减少了，实在是没有多少经费了。军费是个无底洞，一度上升到 35% 以上，但更大的无底洞是贪婪。地方教会的征收成本有时在 1/3 以上，转运到罗马的费用需要 25%，最终到达罗马的也就所剩无几了。教皇还要修宫殿，过富豪的生活，还要资助自己的家族。巨大的赤字财政，只能想方设法用新税杂费来填补。

教皇的工作，不再是一份圣职，而变成了一份投资。出身于瓦伦西亚的罗德里戈·波西亚用四头满载金银的骡子收买红衣主教的选票，成为罗马教皇，即亚历山大六世。这位教皇以诏书的形式慷慨地把美洲和非洲的土地和岛屿都赐给了西班牙和葡萄牙的国王。

为了给自己修一座漂亮的教堂，罗马教皇扩大了赦罪费的解释和征收，竟掀起惊涛骇浪，宗教改革也借机乘风破浪而至。

教皇的赦罪券在德国的代销商策尔，对赦罪券作了这样的说明：

> 那插在教堂里而刻着教皇印的红色赦罪十字架和基督的十字架具有同样的威力。
>
> 如果圣彼得如今还在世，那么，他所有的赐福和权力比教皇所有的，不会更大。教皇不会愿意和圣彼得交换他在天堂的地位，因为他的赦罪比圣彼得以宣教能够救赎更多的灵魂。
>
> 任何人为救出某某人在炼狱里的灵魂，把钱投入银箱里，只要当钱落到箱底叮当声响起的时候，那灵魂马上飞升天堂了。
>
> 赦罪的赐福正是那使人和上帝相和谐的赐福。如果购买了赦罪或赦罪券，即使为未来的罪孽，也毋需忏悔、悲痛或行赎罪了。

路德在自传里写道："我只希望，每个未来的牧师先到罗马去，看看那里所发生的事情。我听到罗马教廷官员自己说，这样的情况不可以再持续下去，必须予以结束。很难描述，而且不可能相信，那里的龌龊究竟达到了什么地步，如果有地狱的话，那么，罗马便是地狱。罗马本身是神圣的城，而现在已变为肮脏的城了……基督徒愈接近罗马，就愈变坏。谁第一次往罗马去，他去找骗子；第二次，他染上骗子习气；第三次去，他自己就成为骗子了……必须教导基督徒说：如果任何人看到贫困，而尽管如此，还花费金钱购买赦罪券，那么他将由此事获得的不是教皇的赦罪——而是上帝的愤怒。"起义领袖闵采尔号召人民："上帝不会再向人们启示了，你们自己应该奋发有为……自己去读《圣经》，看看上帝是怎么说……应开始进行上帝的事业，起来斗争。"起义军提出来自己的纲领：

修道士都是戴着假面具而进行抢劫的狼，应按照《圣经》里《创世纪》和《马太福音》说得那样来改造一切。

每个公社都应该获得良好的牧师，他们应以《圣经》上所载的上帝的话来努力管教所属信徒。

一切修道士和被选出来为上帝服务的人员，都应像我们救世主基督所做的那样，表现出为人师表的榜样。应该维持他们适当的生活，但所有余款应用于救济穷苦而需要救济的人们，并用于公共福利的事业方面。

根据符合基督教自由的上帝法和自然法，任何人不得为了自私自利，采行旧的或新的人类的虚构办法进行反对。应该帮助穷人像帮助富人那样，并应保持兄弟般的团结精神。

为了发展和增加公共福利，应给商人以安全的移动，在买卖任何商品方面应建立制度并予以维持。

除了必要的赋税以外，应该撤销一切迄今有效的关税、转运税（Glait）、食品税（Ungelt）以及其他捐税，使老百姓不致遭受勒索。

为了维持公益的需要而征收的必要通行税——桥梁、道路——应该继续，而从它们所得的余款，用于公共福利事业。

无论是宗教改革派，还是农民起义领袖，还是市民起义的代表，都发出了一个声音，那就是回归《圣经》，去寻找上帝本原的声音，因为那里蕴藏着他们真正向往的公共财政的理想。教会是被上帝那无形的手给打倒的，因为他们背弃了这种理想。

毫无疑问，教会和教会财政在人类财政文明演进过程中曾经起到过极其重要的积极和进步的作用，为罗马帝国衰败后，欧洲政治和财政秩序的恢复，为文化和教育的存续发展，都起了很大作用。但当其违背了最初的信念和理想，它也就要走到历史尽头。在改革和革命的浪潮里，各国君主也起来了。在各国中央集权逐渐巩固以后，已经不能再容忍一个凌驾于各国君主头上的教皇帝国的存在了。教会财政严重干扰了各国主权，分割了各国的财源。各国君主成了新的宗教运动积极的支持者，他们极力支持让教会回归纯粹精神和道德世界的新教思想。

早在法兰克国王时代，希尔佩里克一世（Chilperic Ⅰ）就常说："我们的国库一向是多么贫乏"，"教堂是怎样把我们的财富汲干了。"教会和世俗君主既有结合，也有冲突。首先，各国都在自身的财政压力下，取消了教会免税的特权，开始对教会和教职人士的领地收税。接着，各国逐步取消了教会的征税权。法王菲力四世颁布命令，说教皇是外国人，不能把法国的财产运出国境。英国国王也宣布所有教士犯了里通外国罪，所以在英国不是征税，而是向教士征收罚金。再接下来，教会在法国革命中失去了在法国的领地，在意大利革命中失去了在意大利的领地，这样教皇国也就不存在了。教皇所拥有的也只能是梵蒂冈城堡的一小块土地了。在梵蒂冈的西斯廷教堂（Cappella Sistina）有幅名为《最终审判》的壁画，一位教皇被一个天使乱拳打着堕入地狱，他下坠时，手里还提着一个塞得满满的包袱。用一幅画记载了教会财政曾经的教训。

三、阿拉伯帝国财政

伊斯兰教与阿拉伯帝国

阿拉伯人大多数是在干旱地区逐水草而居、从事牧业的游牧民，也有一些定居或半定居从事农业或贸易的居民。本来应该把他们放在上章游牧国家财政中去讲，但因为他们非常虔诚的信仰，而他们的信仰也对其财政制度产生了很重大的影响，所以单拎出来，放在这里讲。

在财政史上，穆罕默德创造伊斯兰教绝对是一件大事，因为阿拉伯人的国家和国家财政是在伊斯兰教影响下形成的。在此前，其财政制度带有鲜明的游牧财政的特点，在伊斯兰教产生后，就发展出带有鲜明伊斯兰教色彩的财政制度，并伴随着伊斯兰教的传播，影响到了世界很多地区。

伊斯兰教的历史从610年，一个叫穆罕默德的年轻人在阿拉伯半岛麦加城（Mecca）附近的希拉岩洞里做的一个梦开始。天使在梦境中，传授给了他教义，他把这些教义写成《古兰经》。穆罕默德并不认为自己是神，他只是真主安拉的使者，安拉是惟一的神。《古兰经》不是穆罕默德创作或写作的，是穆罕默德直接从安拉那里听到的，未经任何改动的原本。穆罕默德本身也是凡人，并没有神迹，只是向人民传递安拉的教义。

穆罕默德于570年出生在麦加，他6岁丧母，由祖父和伯父抚养长大。由于家境非常贫寒，他曾为人放牧。12岁时他跟伯父参加了一支去遥远城市经商的骆驼商队去做学徒，学习经商。在经商中，他接触了基督教和各地多元的宗教文化。他勤于思考，晚上驼队在沙漠中宿营时，他常仰望星空，孤独的辨认着夜空中闪烁的星星，等待月亮在沙漠边缘升起的时刻，思考着人生的意义，后来他把一弯新月作为自己信仰的一个象征。伊斯兰教义，不仅反映了在沙漠中艰难生活的游牧民的朴实思想和愿望，也反映了游牧族对商业的需要和商人的愿景。他既提倡互助共生的伟大情怀，主张平等，反对高利贷剥削，也强调保护私有财产，维护商人的正当权益，鼓励商贸的发展。

伊斯兰的圣地麦加距离红海只有60公里，依赖商贸的繁盛，成为一个很富有的商业城市。穆罕默德25岁时娶了他的老板，40岁的富有寡妇，无论是后来的创教，还是其后的传教，这位女老板都为他提供了最坚实的财力支持。女老板这样称赞穆罕默德："你慈悯亲友，帮助弱者，关心穷人，款待客人，帮助那些真正受苦的人。"所以她给予穆罕默德全力的支持。穆罕默德不仅有宗教的热忧，而且有着杰出政治家的素质，他维持了信徒间的团结，协调了来自各地的信徒与地方居民的关系，很好地处理了新教与其他宗教之间的关系。穆罕默德总是穿着自己亲自缝补的、非常干净的衣服，过着非常简朴的生活，连蜂蜜也不怎么吃。他热爱孩子，总和孩子们一起玩耍。在他的家门口，总是放着桌子和凳子，供过客休息或与他们分享食物。同时，他也是坚强的领袖，率领信徒四处征战，到他逝世时（632 年），一个以伊斯兰教为共同信仰的、政教合一的、统一的阿拉伯国家的雏形已经出现在阿拉伯半岛。他制定的一系列规章制度，成为阿拉伯国家和穆斯林的基本准则。

穆罕默德去世后，阿拉伯就进入了早期的四大哈里发时代。哈里发就是继承人的意思，是伊斯兰的宗教领袖和政治领袖。早期的哈里发都是通过选举产生，所以称作“正统哈里发时代”。第一代哈里发伯克尔是穆罕默德的岳父和密友，第二代哈里发欧麦尔是穆罕默德早期的信徒，第三代哈里发阿凡出自曾与穆罕默德为敌的家族，第四代哈里发阿里是穆罕默德的女婿。他们以麦地那为中心，按照《古兰经》来治理国家。对内弘扬伊斯兰教和穆斯林精神，对外进行扩张，夺取商道，掠夺周边国家，先后征服叙利亚、伊拉克、巴勒斯坦、埃及、波斯，为阿拉伯帝国的建立奠定了基础。

661 年，叙利亚总督穆阿维叶发动叛乱，后在争夺哈里发继承权的斗争中获胜即位哈里发，以大马士革为首都，建立世袭王朝。在“为安拉而战”的口号下，阿拉伯帝国迅速扩张。信仰的力量是巨大的，新月旗如巨镰刈草般横扫北非，直抵大西洋沿岸。711 年攻入伊比利亚半岛，灭亡西哥特王国，与法兰克王国对峙于欧洲腹地。751 年，大败中国唐朝军队于怛逻斯，控制中亚大部分地区，直逼中国边境，形成了地跨亚欧非三洲的大帝国。

阿拉伯帝国财政

穆罕默德以一神信仰将以前孤立分散的多神信仰的游牧部落统

一起来，用安拉的惟一信仰，取代了狭隘的部落血统关系，成功建立起政教合一的统一国家，建构了政教合一的财政框架。

最初，穆罕默德率领信徒从麦加转战麦地那的时候，最先要解决的就是教会和信徒的生计问题。在穆罕默德的引导下，麦加来的迁士和麦地那的辅士，结为兄弟，他们之间在财产、家园、务农和经商方面都平分共享。麦加的迁士有经商的特长，麦地那的辅士有耕地的特长，各取所长，相互学习，共同富裕，由兄弟情谊筑就了伊斯兰世界最初的财政基石。

在麦地那穆罕默德受到一部分犹太人的攻击，他击败了他们，把他们交给了另一批愿与他合作的犹太人，但是合作者杀害了他们，拍卖了他们的妇女和儿童，而穆罕默德取得了他们的房子和土地。这是他第一次获得土地，穆罕默德没有作为战利品平均分配，而是分了一部分给迁士，让他们有自己的房子和土地，不再需要辅士的帮助。余下的作为官地，其收成全部用来施舍给贫民和不幸者。穆罕默德的理想是要尽快建立新型的更高尚道德的政治体，把各个部落、各个民族、各个国家和各种肤色的穆斯林汇合成为伟大的伊斯兰兄弟。乌玛的社团组织，突破了血缘关系，是对原有的部落社会结构的重大改革，产生了超越部落之上的宗教政治权威。

穆罕默德提倡简朴的生活，他在麦地那建的先知寺，简陋而朴素。石砌的地基，土垒的墙，枣椰树枝覆盖屋顶，树干充当梁柱。庭院里还辟有一个角落，专供无家可归的贫者居住。有人问穆罕默德什么是伊斯兰教的优良品德？他说："向人们施舍食物，向你认识或不认识的人道安问好。"穆罕默德从不以君主自居，更喜欢别人称他为安拉的奴仆。他是希望建立一个互助共生的天国。他向人们收取赋税，也是为了用于公共的目的，而非自身的享乐，所以他要求厉行节约。伊斯兰教也不设置像看守羊群的牧人一般要大家掏钱供养的主教，伊斯兰教的清真寺仅仅是一个石砌的大堂，没有诸多的神像，但是却给贫困的穆斯林尽可能的帮助。早期的几个哈里发，也都是很简朴的，而且是终身简朴的。伯克尔终身和妻子住在一所简陋的房子里，没有薪俸。奥马尔在担任哈里发后，还曾兼营商业，以谋自给。传说他只有两件衣服，一件衬衣和一件斗篷，还都是打满补丁的，他在用枣椰叶子铺的床上睡觉。他惟一关心的是如何保持信仰的纯洁如何维护正义和公平。

为了解决新国家的财政困难，穆罕默德也经常率军进行一些劫掠活动，主要是袭击麦加的商队，这也是游牧国家初期财政主要的收入来源。我们今天看了或许觉得不可思议，是很不对的，但在当时，在游牧人群中，这好像是理所当然的。穆罕默德在劫掠活动中，建立了战利品公平分配的原则。

虽然伊斯兰教国家在各地都信仰同一个神，敬畏同一本书。但在政府间财政关系的构建上，伊斯兰教国家并不求整齐划一，而是根据不同情况采取不同的制度。一般只要缴纳赋税就基本维持原有统治形式，但是在被攻时立刻降顺的城市，只需贡纳其产业的1/10，对于被攻克的城市，就得贡纳其产业的1/5。阿拉伯国家征服的地方，多是制度上文化上更为先进的国家，所以他们最先是从他们脚下征服的土地学习更多管理财政的经验。

穆罕默德在麦地那建有公共金库，被征服国家要向这个公共金库缴纳贡金。穆罕默德承诺只要缴纳贡金，他们就能保有土地和财产。624年犹太人和麦加一起，向麦地那的穆罕默德开战，穆罕默德的军队在长伊巴尔一战中取得决定性胜利，犹太人提出投降。当时穆罕默德给他们的一封信保留了下来：

> 这封信到达你们时，你们就可安全。为赐给你们神的保护和神使的保护。你们不会受到侮辱，也不会受到压迫，因为神使完全像保护自己一样地保护你们，因为你们的队伍，你们所有的奴隶、你们的马匹、你们的武器，除了神使亲自或神使的使者留给你们以外，概属于神使。另外，你们必须缴付你们的棕榈收获的四分之一，你们捕鱼所得数量的四分之一，你们妇女所纺织的东西的四分之一。今后，豁免你们缴付一切人头税，或者实物税。如果你们担任职务或从事劳役，对你们中的有成绩者，神使将偿

给荣誉，对你们中不称职者，也将予以宽恕。其次，神使对正教徒发出如下通告：任何人都应好好地对待麦地那的居民，——这是对他有好处的。如果有人恶劣地对待他们，他将自己招致祸害。而且，你们的总督，除了从你们中间或者从神使的家族中选拔出来的以外，再没有别人来担任。

在攻打大马士革时，主将哈里德对着来谈和的主教，拿出墨水和纸张，写下如下一段话：

最慈悲的，最有慈悲心的上帝其鉴诸。下面就是哈里德·伊布·阿尔·瓦里德，给大马士革居民的约信：在进城以后，他决不侵犯他们的生命、他们的财产、他们的教会以及他们的城垣。他们的住宅没有一所，将被破坏，将被占据。他代表他的先知和他的代表以及一切信徒在上帝前宣誓保证，履行诺言。如果他们付讫人头税的话，对他们，除动产以外，将秋毫无犯。

阿尔·穆塔塞姆教长在攻打东罗马帝国的昂古拉城时，每天都在城墙下用希腊语对罗马人喊话："你们还是投降我们的国王吧，付人头税给他总比杀头和做俘虏好些。"罗马人在城头上责骂他，并用石块投掷他，他还坚持喊话。在占领昂古拉城后，他把它烧毁。此后他移师进攻阿穆里亚城，还是每天坚持单独走近罗马人的堡垒，用希腊语向罗马人喊话，一面吓唬他们，一面劝告他们缴付人头税。阿穆里亚人也大声责骂他，用石块投掷他，在他攻下阿穆里亚城后，他屠杀了城内很多居民，并俘走了很多妇女和儿童。

作为商人出身的穆罕默德，很是注重合约，在赋税的征收上，和各地都由合约来约定。就像上面的例子，阿拉伯和各地被征服者都有书面的承诺。有一个波斯尔的统治者向奥玛尔哈里发申说，他们是在提供谷物、橄榄油和醋这一项条件下向穆斯林投降的，因而请求奥玛尔给他写一张载明这点的文书。乌比达拆穿了他的谎言，并证明说："我们和他签订和约的条件，是收取某些东西，而这些东西穆斯林是可以携带到冬营里去的。”于是奥玛尔按照波斯尔人的不同等级，课以人头税，并按照他们的土地，征收了田赋。

波斯人贝拉士里的《征服地志》被认为是阿拉伯征服史的一种最好的史料。它记载在636年雅尔穆克战役发生前，当穆斯林得知敌人要来攻打时，他们把从赫姆斯人那里征收的人头税发还，并说道：“现在我们没有时间来帮助你们，来保护你们了，你们可顺便想什么办法吧。”赫姆斯人说：“我们喜欢你们的行政，你们的公平。我们不愿再遭受那些不公平的凌辱了，我们真的要和你们的长官一起来捍卫我们的城市，不使伊拉克里的军队进入。”从这则历史，我们知道当时阿拉伯和地方签的赋税合约，还包含着提供保护等公共服务的承诺，当他们感觉无法履行合约的承诺，他们还把已经征收的赋税发还。当然，我们还能感受到伊斯兰教公平的教义在发挥着作用。在伊斯兰教教义的指导下，阿拉伯国家的税收基本上不是很重，并且有照顾到穷人的制度安排。

如在人头税的征收上，奥马尔哈里发时就规定：征收人头税只应从成年男子起，而且设定了四枚第纳尔①金币的起征点。具体税额按照贫富不同分为三等，上等的每年缴纳4枚第纳尔，中等缴纳2枚第纳尔，下等的缴纳1枚第纳尔。在叙利亚和在阿尔·杰塞尔所征收的人头税，作为穆斯林的食粮经费，所以征收实物，按每人缴纳二摩提的小麦以及三库斯特的橄榄油的标准征收。作为游牧民族出身，他们对农业也非常珍视，税率也多次减轻，到8世纪晚期降到10%左右，而在夏季则实行免税政策。所有税负的纳税人只及于强健的人，所有的妇女、儿童、乞丐、僧侣、老人、疯人、患痼疾病人的税负一概豁免。

对于获取的土地，穆斯林从伊斯兰教义出发，认为土地是属于安拉的，所以只有哈里发才有权支配土地。穆罕默德除在最初分配给迁士若干土地外，大部分土地都作为公地，所获用于公共的用

① 第纳尔（dinar），伊斯兰世界的金币单位，约含65克黄金。

途。此外，清真寺也得到了大量土地，作为清真寺承担各项公共事务的财源。教育机构和慈善机构也得到不少土地，以保证运行费用。以上土地都是不准买卖的。对于私人拥有的土地并不没收，穆斯林和那些改宗者的土地，都受到国家的保护。奥马尔哈里发在635年征服了叙利亚后，曾想把这块土地分给穆斯林，因为那是穆斯林用战斗得来的。杰贝尔向其进言说："神呀！如果您分配这块土地，对我们来说，那是不需要的事情。因为将有很多土地落在这批人手里，等他们去世后，这块土地就作为私有土地流传下去。以后，在他们之后，又有一批捍卫伊斯兰教的勇士出现，而他们将一无所有了。请仔细考虑决定，要使决定能兼顾到前一批和后一批人的利益。"所以奥马尔放弃了这一想法。但在此后的征服战争中，一些高级军官乘机抢占了不少占领区的土地，哈里发也把一些占领区土地封赐给亲属与功臣，并没有完全实行土地归属安拉的教义。但是这些私占和封赐的土地，都要把收益的1/10上缴哈里发。

穆阿维叶哈里发在建立世袭政权，也就是史称的倭马亚王朝后，开始在伊斯兰神权传统思想指导下，汲取了波斯帝国、拜占庭帝国的一些规章制度，构建起阿拉伯帝国的统治体制和财政制度。哈里发是帝国的最高首脑，握有宗教和世俗大权，下面设有各级官员，财政机关是"迪万"（dhimma)，财政权由哈里发直接控制。地方归并为五个大的行政区，分派总督"埃米尔"（amir）管理，总督负责行政、军事和宗教事务，财税事务由哈里发直接任命的税务官（sāhib al－kharāj）专理。当时虽然已有邮政局把版图辽阔的大帝国的各部分联系起来，但是哈里发对各地总督的控制力还是有限，很难保证总督能把征收到的赋税足额上缴国库，实际上他们上缴上来的很有限。

穆阿维叶一度任命伊本·伍萨勒这样的基督徒出任重要的财政官员，出身著名的基督教家族的塞尔仲也因先辈曾任拜占庭的财政大臣而获得重用，都显示当时帝国宫廷缺乏财经人才。阿拉伯也在积极学习借鉴被征服各国的财政制度，早在奥马尔哈里发时就创立了底瓦尼制度，就是编制国家年度收支总表制度。据说这一制度是从波斯的萨珊王朝学习来的。现在保存下来的政府收支总表主要是阿拔斯王朝时期的。他们善于学习，还改良了比罗马数字更方便计算的印度数字，现在称作阿拉伯数字，还有十进制、零的概念等等，他们吸收了这些成果，运用到财政管理上，并将之传播到了其他国家。

倭马亚王朝在发展过程中，与伊斯兰教最初的原始共产财政风格渐行渐远，特别是他建立起分封制，将大片公地以代领或租借的等方式送给军事贵族和地方官吏。到后期，更以土地直接授予军政官员，准其终身占有，征收土地税作为俸给和供养士兵费用，在战时为哈里发提供兵力。很多的穆斯林都成为这些新贵们的依附民。伊斯兰提倡的平等互助精神被破坏，引起了很多贫苦人民的不满。以平等相号召建立起来的宗教国家，竟然出现了等级森严的社会结构。作为政教合一的国家，任何政治上的斗争都会通过宗教上的派别之争表现出来。一些下层人民以原始教义为依归，要求通过选举产生哈里发，而且任何优秀的穆斯林都可以由教众选为哈里发，并且平分一切战利品，认为慈善事务才是宗教最主要的工作，形成了哈瓦立派。还有什叶派，提出设立伊马姆（教长）的职位，作为神的化身，为宗教惟一的权威。还有维护倭马亚家族的逊尼派，他们号召尊重现实，不要追问权力的来源。面对分配的不公平，贫富分化加剧的危机，倭马亚王朝也想进行财税改革，但因封建贵族的反对而半途而废，社会矛盾日趋激化，最终在750年被推翻。穆罕默德伯父阿拔斯的后裔阿布·阿拔斯建立了阿拔斯王朝，中国史书称之“黑衣大食”。

阿拔斯王朝进行了若干改革，设立宰相“维西尔”一职，辅佐哈里发，主持由各部大臣组成的国务会议。地方行省增至24个，总督管辖范围大幅缩小，势力也大大削弱。设立警务部，在维持治安的同时，搜集地方情报，加强对地方官吏的监督。还设有会计检查院（diwān al - zinmām），加强财政审计工作。在最初埃及的土地税只有 2000 万第尔汗①左右，后来增长到每年 3700 万第尔汗以上。阿拔斯王朝也并没有比倭马亚王朝好多少，仍继续推行军事封建制，将土地和其上的农户和灌溉设施一起授予地方总督、帝国的将军们，也包括了帝国的普通军人。存在即有其合理性，这可能也是客观现实决定的，一方面有制度的惯性，在伊斯兰征服前，这些地区已经长期施行了封建制度；另一方面，也是国家的征服战争基本完成，原来主要靠战利品维持的国家财政难以为继，只能通过这种方式转嫁庞大的军政费用，缓解财政危机。他将地方的税收都包给了地方长官，由地方长官来为地方官吏和驻军发饷。士兵的军饷和补助金，也由分配小块的土地来代替。为了弥补财政不足，在帝国后期还成立了查抄局，作为政府的常设机构，通过查抄失宠免职官员的家产来补充财政。地方长官也学着这么干，甚至侵扰到平民。

在帝国的初期，帝国财政的主要来源是来自征服区的战利品和税收。穆斯林是不缴赋税的，当然在荒凉的沙漠地区，即使缴税，所得也会很有限。只是为了摆脱贫瘠，向往更加富裕的生活，才给了阿拉伯向外征服的动力。在最初招募穆斯林战士的公告里，号召他们参加“圣战”，鼓励他们通过参战从希腊人、罗马人手中夺取战利品。艾卜·太马木的诗歌：“你抛弃自己的故乡，不是为了寻找天堂，却是那面包和椰枣，把你吸引到了远方。”在和征服区签订的合约中，最重要的内容就是要为帝国贡纳人头税。帝国财政的主要财源还包括非穆斯林的土地税，在伊斯兰世界，这些都是被视作战利品的。

政府的花费，最初都是很简朴的，但是却逐步走向奢侈，这是难以避免的，人的欲望总是随着权力和财富的增多而不断膨胀的。有史料显示，在阿拔斯宫廷厨房，每年要消耗 5 万磅的糖、10 万只石榴、2 万磅葡萄干、15000 磅果酱和 1000 磅的桃干。易卜拉欣王子写有《食经》一书，其中一道菜竟是由几百条舌头制成，所

① 第尔汗（dirham），伊斯兰世界银币单位，约含 43 克纯银。

有这些舌头都经过精心的雕刻，创新组合成一条巨大的海洋生物。阿拔斯宫廷里还有专门的动物园，养着哈里发搜集的各种珍稀动物。其他各项花费也在增长。一位埃及总督曾试图增加5%的税，引发了一次大规模的叛乱。他的一名下属对他说：“你不应该从人民那里征收更多的税，当你的妻子在你儿子的割礼上穿着价值3万第纳尔一件的裙子时，而这仅仅是一件裙子，一个妻子而已。”

在征服区的税收随着征服的结束和更多征服区的人民皈依伊斯兰教而减少，而政府各项花费却在逐渐增长。在8世纪初叶，帝国政府为了解决财政危机，以凡纳土地税的土地皆为穆斯林公产的名义，剥夺了“迪米”，也就是异教徒曾保有的土地所有权，全部收归国有，成为国有土地的组成部分。并规定凡改宗信仰伊斯兰教的“麦瓦利”者，必须以租借者身份继续耕种原有土地，免征人头税，但必须交纳土地税。

伊斯兰教从创教伊始就比较重视商业流通，穆罕默德本身就曾从事商业，所以商人承担的税负一直不多，这也在很大程度上繁荣了商业，促进了经济发展。在阿拔斯的新首都巴格达，其繁华景象都被记录在名著《一千零一夜》里，成为东西方贸易的中心。这些故事里，描写了各种各样的商人形象，而又以商人辛巴达的冒险故事给世界各地的读者留下了深刻印象。表达出阿拉伯世界崇尚商业、鼓励劳动、敢于海上探险、重视技术的商业思想。

在伊斯兰世界，《古兰经》是一切财政制度和政策的合法性依据，是衡量一切财政政策的尺度。由于伊斯兰教义的引导，帝国的社会福利支出一直在财政支出中占有重要位置。除了上节已经提到的救济穷困、基本教育和医疗外，阿拉伯国家一般都还比较重视水利设施的兴修和维护，大力整治沼泽地区，开凿运河，支持农业的发展，将很多荒地改造成了良田。帝国还大力投资兴建驿站和邮政，鼓励和扶持商业贸易。帝国主张完全的自由贸易，严格禁止任何专卖。在修建城池、宫殿等公共工程时，帝国并不直接征发人力，而是支付报酬。在修巴格达时，瓦匠师傅的工资一天就有一枚第尔汗。这不仅有利改善劳动人民的生活质量，也能增强其消费能力，促进经贸的发展。

阿拉伯国家对科学文化的重视，在同时代的国家中也很突出。在《一千零一夜》里，有一个非常了不起的哈里发，他具有一个善良君主的所有素质，他就是阿拔斯王朝的哈伦。在故事里，他是一位出色的将军，一位干练的政治家。同时他也是一位艺术和学术的伟大赞助者。当然，他首先是一位虔诚的穆斯林，他曾 9 次到麦加朝圣，遵守各种伊斯兰教的教规。他认为每个人的精神都是自由的，因此他用非常平等的态度对待穆斯林，他提倡简单和朴素。即使最卑微的老丑妇女，都可以与哈伦这个哈里发平起平坐。作为最高统治者，他不仅热心学术，喜爱诗歌，而且以极大的热情用国家的财力去支持其发展，这对于推动阿拉伯的文化和艺术的发展，起了非常重要的作用。他所在的巴格达成为诗人、法学家、医生、文法学家、声韵学家、音乐家聚会之都。他的儿子马蒙继续了其鼓励学术的政策，取得了更大成就。特别值得称颂的是，同为宗教控制，但其对科学文化的限制要比西方基督教国家宽松得多。马蒙在巴格达建立的智慧馆，类似今天的国家科学院，不仅设有天文台等各种研究机构，还建有专门的翻译机构，翻译来自波斯文、希腊文、叙利亚文、中文和梵文的哲学、文学和科学著作。许多国家的古典著作，因为他们的翻译而得以保存。前几年北京大学数学系还公开征招懂阿拉伯文的数学研究者，希望能整理被译成阿拉伯文的已经在中国失传的中国古代数学文献。他们的翻译非常精准，对亚里士多德等人的重要著述，不仅进行了翻译，还进行了译注。在这里，所有译稿的稿酬都是国家财政用黄金支付的。

在伊斯兰世界，我们不仅能看到大大小小的清真寺，还能经常看到各类大型公共建筑、商路上的驿站、饮水沟渠或其他水利设施。在中东那些炎热的国家以及北非的马格里布地区，政府规定必须把水引入城市供居民使用。随着阿拉伯人在地中海地区的扩张，他们也把灌溉技术和其他基本公共服务项目推广到了这些地方，形成了一个无比广阔的阿拉伯文化区。即使在远离帝国核心的西班牙，也留下了深深的痕迹。

纳税还是信教

帝国财政的一个显著特征，就是内外有别。所有的公平正义只及于核心民族的人民，通过对被征服区的横征暴敛，来维系中心区的繁荣和福利。但阿拉伯帝国的区分，不在民族而在宗教。税收负担是以宗教相区别，而非民族、部族、氏族等任何其他的因素。

对于基督教徒来说，穆斯林都是左手拿《古兰经》，右手拿宝剑。其实穆斯林还给了他们第三条路——纳人头税。只要纳税，你就能保有你的财产和你的宗教。这要比法兰克国王查理曼给东日耳曼人的两条路——要么受洗，要么去死，要仁慈很多。在英格兰，阿尔弗雷德大帝也将这两条路摆在异教徒面前。挪威国王奥拉夫对那些拒绝信仰基督教的异教徒采取了屠杀、残肢或剜目的手段。

伊斯兰教国家在某种程度上也体现了游牧国家的包容性特征，他们并不用武力强迫非穆斯林入教，但只要皈依入教了，就能马上享有穆斯林的种种经济特权和政治地位，伊斯兰教国家能够在军队和行政机构中为新皈依者开放所有职位。阿拉伯人曾有疑问，穆罕默德称曾受到天启：“所有的信仰者，都应该如兄弟一样相处”。

按照原始的伊斯兰制度，如果一个老百姓信仰了伊斯兰教，他就没有缴纳一切贡税的义务，包括人头税的义务。但如果租种的土地是属于全体穆斯林所共有的公产，则仍然要缴纳1/10的土地税，这就更像地租而非税金了。

这样优厚的避税政策，让很多人选择了皈依。这对帝国来说，并不是好事，因为这意味着税收的大量减少。这也是帝国后期财政危机的一个重要因素。后来，帝国政府竟采用包税的方式，把地方的税收和支出都直接包给地方总督，来减轻国家财政的困难，一位埃及总督曾向他的哈里发抱怨，由于皈依而免除人头税，他能收到的税收迅速减少，他不得不从自己的个人财产里拿出 20000 第纳尔来弥补财政缺口。

但是所有的穆斯林都要纳济贫税，就是我们前面已经提到天课（Zakāh），这是每个穆斯林都应当遵守天命而纳的税。天课是伊斯兰教建立的财政制度的重要组成部分，也是伊斯兰国家社会福利的主要财政来源。

根据圣训的规定，缴纳天课的物品主要有金银、首饰、货物、农副产品、矿产品、骆驼、牛、羊等。其中，金银首饰纳课税 2.5%；商品、货物按时价折现金计算纳课；农产品根据土地灌溉的不同情况课税分别是 5% 和 10%；骆驼、牛、羊各有具体的规定税率。

当然，作为穆斯林，还享有年金和其他各种福利。国家的收入全部存入国库，每年国库在扣除行政费和军费之外的结余，要全部分配给全国的穆斯林。当时军费一般在每年 6000 万第尔汗左右。为了完成分配任务，必须进行人口普查，这种为分配国家财政结余而举行的人口普查，在之前的古代国家中，还没有过。奥马尔哈里发有次问从巴林回来的征税官，有没有征到十万第尔汗的人头税，征税官告诉他征到的数是“十万的五倍”，并两次向他保证，征收到并运回的确是这个数字。奥马尔兴奋地登上讲台，对信众宣布这个好消息，并高兴地问道：“运来这么大笔的税款，你们愿意一升升地量给你们好，还是一五一十地数给你们的好？”

穆罕默德的遗孀的名字排在花名册的第一名，每年得年金 1.2 万第尔汗。在穆罕默德的亲属之后是迁士和辅士，他们按照各自的信教时间的先后排列，每人每年所得年金的平均数大概在 4000—5000 第尔汗之间。其后是各部族人口，他们按照战功和对于《古兰经》的认知程度排列。每个普通战士，最少可得到 500—600 第尔汗，一般妇女、儿童可分得 200 到 600 第尔汗。非阿拉伯人信奉伊斯兰教而归于某一部族的，称之“毛拉”，所得要比一般阿拉伯穆斯林为少。但是，所有年金还要缴纳 2.5% 的天课，在年金发放时就直接扣除了。

在今天，还有部分贝都因部落仍游牧于沙漠，宿营在星空下，听凭沙漠永恒规律的摆布。一顶用骆驼皮或山羊皮做成的黑色或棕色的帐篷，几件炊具，就是他们的全部财产了。首领只是拥有最大的帐篷，其中有很大部分是用来会见部下和接待客人的场所。食物也不过椰枣、面饼、骆驼奶或山羊奶之类。他们曾经以其朴素公义的宗教，征服了大片土地，足迹遍布亚、欧、非，曾在欧洲部分地区建立了长达700年的统治。创造出低税收、高福利、文化商贸发达的光辉灿烂的阿拉伯文化。此后虽经历了分裂、殖民压迫等种种苦难，但《古兰经》还始终保持着其最初朴素的教义，在这些国家摆脱西方殖民之后，依然是其统治的重要依据。在经历了长期的贫瘠之后，贫瘠的沙土下竟然产出石油，富裕了他们的财政，不少国家实现了全民免费医疗、教育全部免费等超高福利。

第六章
商业文明的财政新构

无农不稳，
无工不富，
无商不活。

——中国民谚

商业在欧洲静悄悄地复苏，在封建壁垒的空隙中一点点编织自己的网络，一片片把世界连为一体。而各种商业元素进入财政管理，却带来了一场场惊心动魄的革命，完全改变了财政运行的轨迹，改变了税收的形式，也改变了支出的方向。

一、商业文明与国家财政

商业文明的财政模式

钱穆在其《中国文化史导论》里有这样一段话：

> 各地文化精神之不同，穷其根源，最先还是由于自然环境有分别，而影响其生活方式。再由生活方式影响到文化精神。人类文化，由源头处看，大别不外三型。一、游牧文化，二、农耕文化，三、商业文化。游牧文化发源在高寒的草原地带，农耕文化发源在河流灌溉的平原，商业文化发源在滨海地带以及近海之岛屿。三种自然环境，决定了三种生活方式，三种生活方式，形成了三种文化类型。此三种文化，又可分成两类。游牧、商业文化为一类，农耕文化为又一类。游牧、商业起于内不足，内不足则需向外寻求，因此而为流动的，进取的。农耕可以自给，无事外求，并必须继续一地，反复不舍，因此而为静定的，保守的①。

人类文明伊始，三种元素已经包含在各个文明体中了，只因各种文明的地理环境不同，而使得三种元素在各个文明体中比重不同。三种元素也代表着三条不同的财政制度演生模式，占比最大的类型代表着发展的主线，其他类型按照比重的大小产生着不同的影响。

中国地大物博，地区差异很大，存在着多种可能的走向。先秦各国因各自不同的地理经营特点，呈献出多元的财政制度。如果说南北表现为农牧差异，那么东西则有明显的商农差异。《史记·齐太公世家》："太公至国，修政，因其俗，简其礼，通商工之业，便鱼盐之利，而人民多归齐，齐为大国。"到了汉初齐国还维持从俗而治的传统。《史记·吴王濞列传》："吴有豫章郡铜山，濞则招致天下亡命者盗铸钱，煮海水为盐，以故无赋，国用富饶。"而在西方的周秦则是以农立国，周王室的始祖后稷就是传说中农业的发明者，秦也是一个古老的农业部落，秦的发祥地大地湾是中国最早的农业发源地之一。周字的甲骨文写作""，就是"田"里加了四点，意思是"田中有禾"。秦的甲骨文写作"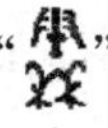"，就是农人

① 钱穆：《中国文化史导论》，商务印书馆1994年版，第2页。

双手持杵种禾。当时黄土高原上部覆盖着不同时期堆积的黄土，厚度从数米到数十米不等。黄土富含钙、钾、磷等多种元素，具有自我肥效的能力。而气候大陆性较强，降水不充分，属于典型干旱农区，需要大型水利工程相配合。长期的水利建设及战国时郑国渠、西汉漕渠、龙首渠、六辅渠、白渠等大型水利工程的开凿，使农业优势大大提升，但也型塑了社会的专制特色，农业税成为政府最重要的财政收入，政府要保证税源，就必须把人们和土地捆绑。而在东方有渔盐之利，商贸之富，政府还可以大幅减免农业税，开放市场，通过商贸致富，民众也较为自由，在东方还出现了“百家争鸣”的盛世景观。但是最后是西部的西周、秦、汉、隋、唐在历次东西之争中，取得最后胜利，用西部的财政制度统一全国，建立中央集权的财政体系，秦汉还把关东富豪一次次迁往关中安置，改造关东的文化生态。隋文帝杨坚打到关东，看到汴梁商贸的繁盛，十分厌恶，竟下令毁城。就中国整体而言，小农经济也有其一定的必然性，中国虽有漫长的海岸线，但终不能像地中海曾给予希腊、罗马庞大的海外贸易那样赐给中国什么海外市场，西部高原山地也阻挡了中国对外交往的步伐。南国开发“筚路蓝蒌，以启山林”，更无市场可言。财政制度受制于一定的自然环境，其奈何哉。

而在西方，地中海把很多古代文明联系在一起，或者说地中海用商业贸易把很多文明国家的财政和人民的生活联系在一起。埃及法老很早就组成商队，往来其间，通过商贸增加自己的财政收入。在中亚则有波斯湾直入印度洋，苏美尔人的商船不仅可以到达埃及，也到达了印度。我们今天可以通过考古来发现他们之间的联系，埃及法老则在当时就通过壁画来展示海洋贸易给他带来的巨大财富。埃及第十二王朝时期的法老辛努塞尔特三世（Senusret III）甚至不惜人力物力，开凿出一条运河来沟通红海和尼罗河，也就是把地中海和波斯湾和印度洋连接起来，这样的工程当然不是为农业灌溉，而是为了沟通东西的海洋商路，今天的苏伊士运河的名字 Suez 还是来源于辛努塞尔特（Senusret）。地中海上星罗棋布的小岛屿和西亚沙漠上的点点绿洲，形成了一系列的城市国家，这些孤立的国家比埃及更需要和其他国家交往和交换。特别是在那些农业生态环境恶劣的岛屿、半岛山城和绿洲城邦，商业贸易更是不得已而为之，它们必须通过商贸换取粮食，维持基本生存之需。那么也必须有手工业和商业的发达，它们才能提供可供交换的产品，而且商业经济长期不间断地发展下去，商业关系成为国家最主要的关系，国家财政收入也只能主要来源于商业。前355年，雅典人色诺芬在他的《雅典的收入》里就在探讨国家如何通过增加贸易获得财政收入这样的问题，他在探讨银矿问题时，不仅着眼于银矿所产的银，还注意到因为银矿开采，会带动人口的聚集和商业的繁荣，也会使周边土地升值，从而国家会得到更充裕的财源。同样，他也注意到通过政策吸引更多外国人侨居，也会因贸易等增加国家的收入①。

没有经费，国家就不能生存，对于一个国家来说是无可否认的真理。任何国家，必须按照财源状况来设计自己的财政制度，乃至政治制度。以农业税为主体的国家，会在各省和各个县都建立行政系统，深耕基层的各级行政机构负责征收税赋，也以促进税源所出的农业发展为己任，发展灌溉，推广新的耕种技术。而以商业税源为主的国家，则必须首先对商业机制和市场原则有不得不然之尊重，得有对商业环境的人为的制度营造和对商业活动的政策鼓励。当然这不包括埃及这样的农业帝国，法老组成的商队贸易只是为了集聚自己的财富，他们的主要财源是农业，而且有很大的农业剩余产品可供他们去进行贸易，换回其他奢侈的手工制品和黄金、白银、绿松石、木材、香料、马匹、奴隶之类。而在游牧立国的各大帝国中，游牧的分散性使他们需要更强大的专制才能建立起大致统一的帝国，商业交换虽然很重要，但一般不会影响基本制度，蒙古

① ［古希腊］色诺芬：《雅典的收入》，张伯健、陆大年译，商务印书馆1961年版，第67—77页。

统治者就喜爱用一些商人为他们经商牟利，而一般的牧民被分封给一个个的封主，定期向政府和封主缴纳羊、马及其他畜产品，并担负军役和各种杂役，因此绝不能让他们任意迁徙。

古人言，无商不富。工商业的发展，财富的积聚，成规模的中产阶级应运而生，部分更进一步发展成巨富，进而不仅能影响政策，还能分享权力。财政是国家的命脉，为了保证国家的财源，国家在制度建设上必然会与之相配合，必要时也会让渡部分权力。在商业国家，商人和传统贵族的斗争，是推动分配公平的重要动力。雅典梭伦改革的重要内容，就是要按照财产的多少重新划分社会等级，不再是以血缘或官职分配权力，而是以财富作为分配权力的标准。土地贵族统治被工商贵族、金融贵族统治所取代，下层商人也获得相对自由的政治权利。而在农业国家，矗立在农业财政之上的，往往是政治的专制，这种专制正是通过对农业资源的一劳永逸的垄断而实现的。商业的流动性和自我增值性，往往会破坏这种稳定的秩序，这是专制统治者所不愿意看到的。秦国的商鞅就认为，国家的强大必须要辱民、贫民、弱民才能实现，只有民贫、民弱，政府才能有效运用财政政策。“贫者富，富者贫”，不应是其自身努力的结果，而应是政府通过具体财政政策造成的。国家财政必须做到“利出一孔”，由国家垄断一切资源和财富，按照国家的意志进行分配。在商鞅看来，以商致富是实现个人自由的条件，“富者必强”，是必须要限制的。柏拉图也强调国家专制必须要抑制过剩的粮食生产，如果有过剩的粮食，就会有出口有贸易，没有比这更糟糕的情形了。希腊城邦国家的另一代表斯巴达土地面积是雅典的3倍，良田沃土便于农业生产，虽然有4万多米长的出海口，但还是极力抑制商业，以极度专制的形式闭关锁国，坚持以农业立国。农业专制国家，也有商人致富，但不得不屈服于权力，在权力面前，倾家荡产冰消瓦解也只在顷刻之间。在商业国家，财政分配的基本矛盾主要表现为阶级矛盾。在农业国家，财政分配的基本矛盾则往往表现为官民矛盾。

农业财政是内敛的，它需要为农业生产营造稳定的生产环境，农业生产在初期投入后，要经过很长的时间，才能取得收获。秦帝国在农牧分界线修起万里长城，以保护长城内的农业生产。商业财政是外向的，它是在流动中实现财富增长的。在历史上，当希腊一旦陷入孤立状态，就马上出现衰退，一旦恢复对外联系，马上就能繁荣起来。有时候它还必须以一定的武装威慑力量来保护本国商人的利益，保护本国商路的畅通。希腊历史上的殖民运动，不仅是商业关系不断扩大的结果，也是保护商业交换活动的需要。在中世纪后期西方的扩张中，也往往是以占领殖民地打开通商口岸，控制贸易路线，征收关税。其目标并不是占领土地，而是以商业利益为目标。有时候更会以战争这种极端的形式表现出来，如伯罗奔尼撒战争在很大程度上就有商业竞争的因素，直到今天一些国家仍以武力来维持其商业霸权。商业必须有交流的对象，所以商业国家为了获取更大的商业利益，必须要更多的同质国家存在，更希望一元的国际秩序来维系，他们往往要用武力打开别国的国门，迫使别国与之交易，甚至改变其原来的生活生产方式。

任何一种制度和观点的形成，都会形成一种“定向发展”(Teleogical Development) 的态势。在中国古代，统治者希望通过重农抑商，来维持国家的财政基础。小农经济的制度并不必然适合所有地区，与富裕的齐地理位置相近的鲁国，由于较早引进周制，不能因地制宜，推行三年才勉强结合，但国家财力始终不强。而齐国却因地制宜，并不完全推行周的典章制度，仅五个月就报政周王。成为充分发挥区域优势，因势利导发展经济的典型例子。地方经济的特色始终是帝国财政体系内部的躁动因素，在适当的时候也会发出反抗，使国家财政制度产生部分变异，但强大的制度惯性总能把它拉回常态。而罗马帝国在保证财政收入的情况下，允许了一些城市保持自治状态，让他们以商业获利。中世纪的威尼斯、热那亚、比萨、佛罗伦萨这些著名的商业共和国都可说是罗马城市的余绪。

农业国家为了保证财政收入，要对内镇压；商业国家为了保证财政收入，要对外征服。所有的残酷，都是源自利益。

商业机制和国家财政管理

公元前686年冬，寒风刺骨，满地冰霜，一群官兵押着辆囚车，冲风冒雪，急速行走在从鲁国到齐国首都临淄的大道上。囚车里坐着的囚徒叫管仲，在此前的齐国内乱中，他为公子纠争夺王位，刺杀公子小白，可惜一箭射在了小白的衣带钩上，得逃大难的小白最终取得胜利，登上齐国王位，是为齐桓公。齐桓公为报一箭之仇，命人将逃亡鲁国的管仲押解回国。管仲被押回国后，齐桓公召见他，对他说："你论罪当诛，但是听鲍叔牙说你很有才能，那你就先跟我说说治国的道理，如何才能解决齐国当前的困境。"管仲一席话，听得齐桓公连连点头，十分满意，于是拜管仲为相。管仲究竟为齐桓公开出了什么样的药方，一下从死囚直接变成齐相？其实就是商人出身的管仲把经商积累的经验用在了治国之上，给财政管理注入了新的元素。管仲从"仓廪实而知礼节，衣食足而知荣辱"的认识出发，提出"治国之道，必先富民"。他的治国策，也就从大幅减轻税负开始，并建构"老老、慈幼、恤孤、养疾、合独、问病、通穷、振困、接绝"等"九惠"的国家社保体系。还采取"导水潦，利陂沟，决潘渚，溃泥滞，通郁闭，慎津梁"积极辅助生产。管仲理财最高明之处，是用商人的技巧，通过轻重之术，调节价格，稳定市场。在保持市场自由流通的同时，也通过对盐铁的垄断专卖为政府谋取暴利。管仲开创的财政管理的新路向，虽因齐国衰亡而中止，但其为财政管理融入的这些新元素却一直为后世理财家借鉴。

中国战国时还有一位大商人吕不韦，他在邯郸做生意时，发现了在赵国做人质的秦国王子嬴子楚，认为"此奇货可居"，于是投资金钱支持子楚，帮助他谋取秦国王位。吕不韦对父亲说："今力田疾作，不得暖衣余食，建国立君，泽可遗世。愿往事之。"吕不韦的投资得到了丰厚的回报，在子楚登基之后，他被封为丞相，其后又继续辅助子楚的儿子嬴政，专掌秦国国政达 13 年，为秦始皇统一天下奠定了基础。吕不韦在当政期间，主持编纂了《吕氏春秋》，希望搜集汇总诸子百家关于治国安邦的思想，作为执政参考。其中也融入了商家的思想："易关市，来商旅，入货贿，以便民事，四方来杂，远乡皆至，则财物不匮，上无乏用，百事乃遂。"还将守信、把握时机等商业思想纳入国家财政政策的运用。作为一个成功的投资者，他同样强调先行投资的重要，无论是人才的引进上，还是发展经济的政策上，他都强调要筑巢引凤，"覆巢毁卵，则凤凰不至"。他通过"以财买才，以财揽才"的商术建立了庞大的智库。他为秦国修郑国渠，灌溉良田 4 万亩，能供给 60 万秦军的军粮。

汉武帝时，大事兴作，巨款开支，弄得"财赂衰耗而不赡"，汉初七十年间之积蓄为之一空，"府库并虚"。面对民穷财尽的困难局面，汉武帝引用桑弘羊、孔仅、东郭咸阳等商家子弟为其理财牟利。桑弘羊主管国家财政工作长达二十余年，他利用商家之术，建立均输、平准制度，既通过货物的买卖为国家赢得利润，又平抑了市场物价，防止了商贾谋取暴利，减轻了人民转运之苦。实行盐、铁、酒专卖制度，通过市场垄断开辟了财源，增加了国家财政收入。桑弘羊还设计了"告缗"之法，就是鼓励老百姓向政府揭发工商从业者隐产偷税行为，被举报查实，不仅要没收财产，还要发配边疆一年。举报者则可以得到没收财政的一半作为奖赏。一时间"告缗遍天下"，没收资产"财物以亿计"，"商贾中家以上大抵破。"汉武帝用的是"以商治商"，这几个商人治理起商人来，比普通文人更厉害。孔仅本身是大铁商、东郭咸阳本是大盐商，所以管理盐铁专卖也很是得心应手，但是他们虽然熟悉盐铁业务，但也善于营私舞弊，不仅制品质量低劣，还任意提高价格，对人民生活质量影响巨大。在充实国库的时候，他们家库也充实了不少。桑弘羊的理财之法是只开源，不节流，虽然国家财政一时充裕，甚至是暴富，但经不起汉武帝的挥霍浪费，到武帝末年就出现了比过去更为严重的财政危机。对商人的打击，对社会财富的搜刮，使汉武帝之后的几位皇帝都已经没有可开之源了。

中国古代政府是利用商人的敛财之术，与民争利，为国聚敛。同样，萨尔贡帝国的国王，虽被称作帝国的“首席商人”，但他只是运用商业为自己聚敛财富而已。埃及法老也被称为“唯一的批发商”。而地中海上的城邦国家财政，更多是让商人分享权力，《圣经·以塞亚书》中记述腓尼基人“无人能与之争锋，它的商人是王子，他的买卖人是世上的尊贵人”。出身商人的梭伦在雅典则是将富有的工商业主纳入统治集团，分享财富分配的权利。罗马的工商业贵族则通过长期的斗争，终于取得了进入元老院的权利。无论中央的元老选举，还是各行省、各城市的元老院选举，都设定了财产的门槛，使国家的财政政策直接受新起的工商贵族的控制。商业财政也是开放的，它比较能维护普通平民的财产权和政治权，使商业能够在竞争中发展流动，每个公民都有经商致富的权利和可能，就是奴隶同样有上升的轨道。在梭伦改革后，雅典的贵族会议形同虚设，公民大会逐渐成为城邦最高权力机关。罗马共和国则设置保民官，以保护平民免受贵族官员的专横暴虐。商业的发展也必须有国家信用和法律的保护，无论在希腊还是在罗马，工商业主都比较重视法治建设，推动了成文法的制定，避免了贵族和官员随意解释法律的可能。

中国虽然始终以农立国，但财政管理从一开始就渗入了商业的机制。有管理学家讲：“历史上几乎所有的重大革新都在公司，而不是在国家层面产生的。”很早国家就从家族庄园和私人商业组织中学习财政的管理。亚里士多德的《政治学》就是从家庭生财之道的管理技术开始探讨的。他认为：“这类知识对于政治家们也是有用的，邦国类似家庭而比家庭较为重大，也常有困于财货的时候，倘府库亏绌，他们就需要各种赚钱的方法，所以有些政治家的政绩就专以理财而成名。”① 卡托《罗马农庄管理》介绍罗马的农庄管理状况，当时罗马人已经对账目、成本格外敏感，农庄主要定期审核账簿，听财务汇报。还要编制全年的工作计划，不但要有明年的预算，还要有对上一年度发现问题的改进情况。这些比国家财政管理要精细得多，也成为可供国家财政管理学习的重要资源。中国汉帝国崩溃后，原有的财政体系完全崩解，曹操也是参照私人庄园的管理方式，重新建立起国家的财政体系，威尼斯更把共和国办成了一个公司，连教皇也在将多种商业元素用于理财上。

中世纪后期，商业技术进步很快，出现了汇票、保险、复式记账法等等，财政人学习得也很快，马上就一项项用在了财政管理上。各国君主，包括教皇都很快发现这些新事务的便利，汇票为他们节省了不少赋税的转运费用。当然这些事务的管理也开始成为他们的工作，财政管理的广度和深度，都有了极大的扩展。国家也把商家简单的贸易平衡表的方式，用在了财政管理上。各国财政官员都争相和新兴的银行家打交道，他们发现他们国库的钱一下可以不断增值了。现在保留下来的一本法国圣殿骑士中央银行的账簿上，还能清楚看到各国国王，主要是负责财政的官员的名字。各国君主也学会和普通人一样向银行借款，以解财政即时困难。1202 年，英王约翰派两名代理人到罗马，并授予他们一份“致全体商人”的信，约翰在信中承诺，如果有人预付给他的两名代理人 500 马克，那么“在双方约定的日期，任何人只要交验此信并持有这两位代理人承认确已收到此款的证明”，他将如数偿还这笔款项。这样的实例不胜枚举。西班牙的一场国家财政危机，竟能导致德国多家银行倒闭。米兰君主维斯孔蒂则运用银行家的手腕来治理政府，我们今天还能看到被精心保存下来的他的分类账目。维斯孔蒂发明了个人所得税，政府的各级官吏也不例外，都要把自己薪金的

① ［古希腊］亚里士多德：《政治学》，吴寿彭译，商务印书馆 1965 年版，第 36 页。《施奈得校注本》认为这里的政治家专指财政官员。

12.5%作为税款。为了简化征收过程，这笔钱在发薪时就即行扣除。

商业的进步也带动了税收制度的改革。特别是商业账簿广泛运用和记账技术的进步，为政府提供了设立新税种和改变征税方式的可能，比如，意大利几个城邦国家开始征收所得税、消费税和提成税，这都是建立在大量统计资料基础之上的。1288年，米兰开始进行大规模的税源调查，其内容包括：人口、户数、服役男子、贵族宫殿、水井、面包房、酒店、屠户、鱼贩子、小麦消耗量、狗的数量、盐价、木材价、干草价、酒价等。政府还定期对各行会的财产状况进行跟踪调查，佛罗伦萨一张1321年的调查表被保存到了今天。

商人在商业竞争中往往会努力调查对手的情况。在威尼斯早期的对外关系文献中，发现竟有两份查理五世编制的国家收支清单，可知调查其他国家的财经状况也已经成为当时政府的一项重要工作。

工业革命来了

中国有句古话叫：不进则退。这句话放在商场竞争中，可谓一语道破，淋漓尽致。司马迁曾言“商出三宝”：粮食、工业产品和货币。“商不出则三宝绝”，在商业的推动下，粮食、手工业产品都有了很快的进步。罗马帝国的奴隶主为了有更多的粮食去卖，只能加重对奴隶的管制和剥削，而中世纪时农场主则通过技术的改进来获得更多的剩余粮食。农民为了有更多的农产品进城换更多的钱，就只能努力垦荒，或者在农田边和自家院落种植更多的果树、葡萄、橄榄、苹果。荷兰人甚至通过填海来获取良田，这在当时是一项非常艰难的创意。一些有心人也开始琢磨把这些农产品加工成新的产品，以获取更多的金钱，葡萄酒等深加工产品迅速在欧洲流行。城市的人们，也得努力生产出更新更好的产品，来换取粮食。

虽然中介商也能获取暴利，一些处于交通要道的城邦国家就是这样致富的。但大多数国家还是得靠优质的产品才能有交换的本钱，随着越来越多的地区和人民融入商业大潮追逐财富梦想，竞争愈来愈厉害，只有好的产品才能有好的销路。商人出身的梭伦很早就认识到技术的重要性，当政时立法要求所有的雅典公民必须让儿子学一门手艺。佛罗伦萨的法律规定，佛罗伦萨所有的公民必须掌握21种手艺中的一种。商人出身的管仲建立士农工商的分工制度，开发海盐等产品，也通过操纵粮价吸引邻国粮食流入齐国。威尼斯最初也是靠海盐这种天然的资源优势致富，威尼斯不产粮食，但是通过粮食买卖，不仅为自己的粮食供给提供了保障，而且还获取了暴利。威尼斯后来也有了工业的发展，特别是造船业的发展，使它有了强大的海军，维持了其海上贸易的通道。威尼斯人还掌握了生产玻璃的特技，有人因向外邦人泄漏玻璃生产配方被处决。当玻璃技术外传后，威尼斯人又研发出三种彩饰玻璃来争取市场。卢卡（Lucca）人发明生产各种小巧廉价丝织品的技术，如吊袜带等，获取了颇丰的收入。

中世纪晚期，欧洲各国之间的商品贸易日益频繁，并且通过海洋把更大的世界区域连在了一起，成为一个庞大的世界市场。在商业浪潮席卷的欧洲，一夜暴富再不是一个遥不可及的梦，而是马上、随时都能发生的，无数的发财故事在欧洲流传。充满希望和梦想的人们，努力发明创造，希望能制造出好的产品，卖个好的价钱，还有无数人冒着生命危险出海去寻找新的市场和传说中的财富。从量变到质变，有一天，蒸汽机发明出来了，各种机器发明出来了，火车发明出来了，新航路开辟出来了，新大陆发现了，还真找到了无数的黄金，整个世界焕然一新。商业革命、价格革命、工业革命彻底改变了世界历史的面貌，也改变了财富积聚和分配的方式。工业革命之前的财富是勤劳带来的，而工业革命之后的财富积累是技术进步带来的，经济增长是由技术和制度等因素的进步推动的。现在所谓三驾马车，实际上只是衡量经济增长的统计指标，是结果而不是原因。现在倒因为果，本末倒置，实在遗毒甚大。

在技术的推动下，英国小麦的产量增长了225%，纺织业的生产率提升了266倍。粮食和纺织品分别是欧洲占第一、第二的消费品。这极大改变了世界财富的分配格局，也促使各国纷纷推动工业革命，先进的技术像插上了翅膀，在各国迅速的走私和传播。不进则退，不再只是商业竞争的写照，而是国家和国家财政之间的竞争的残酷定律，在世界市场模式下，没有任何国家能独善其身，没有国家还能自得其乐，国家财政和国家经济增长绑在了一起，只能一起增长。国家的财富急剧增长，让统治者也对产生巨额税收的高效率的创新发生兴趣，但由之带来的如何保护和激励这种创新，还有社会贫富分化的急剧扩大，急剧暴富起来的商人对政治权力的要求，失去一切的农民和城市贫民，等等问题更让他们头疼，国家财政将如何面对这样一个全新的时代。甚至有极端的观点认为，只有工业革命之后才有财政史，他们将之前的国家称之贡赋国家，将之后的国家称之财政国家。

二、威尼斯共和国的财政

威尼斯商人不要国王

威尼斯地处意大利半岛的东北角，由散落在亚得里亚海北端的120多个小岛组成。往北走，是连绵千里高耸入云峰峦重叠的阿尔卑斯山脉。往南看，是水天相接，一片茫茫。这里还是一片咸水的沼泽地带，无清水可饮，无田土可耕，而且连石头和木材都不产，原本是不适合居住的地方，但是在蛮族扫荡罗马大地，蹂躏罗马人民的时候，这里却成了最好的避难地。前后竟有10多万人逃到这里，在绝望中寻找一线生机，开始了威尼斯的历史。他们在这里建立社区，选举出总督（Doge，也有译作大统领[①]）管理，但臣属于东罗马帝国（史称拜占庭帝国）。

靠山吃山，靠水吃水，威尼斯人四面环海，只能靠海来吃饭了。大海就是财富。也是天无绝人之路，他们很快发现海水里不仅有鱼还有盐，于是他们驾着船用盐换回粮食，也因此做开了东西方贸易。因为贸易，威尼斯人才知道这里原来是风水宝地，处于拜占庭帝国、穆斯林世界和欧洲三大经济区之间，威尼斯正好在其间帮助他们互通有无。于是威尼斯人都成了商人，其实他们除了经商，也实在没有什么可做。当然他们还需要船，于是他们也有了造船厂。等富裕了，他们发现玻璃在西欧很畅销，也买来配方自己生产起来，各种工业生产也一点点做起来。无论工业和商业，在当时的欧洲都首屈一指，威尼斯很快成为欧洲最富庶的城市之一。威尼斯人硬是巧妇做成了无米之炊，一个空前繁荣的“威尼斯共和国”凭空出现在欧洲大地上，成为新型商业共和国的鼻祖，也开启了人类财政文明的新纪元。我们以前讲人类文明史，总是谈英、法、德、俄、美之类的大国，但讲人类财政文明的演进，特别是讲现代财政文明，不能不从威尼斯开始。

商人们不喜欢国王，所以他们选举出的领导者不是国王而是总督，但总督一经选出，任职终身。1355 年，一个叫华立罗（Marino Faliero）的总督据称企图做独裁者，被 36 人组成的法庭以叛国罪判处死刑。这里没有贵族，而是富有的商人、银行家把自己封为贵族，形成商人贵族的集体领导。最初总督本由全体市民选举产生，后来由大议会（Great Council）选举，大议会由 480 名议员组成，任期 1 年，其职权不止选举总督，同时也是最高立法机构。行政大

---

① 威尼斯前期因为要依附拜占庭帝国，所以首领也称威尼斯公爵，后期也有用这个旧称作为代称的。如莎士比亚的《威尼斯商人》里就称作威尼斯公爵。后期多译作总督，但和我们理解的总督并不相同，因为不是他国派遣，而是自己选举产生，所以也有人译作执政官或大统领。

权则由 120 名议员组成的元老院（Pregradi）掌管。元老院的构成，一半由大议会选举出来，一半由上届元老院选举，经大议会同意。元老院负责决定国家大政方针，掌管财政税收事务。选举权和行政权都逐渐为商业贵族把持。但是威尼斯贵族与其他封建国家的贵族不同，威尼斯的贵族是流动的，所有的平民都有可能通过经商获取财富升为贵族，贵族也可能一夕破产，身无分文，靠救济维持。各人身份是靠商业冒险的胆量赢取的，而不再是血缘继承的，也没有法律来限定，一切由钱来说话。

威尼斯周旋于穆斯林世界和基督教世界之间，帮助双方交换和贸易，他们并不想成为虔诚的教徒，作为基督教世界的一员，他们也有自己的主教，每个社区也有神父，但都是由社区自己推举出来的，总督只是通知一下教皇。威尼斯商人租船把基督徒运往和穆斯林作战的前线，还卖武器装备给他们，但同时他们也会和穆斯林通商，供给他们所需。威尼斯商人有句名言："先做威尼斯国民，再做基督徒"。

我们也可以看到这个共和国越来越走向集权，从全民选举，集中到 480 人，再集中到 120 人，再集中到 10 人，3 人。1297 年，在商业贵族的策划下，通过"关闭法"（或称"大议会终结法"），也就是此后当选议员者必须是以前曾经担任过议员的家族。这样就切断了上下流动的通道，使当时的商业贵族能永保既得利益。1335 年又在元老院里设立"十人委员会"（Council of Ten）作为常设办事机构，后来又集中到更为严格寡头的"三人委员会"（Council of Three），最终把威尼斯弄得像个集权政权，特务暗探密布，猜疑满腹。威尼斯也渐渐衰落了。

1797 年，法国拿破仑将军的军队占领威尼斯共和国，并将其转交奥地利管理，1805 年，拿破仑与奥地利签署伯勒斯堡条约，又从奥地利手中取回了威尼斯，并把其纳入"意大利王国"，当时拿破仑已经是法国皇帝兼任意大利国王。1814 年，随着拿破仑的战败，威尼斯地区又再次被奥地利统治，我们在《茜茜公主》第三部里还能看到茜茜公主陪同丈夫奥地利皇帝视察威尼斯的场面。1866 年，威尼斯成为意大利的一部分。

威尼斯共和国在一片孤岛上屹立了 1384 年。在这期间欧洲大陆版图发生多次变化，中国从南北朝到清，经历了 10 多个朝代的兴替。

面朝大海春暖花开

11 世纪中叶，威尼斯管理国家财政的行政机构与总督的机构分开，独立出来，由检察署——实际上相当于财政部——主持，而其直接向元老院负责。

总督的财权有限。总督总是盛装出席各种庆典，从现在留存下来的油画作品就可看出其服装的华丽，有材料显示仅其军帽上的珠宝就不下 19 万杜卡特①，这只是礼仪形式上的需要，其实总督的生活都不奢侈。威尼斯反对过分奢侈，反对宴会骇人听闻的花费。1476 年还立法规定每间房间的装修费用不得超过 150 杜卡特。总督在就职誓词里就承诺："除薪水和附近城市所进贡他份下所得的苹果、樱桃和螃蟹之外，不得在职务内有法外收入。"为提醒总督注意，他的誓词每两个月就会有专人向他宣读一遍，使其随时有所警惕。总督能接受的礼物也有很严格的限制。总督任职终身，在他去世后，大议会会选出两名议员对其业绩和账簿进行全面核查，若有任何缺失，都会从其遗产中扣除和罚款。现在留存下来的有 1423 年去世的总督托马佐·莫切尼戈的一份《遗嘱》，详述了此时威尼斯的财政收入、商业投资收入、国有企业收入以及金币的制造和外流情况。

一般赋税征收的执行机构都以委员会主持。威尼斯人要么是商

---

① 杜卡特（ducats），威尼斯共和国铸造发行的金币，始于 1284 年，每枚含纯金 3.56 克。1 杜卡特又分为 100 索里多。

人，要么是与商业相关联的水手、手工匠、银行家，所有的官员也都是由商人贵族担任，所以威尼斯的赋税都是商税，如关税、货物转口税和食盐公卖等，而且以间接税为主。为了方便征税，他们会把外国商人集中起来居住和经商。如在威尼斯最多的德国商人，就集中在泰代商馆。由一个三人组成的委员会直接入住，共和国政府授予他们全权管理商馆内外事务，办理商务手续、征收税金，还有房租费，每周平均100杜卡特。为防止走私漏税，商馆之外不得有任何购销活动，所有进出威尼斯买卖的商品都得在商馆估价征税。所有的买卖也只能在商馆进行，并由三人委员会提供船工、搬运工、过磅员、打印人等服务。据一份1472年的文件记载，威德当年贸易额为100万杜卡特，每年通行税收入为2万杜卡特。威尼斯共和国政府规定所有的商业交易过程的服务都要由威尼斯商人垄断，收取服务费。

在威尼斯境内，教会不得自行收税或运用捐款，教堂或修道院均直接由政府监督管理。所有教产都得照章缴税。

威尼斯的赋税并不重，目前还没有任何资料抱怨过威尼斯的赋税重。作为商税，它的增加主要靠量的积累。正是轻税，使威尼斯成为外国商人的天堂，不仅欧洲各国的商人，还有黎凡特的犹太人和一些穆斯林，他们云集威尼斯的大街小巷，把他们的商品、理念和技术带到这里，当然还有税费。由于商贸越来越繁盛，威尼斯的财政收入也一直是很富足的。到15世纪初，威尼斯的海外贸易开始萎缩时，其财政收入还有每年150万杜卡特的规模。据黄仁宇测算，这个规模和当时中国明代大体在一个水平上。而威尼斯的人口还比不上明代的一个县①。此后，随着威尼斯商业走向衰落，财政收入逐年减少，到1423年威尼斯收入减少了23%。到15世纪中期，又减少了约25%。不过到了1489年，从亚历山大港运回威尼

① 黄仁宇：《资本主义与二十一世纪》，生活·读书·新知三联书店1997年版，第84页。

斯的财富还在300万杜卡特以上。

有学者说："这一商业贵族阶层对臣民是宽容的，在公共事业中是奢侈的，在财政管理上是节俭的，在司法处理上是公正无私、不偏不倚的，它懂得怎样使艺术、农业和商业繁荣，它受到了服从于它的人民的爱戴。"① 威尼斯商业贵族的口号是："富人有责任维护国家，管理国家，照顾穷人。"有人这样形容威尼斯："它的政府就是一个股份公司，它的总督就是它的总经理，而元老院议院，就是它的董事会，它的人民就是它的持股人。"作为持股人也要分享公司进步的成果。事实上，威尼斯人，只要稍有储蓄，就会参加股份投资，获取丰厚的收益，真正需要照顾的穷困人口很少。

从流传下来的大量素描和油画作品，总督府、市政大厦、钟楼、学校、医院、公共图书馆、各式的喷泉、177条运河和400多座桥梁……为我们展示着威尼斯共和国公共事业的成就，海港街道船舶、市场喧嚣似乎依然在耳。在这里兴建任何建筑都不容易。最初，为了躲避蛮族的侵扰，躲到岛上，匆忙间在沼泽上打下柱子，在上面建出泥草房，一点点换成大型石头建筑，兴建出广场，兴建出辉煌的城市，但是至今威尼斯人还在为建筑下沉伤脑筋。这里只能用水上交通来连接各地，开挖运河，疏通水道，还设计出能在这又窄又浅的水道上航行的船只。威尼斯最初是缺乏规划的草草之作，后来逐步规划起来，根据岛屿面积的大小，规划出不同的功能区，生活广场、墓地还有工业区。

立国海上的威尼斯财政最重要的民生保障还要算淡水和粮食。政府除了一船船往各岛上运水外，还要努力自力更生，向天要水。他们每年都要拨出大量款项，修建储水池，来收集雨水。令人郁闷的是，这里属于典型地中海气候，雨水很少，只是在冬天时稍微多一些，所以收集起来很是不容易。储水池的维修和水质安全也是一

---

① ［美］詹姆斯·W. 汤普逊：《中世纪晚期欧洲经济社会史》，徐家玲等译，商务印书馆1992年版，第331—332页。

个棘手的事情，都需要很多的资金。威尼斯设有公共卫生局，负责检验饮水的清洁及防止地层下陷。

在粮食保障方面，威尼斯政府鼓励各地粮食运到威尼斯市场售卖，政府设最低收购价格，如果在市场没有能卖出，威尼斯政府保证用宣布的最低价格完全收购。其后威尼斯有了海上霸权，直接勒令所有海上运粮船只，必须到威尼斯卸货交易。各地需要粮食的地方，也就只能来威尼斯购买，作为商人，当然不会空仓而来，也顺路运来木材、蔬菜、猪肉、木炭等各类商品交易。卖完粮食的商人自然也例不空返，也购上各类需要物资，满载而归。这样不仅保证了威尼斯本城的粮食供应，而且发展了贸易，带来了更多的财政收益。为了防止市场价格波动，影响居民生活，威尼斯还设有专门负责稳定物价的机构，以保证基本物价稳定。

在文化教育方面，威尼斯也建有学校，但威尼斯人大多都不喜爱读书，他们更重视经商。对他们来说，在实际中学习到的知识更实在，威尼斯人几乎人人都有很好的运算能力。我们研究威尼斯财政史，会很感概，有这么多账簿留存下来的国家，相关史料竟这么少。早有历史学者发现在研究同时期的佛罗伦萨时，会发现有很多当时人写作的史书、论文，清楚记述当时社会，而威尼斯却很难找到有关威尼斯的连贯历史著述，为人们研究它造成了困难。他们全部精力都用在经商上去了，文化相形见绌，势必使繁荣失去根底。但是我们不能否认威尼斯商人为人类文明史作出了重大贡献，他们对欧洲大陆的文化教育有很多资助，特别是对文艺复兴功德无量。他们捐赠兴建的巴黎大学被称为“欧洲大学之母”，博洛尼亚大学被称为“大学之母”。而威尼斯商人也很好抓住了文艺复兴的巨大商机，发展了出版业，威尼斯当时出版的图书数量居于全欧第一。有统计显示，1495 年至 1497 年全欧洲出版了 1821 本书，447 本由威尼斯出版，第二名的巴黎只贡献了 181 本。

在卫生服务方面，威尼斯的医院规模不大，但是专业分工细致，除了普通医院外，还有专门收治朝圣者的医院、治疗麻风病的医院、收留寡妇和被迫沦为娼妓的妇女医院、救助和抚育孤儿和弃儿为主的保育院。元老院任命的一个三人委员会，负责国家的公共健康和卫生管理，并制订相关事务的规章条例。政府将垄断盐业的收入作为该委员会开展防疫和维护公共健康活动的资金。对于医院的运行经费，威尼斯政府1528年开征“济贫税”来解决。新税的开征，也反映了威尼斯财政充足的好日子已经过去，随着经济的衰退，贫困人口也日益增多，政府救济的压力也与日俱增。新税瞄准的对象是公民居民的房产，政府向城内所有居民征收房产或房租价格的2.5%作为济贫税，并将这项收入作为医院正常运行的专项开支。为了保证济贫税开征的公平和公开，在征收环节和分拨环节都采用世俗代表和各区牧师一起负责的原则，相互监督，共同负责。对于拒不缴税或逃税的居民，卫生委员会将其姓名记录下来，并在逢宗教节日进行全城弥撒仪式时向公众宣读。这种公开对个人名誉进行羞辱的办法，使威尼斯的居民基本不敢拒缴济贫税。

在其他社会福利方面，威尼斯对退休公务员制定了退休年金制度。年金制度也是威尼斯财政的一个创新，当然年金不仅针对退休公务员，有时还带有奖励鼓励之意，如给告发犯罪者60个金币的终身年金。还有对于孤儿、寡妇给予定额补助金。在政府资助之外，政府还鼓励社会互助，主要是十人委员会领导和监督下的“兄弟会”在发挥作用。兄弟会虽是以宗教的名义展开工作，但是从其诞生之初，就完全由世俗民众组织管理，还限制教会人员参与，其只是借用宗教的互助理论，号召宗教兄弟互济互助，为贫苦的、受疾病折磨的和去世的兄弟提供相应的救济、治疗和丧葬。兄弟会的收入来源主要是会员缴纳的入会费、参加宗教活动时的慈善捐助以及去世成员捐赠的遗产。同业行会也担负着相应的职责，他们除了要救助同行中的贫弱者外，一些大的行会如面包师、裁缝和纺丝工人的行会还拥有自己的行业医院。各行会还要用自己的专业技能帮助社会上的穷困人士，就是授人以鱼不如授人以渔，每个行会要按一定名额对穷困人士提供职业技术培训并提供相应的工作和报酬。

威尼斯的社会救助不是普惠的，而是有一定原则的。1528 年的《济贫法》规定穷人必须尽自己最大的能力，用劳动养活自己和家庭。有劳动能力却不愿从事适当工作的穷人，将被永远驱逐出威尼斯。对寡妇和带小孩的妇女，法律也规定如果她们愿意从事力所能及的劳动来养活自己和家庭时，其所在社区的神父和议员也必须保证为其提供力所能及的劳动机会和所需的劳动资料，如果她们还是无法靠此生活，政府就要提供额外所需的救济金。

在住房保障方面，威尼斯政府主要提供廉租房。这也带有商业社会的特征，除了为穷人提供廉租房外，还有经商失败的破落贵族和年老力衰的水手，这是为了解除他们商业冒险和海上冒险的后顾之忧。威尼斯政府很注意帮助商业失败者，称之为有尊严的穷人。因为他们曾经生活富足，身份高贵，所以在困境中经常羞于主动寻求社会帮助，所以更需要政府主动对他们提供救助。莎士比亚的喜剧《威尼斯商人》中也显示一个威尼斯商人的财产经常都在海上，周转不灵时还要接受苛刻的条件借贷，如果海上的货物受难，就会马上倾家荡产，所以威尼斯政府对社会救助很重视。为帮助各种穷困人士，威尼斯政府专门修建了不计其数的廉租房提供给他们，但是入住都有严格的条件，除了经济条件，还有品格要求，游手好闲、好吃懒做的贫民被排除在外。申请者的经济、品格情况都由兄弟会协助查证。据记载，曾有一个名叫赫尔昂尼莫的羊毛工为获得廉价房的租住权，竟伪造了一个假证明，但最终被查明，没能成功。

文艺复兴时期的萨伯利科描述了威尼斯的公共福利机关及医院，称赞说："威尼斯的公共事业机关也是同时期其他地方所无法比拟的，每一种公共设施都可在威尼斯找到典范：退休公务人员的年金制、对孤寡的照顾、议员的医疗福利制度等等"①。但是威尼

① ［瑞士］雅各布·布克哈特：《意大利文艺复兴时期的文化》，何新译，商务印书馆 1979 年版，第 68 页。

斯共和国政府做得最好的，还是对商业贸易提供最好的最周到的服务。威尼斯政府被商业贵族垄断，完全代表商业贵族的利益，一切为了商业及其获利服务。政府尽最大努力为商业提供方便和保护，并进行组织、安排、提供船只。船的大小、装货多少、航行目标和日期、路线等都由政府确定。大多数船只为国有，由军队护送和押运。遇事由政府出面交涉。威尼斯在里昂、巴黎、卢昂、伦敦、布鲁日和安特卫普设立了常驻办事机构。威尼斯商人往往能在政府的引导下，整体出击，这也算是个奇迹。在其他北意大利商业城市，内部纷争一直很厉害。在罗马帝国崩溃后，曾经的“条条大道通罗马”的条条道路全部中断、荒废，在全欧洲，唯有威尼斯到君士坦丁堡的道路和邮路畅通。威尼斯建立邮局，疏通邮路，以满足商业的需要。

威尼斯财政最大的支出项目还要算是军费，威尼斯虽然小，但不弱，它拥有当时欧洲最强大的海军。在那个时代做生意，特别是远程贸易，没有国家的武力做后盾是不可想象的。不说沿途会不会被地痞强盗们抢光，就是一个个封建主一段路一段路地设卡收费，也让你还没有运到目的地，就已经血本无归。还有各国的封建贸易壁垒，还有到处都是战火硝烟，还有……威尼斯政府为了保护本国商人的利益，保证商路的畅通，必须保持相当的武力。作为以海立国的威尼斯侧重发展海军，而陆军根据需要使用雇佣军。

任何丰厚的财力，也很难经得起战争的折腾。遇到战事，威尼斯财政也马上捉襟见肘。1171 年因为准备与拜占庭帝国交战，曾以强迫形式，向国民借债，居民按照祖传遗产数额向政府提供贷款，威尼斯政府承诺在本金全部归还前，每年支付 5% 的利息。这在中世纪欧洲并不罕见，各国政府也都在向臣民借债，但往往是有借无还。威尼斯的不同在于，它不但还钱，还支付 5% 的利息，利息虽低，但百余年间，支付从未中断，终于建立起国家信用，赢得人民信任。而且威尼斯的一切军事行为，都是为了威尼斯长远的商业利益，所以没有太多反对的声音，特别是在威尼斯取得一系列胜利，给威尼斯商人带来的利益已经远远超过国债利息本身的收益。威尼斯还创建了相应的市场，让这些债券可以买卖流通，这些跨度超过百年的，只在政府愿意时才会赎回的强制性贷款，曾经一度实现过超过面值的价格。当然随着威尼斯政府对利息支付的情况，这些债券的面值也始终在上下浮动，最低时下降到面值的19%。由于威尼斯连年卷入战争，发行规模不断扩大，特别是在对热那亚的战争中，发行规模扩大很多，原来强制发行机制已经无法募集到所需资金了，威尼斯政府开始尝试低于面值的价格出售债券，有时只有面值的48%，这样就使其实际利率高于正常水平，所以很有吸引力，一度引起威尼斯人疯狂抢购。威尼斯还开办了历史上第一个国家银行。银行的Bank一词也来自威尼斯语的“Bank rott”。在早期，运用金融手段来弥补国家财政的不足，缓解由于战争等突发事件引发的巨大财政赤字，还有着很多不足，但也是财政史上一个很重要的发展。威尼斯商人更运用金融手段，在欧洲掀起很多风波。面对当时欧洲生产的劣质货币，威尼斯禁止非威尼斯造币局铸造的银币流入，防止“劣币驱逐良币”。

为了维持海军的实力，威尼斯还创办了当时欧洲最大的军工厂。威尼斯最早通过私人造船厂来建造军舰，于1436年建立了政府的造船厂。从留存至今的账簿来看，当时在现金、材料和人员方面都有精确的会计记录，还使用了一种早期形式的成本会计。所有账目都合并成两本日记账和一本分类账。其严密程度要高于同时期的私营企业。后来发展成为兵工厂，除了造船，还制造和储备装备，拥有3000名职工，是当时世界上最大的工厂。威尼斯元老院派有专门的特派员，负责联系和监督，元老院也经常直接干预工厂事务。1574年，法国的亨利三世参观威尼斯，看到一个小时内就利用储备物资安装并下水一艘全副武装的舰船。管理效率之高，可见一斑。

威尼斯共和国财政的创新，不仅表现在制度上，而且也表现在技术上。不仅复式记账法在威尼斯得到很大改进，运用至今，而且备忘录、日记账、分类账、损益报表一应俱全，所有交易文件都有详尽完备的记录，并建立了编号存档的制度，以便定期核查进行内部控制。近代统计科学也在威尼斯诞生，在当时所有商业交易，必须向国家汇报，每个家庭的财产，在大议会的登记簿上都有记录。在选举中，必须申报财产数额和财产来历，任何弄虚作假和漏税都将受到严厉的处罚。当时的会计技术，如观察和度量、系统分析、为决策提供精确的资料等都有很多进步，威尼斯政府当时还建立起了外国财经情报的搜集分析处理系统，以对财政决策提供帮助。

罗马帝国八分之三领主

威尼斯共和国在百余荒岛上艰难求生，竟完全改变了财政的历史，它的一系列制度创新，退休年金、最低收购价、济贫税、廉租房、职业培训、计簿管理、国有企业、国债、国家银行、债券市场、专利制度……可以说，一个现代国家财政的雏形已经渐渐浮现在大家眼前，仓储型财政、生产型财政都已成过往烟云。威尼斯共和国财政作为人类财政文明演进中一个重要关节点的意义还不仅于此，它同样结束了贡赋型帝国财政的历史，它开创了通过商业霸权建立的新秩序，以商业、金融、资源三条吸金管道，集聚各国财富的新帝国财政模式。威尼斯第一次将舰队、军队、政治力量和影响记入一个国家财政总账的借贷两方，价格操纵、货币发行、债券交易、资源抢夺将为世界带来一场场更大规模的血雨腥风。

威尼斯商人开始周旋于基督教世界、拜占庭帝国、伊斯兰世界，靠帮助他们互通有无谋取利润，但等积累了雄厚的经济实力之后，特别是打造出一支欧洲第一的海军力量后，它已经不能满足原有的商业盈利模式。它开始凭借自己的经济实力和海军力量，和各国讨价还价，取得更多的贸易优惠。威尼斯也更多以海军力量参与拜占庭帝国的对外战争，在拜占庭获得更多特权。威尼斯商人被获准享有在拜占庭帝国全境的自由通商权，而且关税、进港费全免。

威尼斯还在拜占庭帝国的首都君士坦丁堡中心地带设置威尼斯商人特区，设有领事馆、仓库和商店，拥有威尼斯商人专用的码头，还享有治外法权，这里使用威尼斯自己的度量、量具和钱币，执行威尼斯自己的法律。后来威尼斯获取了更多的商业区，并且还获得了在这些地方征收关税等特权。到 11 世纪末，威尼斯已经垄断了拜占庭控制下的欧亚各省的交通权。威尼斯还以海军力量建起地中海霸权，控制商路。

1096 年，第一次十字军东征给予了威尼斯另类的机遇，威尼斯通过提供舰队等支持获取一定的商业利益。当十字军第一次占领耶路撒冷的时候，威尼斯首先获得一片街区。在十字军占领的其他城市里，威尼斯占有了一些街区和码头。1123 年，威尼斯拥有了十字军占领重要海港城市堤尔 1/3 的城区，而十字军本身也只占了 1/3 城区。在堤尔之战时，威尼斯来不及运上饷银和食物，总督米切尔用皮子制成皮币，承诺可到威尼斯兑换成金币。威尼斯在占有各区设领事馆，保护威尼斯商人在海外的利益。威尼斯对这些地区的占有，往往是一排房屋、一条街道，一个集市、一个港口，这些殖民点不同于一般的占有，而是为了谋取商业的据点，他们在那里自由自在做生意，享有司法、财政和关税的特权。曾有机会占领更大的领土，但他们不感兴趣，他们回答："我们的利益在海上。"

1151 年，拜占庭皇帝马纽尔一世（Manuel Ⅰ）担心威尼斯商人在拜占庭势力过大，于是授予热那亚等意大利其他城市共和国和威尼斯同样的商业特权，让他们竞争，以求力量平衡。经过 20 年，马纽尔一世发现威尼斯的威胁并没有减少，于是下决心逮捕威尼斯商人，没收他们的财产，把他们逐出君士坦丁堡。威尼斯马上调集舰队，进攻拜占庭，这就是我们上节所说的威尼斯第一次为战争而向人民发行国债。这次战争直接关系到威尼斯国家的命运，在威尼斯海军的逼迫下，马纽尔一世让步了，重新授予了威尼斯商人各项商业特权。

但是拜占庭还是会时不时给威尼斯一些小鞋穿，制造一些摩擦，找一些国家来竞争制衡。在13世纪初，威尼斯终于有了彻底击败拜占庭的机会。

1202年，教皇英诺森三世（Innocentius Ⅲ）发起第四次十字军东征，攻击目标是穆斯林控制的埃及，所以要通过地中海运军队去埃及，也因此必须要威尼斯舰队的支持。在1201年2月，威尼斯总督丹多罗（Enrico Dandolo）和十字军代表之间达成了协议。威尼斯共和国务必于1202年6月24日准备好舰队，以便输送4500名骑士，9000名骑士随从和20000名步兵。服务持续一年，十字军分四次支付运输费85000银马克，也即为每名骑士付4马克，每名骑士随从付3马克，每名步兵付2马克。还有战利品的一半。威尼斯忙碌了近一年，船舰和补给品都准备妥当，而教皇方面很艰难才筹到5万银马克。1202年七八月间，十字军将士陆续抵达威尼斯，威尼斯把他们集中安排在一个小岛上。东征军队预定是33500人，但实际抵达的只有10000人左右，而运输费还差3.5万元。威尼斯坚持按照合同条款执行，他们管制了所有船只，让十字军将士困守孤岛，进退不得。等到十字军郁闷得快到哗变的时候，丹多罗提议如果十字军在进军途中为其攻占扎拉（Zara），那么威尼斯可以考虑将最后支付期推迟到胜利实现之后。扎拉当时是信奉基督教的城市，但是却处在威尼斯在亚得里亚海的贸易通道上，经常让威尼斯不爽。十字军满足了威尼斯的要求，为其攻下了扎拉。这时依附威尼斯的拜占庭逃亡王子亚历克斯（Alex）向丹多罗表示，如果十字军能帮助他夺取政权，他愿意为十字军还清欠款，而且他能帮忙诈开城门，君士坦丁堡有着无数的财宝等着他们。在丹多罗的煽惑下，十字军竟转向矛头攻向君士坦丁堡，忘记了自己最初的神圣使命。

拜占庭的富裕程度让攻入的十字军将士瞠目结舌。拜占庭还是典型的仓储型财政，在君士坦丁堡皇宫的地库里光黄金就储藏着20万磅以上。虽然当时商品经济已经有了很大发展，但是古老帝国一直采用最古老的财政管理模式。洗劫君士坦丁堡获取的财富，除十字军将士所得外，法兰西人与威尼斯人全数均分，但从中还要扣除法兰西积欠威尼斯的5万银马克，法兰西人最后得到了40万银马克。吉本说这个数目，是当时英国年财政收入的7倍[①]。接下来是对拜占庭帝国，也就是东罗马帝国领土的瓜分。新的皇帝得到1/4，威尼斯和十字军均分3/4，也就是威尼斯分得了君士坦丁堡3/8的土地。从此威尼斯总督的头衔里新加了"罗马帝国八分之三领主"的头衔，一直持续到15世纪后期。丹多罗总督没有能够再回到威尼斯，他拒绝了拉丁皇帝的皇冠，只为威尼斯商人争取最大利益，他率领着十字军继续东进，阵亡于征途，那一年他年逾80，几乎全盲。有研究显示，这一切可能都在这位老人的预先谋划中，因为他在和十字军签约为他们准备南征埃及的船舰和军需时，已经和埃及签订和平的协定，取得了多项在埃及的经济特权。

威尼斯得到的好处还不止于此，通过"在帝国境内，凡威尼斯认定为敌对国家的商人，均不得从事商业"的条文，威尼斯成功排除了热那亚等竞争对手。可以说威尼斯取得了新帝国全部的商业利益，控制了整个爱琴海和东地中海航道以及进入黑海的水路通道。希腊、巴尔干、爱琴海岛屿都变成了威尼斯的依附国。威尼斯商人再次回到君士坦丁堡，恢复了他们的特区，拥有了比以前更大的特权。历史上称第四次十字军东征为"威尼斯人的十字军东征"。

但是拜占庭帝国在此役中的失败，也使帝国衰落，拜占庭的集权统治事实上结束了，土耳其人乘势而起，最终夺取了君士坦丁堡，也结束了威尼斯在那里的商业特权。同样，经过此役，热那亚与威尼斯的矛盾不断升级，几次大战，对威尼斯伤害很大，让威尼斯不断增发国债。但影响最大的还是一个威尼斯商人马可·波罗（Marco Polo）在海战中被热那亚俘获，他在牢里和人讲他知道的

① ［英］爱德华·吉本：《罗马帝国衰亡史》第6卷，席代岳译，吉林出版集团有限责任公司2008年版，第121页。

关于中国的故事，最后被人编写成《马可·波罗游记》，激发了欧洲人对东方的兴趣，成为新航路开辟的众多诱因中的一个。而新航路的开辟，也断送了威尼斯商业的地理优势。

但这都是后话，现在威尼斯的风光和财富都达到了极盛，威尼斯开始谋划新布局。富有的威尼斯很快成为各国君主的债主，它建立了庞大的商业情报网络，甚至一些国家的君主都把自家的情报卖给他们，这些情报现在还保存在威尼斯，其中就包括一些国家的国家预算材料。威尼斯通过借钱给各国君主，获得了更多的商业特权。这样避免战争，而通过经济手段，在和平环境下谋取商业特权也避免了很多无谓的冲突。当然借贷本身，也让威尼斯获利甚丰。1342 年威尼斯借贷给康斯坦丁四世的祖母 3 万杜卡特的巨款，在 110 年后，利上加利达到 642.5 万杜卡特。威尼斯商人还对一些个人进行投资，帮助他们求学和发展，培养利益的代言人，中间甚至包括了一位教皇。

但是借钱也是很有风险的。为了维持在拜占庭的特权，威尼斯人借了很多钱给拜占庭的皇帝和权贵。但是等君士坦丁堡快被土耳其人攻破的时候，全欧洲只有威尼斯急忙忙派遣舰队去救援，因为君士坦丁堡里的皇帝和权贵们欠威尼斯的钱很多还没有还完。但君士坦丁堡还是陷落了，他们的债务没有了着落，还彻底得罪了土耳其人。1453 年，君士坦丁堡陷落，犹如匕首插入了威尼斯的心脏。接下来，奥斯曼土耳其占据了匈牙利、巴尔干、小亚细亚、埃及。势力圈逐渐把威尼斯包围起来，威尼斯还要为欧洲世界独自应对。1571 年威尼斯海军在勒班多海战获胜，但只能用惨胜来形容，虽然给威尼斯挽回了一些面子，得到了一些通商权，但无法恢复以前在拜占庭时期的特权。

现在有学者讲威尼斯衰落的原因，认为其产业单一，主要靠商业，而且对地理特性异常依赖。或者有些道理，但对当时的威尼斯人来说，其实已经做得非常了不起了，一群生活在海外孤岛，靠鱼盐维生的人，竟能以商立国，做到民富国强，甚至以不到 20 万人享有地中海霸权超过500年，不能不说创造了奇迹，其财政组织与资源调配能力绝对非凡。

三、海上霸权与新帝国财政

海上帝国与帝国财政新模式

威尼斯共和国在中世纪被誉为“海上帝国”，继之而起的海上帝国还有荷兰、葡萄牙、西班牙，最后集大成的是英国。可谓大海后浪推前浪，各领风骚数百年。霸权帝国主义财政模式最大的特点就是以武力建立霸权，一方面通过垄断贸易获得超额利润，一方面通过武力进行财富抢掠，来增进国家的财力。威尼斯商人创立的新帝国财政模式，除了特权经商，还有贩卖奴隶，和海上抢夺他国财富。最初的威尼斯还有些扭扭捏捏，但到后来群雄并起，在海上你争我夺，仇恨积累，逐步成为普遍而公开的进行，甚至到了由政府竞相发放“海盗特许状”的地步。明治维新时期的日本经济学家本多利明在其《西域物语》中总结英国强盛的经验，认为英国本寒冷小国，物产贫乏，却能成为称霸世界的“大良国”，这是长期实行对外贸易的正确结果。《海图兵谈》以荷兰富强为例，“通商于万里之外国，将诸邦的宝货输入本国，以大商之道大富其国……而悉呈武，以小国摄大国……美哉！勇哉！可思可思。”他们厉行改革，终于从被害者进入加害者的行列，成为新帝国财政模式的后起之秀，给周边各国人民带来了深重的灾害。

新帝国财政模式，和旧的贡赋帝国财政模式相同的一点是，通过海外劫掠的财富来普惠本国人民，建立本国公共财政体系，也就是公私有分、内外有别。希腊、罗马都曾促进本国公共福利，甚至长时间免除本土公民的税赋，但也都在本土之外横征暴敛，大肆劫掠。英国人在16世纪也写出了《论英国本土的公共福利》（*A Discourse of the Common Weal of This Realm of England*），而在印度，英国向印度农民征收的田赋达到了其收成的50%—70%。这种野蛮的税收掠夺使印度农业普遍衰弱，造成连年饥荒，民不聊生。更为可恨的是，即使在饥荒期间，英帝国主义的田赋还是有增无减。在1818年至1828年间，英国平均每年从印度汇回169万英镑，其后数额不断增长，到1857年竟高达616万英镑。从印度和其他殖民地掠夺回的巨额财富充实了英国国库，也改善了英国人民的福利水平，促进了英国经济发展，但是却将印度人民推向了苦难的深渊，当时英国的印度总督也不得不承认其统治下的印度领土"现在已是一片只有野兽居住的蛮荒之地"。对于这样的双元财政模式，马克思曾经揭示："当我们把自己的目光从资产阶级文明的故乡转向殖民地的时候，资产阶级文明的极端伪善和它的野蛮本性就赤裸裸地呈现在我们面前，因为它在故乡还装出一副很体面的样子，而一到殖民地它就丝毫不加掩饰了。"① 对于某些经济学家用国际自由贸易、比较优势之类的理论为之掩饰的时候，马克思一针见血地指出："整个18世纪期间，由印度流入英国的财富，主要不是通过比较次要的贸易弄到手的，而是通过对印度的直接搜刮，通过掠夺巨额财富然后转运英国的办法弄到手的。"② 在北美殖民地，英帝国同样进行着残酷的统治，1764年英国的国会通过了财政大臣乔治·格伦维尔提出的在北美殖民地实行重税的政策，先后通过《糖税法》、《货币法》、《贸易法》、《航海法》、《驻军法令》、《印花税法》，将各种各样名目的税种不断地强加在北美人民身上，终因过重税赋而激起了美利坚民族的觉醒。

---

① 马克思："不列颠在印度统治的未来结果"，《马克思恩格斯选集》第2卷，人民出版社1972年版，第74页。

② 马克思："东印度公司，它的历史与结果"，《马克思恩格斯全集》第9卷，人民出版社1962年版，第173—174页。

15 世纪至 16 世纪的地理大发现，使世界海上商路不再经地中海，因此包括威尼斯在内的意大利城市由于远离世界商路，失去了独占东方贸易和欧洲商业中心的地位，从此陷入长期衰落的境地。世界海上贸易的中心转向葡萄牙、西班牙和尼德兰……这也是世界被瓜分的开始。马克思写道："美洲金银产地的发现，土著居民的被剿灭、被奴役和被埋葬于矿井，对东印度开始进行的征服和掠夺，非洲变成商业性猎获黑人的场所——这一切标志着资本主义生产时代的曙光。这些田园诗式的过程是原始积累的主要因素。"①

北美大陆原来居住的印第安人，可能是 5 万年前从中国迁徙过去的，后来覆盖在白令海峡上的冰原融化，从此与亚欧大陆隔绝，独自发展。从公元初起，一些城邦国家在这里兴起，大约在 10 世纪至 15 世纪先后兴起了玛雅、印加和阿斯特克三大帝国，留下的很多壮观建筑见证了它们曾经的辉煌，他们有很好的公路和水利设施。但是他们只是建立了一个城市中心和上层结构，下面仍然是一个个部落连接起来的共同体。在每个部落都是自己的习惯法和分配机制，直到现在很多部落还保持着原始公平分配的习惯。他们热情好客，对远方来的客人好奇，也很友好，为他们提供帮助，这也是美国感恩节的缘由。1532 年 11 月 16 日印加皇帝阿塔瓦尔帕（Atahuallpa）在他的宫殿亲切会见了西班牙人弗兰西斯科·皮萨罗（Francisco Pizarro），皮萨罗和他的部属乘机俘虏了阿塔瓦尔帕，并向印加人索要足够装满一间长 22 英尺、宽 17 英尺、高 8 英尺房间的黄金。印加人很快付出了赎金，皮萨罗得到了他要的赎金，但是他却残忍的砍断了人质的后颈。在当时美洲的印第安人约有 4000 多万人，但是在欧洲人不到 100 年的征服中，几乎死亡殆尽。除了直接杀戮，欧洲人还为新大陆带去了天花、麻疹、流感、斑疹伤寒、腺鼠疫等疾病，其中天花的杀伤力最大。马萨诸塞州的第一任州长约翰·温斯洛普（John Winthrop）多次宣称，天花是上帝派来

① 马克思：《资本论》第 1 卷，人民出版社 2004 年版，第 860—861 页。

为他的选民清扫居住地的。北美殖民者多次向印第安人赠送带有天花病菌的毛毯。他们说“这样才能根除这个该遭天谴的种族”。病毒传播得比殖民者的步伐还要快，瞬间传遍美洲南北，印第安人因此而死的超过95%，剩下的被殖民者继续捕杀，殖民当局耗费了很多皮鞭和绞索来教导印第安人如何缴纳赋税，从事苦役，要将他们纳入新帝国的财政秩序之中。

葡萄牙人仅抢劫一项，在16世纪就有27.6万公斤黄金，白银则更难以计算。西班牙人的黄金白银输入量更多，从1503年至1515年间，黄金输入增加一倍，白银增加更快。查理一世时期在海外领地所得每年约为35000杜卡特，1538年至1548年间，年均收入达到165000杜卡特。在16世纪，欧洲黄金的数量从55万公斤增加到119万公斤，白银数量从700万公斤增加到2140万公斤。金银在欧洲迅速贬值，引发“价格革命”。“价格革命”之所以称之“革命”，因为它使欧洲的财富分配发生了革命性的扭转，原来依靠收取地租积累财富的封建主的实际收入因货币贬值而减少，而工商业主因为原料成本和劳动成本的下降，财富有了很大膨胀，巨大的超额利润成为可能，刺激了大批资金流入工商业。西欧诸国从增加国库财源出发，也采取了一系列鼓励工商业、航运业和殖民扩张事业的财政政策，进一步促进了资本主义的发展。

历史上也称“西方世界的兴起”（The rise of the western world），但西方世界不止一国，而是有许多相互竞争的“君主公司”、“诸侯公司”和“城邦公司”，为了保证军事力量，为了保证竞争胜出，只有通过科技来提高竞争力，维持国家优势，进而增加国家财政收入。英国最终因率先完成工业革命而胜出，它也改变了新帝国财政游戏的玩法，它通过一种新的经济秩序，把其他国家变成它的原料基地和消费基地，以技术优势来吸取财富。当然，如果遇到中国这样不消费它的商品的，它还会找来鸦片。

新帝国财政模式，已经把世界连为一体，把所有国家的财政连接在了一起，落后就要挨打，就要把自己变成优势国财政的财源。

没有谁再能自外于这个新的财政秩序，独立发展。

财政危机与财政创新

欧洲中世纪，国王私人对国家财政负责，即所谓“家计财政”，国王自己支付行政费用。在14世纪前政府开支并不大，但从14世纪开始政府支出规模不断膨胀，主要是军事支出的大幅增长，规模不断扩大的旷日持久的争霸战争使各国君主的财政日渐窘迫。虽然英、法等国家先后都在战争中建立起强大的君主制度，收入能力和规模较前都有大幅提升，但还是无法应付军费的需要。神圣罗马帝国皇帝马克西米利安一世（Maximilian I）甚至无力支付一次跟随他外出的随从们在外过夜须付的房租，其孙子结婚的费用，他还要向商人筹借。而他治下的奥格斯堡的大银行家却控制着比皇室全部财政收入还要大的财富。价格革命对各国财政困境来说，更是雪上添霜，各国君主原有的敛财模式取得的收入都大大贬值。

长期的财政危机成为当时各国君主所面临的最紧迫的问题，各国君主也纷纷使出浑身解数来寻求新的收入。各国都在不断开征各种名目的新税，新税的触角伸向社会生产的方方面面，伸向人民生活的旮旮旯旯，意大利甚至开征了专门针对寡妇和妓女的税。除了开征新税，还大量卖官鬻爵，连教皇也设立了专门出售教职的机构。在财政压力下，各国君主已经顾不上什么道德和社会舆论了。

创新往往来自压力，财政也是如此。也只有危机下，财政才能生出制度变革和创新的动力。在财政压力下，欧洲各国财政创意连连，直到完全打破原来的财政结构。

第一个创新是出售城市的自治权。随着商业的恢复和发展，城市再次在欧洲复兴。厉以宁教授指出中世纪城市的成长带有自发性，是在集市贸易的基础上产生和发展起来的①。中世纪时德意志

① 厉以宁：《资本主义的起源》，商务印书馆2004年版，第76页。

有句谚语，“城市的空气使人自由”（city air is free air）。城市生活着向往自由的商人和手工业者，是经济中心和生产中心。最初国王和封建主像管理他们的庄园一样管理城市，这显然不利于城市的发展，也不符合商人和手工业者的利益。后来城市与国王和封建主进行谈判，由城市筹集一笔钱给国王或封建主，换取城市的自治权。这笔钱的数量高于城市居民原来负担的各种赋税，这对于正财政紧张的君主是有利的，所以很容易达成协议。这样在欧洲出现了一大批自治城市，他们自行组成市议会，组织城市的政权机构，建立城市财政系统。每个城市都有自己的财政。财政收入主要包括城市公共土地出租的租金；属于城市所有的店铺、商栈、货栈等的出租费用；对商品的征税；对居民财产的征税。其支出除了上缴封建主或国王的费用外，还包括了城防支出、行政支出和市政建设支出。由此城市得到了很快发展，其收入也快速增长，富裕起来的城市大力改造了市政系统，如铺路、供水、建下水道等，还有壮丽的公共建筑，如市政大厦、市场建筑等。财政在民生方面也很给力，为市民提供市属磨坊、面包房、油坊和屠宰场等，还大力兴建医院。1338年，佛罗伦萨就有30所医院，除了少量教会兴建的外，大部分是由市财政出资建设的。城市还推出了一系列济贫措施，除了财政负担一部分外，还设立慈善基金，鼓励人民捐款。在自治市的财政管理方面，也有很大进步，一份1368年奥格斯堡的公告里明确要求：“应该每年向富人和穷人报告，税款的收入怎样用去，城市清偿了什么债务，以及承上帝佑助，什么款项该由城市收进……”这项交易，使城市获得了自由和发展，君主得到了收入。

第二个创新是新税制。1624年，荷兰因军费大增，财政拮据，故重金悬赏征求新税的设计。在众多设计方案中，一个在各种凭证、文件上粘贴税票的方案被选中，取名印花税（Stamp Tax）。1694年，英国也开始征印花税。1799年，英国对拿破仑战争时，为了应付军费骤增的需要，首相皮特（William Pitt）首创所得税，即“三部课征捐”（Tripleassessment），这和后来的所得税（Income

Tax）还有所不同。当时的所得税是根据个人所得来源不同，划分为五类，实行分类所得税和源泉课征制度，而且属于战时临时征收性质。直到1842年，所得税才得立法，成为国家正式税收。此时形成的工商税，据不完全统计有几十种之多，包括了徒弟税、执照税、资本税，等等，很大程度上妨碍了工商业的发展。而此时贵族、教士却免税，引起新兴的工商业者的强烈不满。在新兴的工商业者的推动下，发明了消费税，它与以前的直接商业税不同，是间接商业税，它以销售商品作为课税对象，将税款附加于价格上，随商品销售一同转嫁出去，工商业者一般不会负担消费税，主要由当时消费主力富裕的贵族、大土地所有者、教士承担了。消费税的设置使人人因消费而纳税，特别是那些挥霍无度的消费主力军的特权者，也成为纳税的主体。所以当时有人欢呼："消费税确为世界上负担最轻、最为公平的赋税。"在这一系列的税制创新中，也反映了各种势力的博弈，到18世纪，以消费税为主导的间接税制度，终于取代了古老的直接税体系，成为主导税制。

第三个创新是借贷。这首先是因为金融的发展，在欧洲出现了很多富有的银行家。银行最先出现在意大利城市国家，后来蔓延到整个欧洲。银行家不仅向私人贷款，也向各国君主贷款。国王们的信用不是很好，是高风险业务，所以贷款给各国君主的利率都非常高，一般都在30%—50%，奥地利的腓特烈三世（Friedrich III）借款的利率竟高达80%，而法王查理八世在1494年为入侵意大利向索利的热那亚银行设在里昂的办事处借款的利息更是高达100%。1272年至1310年间，卢卡的里恰尔迪银行贷款给英王40万英镑，后来因收不回贷款而倒闭。佛罗伦萨的巴尔迪银行和佩鲁齐银行在"百年战争"期间为英国提供贷款，也因爱德华三世到期不还债而倒闭。法国的美男子腓力四世（Philippe IV）大举借债，但他并不向银行偿还债务，而是将银行家流放来清除自己的债务，他的主要债主圣堂骑士团也因之毁灭，其众多成员在法国被捕，残酷审讯后以异端罪名处以火刑。圣堂骑士团本是因十字军东征组织发展起来，曾经盛极一时，富甲天下，拥有几千座城堡和巨额财富，甚至发展出最早的银行业，最终沦为法王腓力四世解决财政问题的牺牲品。但这些并没有影响银行业和各国君主的合作，因为双向需要，所以也在积极进行制度创新来规避风险。只要有可能，银行贷给君主的款项都要以一定量的珠宝或金银器皿作抵押，后来抵押品可以是某项税收，如海关税和货物税等，也可以是某个城市的收入，如英王曾以伦敦城作担保，法王曾以巴黎市政府大楼作担保。也有要求该国商人作保的。为了还款，各国还创造出包税制、年金制和偿债基金等。威尼斯还发明了强行摊派国债的办法。佛罗伦萨发明了嫁妆基金以高利息吸引人民投资，投资人可以在女儿出嫁时得到本金及其利息。

政府债务也在一定程度上推进了政府财政账目的公开透明。19世纪中晚期，美国很多城市都习惯通过发行市政债券来为大规模的市政建设筹集资金，但是由于它们经常拖欠债务，新的债券很难发行。一些地方政府开始尝试建立公开财务账目，就公债发行和偿还让选民投票和监督的制度，来争取投资者信心，放心购买市政债券。最初只是个别地方政府的制度创新，到20世纪初几乎所有的地方政府都主动或被迫公开了政府财政账目。1908年10月5日，美国纽约市还举行了预算展览，用长达一个月的展期向市民展示了纽约新的蓝图，让市民深入了解到地方债务和城市建设的方方面面，促使市民对政府工作有了全面的了解和认同。此后，预算公开也逐渐在全美推开。

第四个创新是垄断。国家除了通过对某些特产商品进行垄断来获取收益，如葡萄牙的胡椒、西班牙的银、法国的盐、瑞典的铜、教皇国的明矾等，也通过自己的政治军事势力，授予商人、银行家专卖权、企业特许经营权、矿产开采权、金属价格垄断权、殖民地贸易权等，来获取丰厚的收入。这也是银行家在政府和君主信誉如此不佳的情况下，还愿意贷款给政府的原因，因为这些垄断特权能获得的利润很多时候大大高于贷款所获得的收入。德国和意大利商人经常通过贷款来打开国外市场的经营特权。各国政府也切实为商人们打开市场提供帮助，中国人最熟悉的就是英国女王的海军为鸦片贩子用炮舰打开中国的市场，第四任香港总督约翰·包令（John Bowring）宣称："自由贸易就是耶稣基督，耶稣基督就是自由贸易。"中国成为世界最主要的鸦片消费市场，鸦片买卖开始成为维多利亚女王时期帝国辉煌的获利最丰的财源。巴拉圭拒绝购买英国商人的铅制救生圈，英国报纸《标准报》说，必须用血与火来给它上一堂关于"文明国家的习俗"的课程。这一仗打了五年，损失惨重。"战争结束了，现在没有一个十岁以上的巴拉圭男人了。"

第五个创新是债务证券化。太阳王路易十四时期，法国一度达到鼎盛，但是由于连年战争，且生活极度奢侈浪费，到1715年他去世的时候，法国已经欠下了25亿里弗尔①的巨额债务。法国1716年的税收也不过0.7亿里弗尔，支出却有2.3亿里弗尔，再加上巨额债务，财政面临破产。这时出现了一位经济学家约翰·劳（John Law），他是一个热爱数学的经济学家，对金融有深厚的研究，在1704年出版了《论地产银行》（*Land Bank*），1705年出版了《货币与贸易通论》（*Money and Trade Considered with a Proposal for Supplying the Nation with Money*）。这两部著作系统的论述了他的思想，他从供给和需求的理论出发，提出在无储备的情况下发行纸币刺激经济增长的主张。他提出一国的实力和财富与人口、军火和外国商品的数量有关，商品依赖于贸易，而贸易又依赖于货币，如想和其他国家一样强大富有，就必须拥有与该国数量相等的货币，没有货币，再好的制度也不能动员人民、改进产品、促进制造业和贸易。他不仅提出了货币需求理论，而且还证明了当货币需求与货币供给不平衡时，一般物价水平会发生变动。约翰·劳还由货币到贸易的因果关系，证明货币与产出之间存在共生关系。后来魁

① 里弗尔（livre tournois），法国古代货币单位，相当于1磅白银，也有译作法磅。

奈、凯恩斯、弗里德曼等经济学家分别在不同的方面吸纳与发展了约翰·劳的学说。约翰·劳是天才的数学家，他用数学函数推演他的理论。而这时在法国直接面对巨债的摄政王奥尔良公爵，也是一个热爱数学和经济学的人，他读到约翰·劳的著作，很是兴奋，认为找到了解决财政危机的良方。约翰·劳被任命为法兰西帝国财政总监，直接操刀来推行自己的理论，很少经济学家有这样的机遇和幸运。

1716 年 5 月 5 日，约翰·劳在巴黎创立通用银行，发行纸币，1 单位通用银行纸币可以兑换 1.2 单位的国债。通用银行每年向法国支付 5300 万里弗尔，承包了法国税收，收少了由通用银行补齐，收多的部分归银行所有。约翰·劳没有提高税收额度，而是通过裁撤大量税官，取消皇室贵族免税特权的手段来提高税收。1717 年 8 月，约翰·劳成立密西西比公司，并获得法王授予的密西西比开发的种种特权。最重要的是，人民可以用手上的债券来购买密西西比公司的股票。当时 500 里弗尔的国债债券在证券市场只能兑换到 150 里弗尔，而在密西西比公司却可以购买到等值的股票。通过宣传密西西比河流域遍地黄金，那里的山都满是金、银、铜、铅、水银，还有一座传说中的纯绿宝石山，其股票价格迅速攀升，这样就吸引到几乎所有持有国债的人来购买。在股票上涨过程中，各种当地印第安人不懂黄金价值，拿金条换小镜子之类的笑话也编出来流传，国债就在这样的喜剧中乐呵呵的消化掉了。英国见猎心喜，也成立一家南海公司，通过发行股票来回购政府国债，缓解财政危机。为了刺激销售，无论密西西比公司，还是南海公司都做了大量虚假宣传，不断炒高股价，形成巨大的泡沫，最后约翰·劳从法国出逃，英国抓捕了财政大臣。后来的经济学家们分析，约翰·劳的理财思想还是包含了很多合理成分，只是没有能见好就收，形成无法遏制的投机狂潮和泡沫。泡沫刺破带来的危害，也使相关创新尝试在欧洲停滞了 100 多年。

第六个创新是投资。各国君主除了通过出售特许经营权收取费用，并从贸易中获取税收的好处外，还直接进行各种投资。这些投资包括投资冒险家、探险者，也包括了投资公司。伊丽莎白一世对海盗弗兰西斯·德雷克（Francis Drake）船长的投资，为她带来了超过4600%的利润。他用女王投资的舰船进行的海上抢掠和黑奴买卖，极大地充实了大英帝国的国库。伊丽莎白一世对“海贼王”沃尔特·雷利（Walter Raleigh）船长的投资也获益甚丰，雷利还把弗吉尼亚献给了伊丽莎白女王，因为女王有“童贞女王”之称，弗吉尼亚有“处女地”之意。但海盗不久就成了坏人，他们要为自己的罪行承担责任，雷利以严重叛国罪在伦敦塔被斧子砍下脑袋。当然，国王没有忘记他们的功劳，国王将他的头颅用香料处理过，给了他遗孀。在第二次世界大战最艰难的岁月，英国又想起他们曾经的英雄，将德雷克的金鹿号图案印在了半便士的钱币上，使用了33年之久。英国1600年成立东印度公司，詹姆斯一世、查理二世先后对其进行了投资。荷兰议会1602年决议成立东印度公司，投资650万荷币，是英国东印度公司投资额的10倍，由各地区承担，其中阿姆斯特丹承担了一半，后向全民开放发售股票，荷兰大议长担任领导人。法王路易十三、路易十四都曾投资公司，并曾担任过一些公司的领导。这些公司不仅拥有种种商业特权，还被赋予了在武力克服的地区执行国家最高权力的特权，他们通过武力和贸易为他们的投资者带来了极为丰厚的收益。

第七个创新是铸币和征收铸币税。在世界古代史上，金属铸币是主要的货币形式。金、银、铜等铸造货币的原料本身也是有价值的商品，所以国家发行的铸币的价值也就等同于其本身的价值。在长期的使用中，金属铸币会有磨损，但人们还是能接受其按照面值使用。这样，就有了表面价值与实际价值的分离。统治者铸币发行，本来就是一项有着丰厚利润的敛财方式，但是统治者为了获取更多利润，往往会增加货币发行，一种是在不减少其金属含量的基础上加大货币铸造和发行，一种是通过减少金属含量来扩大发行，而且减轻重量减轻成色的现象越来越多，也越来越过分。英国伊丽莎白一世女王的顾问官格雷欣在这时还发现了一个现象，就是“劣币驱逐良币”。法国和西班牙战争期间，为了筹集军费，在1526年至1546年间多次降低铸币的金属含量。英国伊丽莎白一世在1526年开始的“九年战争”中，进行“硬币大改铸”。神圣罗马帝国在30年战争时，大量铸造劣币以应付军费所需，一是用劣币支付雇佣军薪水，二是用劣币兑换邻国的良币。还有一些君主将已经铸造的良币收回重新铸成重量较轻、成色较差劣币，获取里面的差价。查理曼大帝铸造的优质的第尼尔（Denier）银币，到13世纪中叶，已大多不再是银的，而几乎是黑色的了。广大的人民，特别是新兴的商人实在不堪劣币之扰，他们向官方提出若承诺稳定币值，他们愿为之付费。君主们开始以铸币费或者铸币税的形式，征收优劣币差额。

第八个创新是汇票。前面都是开源的手段，汇票却是节流。当时硬币的运输很不容易，于是有了汇票的发明。在十字军东征时，军费的运输压力很明显的呈现出来，当时圣殿骑士团以其遍布欧洲和东方的网络承担其运送钱币，调度资金的任务。后来圣殿骑士团不仅为十字军运输钱币，还为各国君主提供这项服务。英王亨利三世时期，就曾利用圣殿骑士团在英格兰与爱尔兰之间、英格兰与法兰西之间运送钱币。教皇也利用圣殿骑士团把各地收到的钱币运往罗马。汇票就是在这样的运输过程中自然产生的，圣殿骑士团由于承担了各国君主大量的运输钱币的任务，开始尝试创造出一种方式，即用汇票在各地区之间调拨钱财。这样极大节约了运输成本。现在关于汇票起源的说法还有很多，比如伊斯兰因素、特许证书的因素等等，但重要的是让各国君主节省了运输成本，在使用汇票之前，成本有时高达运输钱币总额的25%。

在以上的创新中，金融占了很大比重，金融市场将成为财政的血液。这是欧洲商业文明发展、工业革命成功，使国家实力极大增强的结果，有学者将原因归之为国家敢于投资未来，是倒果为因。金融的合理运用，能解财政短时之困，而不能为财政打下可持续发展的基础。这次财政创新的过程，也是现代财政学形成的过程，金融一词也成了新的财政学这一词汇的重要构成语素。英语在前面加上 public，法语用金融一词的复数形式 finances 来表示财政的意思，德语也是其复数形式 finanzen 来表示财政。但是在德语里 finanz 含有“欺诈、奸诈”之意，finanzer 则是“骗子”的意思，金融手段既能为财政谋得巨大的增长，也能带来巨量的危害，必须慎之又慎。

我们喜欢说“大国崛起”，其实欧洲诸国的崛起更多是小国崛起，整个欧洲加起来都还没有当时的清帝国大。没有一个国家能建立独霸，经过多年的战争，始终还是一个争霸格局。后来，人们发现这不仅仅是个战争的竞争，还是商业的竞争，技术的竞争，资本的竞争，民生的竞争，制度的竞争。诗经有云：“誓将去汝，适彼乐土”。在当时的欧洲，你不能提供好的制度的保障，人民可以去其他地方。当时人才也是流动的，英国人约翰·劳能够在法国做到财政部长，银行行长。金融也是一个信用的竞争，我们可以看到在英荷争霸中，荷兰人可以大量购买英国国债。在法国和意大利的争战中，意大利银行家也可以借钱给法国。

在人类财政文明演进的历程中，我们可以看到帝国财政模式在不断升级。最初的雅典帝国和罗马帝国是通过征服求得新的财源，以帮助本国国民免受赋役之苦，享受更多公共服务。到中世纪晚期，各国政府是通过武力为本国公民取得商贸的特权，增进国家的财力。而到后来，各国政府则是要为本国国民提供更好的发展环境，通过经济的发展来增加国家的税收，通过税收为国民提供更多更好的公共服务。同样，争霸的武力，也需要强大财政的支撑，只有雄厚的财力才能拥有更多的军队，不断升级武器装备。武力既为商业提供安全保障，也需要商业为财政不断的输血。

1664 年，法王路易十四给马赛市政府人民写了公开信，作出鼓励商业发展的若干承诺：“亲爱的臣民……朕在国家支出中，每年拨出一百万里弗尔来鼓励工业和增进航运，至于经营东、西两印度公司所付出的巨大款项，尤不在言下；朕现正致力于革除各可航河流上的一切税收。现已用了一百多万的里弗尔来整修官道，关于官道的修理，朕还要时常加以注意；朕将从国库中拨出款项来帮助那些愿意重建旧工场和从事建立新工场的人……凡从事海运的商贾、购买船只或建造新船来从事运输和经商者，在已确定的航次中，得在朕处领得每一吨进口或出口商品的补助费。”也是在这一年，路易十四为了提高法国法兰德斯式毛毡的竞争力，为帮助恩纳建立工厂，国家负担投资的2/3，无息贷款供其购买生产原料。但要求在工厂开办第一年，即要雇佣本国和外国工人100名，并且要在第一个六年，每年增加工人100名。国王还答应从准备金里拨出每人20里弗尔。学徒数目不得少于50人，国家每年按每人每年30里弗尔给予食宿补贴。外国技工在法工作八年可获得法国国籍。特准恩纳、合伙人及工人免纳户口税、军饷税及其他正规的和额外的捐税，免除他们分担城市债务及兵役等。为了保证工人能安心工作，也给予他们享受各种特权和豁免。对于他们购买的原料，也都予以免税，其产品在五大税区内销售时也予以免税。对他们的商标进行保护，凡是仿制其商标的要处以一万里弗尔的罚款并没收货物。我们可以发现，我们现在促进经济发展的各项财政措施，那个时候都已经出现了。而且对于受到财政补贴的企业做出了提供就业岗位和培训技术人才的要求。

1897年，德皇威廉二世在检阅派遣到中国进行战争的舰队时发表演讲：“只有在帝国权力庇护之下，德意志商业有了安全感，它才能够稳固地发展和兴隆起来……在我们德意志军旗的保护标志之下，我们有理由提出要求：凡是外国人给予一切其他国家的某些权利，也同样是德意志商业、德意志商人和德意志船只所要取得的权利。”德国虽然比英法起步晚，但是也很快加入到这个争霸行列中来，他们开始拜英国人为师，引进英国的技术和人才，建立新式工厂。到1863年，德国就由机器进口国发展成为出口国了。并且开始要求在国际市场取得和英法列强同等的权利，通过武力开拓着新的世界市场。作为后起之秀，它在尽力直追的同时，也有另一项制度的创新，就是关税同盟。关税同盟不仅在 17 个德意志邦国之间实现了废除所有的关税和过境税，还通过一系列的条约和希腊、荷兰、土耳其、法国、英国、比利时、奥地利诸国实现了关税相互减免，大大降低了交易成本，促进了国际贸易的发展。世界也就这样一片片的形成庞大的市场网络，相互关联交错在一起。

社会危机与新财政学

商业财政模式，为国家财政带来了爆炸式的增长，其增长的速度已经超过了古代的任何时期。但是，同时它也使社会财富的两级分化空前扩大。被迫变成工人阶层的雇佣劳动者们，丧失了他们做农民时曾有的基本生活保障，成为城市一无所有的赤贫阶层。当时很多写实风格的小说，为我们展示了由于贫富两极分化造成的诸多社会问题。如《雾都孤儿》里的救济院、童工以及帮派吸收青少年参与犯罪等。《远大前程》、《红与黑》、《幻灭》……一部部小说表现了下层青年希冀以自己的才华或其他方式改变命运的最终幻灭的无奈。著名启蒙思想家卢梭的《忏悔录》，很生动也很残酷地揭示了自己在这样的社会中，在种种屈辱和无奈中艰难行进的跌宕起伏。他做过家庭教师，替人抄写乐谱，甚至依附贵妇，在长期的颠沛流离中，他萌发了“对于不幸的人民遭受痛苦的同情和对压迫他们的人所抱的不可遏制的痛恨”。卢梭也是第一位把改造世界的激情置于理论起点的思想家。卢梭旗帜鲜明地提出“人生而自由”。他在 1755 年发表了《论人类不平等的起源与基础》，提出财产是人类不平等的起源：财产产生罪恶，破坏人的权利。他认为解决不平等问题的办法是订立社会契约。孟德斯鸠进一步提出自由要从政府的分权中得出，提出将权力分为立法权、行政权和司法权的主张。伏尔泰主张自由和正义，提出“没有正义，社会就不能存在。”他们的思想对新财税体制的构建提供了理论基础，在社会产生了广泛的影响。连最热爱自由贸易的奴隶贩子，也要把他们的贩奴船命名为“卢梭号”和“伏尔泰号”。

在这一时期，影响各国财政最重要的是重商主义。他们认为国家财富完全是由货币构成，货币就是金银。每个国家的首要目标就是积极积累金银，为此可以使用任何手段。最富有的国家就是国库里存放最多金钱的国家，有了最多的金钱，就有了最强大的军队，也就可以统治和剥削其他国家。他们认为社会总财富是有限的，一个国家只能以牺牲另一个国家为代价而增长，他们支持对外殖民，支持国家派军队去别国掠夺金银和其他贵金属。在贸易上，他们支持特许垄断经营，寻求贸易出超，鼓励进口，打击出口，就是要使金银不断进入他们的国库。西班牙的查理五世、英国的伊丽莎白女王、法国的路易十四都是这一学说的鼓吹者和实行者。

1576 年，法国政治思想家布丹（Jean Bodin）的《共和国六讲》（Les six livres de la république）[①] 出版，其中第六讲着重讨论国家财政问题，包括了人口核查，国家收入，不同政体的比较，分配、交换与和谐正义等章节。虽然布丹还是按照传统将财政作为政治学的一个部分来讨论，但已经对新兴资产阶级的政治要求和刚刚兴起的重商主义进行了回应。布丹试图在君主绝对专制和保护私有财产之间寻求平衡，其最重要的理论是主权论，虽然把最高主权赋予了君主，但是他认为主权者是受上帝的法律和自然法约束的，私有财产的权利是根植于自然法的完全的自然权利，因此，私有财产权是神圣的，不经占有者同意，主权者是不能触及的。在布丹的主权理论框架里，财政权是国家主权的重要组成部分，他认为国家有

---

① 关于 Jean Bodin 的译名，在国内很不统一，有让·布丹、让·博丹、让·鲍丹、让·波丹、约·波丹、琼·鲍丁、耶恩·布丹等。《共和国六讲》也有译作《国家论六卷》、《论国家的六篇论文》、《共同体六篇》、《共和六论》、《论共和国》等，英译本的篇名是“Six Books of the Commonwealth”。叶振鹏先生回忆早年曾在中央财经大学图书馆见过此书中文译文，并作了读书笔记，可惜今天已经检索不到。幸好网上有英文电子版，可供下载阅读。

灵魂和躯体，财政是国家的神经，财政分配状况足以影响到政府权力的渊源，财政分配高度不平等会产生很大的危险性。但是作为国家主权一部分的财政权也必然受制于自然法的约束，税收必须取得代表占有者的等级会议的同意。布丹在著作中强调了发展对外贸易对增加国家财富的重要作用，指出价格革命的最重要原因是金银供应量不断增加，在分析财政问题时也运用了一些经济学的方法。布丹的财政学理论明显反映了从传统向近代过渡的性质。布丹曾深得法王亨利三世的宠幸，在《共和国六讲》出版的同年被推选为三级会议代表，但他在会议上反对了国王的财政计划，被国王疑忌排斥，郁郁而终。布丹的《共和国六讲》曾被译为英文，长期作为剑桥大学的教科书，对英法两国财政学的发展有很大影响。亚当·斯密的财政思想也在一定程度上受到他的影响，如对课税原则的一些论述。

1776 年，英国人亚当·斯密（Adam Smith）出版了他的《国富论》（*The Wealth of Nations*），全称是《国民财富的性质和原因的研究》。此书不仅开启了现代经济学，也将财政学纳入经济学的范畴，开始了财政学新的研究轨迹。经济学本来只是财政运用中的一种工具，但此后财政学成为经济学的一个分支，本来的政治学、社会学的研究路径反渐渐成为冷门。

斯密在《国富论》中痛斥了当时英国国家财政的无耻，资本家集团利用英国议会通过各种有利自己的财政法案，他们不仅利用这些法案剥削本国弱势群体，还利用这些法案剥削外国人民。斯密严厉谴责既得利益集团利用民主制度通过最低工资的法案，把工人的工资限定在最低标准，任何给雇工增加工资的雇主都将受到重罚。他认为重商主义的主张只对生产者和垄断者有利，而牺牲掉了穷人的利益。斯密同情穷苦民众，他花了 12 年时间写他的《国富论》就是要为普通人呐喊，找到能“普及到最下层人民的那种普遍富裕”。他要将他们从“每天 16 小时的工作、活命工资和 40 年的寿命中解放出来”。斯密的秘方是“经济自由”，他认为“每个……使用资本和劳动……的个人……既不打算促进公共利益，也不知道他自己是在什么程度上促进那种利益……他受着一只看不见的手的指导，去尽力达到一个并非他本意想要达到的目的……他追求自己的利益，往往使他能比在真正出于本意的情况下更有效地促进了社会的利益。”这就是著名的“看不见的手”（an invisible hand）理论。斯密在他的另一本著作《道德情操论》中，也提到了“看不见的手”：

> 但是，他们还是同穷人一起分享他们所做一切改良的成果，一只看不见的手引导他对生活必需品做出几乎同土地在平均分配给全体居民的情况下所能做出的一样的分配，从而不知不觉地增进了社会利益，并为不断增多的人口提供生活资料。

对于财政学，斯密认为政府收支行为应指向满足社会公共需要，亚当·斯密提倡建立一个节俭但强有力的政府，但应为人民提供道路、运河、桥梁、港口等公共设施，还有普遍的基础教育。他提出了税收平等、确实、便利和最少征收费用的四项原则。他坚决反对既得利益集团通过国家财政攫取个人财富。在斯密那里，虽然还没有“公共产品”的概念，但是已经呼之欲出了，一个现代公共财政学的框架已经初见雏形。

《国富论》对此后的经济学和财政学发展影响深远，先后被翻译成 18 种文字，而且很多国家是反复翻译，在日本被翻译了 14 次，在德国被翻译了 10 次，西班牙被翻译了 7 次，在中国清朝时就有了严复的缩译本和多个节译本。但是斯密对当时的英国却无能为力，看着英国国会以民主的名义继续通过着一个个被他认为荒谬的法律，而他本人也在 1778 年出任苏格兰海关关长的职务。一个主张自由贸易，要求取消大部分关税的学者在他的著作出版 2 年后将用尽余生为实施重商主义的海关法而尽心尽力。亚当·斯密出身海关世家，他的父亲、他的叔叔、他的堂兄同样都曾担任海关官员。从斯密致友人的书信中，我们知道他非常认真的履行他的职责，他甚至烧掉了所有以前图便宜购买的走私衣物。也是因为这个职务，他没有完成他的研究计划，但他忠实地尽到了帮助穷人的志向，这是一份薪水很高的职务，每年有600英镑的年薪，他也每年定期把收入的绝大部分偷偷地捐赠给慈善机构。

四、中国财政史的新变化

经济向右财政向左

司马迁曾言："天下熙熙，皆为利来；天下攘攘，皆为利往。"在利润的驱动下，商业经济在中华大地迅速发展，"富商大贾周流天下，交易之物莫不通"。汉代人就感叹："今法律贱商人，商人已富贵矣；尊农夫，农夫已贫贱矣。"尽管在"重农抑商"的基本国策下，商人受到贬抑，但他们仍然能够在当时的经济条件下成功致富，仍然能够在社会经济中发挥重要作用。

汉代商家女卓文君和寒士司马相如在街边卖酒作赋的故事留下千古佳话。唐人姚合有《庄居野行》诗："客行野田间，比屋皆闭户。借问屋中人，尽去作商贾。"宋词元曲中的商业文明可以说是文字版的《清明上河图》。明代小说塑造了大量商人形象，《初刻拍案惊奇》第一篇就是苏州商人海外致富的故事。汉之赋、唐之诗、宋之词、元之曲、明清之小说，一代有一代之文学，但都在共同描述民间商业的繁盛场景。

唐宋时期一批新型的工商业城镇在交通要道、驿站渡口、城郊周边自然生成，据宋代的不完全统计，兴起的草市有2.7万个之多，形成了巨大的商品市场。不仅国内贸易高度发达，海外贸易也相当兴盛，出现了交、广、泉、扬等著名的通商口岸。商业的兴盛也带动了货币经济的发展，不仅产生了邸店、柜坊这样的金融机构，产生了飞钱、便钱这样类似汇票的金融业务，还产生了世界上最早的纸币。造纸、指南针、火药、印刷术都在这一时期全面成熟，得到广泛应用和规模化生产。明清时期中国商品经济有了更大的发展，粮食、棉花、丝绸、瓷器等日常消费品成为大宗商品广泛流通；出现了拥有上千雇工规模的大型手工业工厂；出现了徽商、晋商这样地域性的大商团；还有了钱庄、银号、票号这样的金融机构，不仅经营银钱兑换、储蓄、放贷等业务，还发行自己的票据，可以到异地兑现。同时，中国在科学技术方面也多有创新。英国科学史家李约瑟曾提出一个问题，曾经科技发达的中国为什么没有能首先实现工业革命，这被称为“李约瑟难题”。

国家财政无疑是商业发达最大的受益者。如海外贸易就给唐宋国家带来一笔新的收入。宋神宗就称：“东南利国之大，舶商亦居其一焉……岁获厚利。”到南宋时偏于东南一隅，国库收入更大多来自市舶之利。草市兴盛之后，国家很快就多了很多新的税源地，据《宋会要辑稿·商税》记载，熙宁十年时新兴草市有1千多处贡献了税收，最高的近3万贯，1000贯以上的有300多处。到南宋时，苏州府治下的昆山每月商税已经“动以万计”。

虽然工商业的兴盛，不仅带来社会的生气和活力，而且也给政府带来了丰厚的财政收入。但是自宋以后，中国政治和财政越来越走向专制和集权。国家经济和财政好像是各自朝着相反的方向发展。

宋朝同当时西方各国相比，一个显著的特点就是中央集权加强。在宋朝中央集权体制下，宰相之权也一分为三，行政、财政、军事三权分立，各自向皇帝负责。宰相仅有行政权，无权管理财政事务。新设三司使“总天下财赋”，号称“计相”。地方设路、州、县三级，路一级不设总长官，而设数个平级的“监司”，即安抚司、转运司、提刑司、提举常平司，各司只负责路内一项事务，转运使负责财政事务。规定地方财政以州为基本核算单位，各州收入的税赋，保留本地经费之外一律上缴。地方保留财赋也要将账册定期上报朝廷接受审查。路一级虽有调剂余缺之权，但不设国库，亦无权不经上报调拨较大数额的财赋。明清时期专制进一步加强，明代国家财政留给地方各州县的办公经费，大一点的县每年不过一二万两，小县仅仅数千两。清朝顺治时裁去十之四五，康熙又去其半，乾隆时又加削减。当时人称“官吏之薄俸，公费之奇廉，直等儿戏”。中央通过财政集中，把地方死死的困住了。落后的财政制度，不仅困住地方的活力，也限制住了个人的活力。地方官吏只能巧立种种名目，向下盘剥。

欧洲中世纪工商业城市的兴起，为自己争取了自治的地位，得到了摆脱封建剥削的机会和发展工商业的空间。而中国工商业草市，虽然冲破了坊市体系，形成了非军政的商业城镇，但很快被强势地纳入到中央集权的体制之中。西方史家普遍认为，在西方现代国家形成史上，这种“商业郊区比封建城堡重要得多”，但是与当时的欧洲相比，中国的中央集权要强大太多。

在对商业的管控上，也是越来越严厉，特别是海外贸易，到明清时更是完全禁止，发出“片板不许下海”、“出界以违旨立杀”的诏书。虽然海外贸易能带来很多的税收，但是与专制秩序的稳定而言，就微不足道了。乾隆皇帝有诗云：“间年外域有人来，宁可求全关不开。人事天时诚极盛，盈虚默念惧增哉。”不仅对外贸易要限制，连国内的迁徙也设置里甲、关津、禁山种种措施严格管控。

在对商业征税上，有些朝代初期因为商业凋敝也实行过一段时间的轻税政策，但后期财政困难，对商人的盘剥就成了开源的主要渠道。除正税外，各种名目也层出不穷。从三国走马楼吴简看，涉及商业的税收就有“僦钱”、“鋘钱”、“具钱”、“枪钱”、“行钱”、“杂米钱”、“财用钱”、“地僦钱”、“鋘贾钱”、“批贾钱”、“市具钱”、“柚租钱”、“米租钱”、“酒租钱”、“市租钱”、“市稟钱”、“陶租钱”等多种。所谓“市税繁苦”、“市税重滥”，史不绝书。

唐代就柜坊征税，要求缴纳营业额的25%，“长安为之罢市，遮邀宰相哭诉。”很多地方征收商税的办法是设关卡收“买路钱”，南朝时设桁渡收税，仅建康一地就有24处之多。南宋大臣陈渊上奏称从衢州到临安300多里路程，就设收税关卡7处，虽每处只收1/30，好像不多，但是经过这7个关卡到临安就是7/30，接近1/4。这还不包括沿途地方官擅增关卡，税务官吏额外加征、勒索贿赂等。晚清为应付内外战事，又有厘金之设，一时间各地遍设关卡征税，每道关卡从1%—20%不等，湖北设有厘金卡局480多处，平均每年收入128万两。湖南的厘金收入更在200万两以上。商旅几里几十里就要遇到一卡局，不断被重复征税，可谓寸步难行。北宋中期大臣陈襄就曾言：“近年商旅不行，税课亏折，由上好暴征也。”到后期就更严重了。

官家对商人的欺榨也很多。唐代白居易的《卖炭翁》道尽“宫市”制度对小民的盘剥。明成祖有道圣旨：“那军家每街市开张铺面，做买卖，官府要些物件，他怎么不肯买办？你部里行文书，着应天府知道：今后若有买办，但是开铺面之家，不分军民人家一体着他买办。敢有违了的，拿来不饶。”看得直叫人胆战心惊。

在重农抑商的基本国策下，商人的政治地位也很低，不仅在科考等各方面进行打压，连穿衣出行也都有限制，明太祖曾有圣旨：“农民之家，许穿绸纱绢布；商贾之家，止许穿布。农民之家，但有一人为商贾者，亦不许穿绸纱。”在集权体制下，商人的可持续发展受到极大限制，陡兴陡衰，只是寻常事。在地方财政的普遍困难下，他们也成了地方官的主要财源。古代有“灭门的知府，破家的县令”之说。为了求存，商人往往不得不想方设法勾结官府，据王家范先生估算，明末商人结交官场费用约占其利润44%。在此背景下，中国商人也很难像欧洲同行那样走出中世纪。

在财政管理上，明清不仅不能吸收商业创新出的种种新的元素，而且较前面的朝代还有所退步。如在唐代已经按照预算流程来设计户部的内部机构，而明清却用分地域管理的方式设置户部内部的司局。唐代有零基预算之编制，对收入支出转运留存都有一通盘考虑，后来还提出了量出为入的管理原则。明清则采用最简单的基数预算方式，从大清皇帝到户部官吏，乃至对国家财政感兴趣的士绅，都知道国家财政每年收入 4000 万两银子，支出 4000 万两银子，每个官拿多少薪俸，每个地方支出多少。多年固定不变，经不起任何风吹草动，一遇天灾人祸，如水灾、旱灾、蝗灾、瘟疫、战事，马上就会引起财政危机。《会计录》的四柱预算编写，多年不变，开支小项都分得极细，没有弹性空间。各种实物入账，度量都不统一。缺乏弹性办法和扩张的手段，到清末遇到“入款有减无增，出款有增无减”的困境，才在编《光绪会计录》时作出若干改革。明代来华的利玛窦曾有个疑问，中国每年花费 100 万两以上的银子来维持大运河，以便把南方大量的赋役运往北京，而与运河平行就有一条既近而花费又少的从海上到北京的路线。对当时的欧洲人来说，这的确是很奇怪的，这被称作“利玛窦难题”。[①] 其实从明代绘制的中国地图上很容易看到这条海路的存在，而事实上，在明永乐十三年之前，元明两代也是通过海路运输的，而禁止海路，改用成本更高的运河运输的就是那位主持郑和下西洋的永乐皇帝。

公私合作提供公共服务

唐宋继续把“劝富豪以助济施”作为重要国策，但只是作为一种补充，主要用于一般特定的灾难救助、军事支出和水利工程。由于这一时期宗教慈善事业有了很大发展，政府主要通过“政府购买服务”的方法，给予宗教团体一定量的土地，用此后的地租来兴办一些常规性福利机构，来为社会提供养老、医疗、救济、丧

① 樊铧：《政治决策与明代海运》，社会科学文献出版社 2009 年版，第 4 页。

葬等基本公共服务。如唐代的悲田院，宋代的福田院、居养院、漏泽院、安济坊、安乐病坊等，多是采用这种办法，由僧人主持。而对于穷人家妇女怀孕的资助，是一次性的“赐以常平钱一千、米一石”，由政府设立专门的举子仓负责支付，举子仓在政府拨付的基础上，也吸纳民间捐赠。对于弃婴的收养，也是用拨付土地的办法，借助民间力量兴办慈幼庄负责收养。有个人愿意领养的，政府每日给予二升米予以资助。基础教育事业也是划拨专门的学田来进行资助。这样利用宗教和民间慈善力量来兴办福利机构提供基本民生服务，不仅提高了运作效率，也节省了政府开支。这样官民合作，建立起了“由胎养到祭祀”，用今天的话讲就是“从摇篮到坟墓”的社会福利体系。

明清时期虽然把一些慈善机构收回，由官府自办，但还是积极引导民间资金投资社会福利事业，推动公私合作的公共设施建设。在赐爵筹资方面，进一步制度化，确立一系列的标准，并积极引导民间组织和资金参与地方架桥修路、挖井建池等公共设施建设，如《泉州府志》记载，泉州明清造桥 260 座，大多是公私合作建造，其中还有 60 多座是僧人主持兴造。1196 年，泉州开浚东湖 2.9 万丈，当地政府全部交给僧人负责。

古代国家提供社会福利的对象，与当代福利国家不同，主要局限于贫而无告和遭受天灾这样的特殊对象，所以国家也极力鼓励民间互助来提供涵盖面更广阔的社会福利事业。如“先天下之忧而忧”的范仲淹创办的范氏义庄，通过范仲淹等族人捐献的公田收取的田租，为全族人提供每日白米一升、冬衣一匹、嫁娶丧葬补助、基础教育的学费、升学考试的路费等服务。范氏义庄延续了五个朝代，从 1049 年到 1949 年整整 900 年，受到历代多位皇帝的表彰，成为古代乡里慈善的楷模。

明清时代还建立了“立牌坊以彰尚义”的制度，就是通过特定的国家荣誉，来表彰人们的善行，引导人们积极出资参与社会福利和地方公共建设。牌坊的表彰对象，不仅包括纳钱获爵者，还包括大量在民间乡里、宗族互助中表现突出者。在安徽省歙县郑村镇棠樾村东大道上，有七座逶迤成群的牌坊，配合周边的古祠堂、古民居、古亭居、古亭阁，在广阔的田园风光、秀丽的山光水色映照下，构成一幅绝美的画面。我们经常可以在电视里看到这个经典画面，它已经成为中国传统文化的重要标志之一。但是它让人联想到的总是封建社会对妇女的迫害，是一条套在古代妇女脖子上的锁链，其实在七座牌坊里，严格意义上只有1座贞节牌坊，居正中位置的规模最大的一座，是“乐善好施坊”，是表彰鲍氏父子大力捐助地方公益事业救济贫困的善行。这座“义”字牌坊四柱三间三楼，高11.7米，宽11.82米，比那座贞节牌坊要多2根柱子，高出近2米。在当时得到这样一块牌坊并不容易，相传清代安徽歙县鲍漱芳父子在当地置义田，办义庄，铺路修桥，常年热心公益事业，其善行义举在当地有口皆碑。从中央到地方都有不少官员上书为鲍氏立“义”字坊。但嘉庆皇帝还觉得不足够，暗示鲍家，当时安徽、江苏、浙江三省军饷匮乏，鲍家立即主动捐赠三省三年军饷。接着洪泽湖决堤，“诸坝灾民嗷嗷待食”，鲍家捐米6万石。淮河、黄河发生严重的洪涝灾害，鲍家又捐麦4万石，并捐银修筑了长达800里的淮河河堤。这些捐赠，使不少百姓获益，“所存活者不少数十万人”。才终于赢得了这座“义”字牌坊。中国各地还有很多古代遗存的“义”字牌坊，如被古人称之“天下第一”的福建仙游县的“乐善好施”坊，光建造时间就有三十多年，精雕细刻，无论建筑造型、结构、雕刻都趋至境。

当中国称霸海洋

1994年，一位美国女作家李露晔（Louise Levathes）出版了一本书，名字叫《当中国称霸海上》（*When China Ruled the Seas: the Treasure Fleet of the Dragon Throne 1405 – 1433*），作者用她那极富视觉性的生花妙笔将我们带入到海上郑和船队帆樯如云、遮天蔽日的场景之中，作者写道：“这是中国史上也是世界史上空前的大舰队，在第一次世界大战攻击舰队出现之前，没有任何的船队可以与之匹敌。”① 作者随之联想到如果80年后驾着85英尺大的船由西向东的达·伽马遇到庞大的郑和船队，会是什么样的场面。历史不能假设，当达·伽马、哥伦布、麦哲伦四处募款筹划扬帆出海时，中国由政府财政支持的郑和的庞大船队早已在海上彻底消失了。

一直到今天，人们还在对这支船队的远航目的猜测纷纭。也有将之归之财政的原因，明成祖即位之初，因靖难之役、迁都北京，财政耗费极大，“供亿转输以钜万万计”，为了解救财政的困难，采用了很多开源之法，扩大海外贸易也是其中的一个途径。以胡椒来说，在苏门答腊每百斤不过值银1两，但运到中国，每百斤可售银20两，赢利近20倍。再如苏木，日本贡使定价是每斤钞1贯，而政府支付给官吏充当俸禄却规定每斤折价钞50贯，这一进一出，就赢利50倍。当时政府薪俸只能发一半钱，另一半折成胡椒、苏木发放，从这也可想见当时的财政困难。我们在猜测其政治原因时，也不能忽视其财政原因。史称：“奇货重宝，前代所希，充溢库市，贫民承令博卖，或多致富，而国内亦羡裕矣。”明代著名经济学家丘濬称这是“不扰中国之民，而得外邦之助”的好办法。

而郑和下西洋成为绝响的原因中，也不能忽视财政的因素。郑和下西洋的船称之“宝船”，“体势巍然，巨无与敌，蓬帆锚舵，非二三百人莫能举动”，据估算，一艘宝船造价需银七八千两，而郑和船队拥有宝船就有63艘，还有其他大小船只200余艘。而且每次航程都是两三年，随行官兵近三万之众，消耗十分巨大。明成祖也感叹：“船数又多，制作又细，费用又大，须是支动天下一十三省钱粮来，方才够用。”而船队输出的皆为陶瓷、丝绸、钱币等生活必需品，输入的则是香料、染料、宝石、象皮、珍奇异兽之类

---

① ［美］李露晔：《当中国称霸海上》，邱仲麟译，广西师范大学出版社2004年版，第2页。

的奢侈品，不仅与国计民生无益，而且引导了社会奢靡之风。当时的御史刘大夏奏称："三保下西洋，费钱粮数十万，军民死且万计，纵得奇宝而回，于国家何益？"

在派遣郑和下西洋的同时，明成祖厉行海禁，下令将沿海原有海船全部改造成不适应外海航行的平头船，招抚在海岛经商的"流人"，声称"若仍恃险远执迷不悛，则命将发兵悉行剿戮，悔将无及。"在展开耗资巨大的官方贸易的同时，也断绝了民间贸易的途径。而西洋诸国后来兴起的探索新航道之旅，都得到各国政府的大力支持，谋利目标明确。无需花费政府财政资金，私人就以小成本低消耗的航行，为国家带来无穷财富，也充实各国国库。

鸦片战争背后的财政战

李露晔曾设想，如果郑和船队与达·伽马相遇会如何。明代称西欧为泰西，郑和也曾设想能远航泰西，但没有能实现。1840 年，两支军队终于相遇，更准确的说是没有能相遇海上，而是泰西人由海上而来，相遇于中国大陆。

最初欧美各国商人运来的是各式商品，如棉毛纺织品、钟表、刀叉等，在中国完全没有销路，而中国的瓷器、茶叶、丝织品，他们却很喜欢，出口量很大。中国每年光销售给英国的茶叶、丝织品等就在 600 万英镑以上，而英国对华出口还不到 70 万英镑。出现了贸易逆差，这是重商主义无法容忍的。于是英国商人运来了鸦片，不仅毒害了中国人，还为英国带回滚滚白银。在鸦片战争前的十余年间，由英国商人输出的中国白银就有 1 亿数千万两之多，对中国人民损害巨大，多少人因吸食上瘾而身体尽毁、家破人亡，银荒不仅导致商业停滞和物价上涨，还引发财政困难。当时太常卿许乃济曾提出让鸦片贸易合法，政府可以收到大笔税款，用以弥补由之带来的财政困难。这种观点受到了林则徐等官员的反对，林则徐上奏道光帝："若犹泄泄视之，是使数十年后中原几无可以御敌之兵，且无可以充饷之银。”一场禁烟运动由之展开。

这一时期，中国 GDP 居世界第一，占全世界的 33%。是英国的 6 倍。拥有 90 万常备军，世界第一。清代马上得天下，前期战争一直不断，有一整套军事财政体制和制度。常额的军费支出已经占财政支出的 70% 左右，在财政制度上也有一套补充办法。在高度中央集权的体制之下，庞大的常备军，巨额的军费支出，都归于皇帝一人。在鸦片战争中，我们看到了庞大帝国巨大的动员调度能力，也看到所有的调度命令都来自于紫禁城。信息的迟缓，个人意志的摇摆，严重影响着战争的进程。而且财政的用度，既缺乏统一的规划，又缺乏有效监督。1688 年的“光荣革命”在英国建立了一种人类历史上还不曾有过的国会财政体制，国会对国家收支取得了绝对的控制权，每一次战争都要国会通过拨款。为了更好花钱，避免浪费，在鸦片战争的 10 年前，英国国会建立起来专款专用的审核制度，而该办法首先施行于海军部。

1839 年 6 月，林则徐虎门销烟，严厉禁烟。8 月消息传到了英国，英国国会开始了长达数月的辩论。国会最关心的是钱从哪里来。财政部长弗朗西斯·巴尔宁向国会汇报，国库已经入不敷出，在过去的三年，每年赤字多达 100 万英镑。英国政府还答应补偿受损失的鸦片商人 250 万英镑，国会从一开始就拒绝支付这笔赔偿费。89 岁的陆军大臣，著名历史学家托马斯·麦考雷提出解决办法，让中国支付这笔费用，这些钱将在打败中国后获得。外交大臣巴麦尊也向国会保证，不会用英国纳税人的钱赔偿鸦片商人的损失，战费将从中国获得赔偿。媒体也在鼓吹：“想想看，太阳和月亮的儿子（中国皇帝）将成为我们政府的资助人，每年给我们 50 万，而只要一位英国大臣处理他的事情就可以了。”“如果说印度是英国的金矿，中国将成为英国的白金矿床。”1840 年 4 月 7 日，英国国会下院以 271 对 262 票的微弱多数通过了政府对华战争政策。“东方远征军”正式受令出发，国会和政府给予了明确的指令和目的。鸦片战争爆发。

英军来了，请款的奏折也从四面八方奔向北京。调动兵马和动拨各地国库银两的圣谕又从北京奔向各地。

“……跟役余丁、军装行李……以及护解军火、硝磺、饷鞘等项，络绎不绝”，各地的回报也迅速回到北京。这是一场全国大调兵。以前清朝防卫重点在西北、西南、东北，这次大量调遣云贵川、陕甘、吉林和黑龙江“劲旅”参战。最远的是从松藩镇调来的2000藏兵赴浙东参战。前期的准备、沿途的供给、驻防的安置和供给，都是一笔十分庞大的数字。仅吉林、黑龙江的3000士兵的调兵费用就近30万两。三年间，前后调动兵力25.8万人。

“工欲善其事，必先利其器”。调兵的同时，各地也开始大规模铸造火炮。广东铸造大小炮1000多门，福建铸造300多门，浙江1100多门，江苏铸造百余门，山东铸造73门、奉天铸造195门、江西铸造85门，直隶不知铸了多少门，但据奏报也花了13万两以上的白银。除了火炮，还有抬枪、鸟枪、火药、铅弹不计其数。从广东虎门，一直到天津大沽口，庞大的海岸线都开始大修工事，建造炮台。光虎门炮台就费银40万两。这简直是一次国防再造。但可惜的是打造的各式火炮，质量低劣。当时前线奏报：“大炮以铁沙搀泥料，外包铁皮”，“适用之炮无多”。

大清朝对于这场战事，真可以说是已经竭尽全力。整个战时财政机制也全力运转起来了，但一些前线官员却把这场战事当成了一次发财的机会。据后来查实的，宁海知县以修理城墙、支应兵差之名，贪赃34587两白银。浙江开销10万两，据称训练了南勇9000多人，但打仗时，却不知这支部队去了哪里。还有定海称雇有水勇2万余人，花费40余万两，但却不知所踪，朝廷追查时说是都在战时逃散了。龙溪县名单上有1200名士兵却见不到一个人，地方官承认是闽浙总督被革职还乡，路过此地，地方接待花费了1万两白银，无处报账，只好造空饷弥补。钱花了，找不到兵了，原来“三公”经费也来揩油。

1841年10月，道光帝命扬威将军奕经驰援浙江战事，可奕经带着大批随员，这批随员不是他的亲朋故旧，便是王公大臣推荐的阔老阔少，从北京到浙江途中，一路上游山玩水，勒索地方供应，到苏州后更屯兵不前，整天花天酒地。军中文秘贝青乔记载：“将军之外，复有参赞；参赞之外，复有钦差；钦差之外，复有小钦差……郡县供应愈烦。”把一场驰援战打成了公款旅游、公款吃喝了。

三年的鸦片战争总共花了多少钱，据茅海建先生考证，清政府总共花费白银2871万余两。《英国国会文件》记载的英军花费，折算成白银，共1263万两。坚船利炮劳师远征的英国，花费竟然比居于本土作战的清军少一半不止。三年的战争拖垮了大清国的财政，不断的拨款使以户部银库和各地司道库构成的国家储备系统几近崩溃。而各地本应正常上解的税款，也多以战争的名义截留地方了。国家正常的财政安排全部被打乱了，不得不靠卖官鬻爵等捐输来维持开支。到了1842年，不仅军事无力对抗，财政也无法持续了。1842年3月，浙江巡抚上书，说英人炮火“猛烈异常，无可抵御”，而沿海各省“一月之防，为数甚巨，防无已时，即费难数计，糜费劳师，伊于胡底？”

道光帝无可奈何，只好派出宗室耆英和英人议和。而英军除了国会正常拨款，还得到了东印度公司近30万英镑的支持，并不急于议和，为了争取更大好处，继续攻打南京。清政府终于在英军攻占南京后与之签订《南京条约》。条约规定赔偿英国军费1200万元，赔偿鸦片商人600万元。英国政府向国会承诺的两笔款项全部取得。

而清朝不仅战争带来的巨额亏空无以填补，紧接着来的巨额赔款又成了巨大包袱，大清财政不仅仅是一重困难了。战后，道光帝命刑部尚书惟勤亲自去户部银库查清家底，结果发现账面应存白银1200多万两，而实际还不到300万两，9000多万两不知道去了哪里，道光帝阅报后，“愧恨忿急”，一时间不知所措。

清朝鸦片战争之败，不仅仅是军事的失败，更是社会制度腐败和财政体制落后的失败。没有监控的军费开支，成了各级大小官吏的提款机。对于军中之弊，道光帝的父亲嘉庆帝就曾言“向来积弊”，“朕所素知”，但体制一旦建立，改弦易辙实在不易。

战中和战后，清廷也做了一些追究。擅自割让香港的琦善被流放，抄家所得银 1000 余万元，珍珠奇宝无数，田地 34 顷，房产 340 间，店铺 87 处。真是让人瞠目结舌，不仅超过当时任何一个英国贵族，甚至超过英女王本人。对于腐败也追究了一些，最后法不责众，只是让各项费用的承办人员捐献出所办款项的 1/10 了事。琦善也被赦免，任命为四川总督。

更多仁人志士，开始思考财政体制。黄遵宪说：“余考泰西理财之法，预计一岁之入，某物课税若干，某事课税若干，一一普告于众，名曰预算。及其支用已毕，又计一岁之出，某项费若干，某款费若干，亦一一普告于众，名曰决算。其征敛有制，其出纳有程，其支销各有实数，于预计之数无所增，于实用之数不能滥，取之于民，布之于民，既公且明，上下孚信。”孙怡让也在其所著《周礼政要》中比较中西财政制度，提出预算制度必是“豫计明年一岁用出之数”，“普告于众”，“其出纳有常程。其支销有实数。贪吏猾胥无所行其隐匿侵蚀而官成国计”。在鸦片战争失败 52 年后，清廷终于下诏要建立西式预算制度，实行预算公开之制。在鸦片战争失败 58 年后，终于编出来第一部西式预算，出版刊行，公布于世。但为时已晚，这一年 10 月武昌爆发起义，各省纷纷响应，清朝灭亡。

第七章
现代财政的形成

人生来是而且始终是自由、平等的。

公民的荣誉只能建立在公共事业的基础上。

……

人类和公民安全权利的保障需要公共的军事力量，

因此，这些（军事）力量是为了整体福利的稳固，

而不是其领导者的个人利益。

为了军事力量的维持和行政管理的支出，

公众的捐税是必不可少的；

捐税应在全体公民之间按其能力作均衡的分布。

所有公民都有权亲身或由其代表就决定各种公共捐税的必要性、

用途、数额、评估的方式和期限等问题自由发表意见。

社会有权要求公众机关人员报告其行政工作。

……

——法国1789年《人权和公民权宣言》

在人类文明史上，没有什么事情比近代欧洲的兴起更能引起人们的兴趣。瘟疫、战争、饥饿、愚昧和腐败笼罩的欧洲中世纪，曾被称之“黑暗时代”。持续的财政危机，虽然带来了动荡、革命和

战争，但也带来了新的观念、新的政治、新的经济。因为地理、传统、文化、历史的影响，面对财政危机时，欧美各国走上了不同的道路，先后走出中世纪，建立了公共财政体制，开创了财政文明的新时代。

一、英国公共财政框架的初步形成

家计财政的危机与《大宪章》的形成

和很多国家一样，英国最初的国家财政也显示明显的家计财政的特点。但和埃及、中国这样的古国相比，英国早期的家计财政有着明显不同。英国是一个由征服而形成的国家，诺曼王朝是法国的一个小封建主诺曼底公爵对这一岛国征服后建立起来的。1066 年诺曼底公爵征服英国后，把全国 1/6 的耕地和 1/3 的山林据为己有，其余的分给了亲信和随从，这些土地的地租就形成了其最初的财政收入。此时的英国呈现两个特点：一是与同时期的其他欧洲国家相比，有较为强大的王权；二是有更加显著的家计财政的特点。同时要注意到，这个时候的英国虽然经过了罗马帝国的殖民统治以及盎格鲁—撒克逊人、丹麦人等多股势力的征服，但还保留着许多原始部落的习惯法，后来和封建制度结合形成基本财政原则：一是国王靠自己生活（lives of his own）；二是国家征税必须是为了国家的公共需要，取得代表全国之团体同意，按照统一标准向所有自由臣民征收，即要满足公共需要（public necessity）和公众同意（public consent）两个条件，并且形成和留下了贤人会议（witena gemot）这样的议政机构。这两方面的特点，构成了未来英国财政文明演进的两条主要线索，也基本决定了其与欧洲其他国家不同的走向。英国是欧洲唯一不以罗马人子孙自傲的民族，而以习惯法为荣。

英国最初的财政机构，就是设置在国王的寝宫内的库房，后来扩大成一个很大的保藏室（thesaurus，treasury），管理者也就是几名侍从人员（camerarius，chamberlain），一个主任侍从和两名侍从，再加上一些仆役，王国的财务行政就此运转起来了，后来发展成为宫室（chamber）。1066年诺曼底公爵征服英国成为英王威廉一世后，对全国的土地、人口和资产进行了全面调查，形成《末日审判书》——因为这样的财产调查使人们感觉像面临末日审判一样。在此基础上，建立了封建专制，英王和军功贵族瓜分了大片被征服的土地。英王的主要收入就是所属王田及向封臣征收的礼金、盾牌钱、协助金、继承金等，另外还有丹麦金、动产税、任意税等，收入名目可谓繁多，规模可谓巨大。但是，财政危机不久就出现了，主要的原因是不断的战争，征服新的领地，应付英格兰和诺曼底两边贵族的叛乱，王位争夺引起的内战，抵抗外敌入侵，等等，表现为需要越来越多的军费。战争使国王的收入减少，除了支付军费，国王还要不断把王领土地分封给新的军功贵族，到亨利一世时，王领的面积就只有1086年全国土地调查时的一半。面对收入的减少，支出的增多，国王不得不想办法扩大收入来源。

但是这时，国王在开拓财源上遇到了习惯法的障碍。在诺曼征服之前，英国已经形成了从原始部落会议发萌的议政组织，这样的议政组织从中央一直延伸到各个村庄，已经深深扎根在英国社会。其代表不仅包括贵族和神职人员，还包括了各阶层的人民。原始的习惯法在封建时代也演化成“国王靠自己生活”的王室财政自理原则，就是国家日常的财政支出必须靠国王的王领收入。如果国王要全体臣民新增税收，必须是因为公共的需要，得到议政机构的同意。威廉一世夺得英国王位后，将贤人会议改造成大会议，全部由贵族和官员担任，并建立了常设的核心机构小会议，权力由此得到了更大扩展，包括了司法、仪式、行政等广泛的权力。国王常常把战争等同于维护共同利益，作为共同需要的理由。但英国贵族们也认为一些战争，如英王作为法王封臣身份在诺曼底展开的战争，没有理由向英国臣民征税。

长期的混战，让国王既有和贵族大会议之间的不断妥协，也有跨越大会议的强力。1100 年威廉二世被射杀后，其弟亨利一世即位，他发布宪章，声称将按旧制度征收赋税，制造高质量的钱币，从而维持了 30 多年的安定时期。亨利死后，内乱又起，进入了史称大动乱时期的长期战乱，经济凋敝，民不聊生，纲纪荡然，王室收入急剧减少。亨利二世即位后，随着在欧洲大陆的军事成功，重建中央集权，收回王室地产，勒令贵族补缴欠税，镇压抗税，并收取代役税，实行雇佣兵制度。亨利二世时，其领土不仅包括英格兰，还从诺曼底一直延伸到比利牛斯山。但这样的辉煌是短暂的，不久英国不仅卷入十字军东征，而且内乱又起，在欧洲争霸中接连战败，先后失去了诺曼底、安茹、曼思和波瓦图等大片领地。战败引发了更大的财政危机。于是，约翰王将世俗贵族的代役税提高了 16 倍，提高封建继承税，不能及时如数缴纳者，即被没收封地或处以重罚。对王领范围的剥削也不断加剧，虽然王领的土地面积在减少，但王领的收入却在增加。在约翰王之前，王领地租的年均收入大约 1 万多英镑，但到约翰王时年均达到 2.6 万英镑。约翰王还想方设法从教会掠夺了 2.8 万英镑。这些举措终于引发了各阶层的反抗，在联合压力下，1215 年，约翰王接受了里程碑式的《大宪章》，其中宣布了国王不可擅自征税的原则，强调除传统捐税贡赋外，任何赋税的征收都必须得到“全国人民的一致同意”，即当时以大贵族为核心的大会议的同意。也就是说，原来的习惯法被正式写进了成文法，为此后议会制度的建立和人民通过议会和国王斗争提供了较明确的法律依据。

但是约翰王不久就否认《大宪章》，君臣之间的内战爆发，连绵近百年，中间国王还一度被俘。协商的机制也在战争中逐步妥协和形成。1254 年，亨利三世向贵族大会议筹集军费，贵族们虽然同意纳税，但表示只能代表自己，不能代表广大人民，于是国王不得不同意各地通过选举产生骑士和市民代表参加会议。1295 年，英王爱德华一世再次为筹集战争军费召集议会，包括僧俗贵族、每郡骑士代表 2 人，每市市民代表 2 人参加，史称“模范议会”，并逐步形成了由贵族组成的上院和由骑士和平民组成的下院。1340 年，爱德华三世颁布法令：不经过两院的一致同意，国王不能征收任何直接税。

光荣革命与《权利法案》

《大宪章》的意义，不仅在于确立了“王在法下”的原则，限制了王权，从法律上确立了国家征税必须因公共的需要并经过人民的一致同意的原则，同时也将国王和王权纳入了宪法的框架之下，为国王和王权提供了合法性的理论，形成了相互制约的共生结构，铺垫了延续至今的英国政治秩序的基石。《大宪章》至今仍是英国法律的一部分。

这一政治秩序的形成，既是英格兰自然秩序的内在逻辑的自然演生，也是当时各种力量不断博弈的结果。在诺曼征服之前，这些部落的自然法则已经深深扎根于英格兰社会的各个阶层。从中央一直到每个村庄，都设有专门的代议机构，这是英格兰人民的生活的一个部分。弗里德里克·梅特兰在《英国宪政史》里写道：“租户可能与自己的领主坐在一起，俨然像个同等的伙伴。”诺曼征服之后，威廉一世只是在中央层级用诺曼贵族为主组成的大会议取代了以前的贤人会议，而对地方的各级代议机构不仅没有取消，而且扩大了其权利，用来制约地方贵族。于是，贵族可以和人民结盟，利用大会议来制约王权。国王也经常和人民结盟，利用和改造地方代议机构来制约贵族。不仅国王的征税权得到了限制，而且贵族向下转嫁税赋的可能也被限制住。这样的结果就是为英国培育了大量的中产阶层，也催生了农业革命和工业革命首先在英国发生，进一步充实中产阶级的实力，壮大了中产阶级的规模。

但是，《大宪章》的颁布只是限制了王权，并没有真正解决英国持续的财政危机。内战稍息，外战又起，英法间著名的百年大战开打，其后又是玫瑰战争 30 年。长期的战争，巨额的军费，始终使王室财政相形见绌，难以应付。国王多次想越过议会行事，但贵族的抗争，农民的起义，一次又一次将其拉回宪政秩序。英国历代国王曾先后 30 多次重新颁布《大宪章》，一次次确认议会的税收同意权。

由于国王在议会得到税收的批准不易，于是就往往不得不绕过议会，另辟财源，比如出售王领，勒索贵族，逼迫平民富商捐赠，没收教会土地，还有乱罚款、乱借款、乱卖官，甚至滥发货币制造通货膨胀。虽然筹得巨额款项，但也积累了各种矛盾。这些措施，又从另一方面提高新兴资产阶级的政治地位，打乱了原来的封建秩序，如卖官鬻爵使大批新兴的资产阶级获得了贵族头衔，王室出售的王领和教会的土地也多落入了新兴的资产阶级手中，英王甚至亲自投资支持他们的海外商业冒险。此后，为了制约封建贵族，国王又大量引进平民担任官职和议员，这样不仅改变了议会的组成结构，也改变了英国的统治基础。

斯图亚特王朝统治英国后，企图取消议会权利，按照法国模式建立专制统治。詹姆斯一世大力宣扬君权神授，宣称国王是上帝派到世间的最高权威，拥有无限的权力，“国王创造了法律，而非法律创造了国王，国王应该居于法律和议会之上，不受世俗法律限制”。詹姆斯一世和其子查理一世多次解散议会，擅征新税，颁布各种罚款条例，扩大船税和专卖权范围。这些横征暴敛不仅引起了贵族的不满，更严重伤害了新兴资产阶级的利益，大量企业倒闭，工人失业，物价飞涨，商业萧条。骚乱和暴动开始在英国各地此起彼伏，工人也作为新兴的阶级第一次以反抗者的形象出现在历史舞台，开始罢工、示威游行这种新的抗争形式。星星之火在燎原。

1640 年，查理一世为了筹集军费，不得不召开停止 11 年的议会，但是这届议会只存在三周就被解散了。解散议会的行为激起了各阶层人民的反抗，查理一世被迫重开议会，而新议会不仅没有满足国王的筹款需求，反而要求取消所有未经议会批准的税收，废除专卖垄断，保护工商业自由发展，还通过了《大抗议书》。查理一世拒绝接受《大抗议书》，并企图逮捕议会领袖，但是伦敦的市民和工人起来保卫议会和议会领袖。情急之下，查理一世逃出伦敦，召集军队，讨伐议会。议会也组织军队对抗，内战爆发。议会有征税权，并控制了工商业发达的东南各郡，财源充足，财政优势明显。虽然自耕农和手工业者组成的议会军缺乏训练，却能后来居上，最终击败王军，逮捕了查理一世。1649 年，议会以叛国罪、破坏法律和英国人民自由罪判处查理一世死刑，查理一世被推上了断头台。

议会取得胜利后，虽在英国一度建立起共和国，但克伦威尔很快就依靠军权驱散议会，实行军事独裁。新兴的资产阶级和新贵族瓜分了革命成果，颁布了保护工商业的法律，但对于下层阶层的利益不屑一顾，照常征收什一税和消费税。克伦威尔又发起了对爱尔兰、苏格兰、荷兰、法国、西班牙的战争，并把沉重的战争负担加在劳动人民身上。王党分子的叛乱、平等派和农民的起义，不时在各地发生。贵族、资产阶级和广大下层民众都渴望建立一个能保卫自己利益的强有力的统一政府。

1660 年，斯图亚特王朝复辟。但这并非意味着历史车轮的倒转，因为不仅有王权的复辟，还有议会及议会体制的回归。查理二世宣布承认议会的合法性，承认革命期间取消封建特权和被没收王室和贵族土地合法，承认议会在财政和赋税政策方面的决定权，不再恢复被撤销的封建税务衙门。但是，查理二世和詹姆斯二世还是企图复辟旧的秩序，但革命期间发生的社会经济改革已不可逆转。1688 年，英国各派采取联合行动，邀请荷兰执政威廉来英国做国王。1689 年威廉与妻子玛丽同时登上英国王位，即威廉三世和玛丽二世。由于避免了大规模的流血和牺牲，史称“光荣革命”。协商会议选择虽是斯图亚特王室的近亲，但在英国没有权力基础，同时又是新教国家首脑的威廉，而且采用两君并立的形式，显示了在事关国家前途的关键时刻的政治果敢性和高超的政治智慧，它既符合了欧洲君主继承的基本原则，符合了英国教会改革的现实，又有效防止新君专制。最后更把光荣革命的成果落实到法律上，这就是《权利法案》的颁布。《权利法案》不仅再次确立议会高于王权，不经议会同意不得征收赋税的原则，而且宣布了保障人民在请愿、信教、财产、司法等方面的权利，奠定了英国君主立宪制的基础。

光荣革命后英国公共财政框架的初步建立

光荣革命使政权合法性、宪政、契约论等思想得到了很大的发展和传播，树立了政府合法性来自被统治者同意的政治基本原则，影响深远。虽然此时的英国议会及地方代议机构的代表只是从20%的成年男性中选举产生，对于阶层、性别、种族、宗教还有不同程度的歧视，但其确立的各项权利最终会延伸到所有人民。

光荣革命不仅标示着成功，而且更多地标志着开始。马克思指出："随着君主立宪制在英国的确立，在英国才开始了资产阶级社会的巨大发展和改造。"真正的财政体制改革也才刚刚开始。从1066年诺曼征服到1688年光荣革命，历史用了600年的时间，只是真正确立征税必须满足公共需要、得到人民的一致同意这样的原始自然法原则，真正解决财政危机还要从财政体制的改革入手。

为了管理各种来源的收入，英国先后设置了宫室（chamber）、国库（treasure）、财政署（exchequer）、锦衣库（wargobe）等职能相互交叉重复的财政机构，其中似乎有了国家财政和王室财政分离的影子。一般的财政史家特别重视财政署的设立，但是，财政署虽然名义上似乎是第一个设立的政府机构，但基本还执行着王室财政机构的职能，国家财政仍在家计财政体制之下，依附王室财政而存在。随着国家机构的日益增多和国家事务的逐渐庞杂，才最终出现了双元财政结构。1688 年的光荣革命彻底结束了英国“家计财政”的历史，开始了现代公共财政体制打造。这时的财政仍然表现出双元财政结构的特征，但是王室财政已经依附于国家财政，被统领于议会财政体制之下。国王不再依靠自己生活，而是由议会承担起支付政府日常经费和定期批准王室财政收入项目的职能。

复辟时期，查理二世的世袭收入不足 30 万英镑，两次对荷战争，国王竟被迫变卖地产。当光荣革命前，王室地产年收入已经不足 6000 英镑。光荣革命后，议会把关税收入中收入最多的吨税（也译作桶税）和磅税批拨给了国王，当时两项税收每年合计 577507 英镑。议会并没有授予国王终身征税权，只是定期批准，这样就为逐步缩小王室收入做好了准备。

对于英王“家计财政”时期长期持续的财政危机，有很多反对派认为主要原因是国王挥霍无度，过于奢侈，以致入不敷出，到处征税敛财。但后来的财政史家经过对《国库档案日志》等原始史料进行仔细分类计算后发现，最主要的原因是国王把大量的收入用于战争费用，这本来是国家财政应该支付的部分。在议会财政体制确立后，国家有了更多的公共项目，还有海外争霸的战备需求，新征收的税收也比以前更多了。只是由于符合了公众同意的程序，便得到了公众的认可。而在此后进行的银行改革，更允许政府在透明的公共债务市场借贷资金。正是有了财政收入的充裕，才使英国的国家实力不断增强。

在光荣革命后，英国又花费了 70 年的时间，形成了政府行政部门必须每年向国会提交年度预算，获得国会批准后再执行预算的现代预算制度。1733 年，首相兼财政大臣沃波尔（Robert Walpole）首次向议会提交财政报告。当时英国出版了一本小册子《皮包打开了》，描述沃波尔向议会打开他的皮包以展示其灵丹妙药——各项财政政策，该小册子所用的“皮包”（Budget）一词从此用来指称政府的预算。这是一个长方体的红皮箱，现在英国首相还在使用这样的公文包。从 1760 年起，财政大臣于每个财政年度开始之前向国会提交国家预算以寻求国会拨款开始成为惯例。由此，终于形成了对国王和政府的实质性制约，建立了避免财政危机的体制，基本解决了困扰英国600余年并不断引发大规模动荡和内乱的财政危机。

600年的斗争，似乎都是在围绕征税权展开。国王只在需要征税时才召开议会，召开议会的目的也只是为了征收新税。但其背后包含了太多的社会的、经济的矛盾和斗争，其间对习惯法的捍卫，孕育产生的无代表不纳税、社会契约论、民权论，都对未来的社会产生了深刻的影响。财政压力打开了改革的大门，各项社会的、经济的变革，又推动财政制度新的应对和改革。就像马克思所说，光荣革命后的英国不是“平静安宁、田园诗意的地方，实际上正在展开极为尖锐的冲突和极为深刻的变革”。资本主义经济模式带来了农民失去土地、工人日益贫苦，两级分化严重，工业发展带来的极度污染和黑死病等疾病横行。为应对这些新问题，英国在19世纪相继通过《济贫法》、《教育法》、《公共卫生法》，政府财政从以支付行政和战争费用为主，逐步向提供若干基本公共服务过渡，开始构建公共财政的基本框架。

二、法国财政危机与大革命

路易十四的遗产

1688年，在英国通过“光荣革命”将王权置于议会监督之下，开始构建公共财政的基本框架的时候，在英吉利海峡的对岸，法王路易十四的权势正开始达到极点。因为他曾经在宫廷芭蕾舞演出中几次客串出演太阳神阿波罗的角色，被称作“太阳王”。路易十四在法国建立了专制王权，他自称是“上帝在人间的代表”。他在给孙子的训词中说：“不要让别人来治国，你要自己做主，永远不要有亲信，也不要首相；可以倾听、咨询御前会议的意见，但要自己做决定；上帝让你当国王，他会给你必要的智慧。”

路易十四废除了宰相，将大权集于一身。他组建了内政外交委员会、财政委员会、陆军委员会、宗教委员会、行政法院，协助他处理国事。这些委员会只是他的咨询机构，他每天和一个委员会讨论相关事务。他只设6名大臣，其中4名是秘书，分别是王室国务秘书、外交国务秘书、陆军国务秘书、海军国务秘书、财政监督官和掌玺大臣。这是一个绝对集权的政府结构。

1661年，路易十四亲政后，就立即以渎职罪逮捕并审讯了当时位高权重的财政总监富凯，判其终身监禁并没收全部财产。随后，路易十四彻底整肃了国家财税系统，一半以上的财政官吏被免职和处理。路易十四成立了一个司法委员会，追查自1635年以来财政上的黑暗现象。对所有会计人员、收税员的账目进行检查，如果不能证明财产来源清白，就要没收并给以处罚，一共收回1.5亿法郎。在重建财政系统的时候，路易十四废除了财政总监一职，设财政监督官，其权力被大大压缩。按照法国旧制，三级会议和巴黎高等法院都对国家财政有一定制约权，如新税的开征、税额的确定、征收的监督等。教士、贵族和平民的三级会议早在1614年以后就没有开过了，现在路易十四又下令，巴黎高等法院不得再就国务的敕令进行任何讨论和表决，对于国王要开征的新税只能登记确认。这样，路易十四就把国家财权完全集中于君主了。

路易十四任命前首相马扎然的家产管家柯尔伯（Jean - Baptiste Colbert）① 为财政监督官，负责为国理财。马扎然在担任首相期间，积累了超过2亿法郎之巨的财富，他挪用军事预算以饱私囊，出售国家官职以肥己，甚至以高利贷向国王放账。柯尔伯在为其管账期间，充分展示了自己的理财才干，也给路易十四留下了

① 也有译作科尔伯、柯尔贝尔、科尔伯特等。

深刻的印象。马扎然弥留之际，向路易十四推荐柯尔伯，说：“陛下，我对您亏欠不少，但将柯尔伯留下，足以补偿一切。”柯尔伯向国王透露了马扎然的贮财地点，路易十四将之全部没收。他还向国王举报了前财政总监富凯的腐败罪证，路易十四处置了富凯，并没收了其全部财产。这下，路易十四成了欧洲最富有的君主。

柯尔伯继承了黎世留、马扎然和富凯的重商主义政策。对外国商品课以重税，但鼓励外国技工把技术传入法国。组建东印度公司、西印度公司，授予包括贩卖黑人在内的种种特权，在北美路易斯安那建立殖民地，积极开拓海外市场。取消部分国内关卡，降低税率，以利商业流通。增大海军预算，构筑海港，兴建海军学校，不断壮大海军力量，为商业的海外拓展提供武力的保护。并在财政上通过无息低息贷款、减免税收、经济补贴等手段对国内手工业工厂进行帮助。在财税制度建设上，实施财政预算核算，反对轻易举债。建立王国税务总局，以限制包税人牟取暴利。增加烟草、咖啡等非生活必需品的间接税。

路易十四称“上帝任命国王为大众福利的惟一守护者”。他开凿运河、兴修道路，构造全国交通系统。在巴黎的街道上安装了5000只路灯，这在人类文明史上还是第一次。他兴办工厂，把孤儿们从孤儿院送入工厂，街上的乞丐也被送进工厂工作。在饥荒时，从国外高价买入粮食，低价卖给人民。也从多方面缓解农民的苦难，如免费为农民提供农业技术，繁殖牲口，并立法禁止收税人掠夺农民的耕牛、车辆和农具抵税。当然，路易十四在公共财政方面更大的成就，是对科学和艺术的资助。路易十四在艺术科学院发表演讲，他说：“我将世界上最珍贵的东西托付于你们，这就是我的名声。”他赐给作家、艺术家和科学家年金，让他们能更好地创作。更重要的是他对各种声音，能宽容的看待。莫里哀的剧作讽刺贵族，引起教会和贵族的不满，但是路易十四赐给了他6000里弗尔的年金。正是路易十四的宽容，自由主义、社会主义等各种思潮在法国萌芽，也掀开了启蒙运动的先声。

路易十四的专制，用法律限制了所有的人，但他自己成了唯一的例外。他的奢靡作风，也为路易十四时代打上了富丽的烙印。直到今天，当我们走进当时修建的凡尔赛宫，仍然会被扑面而来的奢华所震慑。他吃饭和就寝，都需要一项项复杂的仪式，需要上百人服侍。他的衣服用金线织成花边，镶嵌钻石。他率军出征，用的是昂贵的中国丝绸做成的豪华帐篷。他慷慨地赐予他的无数情妇以大量珍贵珠宝和财富。路易十四也把巴黎打造成欧洲最壮观华丽的都城，成为全欧洲君主效仿的对象。当然，这些消费都还赶不上他在战争中的消耗。路易十四在临死前曾对王储说："我太热爱战争了。"在其亲政的54年中，法国有31年处于战争状态。他毕生谋取霸权，穷兵黩武，耗费资产无数。到1715年他去世的时候，法国已经欠下了25亿里弗尔的巨额债务。法国1715年的税收也不过6900万里弗尔。

路易十四不仅是国王，而是一个时代。拿破仑说"路易十四是个伟大的国王，是他造就了法国在国际中第一流的地位，法国自查理曼大帝以来，又有谁能在各个方面与他相比呢？"启蒙思想家伏尔泰，写了本50万字的《路易十四时代》。但路易十四时代的辉煌是建立在压榨平民，特别是农民基础之上的，也是极度浪费和挥霍财政的奢靡时代。

在当时法国的三个等级中，教士和贵族享有种种免税特权。为了发展工商业，也给予了工厂主，有时候也包括工人，一些减免税的特权。那么占人口63%的农民，就承担了最重的税收。为了发展工业，政府还有意压抑农产品价格。而在重商主义政策下，传统贵族的财富极度缩水，他们为了维持过去的生活水平，也只有加紧对农民的剥削。这样，整个国家的负担就层层加码压在了农民身上。

路易十四为法国留下了专制的财政制度，极不公平的财政体制，还有自由思想的启蒙，都在后面的时代有了更大发展。

虽然财政异常困难，但路易十五宫廷同样挥霍无度，而且比路易十四更甚。路易十四建立了一个极其简洁的政府，总共只有 6 个大臣，对地方官吏也是大幅压缩。路易十五却建立起一个庞大的宫廷，设置了一大批高薪而清闲的职位。这些贵族食客最多时达到 1 万余人，几乎耗费了当时财政收入的 1/3。贵族们不仅腐化，而且阴柔化，男性贵族流行穿及膝套裤，下面穿丝织袜，假发上还涂粉，完全丧失了男性的阳刚之美。路易十五经常带着一群涂脂抹粉扭捏作态的贵族，出外打猎作乐。

路易十四极度精简的政府，阻断了无数精英上升的途径，而路易十五虽然大规模扩编，但却让贵族集团垄断所有的高级职位，以致政治流动性极低，呈现封闭状态，这就将更多的社会精英推到了政府的反面。更多的社会精英在政治上没有机遇和出路，只能投身到教会，或者去做律师之类的工作，教会的学校和一些法律机构容纳了很多在底层挣扎的知识青年，他们在这里寻觅上升的途径，很多成为大革命时期的领袖人物。

路易十五也喜欢打仗，但往往是以失败告终。路易十四建立起的海外帝国，在路易十五时期一片片化为乌有。1733 年的法俄战争，法国失去了对波兰的影响力；1740 年的法英之战，法国退出了它占领的比利时、荷兰，并不得在敦克尔克设防；1756 年的法英之战，法国将加拿大、俄亥俄河流域、路易斯安那、塞内加尔等法国殖民地全部割让给英国。这些战争的失败，不仅严重消耗了法国的财力、物力和人力，而且失去了广大的财源，使统治者进一步加重了对国内人民的压榨。更为重要的是，它极大降低了政府的威望。

路易十五时期，也进行了一些改革财政的措施，最重要的就是我们上章介绍的约翰·劳的金融创新。他以 7 亿里弗尔的准备金，发行了 30 亿里弗尔的货币，把面值 500 里弗尔的股票炒作到 10 倍、20 倍甚至 40 倍出售。他虽然奇迹般地偿还了所有的国债，增加了国库收入，但是泡沫终有破灭的一天，银行倒闭，金融市场崩溃，给法国财政带来更大伤害。原来和王室关系密切友好的金融家们，开始对政府产生了强烈的怨恨情绪。国家财政再陷危机，而且失去了国家信用。

国家为缓和财政困难，只能不断增加税收，加重人民负担，还利用各种形式的税务稽查，盘剥工商业者。人民不堪重压，纷纷揭竿而起。1740 年在里尔，1750 年在巴黎，1752 年在奥弗涅和多菲内……为更大规模的大革命拉开幕布。路易十五的外交大臣曾在日记里表示忧虑：国王和政府到处遭人咒骂，这些不满可能是爆发革命的引火物。传说路易十五曾说："我死后，哪管洪水滔天。"有认为法文"Après moi, le deluge"（英译：After me, the deluge）的正确翻译应该是"我死之后，将会洪水滔天"。也有考证，说这句话其实是路易十五的情妇蓬巴杜夫人说的。

路易十五也继承了路易十四开明的一面，继续对文化艺术和科学的资助。在为特权贵族阶层提供名目繁多的年金的同时，也继续向自由知识分子提供年金。他慷慨的赐给孟德斯鸠、伏尔泰、狄德罗、卢梭等启蒙思想家年金，好让他们能有较好的写作环境，但是孟德斯鸠提出禁止领取王室年金和为王室供职的人进入议会的议案，卢梭以保持思想自由的理由拒绝了年金。法国人民的困难，为启蒙思想家提供了思考和写作的空间，启蒙运动在法国蓬勃开展起来。社会主义思潮也开始在这里肇生萌芽。1753 年的夏天，法国著名的高等学府第戎学院公开以"人与人之间的不平等，起源为何？其是否为自然律所认可？"为题，进行全国征文。人与人之间的不平等已经成了那个时代最为人关注的问题。

历史就这样进入了路易十六朝代。

财政危机和法国大革命

托克维尔的《旧制度与大革命》提出了很多疑问，为什么革命没有发生在更加专制的路易十四时代，而发生在较为和缓和繁荣的路易十六统治时期？为什么减轻人民负担反倒加快了大革命的进程？或许我们可以用一组数据来说明，在路易十四时代的50多年，每年的财政收入不过1亿里弗尔上下，路易十五统治时期，大致在2亿到3亿里弗尔之间，而到了路易十六时期，大革命前的最后十年，年均财政收入是4.22亿里弗尔。大革命的前一年，1788年的财政收入已经超过5亿里弗尔。祖孙三代，财政收入呈现阶梯状增长，每代上一个台阶。如果用粮食价格折算，也同样可表现出这样的阶梯状特征，路易十四时期是10亿升小麦左右，路易十五时期接近20亿升，路易十六时期则接近30亿升。收入增长了几倍，而财政体制没有任何改变，教士和贵族依然免税，还多了其他形形色色的人获得免税特权，而以农民为主的第三等级几乎是所有这些财政收入的承担者。我们由上面的数字可知，他们的税负实在是在层层加码。

路易十六是在企图改革，但是几乎所有改革都遭到了特权阶层的激烈反对。杜尔哥推行粮食自由贸易政策，并将修路的劳役改为征收以产业额为依据的道路税，并规定一切等级均须缴纳，这引起了特权等级的激烈反对。他还试图建立议会来削弱专制王权和封建特权，这激起了特权等级更强烈的反对。杜尔哥改革很快失败。接替杜尔哥的内克尔是瑞士银行家，他上任伊始就依靠其银行家的关系，借到了几笔钱，使上下都很高兴。他的改革避开了所有等级一体纳税这样的敏感的问题，开源无力，只有节流，他取消了一些宫廷的高薪闲职，压缩王室开支，他还试图公开国家预算，通过透明机制来制约支出的随意性，但因在预算中一下将贵族的薪金和年金等信息公开，造成社会对宫廷的不满。内克尔在贵族的反对下，很快被免职。接下来的卡隆为了不重蹈前两任的覆辙，采用大幅增发国债的方式增加收入，一方面提高宫廷贵族的年金，并为他们偿还赌债。一方面通过挖运河，建港口，支持对外贸易，来制造经济繁荣的假象。但随着国债数量的急剧攀升，发新债越来越困难，卡隆也不得不提出新的征收方案，最后还是回到税收上，他提出开征新的土地税，全国所有土地所有者一律平等纳税，还计划将盐税、印花税的征收范围也覆盖到特权等级，这又触及既得利益阶层的利益，卡隆再次被免职。接替者布里埃纳一筹莫展，他试图将卡隆的方案拿到贵族会议讨论，希望贵族能有让步，结果自然遭到回绝。而且巴黎高等法院也拒绝登记新税法，他们强调王权也不得侵犯法官的特权。召开三级会议来决定税收，解救财政危机的提案就是在这个时候提了出来。这是1788年。

这时的法国，托克维尔称之繁荣。有数据显示，1716年至1789年间农产品出口增加了1.5倍，工业品增加2倍，殖民地商品增加9倍。所以托克维尔说这次革命并非爆发在一个贫穷的国家里，反而是在一个正在极度繁荣的国家里。但是如果我们知道当时2000万法国农民如何在饥寒交迫中挣扎无以糊口，对农产品出口的增加数据就会有其他的解读。如果我们知道当时200万法国工人日均工资仅为数十索尔①，他们不仅收入低微、劳动条件恶劣，而且饱受物价上涨之苦，我们也会对工业品增加的数据有新的看法。而广大的海外殖民地，也在路易十五、路易十六时期成片丧失，失去的是财源，收获的是巨额赤字，路易十六时期的美洲战争就花费军费20亿里弗尔。1789年法国债务总额高达45亿里弗尔，每年仅偿债支出就高达3亿多里弗尔，占到国家财政总支出的一半左右。而到1789年大革命前，经济实际上已经在衰退。1786年同英国签订自由贸易协定，大幅度降低英国工业品的进口税（10%以下），使英国商品充斥法国市场，由于英国产品价格大大低于法国产品，导致法国生产萎缩，于1787年至1788年出现经济危机。与此同时，农业也出现危机，粮食价格大幅上扬。大批的工人失业，几十万人生活无着，到处是流浪的人群，抢劫时有发生，社会治安受到严重破坏。而路易十四建立的社会救济制度荒废已久，卡隆任财长时曾试图用增发国债来发放救济金，实施公共工程，虽然增加了财政支出，但对社会救济作用却有限。

① 索尔（sol），法国货币单位，也有译作“苏”，12索尔等于1里弗尔。

在不公平的税收体制难以动摇的同时，征税体系却已经腐败不堪。专制的路易十四以壮士断腕的气概对整个税收体系的改造成果早已化为乌有，税收体系不仅恢复了原来的臃肿、腐败，而且更加臃肿和腐败。路易十四曾想把包税制的种种弊端用专制限制住，现在全部释放出来了。税收评估的腐败不仅伤害农民，更多的工商业主成了税收评估的被敲诈对象和牺牲者，税收官员们在这方面展现了他们惊人的专业技能。当然，也有许多没有税收豁免权的平民能通过种种手段，从税收评估中获得减免的好处，但这是以加重其他平民的赋税为基础的。

其实，很多人已经感受到了危险，所以路易十六政府做了四次财政改革，希望能通过贵贱一体纳税来化解财政危机。1788 年，在各省贵族会议上已经有一份由一些贵族提出的放弃财政豁免权的提案。但让大多数贵族放弃既得利益是很不容易的，特权不仅包括税收豁免，还有很多封建特权。1784 年 4 月在巴黎上演的《费加罗的婚礼》，反映的就是一项被称为“初夜权”的封建特权。拿破仑对《费加罗的婚礼》的评论是“革命已经在蠢动”。也正是因为各种封建特权，法国的贵族很多不愿意从事工商业来致富，而愿意躺在特权里醉生梦死，这和英国贵族热爱工商业的特质是很不同的，所以法国贵族很难和工商业主融合在一起。英国小说家狄更斯就用戏谑的笔调描写了当时法国贵族的特权生活，如“早餐的巧克力没有四个彪形大汉的帮助却连大人的喉咙也进不去”，还有他们用特权制造的灾难。幻想贵族同意财政改革的法国王室自己也不愿意放弃特权生活，王室花费有时候竟占到国家财政收入的 1/4，路易十六的玛丽王后以热爱奢侈生活著称，被人民称为“赤字夫人”。国家已经无力增加收入，就是出售官职的价格也下降到只有以前的 10%。

国王和贵族最终希望三级会议能为财政危机解套，但他们不是自己要让步，而是希望第三等级能承担更多的税负。还是当时法国人民说得好，国王的权力虽然不受约束，但他没法征收到人民没有的。此时的法国人民已经不堪再征了。1789 年春天的三级会议代表的选举，无疑是场革命的总动员，法国的每个村庄和城镇 200 年来第一次聚集，选举参加等级会议的代表，他们一下被激发起了热情和希望。当时的第三等级包括了新兴的资产阶级、知识分子、工人和农民，一切没有特权的人们。他们每个人都怀有自己的希望：资产阶级希望摆脱行会限制和保护私有财产，知识分子希望的是政治权力的平等，农民最希望的是税收的减免。农民高喊的口号是“不要税收”。这将注定是一个不可能达成共识的会议。

1789 年 5 月 5 日，三级会议在凡尔赛召开。会议一开始，三个等级之间的冲突就开始了。6 月 17 日，第三等级代表自行组织国民议会，并通过决议：一切赋税和贡献都是非法的。所有各类赋税和贡献，凡未经议会正式明确批准者，在全王国各省份概予停止。国民会议还宣布维持原有公债以保障资本家的债权，并成立一个日用必需品委员会以保障普通人民的生活。

路易十六感觉会议失控，他明确表示，什一税、贡赋、领主特权都不准触动，王权是最高权力。路易十六开始策划调动军队进行镇压。7 月 10 日，国王解除支持改革的财政总监内克尔的职务。人民开始对改革失去了希望，贴现金库的股票开始下跌，交易所停业。7 月 13 日，巴黎组成常务委员会，建立国民自卫军，群众被武装起来，并在 7 月 14 日攻占象征封建堡垒的巴士底狱。各地农民闻风而起，农民运动大规模地开展起来，斗争的矛头直指当地的封建领主。农民军攻打城堡，焚毁封建契约，猛烈地冲击着封建统治秩序。路易十六派来他最强大的法兰西近卫军团，但这支由人民组成的军队，变成了人民事业的同情者，拒绝对人民开枪。路易十六只能暂时予以妥协，但贵族开始大量出逃，各国君主开始策划联合镇压革命。路易十六在出逃途中被抓获，并被押回巴黎。

1793 年 1 月 16 日，法国国民公会将对路易十六——现在他被人们鄙夷地叫做路易·卡佩——的命运进行表决。在 1 月 15 日，绝大多数的议员都还是温和派，他们认为应该赦免国王。但是到了

1月16日，城郊大量的农民、各类小贩，等等攻陷巴士底狱的主角们，再次冲上街头，密密麻麻地围住议场，表达出他们对国王的怒火。到了这个时候，政治上的温和比表面上的激进更需要勇气。有近54%的议员登上讲坛，喊出了“La mort”（处死），包括前一天的温和派的首领。我想起了以前看电影《双城记》里，德伐日太太那双充满仇恨的眼神。她一家惨遭侯爵杀害，她整天不停地编织，用编织物记录贵族的罪行。在攻占巴士底狱时，她冲杀在前，亲手砍下监守的头颅。充分说明了哪里有压迫哪里就有反抗的真理。贵族们骄奢淫逸、专横残暴、冷酷傲慢，利用特权胡作非为、视人命如草芥，任意奸污妇女，杀害无辜。在这样的罪行的压迫下，我们已经很难用理性来约束德伐日太太们的复仇。热情澎湃的激情一旦激发，就很难马上冷却了。冰冻三尺，非一日之寒，但此时已到最寒时。

遥想三级会议之初，各方面都充满希望。在会议开幕式上，国王发表演讲，表示他召集传统的三级会议，是要“从中吸取新的力量，因为它可以为国家开辟新的幸福源泉。”这是多么激动人心的讲话，虽然他后面说了很多国库空虚，希望筹集到更多的钱之类的话，也表示反对改革等等，但他结尾说的“人们所能期望的一切，从最小利益到公众的幸福，都可以指望得到我的关切”，还是得到了全场最热烈的掌声。在会议开幕前，已经有各阶层的人们，充满希望地涌向凡尔赛，天气也异常晴朗，还举行了盛大的宗教仪式，人人都满怀希望，有枯木逢春之感。

即使在7月14日革命之后，很多人还是对国王心怀期望，革命者把国王迎回了巴黎，还让他做他们的国王。国民议会改为制宪会议，希望建立君主立宪的国家。8月4日，制宪会议废除了贵族的种种特权，不仅仅是贵族和教士的税收豁免权，还包括了贵族领主裁判权、领主养鸽权、狩猎特权，废除了农民的人身劳役等。什一税改为了货币税，教会的临时收入、教皇的“首岁贺礼”和教士们名目繁多和没有名目的俸金等都被废除，卖官鬻爵的恶政也被废除。为了纪念这一天，制宪会议铸造了一枚纪念章，授予路易十六“法兰西自由再造者”的称号。8月26日，制宪会议通过了《人权和公民权宣言》，这就是著名的《人权宣言》，宣言明确宣布“人生来是而且始终是自由、平等的。公民的荣誉只能建立在公共事业的基础上。”“捐税应在全体公民之间按其能力作均衡的分布。所有公民都有权亲身或由其代表，就决定各种公共捐税的必要性、用途、数额、评估的方式和期限等问题自由发表意见。”12月2日，制宪会议通过教会一切财产归国家所有。1790年6月19日，制宪会议通过法令宣布：“永久废除世袭贵族，任何人都不得再接受或是授予他人亲王、公爵、伯爵、侯爵、子爵、代理主教、男爵、骑士、老爷、绅士、贵人以及一切类似的头衔。”1791年9月，第一部宪法修成，由60名议员呈献给国王，国王批准了这部宪法。国王亲临制宪会议向议员们发表演讲：“诸位先生们，你们在这一持久而艰巨的任务中表现了一种孜孜不倦的热情，你们回到各地以后，还要完成一项任务，就是向你们的同胞讲述为他们制定的法律的真实意义，提醒那些无视法律的人，要用你们自己遵守秩序和尊重法律的榜样来澄清和统一各种意见。”

但这显然不是国王、贵族和教会所希望的结果。法国最终没能顺利走上君主宪政之路。1789年6月17日，国王取消三级会议，使三级会议变成国民议会；6月23日，国王开来了军队，却终结了王权的精神力量；7月10日，国王免除了改革派的职务，却迎来了大革命；1793年国王的外逃和企图利用外国势力干涉革命的结果，却把自己送上了断头台。法国废除了君主制度，创立了法兰西共和国。

法国的各种势力、各个阶层的利益和对未来的期待有着很大不同，但大家还没有习惯通过议会进行讨论、协商和妥协，最终只能在激烈的斗争中去学习妥协。法国大革命不是旧制度的终结，而是一系列暴力革命的开始。此后，革命的各个派系的斗争、复辟与反复辟的斗争相互交织，轮番上场，在此后的一个世纪里，法国经历了四次大规模的革命，两个帝国，两个王朝，三个共和国，使法国人民付出了沉重的代价。

法国现代预算制度的初步建立

法国新政府不仅废除了种种封建特权，废除了什一税，为了促进工商业发展，还废除内地税和入市税，取消了贸易垄断，废除了行会制度。大革命使农业摆脱了封建领属关系，使工商业不再受行会的监督和限制，打破了地区壁垒。使公平税收和依法理财的理念深入人心，也将简单、公平、低廉的征税原则写入宪法。知易行难，打破旧制度容易，建立新制度不易。

法国大革命因财政危机而起，而革命的成功却不能自动消除财政困难。议会中高唱自由民主法治的凯歌时，也不得不经常停下来，讨论国家的财政困难。议会不能只制定财政服从宪法的原则，还得制定解决财政困难的办法。空谈理想容易，重建税收体系很困难。当初议员们谴责各种税收，谴责盐税，谴责公债，现在却又要重征盐税，重新发行公债。但是农民还在高喊“不要税收”、“杀死征税官”的口号。税收的效果不理想，什一税已经废除，其他税收征收异常困难。公债发行也很是不畅，已经发行的几千万里弗尔公债也实在是杯水车薪。内克尔提出向全体公民一次性征收其收入1/4的爱国特别税来解决财政困难。其后又增加土地税、动产税、营业税、窗户税、印花税、奢侈税等等。教会数十亿里弗尔的财产被全部没收，但要完成出售变现也很不容易。以教产为抵押的指券作为货币大量印刷发行，造成了后果严重的通货膨胀。入市税、过路费也被重新开征。农民再次烧毁收费站和海关房屋。

在这期间，法国国内政治动荡不安，几万人被送上了断头台，投机活动盛行，粮食价格不断上涨。在国外，几乎所有的反对势力联合起来，形成反法联盟。直到1799年，拿破仑以武力在法国重建专制政权，强力建立新的秩序，也改善了国家财政。第一，统一财政。1799 年设立直接税行政总署，在各地设分署。取消了地方征收和分配直接税的权力，由中央集中管理。此后间接税制度也进行了相应的改进。第二，对税制进行了重新调整，使国家税收逐步步入正常轨道。拿破仑接手时的国库仅存 16.7 万法郎，到 1802 年财政预算已达到 5 亿法郎的平衡数字。第三，建立法兰西银行，完善货币发行制度，第一次使法国实现了货币与其面值相等。第四，以财政政策推动经济发展。在工业方面，给以巨额财政补贴，并成立奖励民族工业协会，鼓励工业创新和发展。在农业方面，提高农产品价格，推广良种，培育新作物。第五，推行国民教育，建立起从小学到大学的国民教育体系，重视科学研究和教学，排斥教会教育。

拿破仑是革命的儿子，他虽然建立帝国，但是也接受了民主、自由的理念，不仅将之贯彻在他的《民法典》中，也将之推行到他征服的每个地区。但他在税收改革方面，也遇到很多困难，首先是他看到追随他四处征战的法国农民高呼着“不要税收，打倒富人，打倒共和国，皇帝万岁”的口号穿越在巴黎街头；其次是法国工商业还较落后，在长期革命动荡中，也损失惨重，政府更新税制的空间受到很大制约。拿破仑最终成功解决财政问题的方法，不是建立了现代财政制度，而是回归了传统的帝国财政模式，他建立了新帝国的贡赋体系，从埃及和欧洲各国，源源不断地运回巨量的财富。不仅有战争的赔款，还有没收土地的地租，各国的贡献等等。如 1807 年普鲁士战败，赔偿法国 1.5 亿法郎，这相当普鲁士 4 年的财政收入。汉堡每年的特殊捐纳为 2000 万法郎，帝国每年还从威尼斯各省征集 3000 万法郎。欧洲各国成了法兰西第一帝国丰厚的财源，不断充实着帝国的国库。当然，拿破仑帝国与传统的帝国财政模式不同，它也充分运用着新帝国财政模式为帝国汲取财富。拿破仑建立起大陆封锁令，以最彻底的重商主义的政策为帝国财政带来了丰裕的关税收入。但这些都是建构在战争胜利基础上的，一旦战争失利，马上就会带来很大的财政危机。1812 年侵俄战争的失利，迫使帝国政府在1813年大幅提高税率，地产税增加了30%；间接税，尤其是饮料税、盐税和烟草税，增幅从10%—100%不等；门窗税也翻倍增收。1813年帝国预算支出为10亿法郎，收入仅9.06亿法郎，出现赤字。拿破仑被迫捐出8000多万法郎的私人财产来平衡预算。

法国大革命对现代财政制度在法国的建立，也具有革命性的作用。大革命使议会从国王手中夺得了预算权和税收权，以及国家预算的批准权和监督权。1789年通过的《人权宣言》明确宣示所有公民都有权或通过代表，对各种税收是否征收、如何征收表达意见，并有权监督其使用。这条重要原则也写入了1791年的国家宪法，并授权制宪会议"监督国库收入的使用和汇报情况"。拿破仑帝国完善了相关制度的程序，还成立了国家审计院。在1806年筹建审计院时，拿破仑对当时的财政部长戈丹（Martin - Michel - Charles Gaudin）说："为了维护纳税人的利益，我们还是需要建立类似于旧审计院那样的机构，使其有权追查已知的舞弊行为。"1807年正式成立的国家审计院采用了法国最高法院体制，地位仅次于最高法院，权力相同，具有终审权。审计院拥有充分的权威对所有会计账目和皇帝拟定的国家、地区、重要城市的预算执行情况进行审查，财政部长必须执行审计院的最终判决。

因为拿破仑时期的非常收入和支出占预算总收入和总支出比率过高，在收入方面，很多贡赋收入和关税收入都属于非常收入。在支出方面，皇帝经常给予他的家人和贵族以赏赐，还有大量的战争支出，都具有非常性。而且帝国基本处于战争状态，皇帝常以个人意志左右预算收支，所以拿破仑帝国虽然建立起了现代预算的制度框架，但并没有能真正完成现代预算的转型。一般认为法国第一个具有现代意义的预算是1814年[①]，拿破仑帝国崩溃后，在路易十八的复辟王朝时期建立起来的。路易十八复辟后，虽有倒行逆施之

① 周小兰："法国现代预算制度研究"，《史学月刊》2012年第4期。

处，但还是概括承受了拿破仑帝国留下的基本制度框架和国家债务。路易十八也继续任用了拿破仑帝国财政部的官员，他任命曾长期在拿破仑帝国财政部任职的约瑟夫—多米尼克·路易（Joseph - Dominique Louis）为财政部长，主持编写了1814年的国家预算。对于拿破仑留下的16.45亿法郎的债务，路易也分类分期编入预算。1814年预算案在两院经过激烈的辩论而通过。

法国在当时的财政状况相对欧洲其他国家来说还算好的。为了稳定拿破仑后的法国，欧洲联军承诺法国维持1792年时的疆界，不付任何战争赔款，也不受外国军事占领，作为平等的大国出席维也纳会议。而同时期的英国、普鲁士和奥地利的财政，都由于军费的拖累而出现危机。在路易十八消化了拿破仑留下来的国债后，法国的国债一直上升不大，这些都为法国现代预算制度的完善创造了较好的条件。

但法国最重要的问题是经济的落后，特别是和英国相比，它一直被“落后”纠缠着，技术的落后尤其突出。有学者戏称机器的轰鸣，实在和法国人民热情浪漫的气质格格不入。到了1815年，法国农民所占比例还在75%以上，绝大部分都是文盲，几乎完全没有受过文化教育，对启蒙思想更是一窍不通，有90%以上的市镇没有邮政局。1815年，英国已经有了蒸汽动力的火车机车，法国还没有铁路。农业的面貌没有任何现代气象，1815年时，法国还得大量进口粮食。法国革命的连续性，也和法国经济落后，特别是工业革命长期滞后有很大关系。拿破仑的大陆封锁政策，最终也是使法国和欧洲大陆各国自身受到很大伤害，英国因为工业革命的成功，占据着很大优势。

社会保障体系建立迟缓也是一个重要原因，原来教会承担的部分社会保障职能也在革命中被冲击，而新的世俗政权的社会保障又跟不上。启蒙思想家过多关注的是人的自由、平等，在《人权宣言》里提到的公共产品只有保卫人民安全的公共武装，受《人权宣言》教育成长的拿破仑也着力发展国家的武装力量，而人民说：

"面包才是维护社会秩序的最好保证。"在1848年革命后，法国议会才把"劳动权"和"享受社会救济的权利"写进宪法。1850年6月18日通过《公共救济与预防法》，决定建立全国退休金管理局，对退休者及生活困难者给予公共救济。在1871年，巴黎公社建立去宗教化的强制性免费教育，还受到很多人的诅咒。著名作家福拜楼喊道："强制性免费教育只会增加白痴的数目。"他提出要"取缔全民选举"，认为"这是人类精神的耻辱。"著名作家法朗士为屠杀叫好："罪恶和疯癫的统治终于在枪决行刑队面前腐烂坍塌了。"但法国还是在1898年承认工人互济会的合法地位，扩大医疗保险和退休保险。1945年10月14日，法国总统戴高乐在创建社会福利制度的法令上签字。法国在近现代史上惟一的一次高速增长期是1945年至1975年，史称"三十年辉煌时期"。

三、德国社保财政的构建

日耳曼公社所有制

日本学者铃木纯义在他的《德意志帝国主义财政史论》中，特别强调德意志帝国财政是由军事费和社会政策费双轴组成①。这一点从其国家起源时代就可以看出端倪。

马克思和恩格斯在研究日耳曼人时，把当时日耳曼人的社会组织称之为"日耳曼公社所有制"，或者叫"马尔克"公社制。这是一种战争与民主相结合的社会制度。在公社里，崇尚的是尚武好勇，所有男人都是战士，只有先成为战士，才能成为公民。与此相

① ［日］铃木纯义：《德意志帝国主义财政史论》，法政大学出版局1994年版，第201页。

辅相成的另一面是，公社为大家生存提供各种照顾。在大家庭公社，大家共同劳动、平均分配、互助共生。对于征服土地的分配，“一部分归全体人民所有，一部分归各个部落和氏族所有。在每个氏族内，则用抽签方法把耕地和草地平均分配给各户。”①

对日耳曼民族早期的历史我们前面已经有所述及，公元前后，许多日耳曼部落开始定居于多瑙河和莱茵河畔，在和罗马帝国的冲突中不断发展壮大。在罗马帝国崩溃后，日耳曼人建立法兰克王国，实际上是不巩固的部落联合体。法兰克王国分裂后，莱茵河右岸说德语的东法兰克王国成为后来德意志王国的基地。919 年，萨克森公爵当选东法兰克国王，正式拉开德意志历史，其王国包括萨克森、图林根、弗兰肯、施瓦本、巴伐利亚、洛林等部族公国。由部落体系而演变来的封建体制，使德意志长期处于封建割据、邦国林立的状态，而在其最基层马克尔公社还在维持，自由农民还能长期保持独立。这些都对德意志其后的近代转型带来深远的影响。

国王的头衔是一种光荣的苦役

到了近代，在德意志各邦诸侯里，出现了两个大的权力中心，就是普鲁士和奥地利。霍亨索伦家族统治下的普鲁士公国改成王国，勃登堡选帝侯加冕为普鲁士国王，称腓特烈一世。腓特烈一世和其子威廉二世两代为普鲁士建立起中央集权的体制，打造了一支强大的常备军。当时国家一年财政收入只有 700 万塔勒②，而军费就占了 600 万塔勒。除此，威廉二世还为普鲁士培养了一个杰出的

① 恩格斯：“家庭、私有制和国家的起源”，《马克思恩格斯选集》第 4 卷，人民出版社 1972 年版，第 147 页。

② 塔勒（taler），也有译作泰勒。是 15—19 世纪末德意志诸邦使用的一系列大型银币的通称。18 世纪中期德意志诸邦达成统一货币的协定，进入“协议塔勒”时代。协议塔勒的标准：每枚塔勒（即 1 塔勒）银币重 28.0644 克，纯度 833‰。

继承人。

腓特烈二世（Friedrich II）① 从小就穿着朴素的小军装，接受严格的军事化教育，成人后又被要求从最基层开始学习，了解王国的运转。而腓特烈二世的母亲，一位热爱艺术的王后又给予了他文学与艺术的教育。腓特烈二世即位后，一生坚持简单朴素的生活，姐姐威尔海米娜公主评价他的桑苏西宫“简直就是一座修道院”。

腓特烈二世于1740年即位为普鲁士国王，他继承了祖父和父亲的政策，继续倾力发展军队，赋予军人崇高的社会地位，还创办军事学院培训军事人才。法国米拉波伯爵曾这样描述普鲁士的军国主义：“对其他国家来说，是国家拥有一个军队；对普鲁士而言，则是军队拥有一个国家”。腓特烈二世虽然重视军队建设，但却尽量不使用国家财政支出，而是用王室私人领地的收入来支付军费，他把王室自身的支出压缩到最低限度，连香槟酒没有他的特别命令也不得开启，他的衣柜除了一件较华丽的礼服，就只剩下二三件陈旧的外衣，他自嘲是“欧洲最寒酸”的君主，他把王室收入的80%用于军队建设。这样，国家就有更充裕的财力来进行经济和社会建设。

腓特烈二世十分重视财政在国家发展中的作用，亲自掌握财政政策。麦考利（T. B. Macaulay）的《腓特烈大帝及其时代》（*Frederic the Great and His Times*）里说“他自己做财政大臣”。腓特烈二世在加强军事投入时，还用国家财政创建了国家福利制度，为弱势群体提供尽可能的帮助。他开设公共粮仓，为穷人提供免费食物，为成千上万的老人开办养老院。他还颁布命令，由国家出钱出物，帮助农民修建房屋。他还通过政策降低食品价格，努力提高人民生活质量。

国家财政还极力支持经济的发展。在对农业的支持上，他大兴水利，有计划地逐段整修河渠，开挖运河，形成灌溉网络，使大量

① 也有按照读音译作“弗里德里希二世”。

农田得到灌溉。用宽松的宗教政策吸引移民，发展起数十个新的村落，开辟新的耕地。还用公费送国有土地承租人的子弟到英国留学，学习先进的农业技术。在对工商业的支持上，积极推行重商主义政策，加强关税壁垒。对外国商品尽量多抽税，特别是大幅提高奢侈品的税率。极力保护本国产业的发展，并为私人工商业主提供贷款等帮助。

腓特烈二世还开创了德意志重视教育和创新的传统。他大力推行义务教育，兴建了数以百计的学校，虽然大量乡村学校的师资素质良莠不齐，而且偏低，但全民普及教育毕竟已经推开，培养了许多具备读写能力的国民。他成立柏林科学院，设立科学奖学金，对各种发明进行奖励。一位德国作家记载："国王的钱柜好像就摆在市场上和道路旁，谁一有什么发明就付给奖励。"腓特烈还鼓励文学和艺术创作，他开放言论和出版自由，把法国启蒙思想家伏尔泰请到普鲁士，给了伏尔泰 5000 塔勒的年金。他还把现代音乐之父巴赫请到柏林把巴洛克音乐带进普鲁士。巴赫为他演奏《音乐的奉献》。这些措施不仅有利于提高国民素质，激励国民创新能力，也有力地打破了封建结构，在国家封建体制之外，给了庶人阶层一个发展的空间，给了庶人子弟一个跻身上流社会的希望。他们踊跃投身工商业和文教、科学研究事业，一大批杰出的科学家、思想家、文学家脱颖而出。

在慷慨的建立国家救济制度，支持经济、科技、文化发展的同时，腓特烈二世在宫廷和行政费用方面，却极其节俭，甚至吝啬。他给大臣们发最为微薄的薪俸，就是外交使节，他也不注意形象，他的外交使节总是坐着又破又旧的马车，他规定驻伦敦、巴黎的外交使节一年只能用 1000 英镑以内的数目。

腓特烈二世在位 46 年，自称"国家第一仆人"，对他而言"国王的头衔是一种光荣的苦役"。他经常到地方巡视，了解地方发展状况，被称为"旅行国王"。到腓特烈二世离世时，普鲁士人口由 200 多万人增加到 550 多万人。税收从每年 300 多万塔勒增加到600多万塔勒。国库储备达700多万塔勒。培养起一支被马克思称为“欧洲模范的军队”，特别是“历史上无与伦比”的骑兵。军队数量由8万人扩充到20多万人。这支军队也为他开辟了大量领土，领土扩大为原来的1.6倍。他的最后一句话是：“我将毫无遗憾地离开这个世界。”

欧洲历史上称他“腓特烈大帝”，他为近代欧洲财政史开启了福利财政之门。

从关税同盟到德意志统一

尽管腓特烈二世为社会与经济的发展作出了很多努力，但改革的深度还是相当有限。关键的封建制度还没有真正触及，容克贵族还有着很大势力。1803年，拿破仑大军席卷德意志诸邦，带来了他的《民法典》，把德意志的封建制度冲得支离破碎，也用战争和压迫激发了德意志的民族情绪。拿破仑废除了形式上的德意志神圣罗马帝国，将德意志诸邦重新组合，改称莱茵联盟。这些也为普鲁士后来统一德意志创造了条件。

在拿破仑大军的控制下，在对拿破仑巨额赔款的压力下，普鲁士国王威廉三世还是坚持腓特烈大帝创立的国家普及义务教育制度。威廉三世说：“这个国家必须以精神力量来弥补躯体的损失。正是由于穷国，所以要办教育。我从未听说过一个国家办教育办穷了，办亡国了。”普鲁士用强迫人民服兵役的办法，来强制推行全民义务教育。普鲁士不仅努力普及基础教育，还着力向高等教育迈进，积极为国家培育高级人才。1810年，普鲁士创办柏林大学。国家财政在极度困难的情况下，每年为柏林大学拨付15万塔勒。威廉三世把豪华的王子宫捐献给柏林大学作校舍。柏林大学在经费预算中，只将极少的预算用于建筑等硬件建设，而将绝大部分的预算用于聘请教师。由于普鲁士师资相对落后，柏林大学拿出1500塔勒的年薪来向全欧洲招聘教授。当时一个受过教育的中产阶级家庭的年生活费约750塔勒。除了教师薪金，柏林大学预算里另一大项支出，是科学研究的支出，以相当的资金支持相关科学学科的建设和发展。在柏林大学诞生了人类历史上第一个实验室、第一个研究所、第一个研究生院和研究生指导制度，创办了第一个专业科学期刊。全民普及教育虽成为国家财政的重大包袱，但也为整个民族的发展奠定了坚实的基础。柏林大学的首任校长费希特曾说："如果要核算的话，国家获得的利益将超过它最初投资的千倍。"德国的教育发展模式，给后来的很多落后国家以启示，在近代中国教育发展史中，中华民国首任教育部长蔡元培曾专赴德国学习和考察，并把其教育体制带回国，建立中国近代教育体制。

席卷欧洲的拿破仑时代结束，西欧各国在维也纳开会，试图恢复法国大革命前的正统王朝和旧制度，建构了所谓"维也纳体系"。但在维也纳体系中，德国并没有恢复神圣罗马帝国，而是建立了由35个君主国和4个自由市组成的联邦，继续维持分裂割据的局面。这一局面激起了德意志各邦人民的不满，要求统一的情绪高涨。但是对于德意志的统一，显然不符合俄、奥、法、英等欧洲大国的利益，他们希望维持维也纳体系的欧洲均势。普鲁士认识到，要实现统一，必须加强自己的实力，只有力量才能拥有真正的话语权。普鲁士开始了励精图治地打造自己实力，德意志各邦也趁着难得的和平时间加快发展。

普鲁士继续腓特烈大帝的军事和社会福利双轴发展路线，并相互支持。他把军事管理的方式，用于教育和社会福利制度的打造，也把教育和科技运用于军事。威廉三世进一步扩大和提升了腓特烈大帝开创的军事教育体系，创办了培养各级军事人才的军事学校，将科学运用于军事学的教学与研究。在其科技创新政策的激励下，普鲁士还出现了克虏伯这样举世闻名的军工企业。普鲁士用财政和科学武装了一支现代化的军队。

1850年普鲁士颁布《学校法草案》，将全民教育作为一项制度用法律的形式巩固下来，规定受教育是和服兵役一样的公民义务，教师享有公职人员的一切权利与义务，学生免交学费。到1860年代，普鲁士的适龄儿童入学率达到97.5%，国民素质空前提高。在1870年俘获法国皇帝拿破仑三世的毛奇元帅说：“普鲁士的胜局是在小学教师的讲台上决定的。”同时，普鲁士继续推行腓特烈大帝的各项社会福利政策，并授权地方政府强迫雇主、雇工和工厂技工加入行业组织，由行业组织担负起救济鳏寡孤独、婚嫁丧葬，修建公共会所等责任。

普鲁士道路在全德推广，从根本上改变了德意志的社会性质，极大促进了生产力，市场经济有了很大发展。然而关卡林立，繁杂的货币和度量衡体系严重阻碍了普鲁士与德意志各邦经济发展。德意志统一，由经济统一开始。1834年，除奥地利外，以普鲁士为中心的诸邦组成“德意志关税同盟”，形成了经济上的统一贸易区。

1862年，俾斯麦出任普鲁士首相，成为德意志统一的关键人物。他以灵活的外交手腕和铁血的战争手段，强力推进德意志统一的步伐。1870年，普鲁士在色当大败法军，俘获法皇拿破仑三世，为德意志统一扫清了最后障碍。1871年1月18日，普鲁士国王威廉一世在法国凡尔赛宫宣布德意志帝国开国，并即位为德意志帝国皇帝。

德意志帝国首任首相，也是唯一的大臣俾斯麦开始了大刀阔斧的统一建设。他统一帝国财政，统一税制，统一货币，统一法律。同时，他还将普鲁士的社会福利政策推行到整个德意志帝国，更进一步建立起社会保障制度，并以法律的形式肯定下来。他说：“德意志民族经过漫长的分裂之后，终于得到了统一，那么我们就更应该珍惜这来之不易的良好局面，致力于和平与公正。”

1882年5月15日，帝国国会通过《疾病社会保险法》。1884年6月27日，帝国国会通过《工业伤害事故保险法》。1889年5月24日，帝国国会通过《老年和残障社会保险法》。此后，在1927年7月7日，德国国会还通过《失业社会保险法》。通过这四个法律，德国形成了一个完整的社会保障体系。这是人类文明史上的第一部疾病社会保险法、第一部工伤社会保险法、第一部老年社会保险法、第一部失业社会保险法。今天，它已经在世界大多数国家普及。而且其一些基本原则也被广泛的接受，这些基本原则是：(1) 国家有义务促进社会的“文明和福利”，使国民分享高水平的文化、财富、教育和福利；(2) 劳动者因风险失去收入必须获得一定程度的补偿；(3) 社会保障实行强制推行的投保原则；(4) 国家、工人、雇主三方对绝大多数社会保险项目分摊保险资金；(5) 投保费比例实行等比制或级差制；(6) 退休金按退休前工资发放；(7) 医疗服务一律免费；(8) 社会保险制度只覆盖从事经济活动的劳动者；(9) 劳动者投保必须达到一定的年限；(10) 享受保险待遇必须具备一定条件。

福利制度在日耳曼有深厚的传统，俾斯麦表示：“在经济斗争中站在弱者一边是我效忠的这一王朝的传统。”而他当时能够完成传统福利制度的转型，在世界率先建立现代社会保障制度还有几个重要条件：一是从法国索取的50亿法郎的赔款为其在全德推行社会保障制度奠定了经济基础；二是1848年工人运动的激烈为其带来了最直接的压力；三是当时的福利经济学说和财政学为其提供了理论基础。

社会保障体系的构建，使德国克服了英国开创的自由市场经济的弊端，浇筑了经济发展的坚实基础。这一传统一直在德国延续，其后希特勒的第三帝国也是以“抢救失业大作战”、“面包与工作”等政策凝聚人心，开创第三帝国早期的繁荣。在其后的联邦德国和民主德国也在社会福利方面特别突出，今天德国在欧盟国家中仍然保持着很高的保障水平，其原则也更加科学：(1) 有利于发挥市场机制的调节作用，保证社会正义与公平；(2) 维护经济效益与社会公正的内在统一，不使人们的进取精神减弱；(3) 由国家、雇主和雇员三方共同合理分担社会保障基金，不使效率和市场机制功能被弱化。

德国现代财政的异化

德意志诸邦国虽然很早就开始了财政现代化改革，但对封建财政的扫荡却是在拿破仑占领时期才真正开始。1806 年，法国皇帝拿破仑亲自担任莱茵联邦的保护人，按照法国模式，重新构建财政体系。他为莱茵联邦设立两院制的议会，颁布宪法，把财政管理纳入宪政体制之下，建立人人平等的基本法制原则。他直接废除了封建领主制，取缔了农民的代役租、徭役劳动和各种封建贡赋。他取消教会特权，没收教会财产，废除什一税。他废除国内关税，鼓励德意志境内的自由贸易。他取消行会法规，普遍宣告人人享有劳动权，可以自由进入任何行业。他打破世袭官制，建立有固定薪俸的现代政府机构，以直接收税取代包税制。他统一货币和度量衡，推行新的会计和统计方法，推进财政管理的现代化。恩格斯说："德国资产阶级的创造者是拿破仑"，"他在德国是革命的代表，是革命原理的传播者，是旧的封建社会的摧毁人"。但是由于拿破仑的帝国财政思想作祟，在德意志各邦大肆掠夺财富，将大量土地和财富赐给自己的亲戚和部属，使他在德意志做的一切黯然失色，引起了社会动荡，也使他扫荡封建势力的行为并不彻底。但是他为德意志建立起的现代财政框架，对德意志未来财政的发展作用重大。

在拿破仑的影响下，普鲁士王国也于 1810 年 10 月 27 日颁布《财政敕令》，规定征收普遍营业税，取消免税特权，使税收得到平等的、适当的分配；宣布营业自由，废除中世纪王侯拥有的限制工商业的禁令特许权和强制特许权，取缔束缚工商业经营的桎梏，取消行会。1818 年，普鲁士通过了关税法，首先在本邦内实行统一税制，取消省际和城市间征收的复杂混乱的税收，从而创建了一个约 1000 万人口的统一市场。1821 年至 1848 年，普鲁士就调整农民与地主的关系和赎买封建义务的问题，先后颁布了 10 项法令，2 项公告，5 项内阁命令，2 项条例和 2 项规定。农业改造广泛进行，到 1848 年，已有近 40 万农户解除了封建义务。他们总计赎买了 600 万日车马劳役，1700 万日手工劳役，折合资金为 1850 万塔勒。

铁血宰相俾斯麦走上历史舞台，就是因为一场预算危机。1862 年 9 月，普鲁士议会拒绝批准一项军事预算，还要求监督政府的经常开支，使柏林政局一时陷入混乱。已经 63 岁的威廉一世对僵局有点束手无策，甚至一度想退位。这时俾斯麦觐见，与国王会谈，他使国王撕掉了退位诏书，国王任命他担任普鲁士首相。9 月 30 日，俾斯麦在国会预算委员会会议上发表演讲，呼吁停止内部对抗："普鲁士必须积聚自己的力量并将它掌握在手里以待有利时机。""这种时机已被错过好几次。维也纳条约所规定的普鲁士国界是不利于健全的国家生活的。当代的重大问题不是通过演说与多数议决所能解决的——这正是 1848 年和 1849 年所犯的错误——而是要用铁和血来解决。"这就是后人所概括的所谓"铁血政策"，俾斯麦也因此被称为"铁血宰相"。10 月 13 日，俾斯麦借口上院和下院意见不一致，国王有权批准国家预算。他以国王的名义宣布议会休会，并擅自支付经费，进行大规模的军事改革。俾斯麦认定只要实现了德国的统一，所谓的宪法纠纷自然会烟消云散。从这时起国会的抗议一直不绝于耳，但俾斯麦顶住种种压力，自行其是，继续开支他认为必要的一切政府经费。他开启了德国不经国会批准也能进行统治的先例，被称作"危险的首相"。此后，由于俾斯麦在 1864 年对丹麦的战争、1866 年对奥地利的战争、1871 年对法战争取得一系列胜利，实现德意志帝国的统一，其财政政策也最终获得国会的谅解。在 1866 年对奥地利战争胜利后，国会就赦免了俾斯麦未经国会同意征税及擅自进行政府财政开支的违宪行为，而且还追加了政府年度开支预算。

1871 年，德意志帝国成立。在俾斯麦的亲自领导下，德国制定了新宪法。这部宪法规定，德意志帝国元首是皇帝，由世袭的普鲁士国王担任，普鲁士首相兼任帝国首相，只对皇帝负责，而不用对国会负责。帝国国会只有少量的立法权和拒绝通过预算的权力。

1884 年开始，德国用 10 年时间建起了帝国国会大厦，成为帝国的象征性建筑，上面镌刻着“为了德意志人民”。

1871 年的胜利，让德国膨胀了，他们宣称：“让别的民族去分割大陆和海洋，而我们德国人满足于蓝色天空的时代过去了，我们也要为自己争取阳光下的地盘。”他们要用武力去开辟生存空间，创造帝国财政。1897 年，德意志皇帝威廉二世在为开赴中国的侵略军送行时，宣告：“凡是外国给予一切其他国家的权利，也同样是德意志商业、德意志商人和德意志船只所要取得的权利。”

1898 年帝国海军预算法案实质剥夺了国会对于海军军费的控制权。1899 年，国会通过的军费预算达到 21 亿马克。在 1879 年还只有 4.3 亿马克，20 年间增长了 4 倍。1906 年、1907 年、1908 年提出的扩军法案在国会一一通过。1914 年，德国发动第一次世界大战，帝国国会直接把财政大权交给军方所有，军方为筹集战争经费发行了 9 次国债，共计 620 亿马克，相当于全部军费支出的 4/5。当时国会虽然权力已经十分有限，但还自动放弃了自己有限的职责，向军国政府妥协。在国会议员组成中，社会民主党有一定实力，但他们满足于在社会福利预算上的进步，而和政府作出交换。在 1885 年的国家预算中，社会福利开支仅 0.54 亿马克，到 1900 年已经上涨到 3.86 亿马克，到第一次世界大战前的 1913 年已经上涨到 9.12 亿马克。

1933 年，德国国会更通过《授权法案》，即《消除德意志人民痛苦法》，将财政权直接移交给德国政府内阁，这也标志着纳粹政权的开始。从此德国财政走上了一条扩军备战之路，截至 1939 年第二次世界大战爆发前，希特勒政府通过发行“贸易期票”获得 120 亿马克，通过发行国债获得 315 亿马克，通过预算赤字增加到 105 亿马克。正是这种异化的财政体制帮助希特勒完成了战争的准备，也再次将德意志民族拉入一场新的灾难。

丁建弘在其著的《德国通史》中写道：“在近代世界历史上，很少有像德意志民族那样，经历了如此多的历史曲折，却又像不死鸟似的在灰烬中复活，奇迹般的再度崛起。”① 可能这是因为其财政始终双轴走路，在扩大军费的同时，也始终不忘社会福利和文化教育，不断压缩的只是皇室和政府的支出，始终为德意志维系着生机。

现代财政学在德国开始构筑

德国的财政实践和对科教的重视，使德国财政学成为财政学发展史上的两大源流之一，其财政学说对近代中国财政学的发展影响很大。1723 年，腓特烈·威廉一世普鲁士国王在哈雷大学和法兰克福大学设立财政学教授席位，大大促进了财政学科的发展。德国财政学脱胎于官房学。官房（Kammer），是指当时管理财政的机关。官房学就是研究国家财政管理及社会经济秩序等的学科。其研究的出发点是帮助国家管理，为国理财，所以它的研究范围十分广阔，包括了法学、经济学、公共管理学、政治学、社会学以及历史学、政策学等很多的学科。所以，德国财政学的传统是把财政作为一个高度综合的复杂学科，这和亚当·斯密开创的以经济学框架建构的英美财政学的传统是不同的。德国财政学反映了当时后起国家奋起发展的需要，英美财政学反映了当时先发国家建立世界自由市场的需要。德国财政学也带有德意志诸邦，特别是普鲁士的财政特色，强调国家的主体性和福利财政。

当时德意志诸邦面临的主要任务是在强国林立的间隙中，如何增强实力以求生存，所以它必然以加强集权，强调在国家直接干预下强化政治、行政和经济管理，推行有利于商、农、工各业的财政政策，但也带有鲜明的时代特征，以兴商为中心，强调增加人口；主张贸易差额论和保护关税政策，取消境内贸易障碍等。当时英国由于率先实现工业革命，在各方面遥遥领先，所以开始鼓吹自由市

① 丁建弘：《德国通史》，上海社会科学出版社 2002 年版，第 453 页。

场经济，希望以此打进各国市场，但是德国财政学家建立起幼稚产业保护论，从学理上直接与之抗衡。当时普鲁士国内手工工场生产的产品，不仅质量蹩脚，而且价格昂贵。但是腓特烈大帝宁可忍受这些缺陷和商品短缺的困难，坚持对紧俏的英国商品尽可能多收税，对某些商品还严令禁止输入。尽可能地保护本国产品，通过建立质量监控机构来督促本国商品质量的提高，通过财政政策鼓励产业的创新和升级，扶植民族工业。其后普鲁士几代国王都坚持这一政策，普鲁士财政学者也积极抵制英美财政思想的侵蚀，在学理上予以支持。正是在这样的努力下，到了 19 世纪后期，德国产业已经全面超越英国，无论是精密仪器，还是化学产业、电缆产业等都开始居于全球领先地位。其实在早期的官房学派学者中，也有比斯密更早主张自由放任的，虽然他们是主张国家监控下的自由放任，但毕竟是较早论述了自由放任市场对发展经济的作用。只是后来在实践中，被迫向现实低头，作出了另外的解释，显得有些自相矛盾。但是在经济发达之后，他们也重新回到了原轨。这只是在经济不同时期，应有不同的政策。

德国官房学的很多主张，无疑也受到早期日耳曼民族原生的国家生成及财政生成理论的影响，比英美财政学更强调民生福利。他们是从政府的观点出发来考察财政问题，从国家生成理论出发，认为国家天然就是对每个人的就业和生计，对生产方法和组织的改进，对原料和食品的充足供应，对城市的规划、火灾保险、教育、卫生等各项事务都负有责任。对于各项社会生产，无论早期的农业，还是后来的制造业、商业、货币银行业都从这样的逻辑出发来考察和理解。德意志诸邦人民当时饱受战争之苦，国家要强国自保，也必须先解决人民的苦难，组织人民生产，才能取得发展的最基本的条件，理论和现实在这里交叉，也为德国财政学开启了福利财政学的源头。

官房学的先驱可以追溯到 16 世纪中叶，如勃尼茨（Jacob Bornits）、伯松德（Christoph Besold）、奥萨（Melchior Von Osse）、奥

布雷希特（Georg Obrecht）、塞肯道夫（Veit Ludwig Von Seckendorff）等。早期的德国官房学家，各从不同学科背景对财政学的研究有所推进，这里就不一一介绍。在此后德国财政学的理论建构上，有较大影响的是尤斯蒂（Johann Heinrich Gottlob Von Justi）。他在1766年出版了《财政学》（*System des Finanzwesens*），开宗明义说明："国家是由占据着地球的一个相当部分的人们组成的社会团体，他们彼此联合在一起，目的是在于求得共同福利"。正是出于这样的目的，才有了国家和统治者，为了他们能履行职能才给予他们俸禄，为了保卫国家，为了公民的共同利益，才需要很多经费来维护。他强调国家财政"如果在生活和福利的方面不从事大量花费，就不可能生存下去。"

尤斯蒂在书中指出国家"随着时间的推移，风气逐渐颓败，政府支出越来越多"，以致滥用捐税，置人民于水深火热之中，罗马帝国就是这样崩溃的。他指出当时罗马享有公民权的自由民，宁可舍身为奴，也愿意投向捐税很轻的日耳曼诸蛮族。他提出国家捐税的首要原则是"必须让人民有能力缴纳捐税。只是当他们纳税时不至于影响到必需品的享用，不至于损及他们的资本时，才能说他们是有能力纳税的。超过这个限度，就不配使用捐税这个名称，只能说是对人民财产的残酷勒索和凶暴的劫掠。"第二个基本原则是"应该完全按公平合理的比例向人民征收"。第三个基本原则是"在募集捐税时所使用的方式方法，不得损及国家和人民的福利，不得损及公民自由权"。第四个基本原则是"应按照国家的性质和政府的体制来组织税务制度"。第五个基本原则是"一切捐税必须建立在明确的和光明正大的基础上"。第六个基本原则是"捐税应当用最简便的方式进行征收"。尤斯蒂的上述六原则与斯密后来提出的税收四原则，虽有许多相似之处，但其基本精神却有很大差别。斯密已经是经济自由主义的必然产物，而尤斯蒂还停留在重商主义的思想体系之中。特别是，尤斯蒂还将领主官有土地的收入和向工商业者征收通行费这样的封建收入看作是国家最主要的收入，而将其他税收定位为弥补其不足的辅助收入，在很大程度上，还停留在封建财政时代。这也是和当时德意志诸邦的现实相一致的。

桑尼菲尔斯（Joseph von Sonnenfels）继承和发展了尤斯蒂的财政思想，1765 年出版了《政策、管理与财政概论》（*Grundsätze der Polizey, Handlung, und Finanzwissenschaft*）。他本是柏林一个犹太教教士之子，后到维也纳大学执教，成为维也纳大学官房学的第一位教授。因他先后被约瑟夫二世和利奥波德二世聘为政府财政顾问，其著作不仅成为奥匈帝国官方审定的教科书，也被大多数德意志大学所采用。桑尼菲尔斯较为突出的部分是提出最大限度增加人口的主张，并以人口增减趋势作为衡量公民社会一般福利的尺度，这也和当时德意志诸邦在战争中人口损耗巨大的现实相关。他写道："人口包含了共同福利所要求的全部涵义。主政机构通常都应致力于维持和增加人口数量……使之达到尽可能的最高水平"。对于农村人口涌入城市而引起的各种问题，桑尼菲尔斯主张分散管理，在小城镇设立高级培训机构，将工业配置到全国，严格学徒制和假期培训，提高乡村生活水平。他写道："人口越多，需求越多，则国内有利可图的职业越多样化。人手多，农工业产品及对外交换的货物就越多"，"人口多，纳税人就越多，每人的税负就越少"。

亚当·斯密 1776 年出版《国富论》的当年，就有了德文译本面世。这也是《国富论》最早的外文译本，至今《国富论》已经有了 10 个德文译本。卡尔·迪策耳（Karl Dietzal）最早试图将官房财政学和古典经济学相结合，迪策耳对斯密给予了很高评价，认为他的研究奠定了财政学的科学基础，但是他也批评古典经济学将财政学视为经济学的一个应用分支是不对的，他认为应该将财政学确立为一门有别于经济学的独立学科。迪策耳还批评古典经济学将财政独立于国民经济之外，从而限制了政府消费。他认为财政与国民经济是在相互促进中发展的："即使只限于国民经济领域物质的、具体的物质资料的生产及消费，而把人们的劳务和非物质的资料全然排除在外，也仍然易于证明政府的经济消费是彻头彻尾生产性的。”迪策耳认为要由军队保卫国家，由法官、官员等保护社会秩序，国家举债用于公共交通设施、公路、运河、铁路等建设以及教育与宗教，这些都可以提高生产的稳定状态，因而都具有生产性。迪策耳坚守官房财政学的立场，比斯密更加正面来肯定政府职能的必要性，认为政府对于国民来说是“无形资产”。迪策耳在对古典经济学进行批评的同时，也在力图吸收其营养，进一步完善官房财政学。迪策耳的主张被瓦格纳（Adolf Heinrich Gotthilf Wagner）、埃厄贝格（Karl Th. Von Eheberg）等人吸收和发展。瓦格纳的十卷本《财政学》巨著一时席卷世界，也影响到了当时财政学刚刚起步的中国。国民政府财政部官员童蒙正将瓦格纳十卷本的《财政学》的主要内容提纲挈领地编辑成上、下两册本的《瓦格涅财政学提要》出版，曾留学德国的傅英伟还翻译出版了埃厄贝格的《财政学》。

创立于卡尔·迪策耳，由瓦格纳所继承，在19世纪后半期再由施泰因（Lorenz Von Stein）、舍夫勒（Albert E. Schäffle）完善的财政学，在财政学史上被称为德国正统财政学，他们的很多理论已经被吸纳进今天的财政学教科书，但他们致力于摆脱经济学，将财政学发展成一门综合性的独立学科的理想还任重道远。

四、美国新帝国财政

美国财政基本框架的建构

北美大地，气候适宜，土地肥美，资源丰富，人烟稀少，不需要很多努力，就能丰衣足食，是人类理想的生活之所。在这里生活的土著人，虽也建立了国家，创造了文化，但是由于缺乏竞争的压迫，各个文明点，也很分散，缺乏交往和竞争，每个家庭都有一份土地，大多过着载歌载舞的恬淡生活，有史学家称之“半文明”。当西方人登陆后，印第安人完全无能力抵抗。

一般认为，五月花号登陆是美国历史的开始。1620 年，一群在国内受到迫害的英国清教徒坐着五月花号逃难至此。当时正值寒冬腊月，饥寒交迫的他们，很快死亡了一半人。没有感觉到危险的印第安人，跟帮助族人一样，给他们送来粮食，协助他们搭建房屋，教导他们种植庄稼。终于在第二年的秋天，迎来了丰收，另一半人得以生存下来。为了感谢印第安人，他们把收割后庆祝的日子定为感恩节，后来固定在每年 11 月的第四个星期四。

收获之后，就是征服了。作为异教徒的印第安人，和他们有着天然的不协。印第安人很快被妖魔化，传闻撒旦被逐出欧洲后，在美洲海边找到藏身之地，并用其喷吐火焰的大嘴吻过这片土地。于是生活在这片土地上的印第安人也成了魔鬼。他们要把魔鬼私自掠走的金银等财物夺回来，还给上帝。于是他们站上了道德的至高点。不到几年时间，印第安首领梅特肯的头就被砍了下来，挂在普利茅斯要塞示众了 20 年，他的老婆孩子也被卖到西印度群岛当奴隶。1732 年，阿默斯特将军带来了英国女王的圣旨：“你要把天花患者盖过的毛毯给印第安人使用，让他们染上疾病。你还要动用其他一切能够消灭这一可恶种族的手段。如果你那用狼犬追杀他们的计划能奏效，我会非常高兴。”有小哈佛之称的阿默斯特学院就是为了纪念这位将军而建。西方人登陆时，美国居住着 1 千多万印第安人，今天剩下不到 1/10。200 多年前，印第安人拥有美国 75% 以上的土地，现在已经不到 2% 。

五月花号的意义在于，他们不同于以往的殖民者，他们有着共同的信念，也有着求生的共同愿望，在登陆的时候，他们制定并签署了《五月花号公约》，自愿结为自治团体。强调了宗教自由、天赋人权、社会契约、主权在民、依法施政等理念，并决心依此而制定颁布对这个殖民地全体人民都最适合、最方便的法律、法规、条令、宪章和公职。这也奠定了后来美国公私分明的新型民主财政体制的基石。但与此同时，也已经出现了内外有别的新帝国财政的阴影。新英格兰的最早的创立人之一威廉·布拉特福德写道："它的光亮必将蔓延到我们整个国家。"

来到这片土地上的新居民，最初是寻找财富的探险家、淘金客、海盗，后来这里又作为重罪犯人的流放地，还有来寻找自由的清教徒，来传教的教士。无论何种出身，但有一点是一样的，就是他们都是渴望改变命运，渴望获取财富，不屈服现状，不服从专制。他们相信达尔文的"物竞天择，适者生存"，崇尚实用主义哲学，传颂西部牛仔传奇和个人英雄主义。就是此后的移民也充满了这种个人传奇，如美国著名自由放任派经济学家弗里德曼（Milton Friedman）的父亲，只是生活在卡特里斯克（Charterisk）的农民，在磨坊打工维持生计，还有老婆和一群孩子，竟有勇气抛妻弃子去美国追逐自己的财富梦，并最终在美国立足，把老婆孩子接到美国。这样的传奇，是很多美国人的缩影。他们是不好统治的一群，他们从一开始就和母国不同，完全没有封建等级的约束，没有任何历史的负担，他们民选长官，重视制衡，推广世俗教育。他们的组织形式也多种多样，有公司体制，有自治殖民地，也有自愿组成的团体。说是英国的殖民地，实际上包括了各国的移民。在制度的安排上，他们也崇尚自由竞争，不愿有任何影响自由竞争、妨碍创新的制度。他们也极具反抗精神，美利坚民族就是在反抗英国横征暴敛的基础上凝聚发展壮大起来的。

英国议会对本国居民征收赋税比较有约束，但对殖民地征税却比较进取，大量对殖民地征税的法案迅速在议会通过，成为殖民地人民的负担。1764 年通过《糖税法》、《货币法》、《贸易法》和《航海法》，制定了一系列针对殖民地的税收政策。1765 年通过的《印花税法》要求所有纸质文件，从报纸、契约到扑克牌都必须贴上由英王指定的印花发售点购买的印花税票，违者一律送到没有陪审团的海事法庭治罪。1767 年，英国议会通过《汤森法》，对输入殖民地的玻璃、铅、颜料、纸张和茶叶征收进口税。这些法律引起了殖民地人民的不满，他们认为殖民地居民和英国本土居民应该是平等的，英国议会也无权通过没有殖民地代表参加的针对殖民地征税的法案。英国议会颁布了一个《公告令》进行回击，明确申明：议会在任何情况下都有权为殖民地制定法律。这些法案，引起了殖民地人民的广泛不满，喊出了"无代表，不纳税"（No taxation without representation）的口号。北美英属13个殖民地联合起来，召开大陆会议，向英王发出请愿书，但英王却派来了战舰和军队。13个殖民地的人民在大陆会议的领导下，进行了反抗。1778年英国议会制定了一部法令，宣布"大英帝国的国王和议会永远不会为了筹集财政收入而在任何殖民地、省和新开垦地征收任何税收、关税或者其他规费。"英王乔治三世很快批准了这部法律。但为时已晚。1781年英军在约克镇惨败，向大陆军投降。

1776年7月4日，大陆会议通过《独立宣言》，正式宣布建国。1789年，美国彻底脱离英国殖民统治，通过新宪法，联邦政府正式成立。华盛顿当选为首任总统，任命自己的年轻副官汉密尔顿（Alexander Hamilton）为联邦政府第一任财政部长。那一年，汉密尔顿年仅32岁，他为这个新国家作出了两个大的贡献：一是构建了最初的财政构架；二是选择了发展工商业的道路。

联邦建国之初，国债已达7712万美元，财政问题成为新政府能否顺利运转的首要问题。1790年1月9日，汉密尔顿向国会提交了《关于公共信用的第一份报告》，其中心内容是以重新承诺偿还国债和发行新国债来恢复公共信用。汉密尔顿认为对于一个国家来说，建立良好的公共信用是最根本的，对于当时资金匮乏的联邦来说更是如此。由于政府长期拖欠不能兑换，大陆会议时期发行的国债已经贬至面值的1/6—1/20，但汉密尔顿坚持按票面价值偿债。1790年，国会通过了设立偿债基金、第一合众国银行和造币厂的法案。汉密尔顿就这样，通过还旧债借新债和印钞票，将国家财政运转起来，解决了建国初期受英国封锁，税收锐减的困局，带动这个新国家扬帆启航。6300万新国债被溢价抢购，5年后旧国债全部偿清。汉密尔顿构建的以关税和消费税为主体的税收体系，也一步步运转起来，使国家财政逐渐步入稳定发展的轨道。他还建立了一套完备的财政管理制度，从根本上结束了财政混乱状况，为工商业的发展创造了有利条件。

开国之初，华盛顿的主要助手、《独立宣言》的主要起草者杰斐逊力主农业立国，认为美国土地肥沃，正适合发展农业，主张通过自由贸易政策，降低关税，便利工业进口和农业出口。他的主张受到了当时占美国人口90%的农民的支持。但汉密尔顿坚持应工商立国，他提出《关于制造业的报告》，全面论述工商立国的理论和政策措施。认为必须突破“自由放任的陈规，通过关税保护、奖金激励、技术引进、信贷倾斜等措施，加大政府扶持力度”。在他的坚持下，美国抢先进入了工业革命的人类新航道，只用10年时间就走完了西欧几百年的路，为美国的发展打下了良好的基础。

汉密尔顿作为财政部长，并没有从财政的角度来建构国家的财政制度，而是着眼于国家的长远发展，把财政、金融和经济发展三者结合起来，在三者相互配合的整体框架下建构起国家的财政制度体系，使之成为推动美国社会经济快速发展的制度基础。汉密尔顿建立强大的联邦财政和鼓励工商业发展的财政政策的思想，一直为后世继承。

但美国最初的制度，还是留下很多遗憾，如对奴隶的处理，虽然宪法上小心避开“奴隶”这个词汇，而使用“其他人口”，但是却只把他们看作3/5个人（Three - Fifths of a Person）。印第安人不仅不被视作合法公民，甚至否认其对居住地拥有土地权，后来更立法围剿和驱逐印第安人。在社会保障方面，同样乏善可陈，老兵抚恤金是政府唯一的社会保障支出。1887年，得克萨斯州遭遇长期干旱，农民生活和生产都陷入困境，有议员提议拨出10万美元救济、帮助他们购买谷种时，尽管国库充盈，克利夫兰总统还是否决了这项议案。他解释说：“这种情形下联邦政府如果给予救助……

会助长他们的依赖心理，他们期望政府部门像父亲般关心他们，这会弱化我们农民刚毅不屈的性格。”正是“自由放任”的经济思想，制约了美国早期福利财政的开展。这种鼓励竞争的思想，也一直影响着美国财政政策的制定。

进步时代和财政现代化

在美国内战结束后，随着奴隶的解放、西部大开发、先进技术的采用、各种矿藏的开采、全国铁路网的建立，以及大量移民、资本和技术的引进，美国进入高速工业化的发展轨道。与此同时，在闪光的背后却是投机活动加剧，资本集中步伐加快，政府腐败现象日益突出，政府在一定程度上沦为少数资本家追逐利润的工具。美国著名发明家、商人爱迪生（Thomas Alva Edison）许诺给新泽西的政客每人1000美元，以换取当局制定有利于他的法规。而商人道德也大幅滑坡，垄断横行，假冒伪劣商品泛滥，特别是食品安全和空气污染到了令人发指的地步。辛克莱（Upton Sinclair）的名著《屠场》（*The Jungle*）描写在芝加哥的一个肉食罐头加工厂，为了填满食品罐，装罐工人在老板的指使下，毫不犹豫地使用腐肉、痘肉、内脏甚至老鼠肉。

社会贫富分化也在不断加剧。1896年，学者查尔则·斯帕尔在一项调查中发现，占全美国人口1%的人拥有的财富占全国财富的一半以上，12%的人共拥有全国财富的90%。里斯（Jacob August Ris）的《另一半人怎样生活》（*How the Other Half Lives*）描述了城市贫民区的贫穷、肮脏、疾病和绝望。贫富的分化必然带来阶级的对抗和社会的动荡。1886年5月1日，以美国芝加哥为中心，在美国举行了约35万人参加的大规模罢工和示威游行，示威者要求改善劳动条件。游行被残酷镇压，引发世界范围的工人抗议和声援活动，这一天后来被定为国际劳动节。在此后的1893年至1898年间，平均每年发生的罢工多达1171次。

马克·吐温的小说《镀金时代》，讽刺和批判了当时美国政治上的腐败现象和像瘟疫一样弥漫于全国的“投机”风气。通过对一位企业家兼政客的描写，揭露了西部投机家、东部企业家和政府官吏三位一体掠夺国家和人民财富的黑幕。后来“镀金时代”这一形象化的概念也成为这个时代的代称，也有称之为“工业文明综合症”。

危机也是转机。媒体率先而起，发起“黑幕揭发运动”，揭发社会各种黑幕。食品安全、假药骗局等黑幕的揭发，在广大人民群众中间引起了极大的震撼，公众呼吁政府立即进行改革。

1874 年，本杰明·布里斯托（Benjamin Helm Bristow）出任财政部长，上任伊始就开始对财税系统的腐败进行调查，将一大批税务官吏送上法庭，还牵涉当时格兰特总统的秘书巴布科克。虽然大多数腐败官员被治罪，但巴布科克由于总统的干预而获免罪。布里斯托愤而辞去财长职务。改革之路，步履艰难。

1901 年，麦金莱总统被暗杀，年仅 42 岁副总统西奥多·罗斯福（Theodore Roosevelt）成为美国历史上最年轻的总统。老罗斯福之所以能成为副总统，是因为他在担任公职期间，清正廉明，作风大胆，锐意改革，引起党内大佬和金融寡头的不满，于是给他找了个需要住嘴的位置，将其推为副总统候选人，在高位架空起来。人算不如天算，一场刺杀事件就这样把老罗斯福一下推到历史前台，开始了大刀阔斧的改革。从此前他担任纽约市警察局长治理腐败的经历看，他将是一个制度改革者。当时纽约警界非常腐败，老罗斯福到任后，通过建立年度体能检测、定期巡查消防设施等措施，自然淘汰一批不适任警察。通过建立严格的招聘制度，补充新生力量。通过关闭警方运营的商业设施等措施，杜绝容易导致腐败的渠道。

在担任总统后，老罗斯福也从制度建设开始，重新规范市场和政府的秩序。他的第一把火，从反对垄断和食品安全入手。在他的主持下，司法部先后提出了 44 起反托拉斯案。高票通过《纯净食品和药品法》、《肉制品检查法》，将制造、出售掺假食品和药物定为联邦刑事罪行。同时，司法部也加强了政府机构与食品加工企业之间的腐败案件的调查和打击，此前食品安全法被一些食品加工企业勾结官员和议员，联手在国会阻挡了16年。老罗斯福还成立食品药品监督管理局（FDA），加大预算拨款，使之有充足的经费加大执法能力。以前肉制品检查预算最多年份也只有80万美元，老罗斯福一下提高到300万美元。经过百年发展，今天的FDA已是全球最大的食品与药物管理机构，在全美下设150余个辖区办公室、地区办公室和各种实验室，有雇员近万人。2008年的财政预算达21亿美元。1907年，老罗斯福还在国会休假前，一次签署了新建22个森林保护区、扩建11个保护区的法案，不给国会阻止他的机会，国会最后也只好接受现实。

老罗斯福还是较早关注弱势群体的美国总统，他表示“没有富人越富，穷人越穷的道理”，“现代政府决不能只考虑一部分社会成员的利益，而置其他人的处境于不顾。整个社会各阶层需要的是相互依赖。”他说：“从长远来讲，我们要么全体上升，要么一起沉沦。如果福利的平均水平高，那么普通的工资劳动者、普通的农场主和普通的企业主也同样会富裕。如果福利的平均水平萎缩，那么这些阶级中没有哪个阶级会不受萎缩的影响。”在他的主持下，一部部工人迫切要求的，照顾弱势群体的法案相继通过：工会权利法、工时工资法、女工童工法、事故赔偿法……

老罗斯福主政期间，联邦政府对海军的投入得以迅速增长，最多的时候，海军支出竟然占到了联邦总支出的21.7%。到他卸任时，美国海军已经跃升为世界第二，成为仅次于英国海军的强大海上作战力量，为美国进入世界争霸角逐打下了基础。美国史家张国庆在他的《总统们》一书里写道：“美国梦，在那一刻，已经真真切切地转化为强国梦。”① 老罗斯福通过一系列的法案理顺了公私

① 张国庆：《总统们》，上海人民出版社2008年版，第144页。

关系、劳资关系，建立了公平竞争的市场环境，开启了一个全新的时代，历史上称之为“美国进步时代”。老罗斯福的这些政策，都得到了财政的大力支持，两任财政部长莱曼·盖奇、莱斯利·肖都给予了总统最坚定的支持，而美国现代财政改革也在此时拉开序幕。

1905年，纽约市政研究所成立，提出预算改革的主张。他们认为预算问题决不仅仅是个无关紧要的数字汇总问题，而是关系到民主制度是否名副其实的大问题。没有预算的政府是“看不见的政府”，而“看不见的政府”必然是“不负责任的政府”。“不负责任的政府”不可能是民主的政府。预算改革的目的就是要把“看不见的政府”变为“看得见的政府”。“看得见”，人民才有可能对它进行监督。这个意义上，预算是一种对政府和政府官员“非暴力的制度控制方法”。那么，什么样的预算才算是现代意义上的预算呢？第一，它是一个关于未来政府支出的计划，而不是事后的报账。第二，它是一个统一的计划，包括政府所有部门的开支。第三，它是一个详尽的计划，要列举所有项目的开支，并对它们进行分类。第四，对计划中的每项开支都要说明其理由，以便对开支的轻重缓急加以区别。第五，这个计划必须对政府的行为有约束力：没有列支项目不能开销，列支的钱不得挪作他用。第六，这个计划必须得到权力机构（议会）的批准，并接受其监督。第七，为了便于民众监督，预算内容和预算过程必须透明。在预算改革者的敦促下，纽约市在1908年推出了美国历史上第一份现代预算。当然这份预算还很粗糙，只有市政府的四个主要部门拿出了分类开支计划。以后几年，纽约市的预算日臻完善。到1913年，预算文件已从1908年的122页增加到836页。纽约市的经验很快引起了美国其他城市的兴趣，它们纷纷索要“市政研究所”编制的“市政会计手册”，并派人到“市政研究所”举办的培训班学习。不久，“预算”这个词就像“民主”和“社会正义”一样变成美国的日常用语，任何政治参与者都能朗朗上口。到1919年，全国已有 44 个州通过了预算法；到 1929 年，除阿拉斯加州外，所有的州都有了自己的预算法。初战告捷后，纽约市政研究所的大将们移师美国首都华盛顿。在他们的努力下，国会终于在 1921 年通过了《预算与会计法》。至此，美国的预算改革可以说是大功告成了①。彻底结束了此前杂乱无章的预算制度，提高了政府整体运作效率，也为美国各种利益体的博弈提供了完整的法律平台，使其能对政府进行有效监督，遏制腐败蔓延。

这一时期，美国还完成了税制改革。一是降低关税，二是开征所得税。1913 年 10 月通过的《安德伍德关税法》大幅削减了关税。平均税率由 37% 削减到 27% 。为了弥补因削减关税而减少的收入，该法包括对美国居民征收累进所得税，规定收入在 4000 美元以下免税。这样几乎所有产业工人和农场主都可免于征税。收入在 4000 美元至 20000 美元之间的人在公司缴纳 1% 的税。收入在 50 万美元以上者最高缴纳 6% 的税。在个人所得税运行的最初几年里，大约只有 2% 的家庭需要缴纳所得税。由于累进税率低，富有者负担也不大，而且还可以通过捐赠等手段避税。公司所得税率，也只有 1% ，如果支付超过 3000 美元的租金、利息和薪金还可以扣减。在此后的年代里，所得税从 1913 年占税收总额的 4.77% ，发展到 1932 年的 55.31% ，在美国财政收入中逐渐扮演起“挑大梁”的角色，税务当局也承诺对个人信息进行保密。

罗斯福新政

美国大萧条和罗斯福新政，一直是财政史乃至经济史上最富争议的事件，虽然有很多赞颂，但始终存在不少非议。

有人说爬得越高，摔下来越疼。在美国进步时代后，经济上迎

---

① 王绍光：《美国进步时代的启示》，中国财政经济出版社 2002 年版，第 4—5 页。

来了一个空前繁荣期。GDP 从 1919 年的 742 亿美元，增加到 1929 年的 1031 亿美元，10 年内增长了 28.4%。1929 年，美国工业产值占了世界工业总产值的 48.5%，比当时的三个主要工业强国——英、法、德的总和还多。随着经济的繁荣，也带来了股市的持续上涨。纽约证券交易所总市值由 1925 年 1 月 1 日的 27.73 亿美元，增加到 1929 年 1 月 1 日的 674.72 亿美元，1929 年 10 月 10 日更达到 870.74 亿美元，相当于美国当年 GNP 的 84.5%。通用股票从每股 128 美元涨到 396 美元。美国电话电报公司的股票从每股 179 美元涨到 335 美元。人们对未来充满信心和期待，分期付款的销售额也从 1924 年的 20 亿美元，上涨到 1929 年的 35 亿美元，从收音机到小汽车，各种商品的销售额都大大增加。1929 年 10 月 23 日，纽约证券交易所的股市行情急转直下，到 10 月 29 日一天之内共抛售 1640 万股，到 11 月份 50 种热门股票的平均市值已比 9 月最高市值下降 50% 左右。著名评论家威尔逊（Edmund Wilson）描述："宛如地裂天崩，到了世界末日。"在此后三年，股市价格继续下滑，纽约股票交易所上市的各类股票的价值，总共下降了 450 亿美元左右。股市是整个经济的晴雨表，反映了整个国民经济的崩溃态势。在 20 世纪 30 年代的头 3 年，有 5100 家银行倒闭，给储户造成损失达几十亿美元。企业倒闭率在此期间上升了 50%，1200 万人失业，产业工人平均周工资降低了 1/3，农产品价格下降了 56%，导致农民收入锐减。史称"大萧条"。

由于当时的总统胡佛（Herbert Clark Hoover）始终相信自由贸易、自由企业和自由发展的思想，固执地主张和奉行"自由放任"的政策，坚持不以政府权力去干预经济。他说："美国的真正的成长在于美国人的那种特殊个性的成长，而政府的干预则会毁了美国人的那种创新精神和特殊个性。"他向人民保证市场会自行调节，"繁荣很快就会到来"（prosperity was just around the corner）。可是经济却日益恶化，大萧条没有一点停止的迹象，年复一年，经济没有丝毫缓解，街头到处是无家可归的失业者，他们几近绝望。

1932年美国总统大选，富兰克林·罗斯福（Franklin Delano Roosevelt）向人民演讲："我向你们，也向我自己起誓，要为美国人民实施新政。"（I pledge you，I pledge myself，to a new deal for the American people.）。他在选举中大败胡佛，当选为美国第32任总统。西奥多·罗斯福是其堂叔，为了区别，叔叔被称为老罗斯福，侄子被称为小罗斯福。在小罗斯福就任总统后，"新政"（New Deal）就成为流行词，历史上也把他的改革称为"罗斯福新政"。

小罗斯福就职当晚就指示财政部长伍丁（William Hartman Woodin）起草紧急银行法案。该法案规定由政府向私人银行提供帮助，以使他们有能力早日重新开业。4天后，国会只用了38分钟的讨论，便以几乎是欢呼的方式通过，当晚8点，罗斯福总统就签署了法案。"百日新政"便由此拉开。小罗斯福亲自利用广播，向人民谈话，鼓励人民重建对银行的信心。当时，估计有6000万人在收音机旁收听率他的"炉边谈话"节目，取得了意想不到的成功。60多年后，克林顿总统回忆道，他的祖父谈到当时听罗斯福总统演讲时全神贯注，"第二天上班的时候，感觉到这个国家已经发生了变化"。由于紧急银行法的实施，银行与金融秩序恢复了正常，经济危机初步得到了控制。后人评论："资本主义在8天内获救了。"

3月10日，小罗斯福把退伍军人的补助费砍掉了4亿美元，把联邦雇员的薪金减少了1亿美元。受到很多批判，小罗斯福回答说："随意花钱的政府在松弛的财政政策的石头上撞毁的事，在近代史上屡见不鲜。"3月12日，成立民间资源保护队，前后招聘了25万青年，从事垦殖、建设国有公园和森林，其目的就是要给青年工作和工资，他们每周可以领取30美元的工资，但规定其中25美元必须寄给家庭。4月10日，小罗斯福又向国会提出建立田纳西河流域管理局，推动以水利为主的多项治理。5月12日，建立联邦紧急救济署。同日通过《农业调整法》，成立农业调整局，以帮助农业复兴。5月27日，通过《证券法》，约束了金融大亨的权力，保护中小企业的自由和利益，谋求恢复小企业主竞争中的权利。6月13日，制定《房主贷款法》帮助失去住宅的房主赎回房屋。6月16日，通过《国家工业复兴法》，不仅谋求企业的安全和复兴，也从多方面保护了工人的利益，并作出最低工资和最高工时的规定。国家根据《国家工业复兴法》设立公共工程局，拨出33亿美元作为启动基金，开启学校新校舍、污水处理厂、医院、铁路、桥梁、航空母舰等各项公共建设工程，到10月份就帮助300万人重新就业。

“百日新政”的实施，基本遏制了经济下滑的势头，为经济的复苏和发展创造了条件，也让人民恢复了信心。在接下来的改革中，小罗斯福把重点转到社会经济上。1935年1月17日通过《社会保障法》，包括了老年社会保险、失业社会保险、盲人补助、老年补助、未成年人补助等，是美国历史上第一部社会保障法典。1935年5月以后，小罗斯福又成立了工程振兴局、农村电气化管理局和全国青年管理处，主要目的是扩大就业、改善农村生活条件，帮助青年接受各种教育。这些措施不仅推动了经济复苏和发展，提高了生活质量，也在很大程度上改变了美国人民的生活方式。

“新政”也在很大程度上改变了美国财政传统的运行方式，极大扩大了财政收入和支出规模，扩展了其直接干预经济活动的范围和深度。赤字预算成为新政的重要手段，1933年财政赤字就达到26亿美元，占当年GDP的4.7%，此后几年比例一直维持在5%左右。同时，国债发行规模不断扩大，美国联邦债务总额从1933年的225.4亿美元增长到489.6亿美元。为了加强预算管理，小罗斯福将联邦预算管理局由财政部划归总统行政办公室，提升了财政政策在总统处理国家经济问题时所采用各种手段的地位。

小罗斯福在税制改革方面，进一步降低关税税率，鼓励自由贸易。从1934年到1940年，美国先后与其他国家签订了23份贸易协定，降低了1000多种商品的关税税率。降低关税也成了美国政府与外国谈判，扩大对外贸易的重要工具。同时，大幅提高了所得税的税率。1934 年的新税法规定将年收入在 100 万元以上的税率提高到59%，1935 年又提高到75%，并加征遗产税和财产赠与税。公司所得税税率也提高到 12.5%—15%。此外还新开征了酒税、特定货物税、未分配利润税、超额利润税、股本税、股息税等。最重要的是 1935 年开征了社会保障税，因按工资比例征收，所以称为“工资税”（Payroll Tax）。这些举措也完全改变了美国的税收结构，从以关税为主要税源，转变为以所得税，特别是个人所得税为主要税源，加大了税收调节个人收入、缓和社会矛盾的作用。由广大职工缴纳一半的社会保障税在税收结构中的比重也呈上升趋势。

罗斯福新政在很大程度上缓解了大萧条对经济的严重破坏，促进了社会生产的全面恢复。但也有认为其过度干预延缓了经济恢复的时间，美国经济的真正恢复是依靠第二次世界大战，而不是罗斯福新政，直到战后美国经济才真正恢复过来。仁者见仁，智者见智。无论怎么讲，罗斯福新政对于陷入绝境的广大贫困阶层，的确给予了最直接最现实，也最迫切的帮助。此后，美国政府长期采取减税和增加开支的赤字财政政策，也使国债规模不断扩大。20 世纪 70 年代，美国经济陷入滞涨局面，里根总统才改弦更张，推行了被称为“里根经济学”的供给学派的财政政策。

新帝国财政

作为征服者的后裔，美国人心中始终有个帝国梦。如果留心，我们可以发现华盛顿的很多塑像，并没有穿着他自己的紧身短大衣，而是穿着罗马托加袍（togas）。美国人为他们的国父穿上罗马托加袍，寄托的正是一个帝国梦。约翰·亚当斯和托马斯·杰斐逊这样美国宪法的起草者们，还主张把罗马法和罗马人的一些做法引入美国。罗马 212 年宪法里关于平等的思想，关于为公民提供福利的思想，都被引入。同样，罗马内外有别的思想，也进入了美国宪法，制定了对印第安人和黑人区别对待的条文。亚当斯主张像罗马那样建立一个由一位强有力的执政者和两院制的议会结合的体制，也被写入美国宪法。我们发现美国人也为亚当斯和杰斐逊的塑像穿上了罗马的托加袍。

曾有历史学家说："扩张力是美国人固有的一种力量"。美国在取得独立之后，就开始谋划扩张。很快，美国从东海岸扩张到西海岸，从 13 个州扩张到 50 个州。1823 年，门罗（James Monroe）总统发表了著名的门罗宣言，反对欧洲列强干涉美洲事务和在美洲建殖民地，将美洲大陆视为美国的势力范围。作为帝国主义的后起之秀，面对已经被西方列强瓜分得差不多的世界，美国一方面寻找空隙进行空间扩张，先后占领了古巴、菲律宾和太平洋上的一系列岛屿，建立殖民统治，并用武力胁迫日本打开国门；另一方面对于已经被其他强国势力瓜分之地，提出"门户开放"政策，要求分一杯羹。以此政策，也在当时的中国取得很多特权和利益。

而美国世界霸权的建立，还是在第二次世界大战后。战争极大消耗了西方列强的实力，远处欧洲大陆之外的美国却休养生息，成了最强大的生力军，通过对盟国的援助，逐步取得了建立战后世界秩序的主导权。1944 年的布雷顿森林会议，建立起以美元为中心的国际货币体系，史称"布雷顿森林体系"。为了贯彻这一体系，还成立了国际货币经济组织及其附属机构国际复兴开发银行（即世界银行），美国从人事和资金上控制了这两个机构，取得了战后经济秩序的主导权。1949 年，美国又组织西欧列强组建了以美国为首的军事联盟，即北大西洋公约组织，通过武力威慑控制战后世界格局。

除此，美国以发展高科技产业为基本国策，取得了在全球的领先地位，为新帝国主义赋予了无限活力。在 1945 年 9 月 6 日，即日本签署投降书后的第 4 天，杜鲁门总统就向国会提交了 21 点复兴计划，其中着重指出："没有一个国家可以在今天世界上维持领袖地位，除非它充分开发它的科学技术资源；没有一个政府可以充分地承担起各种责任，除非它慷慨大方地和明智地支持鼓励大学、工业界和它自己的实验室中的科学工作”。通过财政政策的大力支持，美国科技取得飞跃式的发展，并将之迅速应用于包括农业在内的所有产业，在各个行业取得了世界领先地位。亚当·斯密在《国富论》里指出帝国主义财政汲取外部财源的模式，是通过武力维持对殖民地垄断，垄断殖民地的对外贸易，垄断殖民地的农业和制造业资本及其产品，并垄断殖民地消费品的市场。如果能实现这样的垄断，即使不直接从殖民地获取任何收入来支持宗主国本土的内政和国防，仍能通过这种垄断下的专营贸易从殖民地获取可观的经济利益①。而美国新帝国财政，则更多通过领先的科技来获取垄断地位。

无论是战后的高福利，还是对科技发展的巨额投入，还有为维持霸权地位的巨额军事投入，都是美国国内财政收入无法支撑的，这也要求美国长期执行赤字财政政策，并且不断扩大规模。位于美国纽约曼哈顿第六大道的第42街和43街处，耸立着美国银行大厦，这是在世界贸易中心倒塌后的美国第三高的摩天大厦，当然，令你触目惊心的，不是它366米的高度，而是其上面挂着的巨大广告牌——美国政府的国债额和每户平均额。至2012年，美国国债总额已经突破16兆美元，相当于每名美国人至少负债5万美元。据美国财政部数据，目前中国持有1.3万亿美元的美国国债，持有美国国债量名列第二的是日本，有1.1万亿美元，第三的是石油输出15国，总计持有2663亿美元。

由于布雷顿森林体系，使美元在战后国际货币体系中处于中心地位，成了黄金的“等价物”。虽然1972年尼克松总统宣布美元与黄金脱钩，实行“不固定兑换”发行，最终导致布雷顿森林体系崩溃，但是迄今为止，美元仍然是国际清算的支付手段和各国的

---

① ［英］亚当·斯密：《国富论》，唐日松等译，华夏出版社2008年版，第283页。

主要储备货币。而由美国控制的国际货币基金组织和世界银行作为重要的国际组织仍得以存在，继续发挥作用。美元在世界经济秩序中的重要作用，也使美国可以通过增发货币的方式，向全球转嫁赤字，而同时维持国内的低通胀率。即使在2008年后，启动多轮量化宽松政策，还能把通胀率控制在2%左右，充分展示了其理财艺术。

美国新帝国财政，基本就是通过军事力、科技力、经济力建立起的定价权、印钞权、话语权，构建起一个吸取金钱和资源的巨大财泵，使各国财富源源不断流向美国。而这个财泵的吸取能力之所以强大，则是以其领先世界的军事力量、科技力量和经济力量的强大国家实力为保障的。而其军事力、科技力和经济力的维持，又正是以这样的寄生财政相维持的。

现在市面流行很多阴谋论的书，也有说美国的本质是宗教，追求的是真理和信仰。其实美国一直是阳谋，美国人和美国政府从不讳言对霸权的追逐和对美国利益的捍卫。当然，我们更要关注美国保持持续的科技创新力和发展新经济的秘密，1992年美国大选时，比尔·克林顿竞选时有个口号："关键是经济，笨蛋"（It's the economy stupid）。

五、日本政府主导型财政

开国与赶超

欧美诸国在工业革命后，国力大幅提高，开始在全球进行殖民掠夺和争夺市场。一场场殖民与反殖民、掠夺与反掠夺、剥削与反剥削的斗争在全球范围内轰轰烈烈展开，没有一个国家能独善其身。在西方坚船利炮的刺激之下，广大的亚非拉国家开始变法图强，学习西方的先进技术，乃至新的国家治理经验，为民族寻求生存的希望。中国的洋务运动、日本的明治维新、朝鲜的“弊政革新”、土耳其的“坦志麦特”、马达加斯加的拉达马一世改革、突尼斯的贝伊艾哈德改革……其中最为突出的当属日本的明治维新，成为第一个成功迈进现代文明的后起国家。

与欧美国家自然演进的工业化不同，后起国家都是在西方刺激下的反应，是参照西方模式人为设计的政府主导推进。在这种政府主导模式中，国家财政发挥了重要作用。日本是一个善于学习的国家，在古代就曾广泛学习中国的先进文化和技术，推进日本文明的发展。到了近代，又迅速加入到学习西方的行列，甚至提出了“脱亚入欧”这样极端的口号。一些发展经济学家针对日本经济发展提出了“学习模型”的理论。日本学者也提出了“转化式适应”等理论。

中国清政府在鸦片战争中的惨败给日本很大刺激，日本很快就出版了各种关于鸦片战争的书籍。其中最为有名的是岭田枫江所著的《海外新话》。其序诗写道“巨炮震天坚城摧，夷船进港汉军走……哀哉百万讲和金，往买夷酋一朝笑”。接着庆幸日本还没被波及，“唯我神州（指日本）屹海东，四沿清涵苍波中”。岭田枫江警醒幕府政府，“天赐前鉴非无意”，政府一定要“海国要务在知彼，预备严整恃有待”。但是德川幕府却将《海外新话》列为禁书，毁版。判处岭田枫江监禁两年，甚至连为《海外新话》画插图的画师，也受株连被捕而死于狱中。虽然德川幕府下令锁国，但是西方列强还是很快来到日本大门口。当俄、美、荷等国船只进入日本港口，要求通商时，日本德川幕府政府还能拒绝，而当美国人真把军舰开来，准备动武时，幕府就完全放弃抵抗，和美国签署《日美亲善条约》，向美国开放港口，允许美国设驻领事，承认美国的领事裁判权和租界权，给予美国单方面最惠国待遇。接下来，英国、俄国、荷兰接踵而来，日本都选择放弃抵抗，签署不平等条约，不仅给予和美国一样的条件，还增加了治外法权、驻兵权、协定关税权等，还向俄国割让领土。日本没有出现中国和其他国家那样的抵抗，但并不是顺从，而是奋起直追。

当时日本正处于幕府统治时代。幕府将军形式上取得天皇授权，实际上是日本真正的统治者。天皇被架空，只是名义上的最高精神象征，一切权力都集中于幕府。幕府将军实行军事统治，设置“勘定奉行”管理财政事务。德川幕府虽在政治上实行集权，但财政上却是封建分权。幕府将军只是拥有直辖领地的征税权，300多个大名（领主）的藩府拥有各自领地的排他性征税权。当时，工商业已有一定发展，幕府将军通过垄断铸币权和对外贸易，获取丰厚的财源；各地藩府也有通过商业行会和稻米交易商发行债券，筹集资金。在幕府统治下，全国居民划分为士①、农、工、商四个等级，上下尊卑，等级森严。在封建层级压迫下的人民生活本已非常痛苦，现在不平等条约使洋商洋货蜂拥而至，严重打击了本地的手工业，导致物价飞涨，人民生活完全陷入困境。一些下层武士和有志之士结合起来，打出天皇的旗号，提出“尊王攘夷”的主张。

好在“尊王攘夷”派取得胜利后，并没有真正“攘夷”，保守锁国，而是更为积极的改革开放。1868年（明治元年）4月6日，取得胜利的明治天皇在京都皇宫的紫宸殿，率领文武百官，向天地神祇和皇室列祖列宗祭拜，立下五条誓言：

一、広く会議を興し万機公論に決すべし。

（广兴会议，万机决于公论）

二、上下心を一にして盛に経綸を行ふべし。

（上下一心，盛行经纶）

三、官武一途庶民に至る迄各其志を遂け人心をして倦まさらしめん事を要す。

---

① 这里要指出的是日本的“士”是指武士，和中国古代的“士”是不同的，中国古代的“士”是指文士。同样，西方中世纪的“骑士”，也是武士。日本近代的启蒙思想家，如福泽谕吉等，也多出身武士家庭。

（自官武以迄庶民，各遂其志，毋使人心倦怠）

四、旧来の陋習を破り天地の公道に基くべし。

（破除旧有陋习，立基于天地之公道）

五、知識を世界に求め大に皇基を振起すべし。

（求知识于世界，大振皇国之基业）

这五条誓言，每一条都洋溢着清新蓬勃的朝气，“破除旧有陋习”、“万机决于公论”、“求知识于世界”，至今读来还令人为之精神一振。五条誓言作为新国家建设的纲领迅速付诸实施，明治政府还在此基础上提出了富国强兵、殖产兴业、文明开化三大政策。

明治政府废除了幕府官制，根据需要，借用古名设计了全新官制，并参照西方制度运行。财政管理方面，最初设会计官，下设出纳、用途、驿递、营缮、税银、货币、民政等七个司，并制定《会计官职制章程》。1869年（明治二年）改设大藏省管理财政，长官为大藏卿（おおくらきょう）。大藏省作为日本国家财政管理最高机构，一直延续到2001年，由于财政和金融机构的腐败丑闻，被分解为财务省和金融厅。大藏省名称的来源，据说可以一直追溯到五世纪的雄略天皇时期。虽借用古名，却完全是现代财政管理机构，基本参照西方财政制度运行，不仅实施了预算管理的办法，而且在1873年（明治六年）就实现了预算公开透明。1890年（明治二十三年），颁布宪法，将财政运行置于宪法约束之下。明治宪法规定了租税法定原则、预算决议原则、预算修正的限制、预备费制度、会计院检查制度等。在第一次议会上，政府预算就被削减，特别是军费预算。

财政政策主要是按照五条誓言和三大政策展开。在“殖产兴业”方面，由内务省、工部省和大藏省相互配合，形成三位一体的领导体制，强调国家主导经济发展。通过种种财政政策诱导和奖励创办公司、引进国外先进技术、设备和管理方法等。并通过取消商业垄断的行会组织、废除关卡奖励贸易、统一货币和汇率、发展交通和通讯事业等政策，为工商业发展创造有利条件。明治政府还拿出每年财政支出的2%用于聘请外国专家，先后有23个不同国家的2400名外国人受聘，在日本传授西方先进的生产和管理方法。据统计，当时政府的投资占到总投资的66%。

在“富国强兵”方面，大力发展新式军队和警察武装，采购西方先进武器，派遣青年留学，学习西方先进军事技术。军费一直是政府中最大的支出项目，在一些年份竟高出总支出的一半不止。财力的保障，使日本武力不断增强，先后赢得日俄战争、日清战争的胜利，获得巨额赔款，但也将日本带入了军国主义的不归路。

最有成就的应该属“文明开化”，其政策重心就是发展基础教育，经过40多年的不懈努力，终于在明治末期完成了初等免费义务教育的普及。这是在财政始终高度紧张的背景下完成的，其中还经历了1880—1885年、1894—1895年、1904—1905年数次财政极度困难期，政府坚持不断努力提高教育经费在财政支出中的比重，到1900年财政投入的教育经费占GDP的比例达到2%，到1930年，这一比例更达到4%。明治政府一开始就提出要把基础教育的普及放在“着手顺序”的首位，集中财力普及初等教育，以夯实国民教育的基础，“欲期社会文明”。到1909年（明治四十二年），初等教育普及率已经达到98%以上。小学课程不仅包括有修身、习字、作文、算术、体操、美术、唱歌等，还包括了英语、地理、理科、商业这样的现代化课程，农业、手工、裁缝等技能课程。为了普及初等教育，政府还不断完善财政体制，针对地方财政的实际困难和地方财政之间的不平衡，先后颁布了《市町村立小学教育经费国库补助法》、《市町村义务教育经费国库负担法》，对市町村义务教育经费实行转移支付，以保证财政困难的地方政府也能够获得必要的财源，以保障全国范围内最低程度的教育上的机会均等，并由中央国库直接负担全国公立义务教育教师的部分工资。除此，日本政府也在不断提高对中高等教育和科研的投入，还向欧美派遣大量公费留学生。这些努力极大提高了日本的整体国民素质，对日本今后一个世纪的发展，几次经济腾飞都影响深远。日本政府始终认为提高人口素质，打造新的日本精神是产业发展的重要基础。1884年发布的《日本经济白皮书》里写道："在当前政府为建立日本产业所做的努力中，应该把哪些条件列为首要的呢？可能既不是资本，也不是法律和规章，因为这二者本身都是死的东西，是完全无效的。使资本和法规运转起来的是精神……因此，如果就有效性来确定这三个因素的份量，则精神应占十分之五，法规占十分之四，而资本只占十分之一。"

但在所有财政政策中，最困难的当属以财政手段化解旧有既得利益的努力。历来财政变革最艰难的就是来自旧体制的束缚，和既得利益集团的抗拒。明治政府推翻德川幕府的依靠力量就是广大的中下层武士，他们同时也是旧的封建体制的一部分，靠封建秩禄维持生计。德川幕府因财政困难，削减他们的秩禄，成为引发倒幕运动的因素之一。日本要建立新的体制，必须直面这个问题，否则国家就没有希望。在当时政府的支出中，家禄支出占到了30%，这是国家财政无法承担的重负。但采取的措施，必须是渐进、和平的，否则大乱可能即时就会发生。明治政府采取了削减、奉还、授产的分阶段措施。

第一阶段是对德川幕府的僚属，削减达3/5。第二阶段就是直接面对倒幕功臣，主要采取了家禄奉还和金禄公债的方法。也就是允许他们将家禄奉还国家，由国家发给一定数额的偿金。偿金一部分用现金支付，一部分用公债证书支付。第三阶段是实行金禄制，也就是通过公债证书一次性赎买家禄。第四阶段就是通过"士族授产"制度，帮助他们从事近代产业，以化解因秩禄处理可能引发的社会矛盾。政府以财政预算、旧藩主捐赠等多种渠道筹集资金，通过授予士族山林、土地、资金等手段，引导他们开垦荒地、投资工商业、创立银行、出国留学、发展教育等，既帮助他们转型，也和国家产业近代化政策相配合。据统计，明治时期的企业家中，武士出身的占到25%以上。一些已经担任官职的武士也有不少辞官经商，如担任大藏省租税正的涩泽荣一，担任大藏省造币权头的益田孝等人都先后辞职下海经商，后来成为日本著名的商人。

政府主导发展

在明治政府的主导下，从20世纪80年代，日本进入了高速发展时期，也不可避免地带来了巨大的产能过剩，但这个产能过剩是相对的，它的另一面是广大劳动人民的生活没有得到改善，消费能力不足。20世纪80年代.在中国风靡一时的日本电视剧《阿信》就真实反映了在日本经济高速发展时期，普通劳动人民的悲惨生活。一家人连萝卜饭都吃不饱，生病的姐姐被纱厂赶回家，只能在家里等死，年幼的孩子也得出外打工。在经济危机的恐慌下，纺织、造丝等产业几乎全部都不得不限制生产，这样工人工资更低了，生丝恐慌还夺取了农民的副业。同时，金融泡沫造成物价翻倍上涨。这些都一步步把人民的生活推向绝境。大藏大臣井上准之助提出通货紧缩政策，但不幸的是其推出的时间正好碰到世界经济大萧条，日本陷入极为严重的萧条之中。

日本经济高速发展，是在政府推动下发展起来的，它必然带着两个特点，一是和自发型工业化从消费生产部门起步不同，而是从军事重工业起步；二是富裕起来的只是和政府关系密切的财阀势力，普通劳动人民很少分享到经济发展的成果。在财阀和军国主义的推动下，日本开始积极策划通过武力打开周边市场，这不仅给周边各国造成了巨大的灾难，也给广大的日本人民带来了巨大的灾难。1945年战败的日本成为一片废墟，40%的建筑被摧毁，50%的工业设备和交通运输设备受到不同程度的破坏，130万日本军人和近70万普通百姓丧生，经济完全停滞，燃料匮乏，汽车只能靠装置在车尾的炭炉启动。最可怕的是饥饿，食品短缺，加上霍乱等疾疫流行，人民简直无法生存下去了。现代日本就是在这样的凄惨景象下重新起步。

1945 年 8 月 28 日，美国占领军进驻日本，开始对日本的占领和统治。美国占领军保留了日本天皇体制。美国占领当局最初的目标是把日本建设成一个自由、和平、具有中等经济规模的国家，所以它要拆除日本还没有被破坏的机器，拿去赔偿给受到日本侵略的国家，不准日本重建重工业，扼杀日本经济的活力，但很快冷战爆发，美国转变了策略，开始扶植日本，要让日本成为反共的基地。尤其是朝鲜战争爆发后，美国将大量的军需订单交付日本，给了日本经济复苏的机遇，日本史称“朝鲜景气”。

美国占领当局通过制定《日本国宪法》、《财政法》，为日本建立了战后财政的基本体制。美国顾问道奇为日本制定了严格的均衡预算方案，肖普为日本制定了以所得税为主体的新税制。美国占领当局对日本经济发展的贡献还有农地改革和解散财阀，农地改革是征收地主土地，卖给农民，使耕者有其田。解散财阀是将财阀控制的企业股票收缴，按照分散化、大众化、民主化的原则公开出售。这些措施是在占领当局的武力强势基础上完成的，扫荡了日本经济发展中存在的封建因素，完成了明治维新以来一直无力达成的任务，使日本走上了市场经济道路。

面对满目疮痍的景象和无数的饥民，美国占领当局为了稳定社会经济秩序和安定日本国民的生活，只能采取政府主导的统治模式。根据美国占领当局的指令，日本政府于 1946 年 8 月成立了经济安定本部，负责制订和实施有关经济政策。1952 年美国还政日本后，改称经济审议厅。1955 年，改称经济企画厅，开始制订“经济自立五年计划”。经济企画厅一直延续到 2001 年，对日本战后的发展起了关键性作用。经济企画厅不仅制定国家中长期发展规划，给国有垄断企业和部门提供指导计划，也积极为广大私人企业提供权威性经济预测，促进各部门相互协调发展。

战后日本经济的重建从实行“倾斜生产方式”开始，就是将有限的资源，如进口的重油、焦炭等集中投入到钢铁生产部门，把增产的钢铁投放到煤炭部门，再利用增产的煤炭来促进钢铁生产，如此往复，实现两个部门的良性循环，以带动其他产业部门的发展，实现整个经济的恢复。最初指定进行倾斜的具有战略意义的产业只有煤炭和钢铁，后来逐步加入了电力、铁路运输和化学肥料等部门。此后日本继续以设备投资和发展重工业推动经济发展，取得了很好的成效，日本经济不仅得以恢复，还有了高速增长。在这些政策的背后，财政资金的支持起了关键作用，注入了大量财政资金，同时还通过发行“复兴金融金库债券”筹集资金，创立复兴金融金库，为重点产业发展进行融资。

但必须注意的是，这一时期为了推动重点产业的发展，在一定程度上牺牲了劳动人民的利益，造成了严重的环境污染。为了促进经济的发展，1947 年确定了低廉工资的原则，1954 年制定了降低工资、冻结工资、削减工人等政策。吉田首相说：“目前我国订立世界上罕有的劳动法规，因而感到很大痛苦。为了国家能够独立，需要发展出口贸易，使它恢复正常状态。”仅 1949 年一年就裁员 100 多万人，其中公务员有 20 万人，工人 80 余万人。在削减人数的同时，为提高劳动生产率，专门成立了“提高生产力对策本部”，采取了用秒表控制工人上厕所等现代化管理技术。工人的生命和健康日益受到摧残，据厚生省的调查，当时 6 个日本人中就有一个患结核病。各种工伤和职业病更是普遍，根据厚生省的国民健康调查，1953 年 1000 人中发生受伤和疾病达到 2053 次。为了筹集投资资金，采用通货膨胀和征税的办法，更使广大劳动人民雪上加霜。1953 年通货发行额是 5256 亿日元，比 1952 年增加了 600 多亿日元。人均所得税负担 1952 年是 21300 日元，到 1953 年增加到 27300 日元，增加了 29%。日本式的计划经济，不仅压迫工人榨取更多利润，还利用剪刀差政策压榨农民。和一般物价的上涨趋势相比，粮食价格在持续下降，农民的收入因粮价低廉而大幅减少，不得不向编制草鞋草帽等副业寻求生路。就是战前能自给自足的中农和富农现在也很难依靠农业生活了，官方统计中农的农业收入也只能满足 70% 的生活费。陷入赤贫的广大农民为了维持生活不得不成群结队进入城市谋生，这又为政府调低工人工资创造了条件。由于工资低廉，进城农民也无法依靠工资维持家庭生活，为了弥补生活费的不足，大量的妇女、儿童和老人不得不加大劳动强度，维持农业的生产。据日本首相府统计局调查，当时 65 岁以上老人有 40%，14—19 岁的少年有 61% 参加了农业劳动。这只是官方的保守统计，实际还要严重得多。对于人民的各种抗议活动，美日政府进行了坚决的压制，美国占领军还直接参与镇压工人运动，到农村强制低价征购粮食。随着经济的高速发展，环境也受到很大破坏，有日本母亲河之称的“琵琶湖”，水质逐年下降，清澈的湖水变得浑浊，红色的海藻遍布湖面，阵阵恶臭扑鼻而来，生态受到严重破坏。日本从 1986 年开始治理琵琶湖，30 多年间花费了 180 多亿美元，还才仅仅达到Ⅲ类水质。

在财政方面，除教育文化费有所增加外，公共事业费在国民总支出中所占的比率从早前的 20.2% 下降到 1954 年的 4.7%。1954 年度的预算里，社会保险费比 1953 年度减少了 143 亿日元，在提高工人保险费负担的同时还缩短身份保障期间。有限的公共事业费还经常被挪作他用，如以救济失业为名用于建筑军事公路。由于朝鲜战争的爆发，美国改变了原先解散财阀的政策，开始扶植财阀来主导经济发展，给予他们大量资金投入和各种优惠贷款，还有对资本的各种税收减免，对定期银行存款减税、对红利所得减税、对增加资本减税……这样就进一步拉大了两极分化，使社会矛盾日益尖锐。

国民收入倍增计划

主流经济学认为市场这只“看不见的手”将自动指引“理性经济人”实现自身利益的最大化，同时还达致社会利益的最优。他们相信在经济发展过程中，会有一个拐点（turning point），到了这个拐点，会自动拉升劳动力工资，缓解两极分化。可惜这些都是有很多假设条件的，在真实的世界里，人的理性是不完全的，信息是非对称的，市场是不完备的，随着各国经济的发展，贫富分化更加悬殊、政府腐败现象日益严重、社会公共服务短缺、食品安全失去保障、环境污染如影随形、道德几近缺失，带来政治混乱、社会动荡，进一步影响经济发展，经济发展的停滞反过来又进一步加剧各种社会矛盾，造成恶性循环。在日本上一轮的经济发展中，就出现了贫富分化、财阀独大、环境破坏等等问题，导致昭和初年社会动荡不安、政治危机四伏的局面，也一步步把日本引向战争的泥坑。在这一轮高速发展期，长期的低工资使劳动者生活凄苦，环境破坏已经到了令人无法忍受的地步，日本的水和空气都遭到了严重的污染，民间各种抗议活动不断高涨。日本政府很早就注意到了高速增长的负面效应，开始提出"民生经济"的概念，财政政策从生产者优先转为重视消费者权利的"社会开发"，制定了以社会福利及环境保护为中心的发展模式，出现了"纠正偏差"、"稳步前进"、"步行者优先"、"死亡 GNP"等口号。

20 世纪 60 年代初，日本经济进入"萧条"阶段。为了解决过度依赖投资带动增长、人口红利即将耗尽、个人消费不足等诸多问题，一桥大学教授中山智郎最早向其密友池田勇人建议"月薪倍增论"，池田首相指示经济企画厅制定"国民收入倍增计划"。1960 年 12 月，日本内阁会议正式通过经济企画厅提出的"国民收入倍增计划"。这是一个基于降低贫富差距和保护环境的十年期的中长期经济发展计划，目标是扣除通货膨胀，从 1961 年至 1970 年十年时间，实现日本经济总量和人均国民实际收入翻倍。

主要措施包括：一是制定最低工资制，提高雇佣劳动收入在初次收入分配阶段的比重；二是通过农地改革，加快水利化、化肥化和机械化进程，提高农产品价格，提高农业生产率，增加农民收入；三是建立大小企业之间的分工体系，确立大企业和小企业之间紧密协调的社会分工合作体制，引导产业结构的现代化，从而促进中小企业发展，缩小企业间的工资差距和提高整个工资水平；四是加大教育投入，普及基础教育和中等教育，积极实施再教育政策，有效地增加人力资本积累并提高他们的收入水平；五是制定全国综合开发计划，力图实现区域之间和城乡之间的均衡发展；六是建立社会保险和社会福利制度；七是减轻国民和企业税负的同时，实施高落差累进税制的所得税，调节高低收入的差距。

政府和国家财政的主要工作包括：一是充实社会资本推进社会保障；二是谋求减轻国民税负并使国民税负合理化；三是调整财政体制以适应经济增长与结构的变化；四是适当运用财政金融政策，促使通货价值稳定，确保经济发展所需资金，缩小景气变动幅度；五是恰当运用财政贷款资金；六是发挥利息机能与降低利息水平；七是用教育训练等措施提高人的能力，振兴科学技术；八是在坚持市场经济、确保公平竞争的前提下，引导民间产业向政府希望的方向发展；九是推行保护广大消费者利益的价格对策和措施；十是促进资本的输入与输出。

池田首相认为每个员工的市场价值必须在集体中才能完全体现，只有全民享有经济发展的成果才能激发起员工的工作欲望，全民均富才可以激发潜在国民购买力。日本的“国民收入倍增计划”特别强调了提振国民精神对推进经济发展的重要，提出在培养积极增长的同时，必须充分利用国民的热情和活力，在广泛的意义上充实国家财富。而提振国民热情和活力，必须以人为本。改善国民生活环境，丰富国民生活内容，充实国民社会保障，提高国民社会福利，加强产业和生活的基础，也就扩大了就业和收入，并由此促进了经济的增长。对于缓和双重结构，确保社会稳定的目标，计划提出不单是要解决就业，还要努力消除低所得者的阶层。

“国民收入倍增计划”的实施取得了很好的成效，被认为是高增长的起点。日本只用了七八年时间就实现了 GDP 和人均实际收入的翻倍，而且收入差距有明显缩小，十年间基尼系数从 4% 左右下降到 3% 左右，通货膨胀始终控制在 6% 以下，而且始终低于银行存款利息，失业率也始终维持在 1% 左右。雇佣人员收入从 1950

年的14120亿日元，上升到1965年的147030亿日元，到1970年上升到326080亿日元。各行业的工资差距也有明显缩小，在1960年最高的金融保险业的工资比最低的建筑业高出40%以上，到1970年只高出10%多一点。十年间农产品价格上涨95%，而农村购入的工业品价格指数仅上涨了约30%。

作为国家财政，既要为经济发展、社会保障筹措资金，又要减轻税负，维持财政平衡。这一时期，财政收入占GDP的比重基本保持在11%左右，税收收入占国民收入的比重基本保持在18%左右，国债平均仅为8.6%。政府主要从调整支出结构来化解收支矛盾。以中央财政支出结构来说，国家机关费从1950年的10.8%，逐步下降到1965年的8.9%，到1995年以后，基本维持在5.5%以下。防卫关系费也从1950年的17.1%逐步下降到5.5%左右。教育文化费1965年就从1950年的3.3%上升到12.7%，此后由于教育的普及而有所下降。社会保障费从1950年的8.6%，上升到1965年的17.2%，到2001年后，都维持在25%以上。

通过"国民收入倍增计划"，日本的阶层结构有了很大变化，号称"一亿人口中流化"，庞大的中产阶层成为日本的中流砥柱。

失去的20年

1973年以后的两次石油危机和布雷顿森林体系的崩溃，对日本这样一个外向型经济体且石油进口依存度超过99%的国家造成很大冲击，结束了日本近20年的高速增长，使之进入低速发展期。1985年，美国通过广场协议促使日元升值，刺激泡沫经济膨胀。1985年到1990年的短短五年间，日本6大城市土地价格指数竟然上涨了3倍，东京的房价更是高得惊人。到1990年，股票市场的市盈率高达60多倍。但日本政府还在希望软着陆，引导企业加大设备投资，挽救经济。1991年的设备投资竟还比1990年高出20%，造成严重的设备过剩，此后各种提振经济的措施都没能奏效，日本进入所谓“失去的20年”时期，经济持续衰退。21世纪初，在日本畅销书排行榜前列的有一本书叫《下流社会》，反映日本经济衰退，中产阶级分崩离析，开始步入低收入、低消费的“下流社会”。

日本能走出一种以市场机制为基础，实行市场调节，又有政府导向的二元发展模式，是历史、文化、现实多重因素的影响的结果。后发国家在先发国家的压迫下，要实现国家的独立自主，只能寄希望赶超发展战略，而要实现赶超，只能集中财力，重点建设。但是政府这样的宏观介入，必须有强有力的领导，还要有企业家能够认同和配合，这也就与日本的民族文化和精神有关。

日本早期的发展得益于政府的主导，而后期的衰落也与政府判断失误、政策误导有关。财界人士在为泡沫刺破后还大量增加设备投资，造成设备过剩的失败而辩护时，总是指责政府：“政府三令五申地保证说没什么问题”，“政府中最富威望的景气理论家、经济企画厅经济研究所所长吉富胜先生认为用不着担心。”因为长期的计划经济，使日本各经济部门高度互补和紧密相联，形成内在一致的整体，同时政商利益也紧密相连，制度改革困难重重。而日本当年自民党一党独大的强势政府也已经不存在，政治上纷扰动荡，任何决策都要付出绝大的代价。加上自由经济思想的蔓延和影响，政府在面临危机时，也很难有勇气采取积极干涉政策。这次衰退产生的原因之一就是政府在此前一直犹豫不决，直到危机加深才勉强编制出10万亿日元的萧条对策预算，但为时已晚。此后，日本政府不断用赤字财政刺激景气恢复，但得到的结果只是国债逐年剧增，使国家财政陷入深刻的危机之中。

也许经济的发展也有自己的极限，不可能无限发展下去。但我们也要看到直到今天，日本无论 GDP，还是人均 GDP 都居于世界前列。

作为政府主导型国家，为了准确判断情势，作出正确的计划和政策决策，日本一直很注重经济史和财政史的研究，在大藏省和经济企画厅都设置了专门的研究部门。经济企画厅的经济史编纂室编写了多卷本的《经济史》和《战后经济史》。大藏省财政综合政策研究所情报系统部的财政史研究室编著的《昭和财政史》就有70卷之多。《明治财政史》有15卷，《大正财政史》有20卷。民间编写的国内外各种财政史的规模更是惊人，是任何其他国家都无法比拟的。

第八章
社会主义财政的理想

一个幽灵，共产主义的幽灵，在欧洲徘徊。
……到目前为止的一切社会的历史都是阶级斗争的历史。
……让统治阶级在共产主义革命面前发抖吧。
无产阶级在这个革命中失去的只是锁链。
他们获得的将是整个世界。
全世界无产者，联合起来。

——马克思《共产党宣言》

一、马克思对财政的设想

《国富论》发表之后的100年

亚当·斯密1776年发表了《国富论》，14年后也就是1790年去世，在当时似乎没有泛起一丝微澜，他所谴责的社会依然如故，他所希望建立的世界还看不到一点希望。在他的家乡苏格兰，“羊吃人”的圈地运动越演越烈。在1811年至1820年间，德兰女公爵和她的丈夫为了养羊从他们的领地驱逐了大约15000名农民。地主获得了超过3倍的回报，农民却已一无所有。大批农民被迫或远走他乡，或到处流浪，陷于极端悲惨的境地。他们很多成为城市的待业农民工，按照供需原理，这也使工人工资进一步下滑，连勉强养家糊口都很困难。正如马克思所说："由于竞争的结果，平均工资必然下降到最低限度，就是说下降到勉强维持个人和后嗣生存的地步。"① 原来附着于土地的生存保障和安全感已经随着失去土地而飘逝，而新的社会保障还什么都没有。

在亚当·斯密去世25年后，两位经济学家在伦敦又发表了新的经济理论。一位是马尔萨斯，他警示人口将呈现几何级数增长，唯有饥荒、战争或自然灾难才能打破人口增长的循环。一位是大卫·李嘉图，他认为工人的工资必须降低到最低，对工人的同情不仅浪费而且有害，在短期内它可以增加人们的希望和收入，但随之而来的人口增加将抵消一切。任何政府和商业组织增加工资和救助穷人的做法都与经济法则相冲突，并且在人口相应增加后将遭受失败。在李嘉图的理论里，国家的干预并不能帮助穷人，却会限制经济的自由和对个人利益的追逐从而使事情变得更糟。1845年爱尔兰发生大规模的饥荒，当时英国财政部门的负责人都是李嘉图理论的支持者，副大臣查尔斯·爱德华·特里维廉认为政府如果向饥民分发食物，将影响私人企业的合法收益，那么贸易将瘫痪。财政大臣查尔德·伍尔德向众议院保证说当饥荒严重时，将做出一切努力使谷物贸易尽可能自由。在理论上似乎完美无瑕，但在爱尔兰，它意味着饥饿与死亡。这次灾荒使爱尔兰人口锐减了200万，几乎减少了1/4，180万人逃离家乡，出外逃荒。当时英国国力强盛，统治着世界1/4以上的土地，财政充裕，还刚刚用坚船利炮打开中国大门，得到了2100万银元的赔款。却坐视灾情蔓延、尸横遍野。

① 马克思："道德化的批评和批评化的道德"，《马克思恩格斯全集》第4卷，人民出版社1974年版，第342—343页。

不仅政府不愿救助，还阻扰民间救助。奥斯曼苏丹宣布将寄送1万英镑给受灾的农民，但英国维多利亚女王却要求他只能捐1000英镑，理由是她本人才捐了2000英镑。于是苏丹只捐了1000英镑，同时秘密地派了三艘装满食品的轮船。英国法院试图阻止，但没有成功。到灾情危急时，政府终于决定运送玉米救灾，但经济学家们认为应该辨别申请者是否真为缺乏食物者，制定了极其复杂的认证程序，使救援工作无法完全展开。经济学家们认为不应该直接救济，不能让他们不劳而食，应通过工程进行援救，通过提供工作让他们挣钱买粮，如果饥民还有力气干活，一天能挣9个便士或者1个先令，但是这个认证程序也很复杂，按照经济学思想首先应该分清是真正因为饥饿而找工作，还是出于一般需要而申请工作，最后也只能无疾而终。政府虽然努力平抑粮价，国家也低价出售美洲玉米粉，但是问题是灾民一无所有，再便宜也买不起。

此后，学者们围绕慈善展开了多轮论战。赫伯特·斯宾塞（Herbert Spencer）认为慈善虽然对受帮助者不利，但却可以提高施予者的地位。另一位达尔文主义者萨姆纳（Sumner）认为社会是一个由个人组成的群体，其中存在的合作与对抗决定着人类文明的存在和发展；社会的不平等是自然的状态和文明发展的必要条件；财产和社会地位的竞争导致有益的结果：消灭不适应者，保持种族兴盛和文化繁荣。真正帮助穷人，使他们免遭淘汰，就是要为生存而斗争鞭打穷人，使穷人努力工作以改善自己的自然能力。

与此同时，另一种社会主义思潮也在欧洲兴起。早在亚当·斯密之前，1515年，托马斯·莫尔（Thomas More），发表了《乌托邦》（*Utopia*）。他虚构了一个"乌托邦"的小岛国，在那里财产是公有的，金钱是不存在的，人民是平等的，没有贫富差别，实行着按需分配的原则，大家穿统一的工作服，在公共餐厅就餐。他认为，在财产消亡之前，不可能存在公正平等的分配，世界也不得太平。私有制是万恶之源，必须消灭它。托马斯·莫尔后来担任过英国财政副大臣，但在国会投票审查国家预算时，他没有站在国王一边。后来又拒绝宣誓承认国王是英国教会首领，1535 年他的头颅被亨利八世砍下来，钉在泰晤士河上竖起的一根长矛上。

此后社会主义思想有了很大发展。如汤普森的平等主义和市场社会主义观，霍奇斯金的利润来源劳动观，巴斯夏的社会和谐观，穆勒的折衷干预主义思想，圣西门（Saint - Simon）的空想社会主义等。还出现了一批实干家，他们积极推销自己的主张，希望在小范围内实验，如傅立叶（Fourier）在法国推广社会主义合作社“法郎吉”（Phalanxes），欧文（Owen）于 1825 年以全部财产在美国印第安纳州建立了一所“新和谐村”，进行共产主义“劳动公社”的实验。法国人巴贝夫（Babeuf）甚至密谋推翻法国政府，试图建立一个平等、友爱的政府，但计划泄漏，巴贝夫被法国政府处死。

穷人也用行动发出了自己的声音。1786 年 5 月 1 日，美国工人为争取 8 小时工作制，35 万人参加了大规模罢工和示威游行，事后罢工领袖格奥格·恩格尔、阿道夫·菲舍尔、阿尔伯特·帕森斯、奥格斯特·斯派司被绞死，但这一天后来成为了世界工人的节日。1831 年和 1834 年，法国里昂织工起义。1844 年，德国西里西亚织工起义。现在一些经济学家试图用数据分析的方法证明工业革命前的财富分配不均现象要比工业革命后的更加严重，认为无论从最富有的 1% 人群或最富有的 5% 人群看，还是从基尼系数进行考察，工业革命后都有所改善。从人均肉食消费量看，人民的生活有了明显改善。从工人的人均工资收入看，也在缓慢增长。数字是冰冷的，生活却是真实而火热的。当时的工人显然有不同的看法，他们看到商品价格涨了好几倍，而他们的工资只有很小幅的上涨，他们走上街头，坚决要求提高工资。英国工人更主张改造议会，发起宪章运动（The Chartist Movement），提出年满 21 岁的男子普选权、秘密投票、废除议员候选人的财产资格、议员支薪、设立平等的选区和议会每年改选一次等 6 条要求，并以《人民宪章》（*the People's Charter*）名称发表。因为他们发现对他们不利的各种财政政策都是通过这个议会作出的。

马克思在早期担任杂志总编的时候，曾经想走中间路线，甚至禁止共产主义观念的文章发表，结果还是在现实中觉醒，最终走上激进的路线。

马克思的共产主义理想

卡尔·马克思（Karl Heinrich Marx），1818年生于德国最古老的特里尔城。父亲是一位非常富有的律师。父母都是虔诚的基督徒，他很早就受到基督教的思想熏陶。后来在波恩和柏林的求学阶段，他受到了黑格尔思想的影响，也广泛地接触到社会各种思潮。在科隆通过就职于政治新闻界而开始广泛接触社会现实，后来在巴黎、布鲁塞尔和伦敦流亡并参加革命活动。作为一个革命学者，他常年背负着金钱的压力，经常求助父母的资助，他经常为无力养活妻女而忧虑，但在精神世界，他又是无比富足的。

马克思的书房里摆放着一座宙斯雕像。宙斯是希腊神话中的众神之王，拥有无上的权力和力量。在传说中他是正义的引导者，他对人类的统治公正不偏。马克思留着长头发和大胡子，他仔细地把大胡子修剪出宙斯胡子的样式，并让头发像宙斯的头发那样四处飞扬。马克思每天在宙斯雕像前写作，希望能像宙斯那样主宰人类的命运。他的力量，他的武器是他的笔，他的文字。他希望他的文字能“从理论上打击资产阶级，使之永远无法从中恢复”。他的文字被认为是“工人阶级的圣经”。很多劳工阶层，都在想努力读懂他那些严肃厚重的研究，而他的研究也真引发了20世纪一系列最为惊心动魄的革命浪潮。真可谓文字成功日，全球革命潮。

马克思幸运的是还遇到了自己的思想伙伴——恩格斯。古人云“人生得一知己足矣”，两人相交一世，成为历史上最著名的一对伙伴，他们的名字和他们的思想永远连在了一起。《共产党宣言》中著名的十条措施，就是恩格斯的贡献：

1. 剥夺地产，把地租用于国家支出。

2. 征收高额累进税。

3. 废除继承权。

4. 没收一切流亡分子和叛乱分子的财产。

5. 通过拥有国家资本和独享垄断权的国家银行，把信贷集中在国家手里。

6. 把全部运输业集中在国家的手里。

7. 按照总的计划增加国家工厂和生产工具，开垦荒地和改良土壤。

8. 实行普遍劳动义务制，成立产业军，特别是在农业方面。

9. 把农业和工业结合起来，促使城乡对立逐步消灭。

10. 对所有儿童实行公共的和免费的教育。取消现在这种形式的儿童的工厂劳动。把教育同物质生产结合起来，等等。

这十条主张，现在除了剥夺地产、国家垄断银行等少数主张外，已经在世界上大多数国家财政运行中得到体现。

马克思的财政学

马克思的学说构成了一个庞大的体系，不仅有经济学，还有其哲学基础和共产主义理想，这些学说相互配合，建构出一个严密的、有机的理论体系。在今天，马克思和他的伙伴恩格斯创建的理论和影响已经广为人知，这里仅仅再梳理一下他的财政思想。因为他的这一思想资源将成为一场大规模社会实践的理论基础，日人小林丑三郎所著《各国财政史》写道："马克思所说的，即是列宁所行的。""若不理解他们（马克思和恩格斯）的思想，便难得了解苏俄的财政。"①

---

① ［日］小林丑三郎：《各国财政史》，邹敬芳译，神州国光社 1931 年版，第 257—258 页。

马克思恩格斯对财政的理论和其他理论一样，是在其哲学思想的引导下，从历史研究出发，以实现共产主义理想为目标。马克思的其他学说，诸如劳动价值论、剩余价值论都构成了马克思恩格斯财政学说的理论基础。

马克思对两极分化的资本主义社会进行了激烈的批判，马克思所有的学说都是为了追求人的解放，希望新的社会能满足人的一切需要，消除不平等的社会根源，使每一个人都能自由发展。马克思认为满足人的需要是社会生产活动的基本动力，人的需要是多种多样的，恩格斯将人的需要分为生存资料的需要、发展资料的需要和享受资料的需要。后来的马克思主义者多将人的需要归结为物质需要和文化需要。列宁认为，社会主义“充分保证社会全体成员的福利和使他们获得自由的全面发展。”不断满足人民日益增长的物质文化需要是社会主义的根本目的。

马克思的分配理论主要体现在他的六大扣除理论。马克思在《哥达纲领批判》中阐述了其扣除理论，即在将社会总产品对社会成员分配时，从它里面应该扣除：

第一，用来补偿消费掉的生产资料部分；

第二，用来扩大生产的追加的部分；

第三，用来偿付不幸事故、自然灾害等的后备基金或保险基金。

剩下来的社会总产品中的其他部分是用来作为消费资料的。在把这部分进行个人分配之前，还得从中扣除几项：

第一，和生产没有关系的一般管理费用；

第二，用来满足共同需要的部分，如学校、保健设施等；

第三，为丧失劳动能力的人设定的基金，如官办济贫事业[1]。

马克思在《资本论》中也曾论述过社会保障基金的必要性：可变资本在再生产过程中，从物质方面来看，总是处在各种会使它

① 马克思：“哥达纲领批判”，《马克思恩格斯选集》第3卷，人民出版社1972年版，第9—10页。

遭受到损失的意外和危险中。因此，利润一部分，即剩余价值的一部分，必须充当保险基金。

马克思在《资本论》第一卷的序言中表示，他认为社会有本身运动的自然规律，虽然他知道既不能跳过也不能用法令取消自然的发展阶段，但希望通过揭示现代社会的经济运动规律，能够缩短和减轻分娩的痛苦。马克思提出了社会再生产理论，被认为是社会主义财政学的理论基础。马克思的社会再生产理论不仅在《资本论》的三卷中都有论述，另外，马克思在《哥达纲领批判》中揭示了社会总产品形成与分配的原理，在《〈政治经济学批判〉导言》中阐述了关于社会再生产总过程四个环节及其相互关系的原理。这些原理概括起来，可以归结为一条基本思路，就是要按比例地发展。国家的经济和财政政策就是要在努力认识客观规律的基础上，制定一个最优状态的蓝图，然后制定一个周密的整体计划，分阶段有步骤地逐渐达到这个目标。通过社会控制，努力纠正任何偏离这个最优状态的人和事，以避免浪费和损耗，在尽可能的情况下加快社会的发展。

马克思更多关于财政学的理论则主要在其批判资本主义财政中体现出来，如他批评资本主义国家的财政赤字，认为是资产阶级投机和致富的源泉，是资本主义国家的难治之症，他主张减少开支、消灭赤字、坚持财政平衡。对于国家公债，马克思认为："每一次新的公债都使金融贵族获得新的良好机会去盘剥经常被人为地保持着濒于破产状态的国家，因为国家不得不按最不利的条件向银行家借款。""每一次新的公债都使他们获得新的机会，通过交易活动来掠夺一般投资于公债券的大众，而这种交易所活动的诀窍，是政府和议会多数派议员所通晓的。一般说来，银行家和他们在议会中和王座上的同谋者由于利用国家信用的不稳定性和掌握国家的秘密，才有可能制造公债券市价的突然急剧的波动，这种波动每次都要使许多较小的资本家倾家荡产，使大投机者难以置信的暴富起来。”① 对于资本主义国家的税收，马克思更是深恶痛绝：只要是资产阶级的国家，这种课征从其总体上说，从其分配关系的性质来看，总是一种对劳动人民，主要是工人阶级的剥削，总是一种剩余价值的分配形态。税收作为一种剩余价值的分配形态说明了作为集体资本家的资产阶级国家同各个资本家共同划分剩余价值。工人不仅受到各个资本家的剥削，而且受到他们的国家的剥削，“每出现一种新税，无产阶级的处境就更恶化一些”②。由于马克思的很多批判都是基于对资本主义发展初期的观察所得，具有一定的时间性，而对于社会主义财政学的构建，他还只是提出了一些初步的原理，还需要其后学在实践中去充实。

马克思在出版《资本论》第1卷后，没有再写新的作品。虽然那一年他才49岁。中国古人说“四十而不惑，五十而知天命”。但这个时候的马克思有了很多的困惑，他拼命地阅读，读历史，读经济学，读农学，读数学，读物理，读化学，学习各种外语，甚至还研究氮肥的化学性质，记下了大量学习笔记。他的伙伴恩格斯不停地催促他早日完成《资本论》后面的写作，但马克思还是每天坚持呆在大英图书馆里阅读超过12个小时。他还想修正他的学说，他甚至有超过5次说道：“我不是马克思主义者。”马克思曾说，“在真理的入口处，如同在地狱的入口处一样，必须根除一切犹豫。”但他在晚年却对以他的思想发展起来的马克思主义有了困惑，他的晚年笔记对早年的一些思想做了修正，但还没有形成一个新的系统。马克思特别是反对把他的学说当作剪裁现实的公式和不变的教条，如他说不能“把马克思主义认为只在一定条件下起作用的原理解释成绝对的原理。”又说应把社会主义社会“看成经常

① 马克思：“1848年至1850年的法兰西阶级斗争”，《马克思恩格斯全集》第7卷，人民出版社1959年版，第13页。

② 马克思：“评艾米尔·德·日拉丹‘社会主义和捐税’”，《马克思恩格斯全集》第7卷，人民出版社1959年版，第137页。

变化和改革的社会。”他一生的伙伴恩格斯强调他们的一切理论原理、理论原则及其有关的所有论述都是有界限的、有条件的，对马克思主义要保持既坚持又发展的科学态度。

马克思的分配理想的最终模式是“各尽所能，按需分配”(From each according to his abilities, to each according to his needs)，也有人认为应该翻译为“各尽所能，各取所需”。

二、巴黎公社的财政实践

第一次无产阶级的财政

1870 年的法国在对普鲁士的战争中惨败。法国皇帝拿破仑三世、法国的元帅、39 名将军、83000 名士兵向普鲁士投降，成为俘虏。普鲁士军队迅速向巴黎推进，法兰西第二帝国因皇帝被俘而崩溃，法国组成国防政府面对危局，谋求与普鲁士签订停火协议。1871 年 2 月，国防政府与普鲁士当局草签了和约，同意向德国赔款 50 亿法郎，并割让阿尔萨斯洛林给德国。法国国防临时政府还计划解除巴黎人民为了自卫组织起来的国民自卫军的武装。消息传出，巴黎人民和国民自卫军奋起还击，国防政府首脑梯也尔率手下逃亡凡尔赛，巴黎落在了巴黎人民和国民自卫军手上。巴黎人民成立“巴黎公社”(法语：La Commune de Paris)。这一天是 1871 年 3 月 18 日，所以亦称“三一八革命”。

这不是一次有规划有组织的行为，其组成人员也并不完全是社会主义者，但是巴黎公社的领导人许多是第一国际的成员，其主张也多是当时社会主义的思想，一般认为是人类历史上第一个无产阶级政权。因为当时马克思近距离观察了这次革命，事件之后，又做了很多总结。可以说巴黎公社不仅是社会主义理想的第一次实践，也对马克思完善社会主义理论有很大帮助。

巴黎公社建立在一座被长期围困的城市中，各种物质需求都很短缺，也缺乏和外界联系，无法获得外部援助，在法普联合扑杀下，总共只在历史上存在了72天就被镇压了。马克思对巴黎公社很有感情，在《法兰西内战》一书中他说："工人的巴黎及其公社将永远作为新社会的光辉先驱而为人所称颂。它的英烈们已永远铭记在工人阶级的伟大心坎里。那些扼杀它的刽子手们已经被历史永远钉在耻辱柱上，不论他们的教士们怎样祷告也不能把他们解脱。"马克思为总结巴黎公社的历史付出了很多心力，他写《法兰西内战》，前后就写了四个稿子，第一稿完全从整理考订史实出发，平铺直叙，清晰明了。到最后一稿，倒叙、追叙、补叙、交叉、时空交织、程序变换、警句提神，真可谓文采飞扬，把读者的情感完全调动其中。读《法兰西内战》，可以说是最好的写作教科书，让人感觉文字境界真是一步一重天，教你如何一步步把扎实的历史研究写成群众能读懂而且愿意读的文字。

当然由于意识形态的不同，左右两翼对巴黎公社历史的描述犹若两极。右翼是马上展开了镇压，国防政府首脑梯也尔称："巴黎遍地堆满了尸体。应当相信，这种可怕的景象将成为胆敢宣称拥护社会主义的起义者们的教训。"左倾作家左拉（Zola）描述："在巴黎巡行了一趟。太惨烈……只想对你们谈谈桥下堆积如山的死尸……脑袋、胳膊、大腿，乱七八糟堆在一起，惨不忍睹……有些死者似乎被砍成了两段，而另外一些却又像有四条腿和六只胳膊。噢！真是惨绝人寰的堆尸场。"[①]据称有7万多人在保卫公社的战斗中牺牲，有3万多人在公社失败后遭到杀害。最后一次大屠杀是在拉雪兹神甫公墓的一堵墙边，这堵墙后来被称为"巴黎公社社员

---

① 《信号报》，1871年5月31日。［法］阿·阿达莫夫编：《巴黎公社史料辑要》，黎星译，商务印书馆1962年版，第249页。

墙”。此后又进行了大规模的清算，组织了26个军事法庭，审判了4年，先后46835人被审判，13450人被判刑，判处死刑270人，判处苦役410人，流放7495人，下狱监禁3393人，堡垒监禁1267人。在判刑中，妇女170人，儿童60人。还有3000多人成功出逃，在1880年最后的流放者和逃亡者获得了特赦，他们不少人回国后，当选为巴黎市议员、代表或者参议员，在新的舞台继续为理想奋斗。

廉价政府

巴黎公社的发起者们是一群有激情的理想主义者，他们从建立政权的开始，就在把自己的理想付诸实施，他们没有利用他们掌握的旧的国家机器，而是要打造一个全新的政府形式。马克思在总结巴黎公社运动时指出：“工人阶级不能简单地掌握现成的国家机器，并运用它来达到自己的目的。”3月18日胜利后，国民自卫军中央委员会向各部派出中央委员会的代表，全面接管政权。接管财政部的是瓦尔兰和茹尔德。新的临时革命政府没有立即向逃亡到凡尔赛的梯也尔残余势力进攻，把革命普及到其他地方，而是把首要任务放在选举中，希望通过选举来建立一个无产阶级的自治政府，错失战机，包括马克思在内的很多人认为这是巴黎公社很快灭亡的重要原因。3月26日举行了新政府的选举，近23万人参加投票，占到巴黎选民的2/3以上。有86人当选为公社委员，其中绝大多数是工人阶级的代表，工人出身的27人，职员8人，新闻记者、教师、医生等知识分子29人，还有21名资产阶级代表。公社委员中有37名第一国际的会员，几乎占到公社委员总数的一半。3月28日，临时政府向新当选的委员会移交权力，巴黎公社正式成立。

为了彻底废除旧政府的官僚制度，保证国家机构和公职人员真正成为人民公仆，为人民服务，巴黎公社实行了普遍的民主选举制度，希望实现劳动人民对国家的直接管理。所有的国家各级权力机关以及军队、企业的负责人，都由人民选举产生，“全体公职人员须经选举始得任命”。还包括普通的军队指挥官、企业的车间主任等都由所在单位的战士和工人选举产生。彻底根除了旧官僚体制的等级授职制。巴黎公社还从组织形式上废除了议员制，摒弃了三权分立的政权架构，建立了立法和行政权合一的政府机关，由人民选举出来的公社委员会制定法律、政策，讨论和决定公社一切重大事项。公社还强调维护人民群众对国家公职人员的监督和罢免权，认为这是给选民提供“纠正错误的手段”。为了真正保证人民群众能切实监督，公社规定在报纸上公开刊登公社委员会及其下属各委员会的会议内容，使人民群众及时掌握公社决策的过程，将公社的整个运作公之于天下，让人民掌握情况，全程监督。在各部门还设置群众监督组织，随时提取群众意见，接受群众监督。马克思称赞巴黎公社是“以随时可以罢免的勤务员来代替骑在人民头上作威作福的老爷们，以真正的负责制来代替虚伪的负责制，因为这些勤务员经常是在公众的监督之下进行工作的。”恩格斯认为这是“防止国家和国家机关由社会公仆变为社会主人”的一个正确的办法。①

巴黎公社委员会下设10个专门委员会，即执行、军事、粮食、财政、司法、公安、劳动和交换、社会服务、对外联络、教育委员会，相当于原来的各部，负责处理政府各方面的具体事务。财政委员会是巴黎公社的最高财务行政机构。

财政委员路易·欧仁·瓦尔兰（Louis Eugene Varlin），图书装订工出身，一直坚持自学，用知识武装自己，也是工人运动的积极活动者，当时是第一国际巴黎支部联合会的主席，与马克思有很深的交往。

财政委员列奥·弗克兰尔（Leo Frankel），首饰工人出身，参与了第一国际巴黎支部联合会的领导工作，在巴黎公社期间一直和

---

① 恩格斯：“1891年单行本导言”，《法兰西内战》，人民出版社1961年版，第11页。

马克思保持联系，得到马克思的指导，提出一系列财政改革措施，在公社委员中和马克思关系最为密切。

巴黎公社还新设立为人民提供社会服务的专门机构社会服务委员会。社会服务委员会委员鲍狄埃（Eugène Edine Pottier），出生于一个赤贫的工人家庭，当过学徒包装工和绘制印刷图案的工人，他在巴黎公社失败后的血雨腥风中创作的《国际歌》后来产生了很大影响。

巴黎公社发布了《废除国家机关高薪法令》，规定公社委员只领取相当于熟练工人的工资，最高年薪为6000法郎。而法兰西第二帝国时期大臣的年薪是26万法郎，公社委员的年薪只有他们的1/48。为此，马克思高度赞扬巴黎公社是一个“廉价政府”。

民生财政

巴黎公社虽然历时甚短，而且主要精力都在如何打退内外敌人，但却还是提出一系列的民生财政政策，这是无产阶级的理想，也是巴黎公社的光辉之处。

在人民基本生活保障方面，首先是粮食供给，针对战争状态造成的粮食供应紧张问题，公社采取了一系列积极措施解决居民食品供应，如免费向粮商提供仓库；允许商人贩卖；取消面包票；限制面包、蔬菜的价格；采取减价出售的措施以控制物价等。其次是住房问题，当时一方面由于工厂停工、倒闭，工人失业，无力支付房租，另一方面由于敌人的进攻，造成许多房屋受损。针对这一状况，公社很快颁布了关于免收三个月房租的决定和征用一切空房的法令。第三是在就业方面，针对因企业主逃亡、工厂停产造成的工人和手工业者大批失业、生活困难的情况，公社在各社区成立了职介所，并采取许多积极措施恢复生产、扩大就业，有效地改善了工人的就业和生活状况。为解决失业问题，巴黎公社还专门成立了劳动与交换委员会，一方面招募业主努力恢复生产，以吸收失业工人；另一方面开设一些专门的工场以解决部分群众的就业问题。

公社虽然存在时间极其短暂，但它在教育改革方面取得了很大成就。公社力图普及初等教育，为了保证劳动人民的子女都能够上得起学，公社不仅实行免费教育，还向学生提供学习用品。公社还十分重视职业教育、女子教育和幼儿教育，设立和筹建了职业学校、女子学校和幼儿园。还为牺牲的国民自卫军战士的子女设立了职业学校、教养院和孤儿之家，由政府负责解决这些孩子的膳宿等问题。公社还十分重视提高教师的物质待遇，助理教师的最低年薪为1500法郎，教师最低年薪为2000法郎。而在此前，教师的薪金极其微薄，助理教师的年薪只有400法郎，教师的年薪只有700法郎，而女教师的年薪更少。公社还在财政上支持科学文化和艺术事业的发展，成立了演员协会和艺术家联合委员会，鼓励科学家进行科学试验。为了使劳动人民提高科学文化知识水平，公社广泛设立了阅览室，大力开放图书馆和博物馆。

巴黎公社财政，在最初几天是充裕的，收大于支，这也使他们能甩开膀子干事情，把摊子铺开。当时的财源，主要来自接收国库和没收梯也尔及其追随者的财产，资金较多。但是由于梯也尔的破坏，医院、诊所、邮局、公共救济机关、市政设施受损严重，为了恢复这些设施，支出同样也很多。如果说前期，还基本能维持收大于支的局面，后期就逐渐短绌萎缩了。3月份以后，财政就只能依靠税费收入了。巴黎公社开征的税费主要有消费税、直接税、烟草税、印花税、注册费。有史料显示，3月21日，公社就征收到50万法郎的税款。在公社存在的72天里，共征收到消费税1200万法郎。但是在梯也尔政府的煽动下，不少资本家出逃，导致很多企业停工。税收来源，日见短缺。而在支出方面，仅每天的军费就需要67.5万法郎，到最后财源枯竭，财政上甚至连购买战士口粮的钱都难以付出，这也使国民自卫军由于缺乏面包而陷入绝境。有着长期执政经验的梯也尔深知财政对于一个政权意味着什么，从出逃的第一天，就在努力从各方面切断公社的资金来源，而巴黎公社的财政领导人明显缺乏这方面的经验，他们连落在他们手里，存着30亿法郎的法兰西银行也没有去接管。

巴黎公社在财政上虽然有不少失误，但是其在财政上坚持民生理念，关心穷苦的无产阶级，在管理上，注重通过公开透明的制度加强监督的原则，都是其历史的闪光点。

三、苏联社会主义财政

链条最先从薄弱环节断裂

当欧洲由封建社会向资本主义过渡的时候，东欧却出现了另一番景象，这就是恩格斯所说的“农奴制再版”，即“第二次农奴制”。在西欧发现新大陆，开辟出更广阔的世界市场的时候，俄罗斯、波兰等东欧国家也找到了西欧这个粮食大市场。这是因为西欧工业革命兴起，城市规模扩大，工场手工业蓬勃发展，对粮食和原料的需求急剧增加，而西欧农业却因圈地运动等因素衰落，无法满足市场需要。在这种情况下，东欧的地主们纷纷扩大自己的庄园，加大农业生产投资，为了解决扩大种植所需要的劳动力，开始大量采用农奴劳动，把农民重新束缚在土地上，以生产西欧市场所需要的粮食和原料，通过超经济强制获得超额利润。

俄罗斯君主头戴皇冠，自称沙皇（Царь）。沙皇一词源自古罗马军事独裁者、“终身独裁官”凯撒，在东欧国家有“众王之王”之意。俄罗斯人因拜占庭帝国源自罗马，所以称拜占庭君主为“沙皇”，后来被蒙古征服，又称蒙古大汗为“沙皇”，俄罗斯大公则是这些“沙皇”的大臣，后来随着蒙古衰落，俄罗斯大公也自称“沙皇”了。沙皇有很大的权力，逐渐把俄罗斯发展成一个高度集权的统一国家。中央国家机构设有宫廷、使节、官吏、行伍、驿站、粮仓等 40 多个衙门，因事设置，缺乏统一而明确的分工，最多时甚至到了 80 多个衙门。财政方面并无统一的衙门管理，各类事务分属各个衙门，相互交杂。地方设州县，在州一级实行督军制，代表国家处理地方财政税收事务。

当时俄罗斯分成贵族、教士、大商人、市民和农民几个等级，其中市民包括城市手工业者、小商人、低级职员与部分工人等。贵族与教士是特权等级，大商人拥有若干特权，市民与农民为“纳税的等级”。国家设有“中央等级代表会议”（也有译作缙绅会议）是讨论国家税收事务的重要议政机构，但是“纳税的等级”却没有代表能参与。

1721 年沙皇彼得一世执掌全权，被加冕为“祖国之父、皇帝与伟人”，改俄罗斯为帝国，以“为众人谋福利”、“为国家谋利益”之名，效仿西欧国家进行了多方面改革。他化名考察了荷兰、英国和奥地利的工厂、学校、博物馆等，深受刺激，接受了重商主义的思想，鼓励开办工厂，发展工商业。建立了算术、造船、航海等许多专门学校，建立了博物馆、科学院和剧院，创办了新闻报纸。在行政管理上，他废除衙门制，设立了 12 个委员会，其中有三个委员会负责管理财政工作，可见当时对财政管理的重视，改革和建立海军都需要强大的财政的支持。这三个委员会是：财政委员会、财务支付委员会与财务监督委员会。财政委员会主管征税、监督徭役的执行、负责处理酒类、粮食等实物税的承包工作。财务支付委员会负责管理财政支出，审核国家机关、军队、外交、教育等各方面的开支情况。财务监督委员会负责监督国家财政开支的情况。另外的九个委员会是：外务、陆军、海军、商务、司法、矿业、工业、教育、宗教委员会。在地方几经改革，最后形成 8 大州和 50 个省，直属中央管辖，加强中央集权。各城市设立市政局和市议会，加大商人在里面的比重。彼得一世为了促进商业的繁荣，不仅采取了很多保护商人的政策，提高他们的政治地位，而且还减免了他们赋税，但是如果商人进口外国商品，则还是要征收重税的，当时关税征收额到了输入品的75%，这是为了保护刚刚发展起来的俄国工业。这里减了，就得找地方增，国家财政也就这么回事。为增加财政收入，进行了人口普查，开征人丁税，这是面对最广大的下层人民征收的，最主要是向农民和农奴征收的，每个农民和城市居民要缴纳1卢布20戈比①，每个农奴要缴纳70—80戈比，甚至流浪汉也必须缴纳，还必须以现金支付，就使农民必须把他们有限的农业产品拿到市场上售卖，让商人再盘剥一次。而贵族、商人和高级技工则被豁免人丁税。1718年开征人丁税，到1724年就达到460万卢布，占当年850万卢布财政收入的54%。同时，还加大了对各种农副产品的征税，如养蜂税、磨坊税、渔业税等。除此，还巧立名目发明了很多新税种，如胡须税，当时俄国农民都习惯留大胡子，如果你不想刮胡子，就得交税，交了胡须税就能得到税务官发给的特制铜牌，就可以保留胡子了。几年间，财政收入就增长了4倍。

彼得一世还尝试推行义务教育，但他的对象是贵族子弟。他还设立了一些专门学校，也吸纳优秀士兵入学。他也出资将大量西方科学著作翻译成俄文，资助艺术、科学各方面的发展。彼得亲自为科学院制定了每年25000卢布的经费预算，并答应给科学院院士以“优厚的薪俸”。

彼得一世的改革是在保存农奴制和压榨农奴的基础上进行的，虽然在一定程度上改变了俄罗斯在军事、政治、经济和文化教育各方面的落后状态，但也加重了广大最底层人民的负担，引发了一系列的人民起义。1861年，亚历山大二世被迫宣布废除农奴制度，但依然保留着大量农奴制残余，特别是针对农民的赋税还没有

① 卢布（российский рубль），俄国沙皇发行的纸币单位，1800年后与黄金挂钩，1897年卢布纸币的含金量为0.774234克。1卢布 = 100戈比（копейка）。

减轻。

在彼得一世之后的数任沙皇延续其改革方向，继续推动工业化改革，在财政上也借鉴英、法、德几国经验，先后建立起国家预算制度、国债制度、金融制度、社会保障制度，并且逐步废除人丁税，增加间接税比重，开征所得税，推动税制结构改革。但是由于此间战争不断，财政消耗巨大，常常入不敷出，这些新的财政制度往往变异为国家敛财的工具。他们始终抑制不住扩大货币发行的冲动，甚至减低钱币的质量，各种成色不足的钱币固然给国库带来大量收入，但是却使卢布大幅贬值，物价随之提高，引发民变不断。他们还拼命发行国内公债。1861 年至 1871 年，发行了 8.5 亿卢布的公债，1871 年至 1881 年发行了 15.2 亿卢布的公债。最后所有的压力都转化为向平民征税的动力，横征暴敛不断晃动着帝国的根基。进入 20 世纪以后，俄罗斯帝国已经危机四伏。虽然经过数世努力，但在经济文化上还是远远落后于西欧诸国，在竞争中往往处于被动位置。1914 年，第一次世界大战爆发，俄罗斯迅速对德宣战，卷入战争的深渊。战争也像个吸金器，迅速吸干了俄罗斯帝国的财政。1914 年国家预算赤字为支出总额的 40%，到 1917 年达到 85%。巨大的赤字用公债和发行纸币来弥补，到 1917 年，国债达到当年预算收入的 10 倍以上。流通货币量，是战前的 11.3 倍。物价增长了 10.7 倍。1917 年 2 月，莫斯科爆发革命，但是临时政府，承担了沙皇政府的全部货币债务，更加深了财政危机。1917 年，甚至连公债和增发纸币都不足弥补巨大的预算赤字（259 亿卢布），出现了 84 亿卢布的现金赤字。11 月 7 日①“阿芙乐尔”号巡洋舰上发出的一声炮响，给人类送来了社会主义国家。苏维埃俄国就是在这样财政危机的背景下出现的，苏俄和以后的苏联的社会主义财政实验也由此展开。

① 俄历为 10 月 25 日，所以史称“十月革命”。

社会主义财政模式的建构

1917 年“十月革命”的胜利，诞生了世界上第一个社会主义国家，但是共产党人却面临着重大难题，按照马克思的理论，社会主义应该是在高度发达生产高度社会化的最发达资本主义的基础上实现，然而当时的俄国却是世界上最落后的资本主义国家之一。有“俄国马克思主义之父”之称的普列汉诺夫，坚持马克思关于历史不能跳越其必要发展阶段的思想，认为对社会主义的急于求成，会使经济遭到最惨重的失败。列宁力排众议，指出俄国的革命已经可以向社会主义革命过渡了，认为可以在帝国主义链条的薄弱环节率先建设社会主义，但列宁也指出：“与各先进国家相比俄国人开始伟大的无产阶级革命是比较容易的，但是把它继续到获得最后胜利，即完全建成社会主义社会，就比较困难了。”“我们的革命是开头容易，继续困难；而西方的革命是开头困难，继续容易。”普列汉诺夫的墓碑上有一座雕有他正在思索的半身像，在普列汉诺夫去世后，列宁号召学习他的著作。普列汉诺夫的疑问和思考，也一直放在列宁心里，对于建设社会主义，他们没有任何经验可循，只能自己摸索。

苏俄和后来的苏联社会主义财政模式的建构经历了三个阶段，即战时共产主义、新经济政策和斯大林模式。

俄国本来已经因长期战争经济凋敝民生困难，新政权成立后还来不及着手恢复和发展经济，英、法、美、日等国组织的干涉军就直接侵入俄国本土，还有俄境内的各反对势力也纷纷进行武装反抗。在内忧外患中，饥荒威胁又至。1918 年初，彼得堡等许多大城市，粮食供应严重不足，黑市投机盛行。在这样严峻的形势下，列宁采取了一系列非常措施，史称“战时共产主义”政策。

“战时共产主义”的主要内容是实行粮食垄断和余粮收集制，用强制手段迫使农民交出余粮；将大企业收归国有，建立中央集权的工业管理体系；取消市场，禁止贸易，实行实物配给制度；实行普遍劳动义务制和劳动军事化。这些非常措施有效集中了人力和物力，保证了战时供应，对新政权打退内外敌人，稳定局面起了很大作用。列宁提出："力求尽可能对所有的人实行平均供应，养活、维持所有的人。"

在各种困局中，新生的苏维埃政权也加紧了国家财政建设。在中央建立了财政人民委员部，其性质定为"无产阶级专政机构"。在省和县的苏维埃建立财政局，取代帝俄时代的税务署、国库、股票管理局和其他地方财政机构。省、县财政局是苏维埃执行委员会机关的组成部分，也是财政人民委员部的地方机关，它们按照财政人民委员部的指示和命令工作。

税收制度改革主要从三个方向展开。一是对课征过去规定的直接税（所得税、一次性的利润税、利润增值的临时税、利润分成捐和其他税收），组织严格的计算和监督，并进一步提高直接税税率，扩大纳税人范围；二是开征"一次性革命特捐（惩罚税）"，这是"剥夺剥夺者"的主要手段，用来打击资本家。还有就是开征百亿革命特税，是为了获得货币资金，以装备和供养红军，由城乡资本主义分子负担；三是大力改革间接税。列宁曾称间接税为最不正义的税，是压在最贫穷人民阶层肩上的沉重负担。改革内容主要有大大提高奢侈品的税率，降低人民消费品的价格和税率。此后又通过对工业产品实行有利于国家的价格附加，来取代消费税。

苏维埃政府建立后，国家审计院人民委员会就开始着手编制1918年1月至6月国家预算。第一个国家预算1918年3月27日由列宁亲自核准。这是社会主义国家的第一个预算，但是并不能完全体现他们的理想。由于战争还没有结束，大部分支出还得用于战争所需，大约占到全部预算支出的40%。但已经开始向社会主义财政理想迈进，在赤字的情况下仍尽可能增加经济建设和文化建设的支出，到1920年分别达到59.7%和22.1%。由于国营企业上缴利润不断增长，在此后几年的预算中，税收在收入中的比重持续减少。

废除了公债制度，根据1918年2月3日的法令，废除了帝俄和临时政府时期的国内外债务。大量的赤字，通过扩大货币发行来弥补。纸币的大量发行，导致卢布大幅贬值，按照苏维埃政府的说法，这样的措施能有效剥夺资本主义分子的“钱罐”。

取消各种社会保险，所有过去需要社会保险基金来满足的资金，都由国家预算拨付，普及所有的雇佣工人和各种丧失劳动能力者。取消财产保险，对于因自然灾害而受损失的劳动者，由政府以实物给予无偿帮助。

在国内战争和外国武装干涉的非常条件下，苏维埃共和国不得不把建设全新的社会主义财政体系的工作暂停下来，但社会主义方向已经锁定。战时的紧张和需求，也迫使国家把全部国家的资产最大限度的集中在国家手中，通过最严格的财政集中、节约国家支出、组织全面的计划和监督，来实现最大限度地集中国家财力，这也为此后的计划体制建立了基础。

“战时共产主义”的生产资料公有，取消商品经济和货币流通，实行义务劳动……都和马克思描述的共产主义社会非常接近。列宁一度认为这可能就是推进社会主义的真正门径，但是现实却告诉他，在俄罗斯这样一个相对落后的国家，通过建立高度集中的生产、分配和管理体制，直接向共产主义过渡的道路是行不通的。国内战争结束后，战时共产主义已经不能适应新的形势。1921年3月，俄罗斯共产党第10次代表大会根据列宁的建议，决定向新经济政策过渡。1922年12月，俄罗斯、南高加索、乌克兰和白俄罗斯四个苏维埃共和国联合组成苏维埃社会主义共和国联盟，史称“苏联”。后来发展到15个加盟共和国，社会主义实验进入新阶段。

“新经济政策”是一个双元结构，在一定程度上包容了资本主义的一些做法，如对部分工业实行非国有化，恢复了市场和贸易，并邀请一些外国人来俄国投资。在财政方面恢复社会保险，费用由企业和组织缴纳，对全体职工实行，还恢复了国债制度。同时，继续发展国有企业。希望通过双元驱动来推动社会经济的发展和人民生活的改善。

在税制改革方面，照顾到了双元体制，也强调了社会主义方向。取消余粮征集制，实行粮食税。缴完粮食税后的剩余农产品，农民可自由出卖。税制以直接税为主，主要的直接税包括营业税、所得—财产税和单一农业税。对国营企业的营业税采取低税率，对私人企业的营业税采取高税率，手工业者和工匠给予一定优惠。所得—财产税采取累进制税率，最大限度减少对劳动收入的课税。农业税实行单一农业税，取代实物税、劳动义务税、马车运输税、农户—货币税、地方附加税。间接税主要是消费税，采取商品价格附加额的形式。设计上要使绝大部分的税额课在富裕居民阶层，成为社会主义国家打击剥夺有产阶级的手段。

在组织国家收入上，列宁始终认为社会主义财政应通过各种不同形式的国家垄断组织收入的一定部分直接用于国家需要。

“新经济政策”的实施取得了一定效果，但时间不长。1924 年 1 月 21 日，列宁去世，新的领袖斯大林提出在苏联一国可以建成社会主义的思想，提出要通过社会主义工业化，把苏联建成一个具有独立完整的经济体系的社会主义强国。坚持“新经济政策”的布哈林和李可夫后来以叛国罪被处决，苏联社会主义进入“斯大林模式”的新的探索阶段。斯大林模式的主要特征可以概括为“高度集中”、“高度集权”。在财政经济方面，就是把宏观经济和微观经济的决策权全部集中于中央，把人力、财力、物力的支配权统统集中于中央，实行以部门管理为主的集中管理体制。

财政在这一时期的主要任务，是为国家工业化目标筹集所需的资金。为了使工业内部的积累增长，国家动员经济单位内部潜力，最大限度地利用劳动者的储蓄和在使用财政资金方面厉行最严格的节约制度。通过国债制度，由国家来支配居民储蓄，为了保证所吸收的资金使用的长期性和有效性，国家不停地修改国家公债发行办法，延长年限，降低利息。在实行把货币资金集中在国家手里的财政措施时，苏维埃人民作出了巨大的牺牲，尽量限制消费基金的数额，苏维埃人民懂得，只有厉行节约才能达到“把任何一点积蓄都保存起来，以发展我们的大机器工业”。还有一点就是压榨和挖掘农业的潜力，通过征收农业税、压低农产品价格同时抬高工业品价格以及减少对农业的投入等手段，将发展工业所需的大量资金转嫁到农民身上。苏联第一个五年计划，筹集资金总额为1201亿卢布。

与此同时，苏联也构建起来全新的社会保障体系，面对全体苏联公民实行统一的社会保险和社会保障制度。不断提高预算中医疗卫生的比重，充分满足全体居民对医疗服务的需要。在教育方面，不仅在全国普及8年制初等义务教育，还创办大量扫盲班，提高全民素质，到1939年，全苏识字居民比例已经达到87%。为了工业化的需要，还开创大量专门技术院校，为国家培育科学人才。在艺术、科学领域，苏联也利用国家力量的优势，取得了很大成就。在苏联预算中，社会文化支出包括国民教育、科学和文化；卫生和体育；社会保障和社会保险三类，其预算规模仅从1940年到1977年间，就由41亿卢布增长到839亿卢布。这些经费为苏联宪法所保障的教育权、免费医疗权、休息权、年老和临时或者永久丧失劳动能力的物质保证提供了坚实的财政基础。

集中力量办大事

马克思最初设想的社会主义国家是在高度工业化的资本主义的基础上建构起来的。但是俄罗斯，还有此后建立的社会主义国家都是在相对贫穷落后的地方，这样就使这些社会主义国家要做的第一件事，就是补工业化的课，就是要尽快建成高度工业化的国家，来满足广大人民日益增长的物质文化的需要。这就需要有计划、按比例的，加快发展步伐，这就是要实行计划经济，在财政上就是“集中力量办大事”。在这样的体制下，原来的财政工作已经不再重要，最重要的是苏联国家计划委员会，具体执行的是按具体部门设置的各部委，航空工业部、汽车工业部、医药工业部、物资储备部、粮食储备部等。当时重视的是各行业的财务管理，而不是财政管理，在苏联60个部的序列里，财政部排在倒数第三位。

1925年12月，联共第十四次代表大会确定了苏联实现工业化的方针。1929年，开始以国家计划委员会制定的五年计划的办法向前推进。苏联的五年计划采取的是高速度的发展计划，具体办法是优先发展重工业。按照当时苏联公布的统计数据，1932年，苏联提前完成第一个五年计划，工业总产值增长了1.3倍，国民收入增长了86%，劳动生产率提高了38%，工业产值在工农业总产值中的比重也由1928年的48%上升到了1932年的70.7%。但从近年公布的一些档案资料看，当时很多数据含有水分，事实上很多指标都没有完成计划。从1933年起，苏联又开始实行第二个五年计划。1937年，苏联宣布提前完成第二个五年计划，而且这个五年计划的完成情况要好于第一个五年计划。期间工业产值年平均增长速度达到了17.1%，劳动生产率增长了82%。第二个五年计划完成之后，苏联已经基本实现了工业化，工业产值上升到世界第二位，仅次于美国。

这种计划发展的模式，不同于西方大多数国家工业化的经验，其中既有国家现实的考虑，也有马克思理论的作用，开创出来的道路，也吸引了很多落后国家竞相模仿，包括一些非共产党国家也采取了一些社会主义计划经济的政策来推动本国的工业化。

在后来的几乎所有的社会主义国家和后发展国家，都首先遇到这个问题，他们几乎都是在贫穷落后的地方建立起来。而他们的基础比苏联更落后，甚至根本没有最起码的经济条件。在坦桑尼亚，尼雷尔明确提出要发展经济，他说："坦桑尼亚真正的问题，不是要在贫富之间进行再分配，而是要在赤贫者与贫者之间，在勉强能糊口的人和勉强有衣穿的人之间，对财富和对于国家经费的贡献上，进行公平的分配。"这是一个经济落后到没有阶级间的不公平现象需要克服的国家。在马里，它的社会主义者都提不到工业化计划，其发展计划还停留在农业发展上，它希望效法集体合作农庄来推动农业的发展。在古巴，菲德尔·卡斯特罗很欣赏社会主义的精神鼓励，依靠精神鼓励来减少物质刺激，对于贫困国家也是没有办法的办法。在很多第三世界国家，社会主义对他们领袖的吸引都还在经济发展上。

改革与危机

1980年，社会主义国家匈牙利经济学家亚诺什·科尔内（Janos Kornal）出版了《短缺经济学》（*Economics of Shortage*），提出了一个社会主义国家常见的现象——“短缺”。“短缺”严重影响了人民生活水平，也严重影响了社会主义福利的质量。社会主义者针对资本主义经济经常出现相对过剩而提出自己的发展模型，却又走向了“短缺”。短缺的资源依靠少数人分配，绝对的权力很难保证分配公平公正。陈独秀曾注意到苏联官员和高级职员的工资和生活水平高于一般工人[1]。苏联虽然改变了国家的阶级性，但是却又出现了新的官民矛盾和分配不公。社会主义国家的民生困境也引发了公平与效率、集权与分权诸多讨论。

在斯大林去世后，苏联领导人赫鲁晓夫就开始对“斯大林模式”进行检讨，如优先发展重工业，致使轻工业生产长期滞后，严重影响了人民群众生活水平的提高；对农业的过度聚敛使农民没有劳动积极性，致使农产品产量一直没有提高。此后的几代领导陆陆续续做了一些改革，使苏联人民的工资水平、生活质量都有了提高，很多家庭有了电视、手表和冰箱，肉、奶、蛋、蔬菜的供应量增加而价格稳定，居住条件也得到很大改善。但是由于体制缺乏根本性变革，苏联经济一直缺乏大的增长，战后五年计划的年均增长率一直在不断下降：8.7%、8.3%、7.0%、4.5%、4.5%、3.0%。

---

① 陈独秀：“我们不要害怕资本主义”，《陈独秀选集》，天津人民出版社1990年版，第257页。

在和美国的竞争中一直处于劣势，到20世纪80年代，国民生产总值只有美国的40%，国民收入只有美国的50%。到20世纪90年代，经济实际上已处于负增长。

苏联的另一个困境，就是从成立之日起就和欧美处于对抗状态。这就迫使苏联通过军备竞赛来维持和欧美的均势，于是其财政支出的1/4，GDP的1/4，机器制造业的70%都服务于军备生产，已经到了国家财政不能承受之重，最终拖垮了国家财政，也拖垮了国家。

四、新中国财政

研考民生凋敝之原

近代以来，中国备受帝国主义侵凌，国家濒临灭亡，民生凋敝，哀鸿遍野，这种悲情至今还没有在中国消散。为求取民族解放，民生幸福，自1840年后，中国人民进行了近80年不屈不挠的斗争，戊戌变法、太平天国运动、辛亥革命，还提出过“工读主义”、“新村主义”、“教育救国”、“实业救国”等等主张，都曾认为只要成功，各项改革就能次第展开，国家富强、民生幸福指日可待。最早在中国举起马克思主义旗帜的李大钊是在“研考民生凋敝之原”[①] 的过程中找到了马克思主义。当时中国的情形，比帝国主义链条上的薄弱环节的俄罗斯还要差很多，已经被各个帝国主义欺压得气喘吁吁。中国虽然已经有了无产阶级，但是还很幼弱。是一批有“达者兼济天下”之心的知识分子，在“研考民生凋敝之

① 郁嶷：“送李龟年游学日本序”（“龟年”为李大钊曾用名），《言治》1913年第4期。

原”寻到了马克思主义。他们对马克思的期待是能使中国迅速崛起，建立一个公平正义的社会。而马克思给他们的最大启示是：“必须依靠下层人民”①。

1927年8月1日，中国共产党在南昌发动武装起义，此后，先后在300多个县举行了武装起义，并创建了若干农村革命根据地。这是与苏俄不同的，苏俄很快就接管全国政权，展开大规模的社会主义建设。而中国共产党有一个很长的根据地时期，在战争中建设，战争始终是首位的，筹集战争经费也是当时根据地财政的首要任务，但在这样的情势下，他们还是努力把自己民生财政的理念和目标赋予实施。

最开始，红军只是在各地发动群众，带领群众打土豪、分浮财。打土豪所得首先是战争军费，然后也会组织将余财分配给当地贫苦民众。在一些点站稳脚跟后，根据地政权也会展开一些民生建设，如通过免费发种子、分配耕牛农具、免收农业税、发放农业贷款，并兴办中小型水利工程，帮助个体农民发展生产。1932年，江西省广昌县工农民主政府投资300元在新安兴建一座水利工程。在发展经济的同时，还大力兴办各种社会事业，如创办红军教导队、列宁小学、养老院、救济委员会等。当时国民党政府对根据地进行了严密的封锁，造成盐、布、西药奇缺，苏区政府打破封锁，从白区运来必需品，如食盐、布匹，也会分配给根据地居民。影响最大的还是分配土地，当时井冈山根据地颁布《土地法》，按照人口，男女老幼平均分配。在根据地时期，共产党已经开始尝试兴办公营经济，扶持合作社经济。

1934年，中华苏维埃共和国中央政府主席毛泽东在“第二次全国苏维埃代表大会”上提出一个问题，苏维埃政府都处在全国比较落后的地方，但实行着便利于广大民众的税收政策，而财政却做得很好。而国民党政府占据着全国广大的区域，大量地搜刮民脂

① 吴玉章：《吴玉章回忆录》，中国青年出版社1978年版，第112页。

民膏，为什么反而弄到破产？正是因为苏维埃的财政政策与财政的使用同国民党有根本的不同。他认为是因为领导农民的土地斗争，分土地给农民，提高农民的劳动热情，增加农业生产；保障工人的利益，建立合作社；发展对外贸易；解决群众的穿衣问题，吃饭问题，住房问题，柴米油盐问题，疾病卫生问题，婚姻问题。关心群众的一切实际生活问题，满足了群众的需要，得到了群众热烈的拥护。在民生财政的理念下，当时生产发展了，财政收入也增长了。

在财政制度建设上，当时也积累了不少经验。首先是为了弥补收支缺口，坚持节省的原则。行政费用在1937年占14%，1938年占20.9%，1943年行政费只占1%了，可见力度之大。当时在给养供给上还实行了最低标准的、大体平均的供给制度。这种计划方式，对后来的理财思维应该产生了一些影响。其次，形成了发展经济保障供给的理财思想，一直注重推动生产的建设。在1943年的陕甘宁边区财政支出里，经济建设支出在第一位，这些支出包括农田垦荒、兴修水利、投资工业建设、兴办国营商业等。再次，在财政十分困难的情况下，还注重提高民生支出比重。救济、卫生支出在1937年一度达到总支出的28.2%。最后，就是财政法治建设。《中华苏维埃共和国宪法大纲》明确规定了国家财政的方针及具体政策。还制定了《中华苏维埃共和国暂行财政条例》、《财政部暂行组织纲要》、《中华苏维埃共和国暂行税则》、《国库暂行条例》等财政法规，使根据地财政工作有法可依。

计划经济时代

1949年，中国共产党取得胜利，建立中华人民共和国。成立财政部，负责国家财政事务，并在政务院下设财政经济委员会，统一领导全国财经工作。

1950年，公布了第一个国家预算，虽然战争还在继续，还是在预算编制中注意了民生的投入。当时最重要的任务还是尽快恢复经济、发展生产，经济建设投资占到预算支出的23.9%，但文教卫生费用也占到预算的4.1%。如果把文教卫生人员的开支加进去，就达到了支出的6%了。大力恢复和新建了大量学校和医院，到1951年，全国已有中小学40万所，在校学生3700万人。先期解放的东北地区就开设了高等学校16所，中等技术学校61所，学校数目增加了60%，学生人数增加了1倍以上。全国医院床位达到18万张。对于农业投入也很重视，对水利工程的投入，在1950年的拨款中占到11.7%。而为了维持收支的平衡，只能节省行政费用。

1950年颁布了《全国税收实施要则》，提出了合理负担的原则，并规定了公私企业和合作社都应一律照章纳税。确定了包括农业税在内的15种税。这次税改，只是在旧税制上的简化与合并，并没有进行社会主义性质的改革。

在中国共产党最初的规划中，本来在社会主义之前还有个新民主主义的过渡，但由于各项工作开展顺利，特别是接受国民党官僚资产和国有企业的大量兴建，使国家掌握的经济规模有了很大提高，财政形势全面好转，于是加快了进入社会主义的速度，很快开始效法苏联建立起高度集中的计划经济体制，与之相适应，也建立起了高度集中、统收统支的财政体制。在此后的20年中，国家凭借统收统支的财政运行机制，为国家筹集了巨额的建设资金，仅为"一五"计划筹集资金就在7亿两黄金以上。

但是，中国也无法避免高度集中的计划经济体制和财政体制的种种弊端，虽国家集中所有财力投资经济建设，但是由于计划体制下的各类经济主体缺乏积极性，经济发展难以持续，而对全社会应有的分配、公平等功能长期缺失，改革已经不可避免。

尚未完成的改革

当时的中国领导人邓小平指出："不坚持社会主义，不改革开放，不发展经济，不改善人民生活，只能死路一条。”按照邓小平的话说是要“杀开一条血路”。

1978 年的中国改革是以财政体制改革作为整个经济体制改革的突破口，打破与高度集中的计划经济相适应的统收统支体制，通过放权让利激活各个利益体的积极性和整个社会的活力。在农村，通过家庭联产承包责任制把土地使用权赋予农民，给农民松绑，让农民自主生产，“交了国家的，留下集体的，剩下的全是自己的”，极大调动了农民积极性；在企业，通过对企业实行利润留成和企业基金制度，增加企业自主财力，为企业自主经营、自付盈亏创造条件；在地方，通过“分灶吃饭”、多种形式的包干制对地方放权，极大增加了地方自主支配的财力，激励了地方政府发展经济的热情。这是大家一般注意的三条主线，还有一条暗线也很重要，就是调节国民收入分配。在城市，提高城镇职工的工资水平，从 1978 年到 1984 年，共提高了 60.6%。在农村，通过大幅度提高农副产品的收购价格来提高农民收入水平。当时农副产品的价格平均提高了 24.8%。1979 年光增加工资、补贴价格几项，国家财政就拿出了 140 亿元。当年国家财政支出也就 1200 亿元左右。虽然农村的联产承包责任制及国企改革对促进经济发展起了很大的作用，但是当时增加职工工资，提高农民收入的这些措施对调动人民的积极性也起了相当大的作用。在此同时国家财政还拿出大量补贴来稳定物价。就是农副产品收购价格上涨了，但它的销售价格不能涨。不是让人民来消化这个价格上涨的结果，而是由财政补贴来消解，让人民切实感受到工资上涨的好处。另一方面，通过企业留成、减税，就是通过国家让利来分担工资福利上涨给企业带来的压力。这样方方面面的大规模持续的放权让利，不仅打破了长期以来实行的统收统支的体制，使长期以来财政高度集中、统得过死的局面得到根本转变，而且使各地方、部门、单位、企业和个人都有了看得见的物质利益，建立在对自身利益关心基础上的动力机制逐渐形成，中国经济发展的动力渐渐被激活，国民经济焕发出了新的活力和生机。老百姓餐桌上的鸡鸭鱼肉多了，彩电、冰箱、洗衣机从商场搬进了居民家中。人民的生活水平大大提高，国民经济发展速度大大加快。

经过一段时间的“摸着石头过河”，1992 年中共十四大提出建立社会主义市场经济体制的改革目标，正式明确了我国经济体制改革的方向。财政改革作为宏观经济体制改革的中心环节，适应市场经济建设的要求，开始了新一轮的改革：初步建立了符合市场经济发展要求的新税制，实行了分税制财政体制改革，基本理顺了中央与地方、政府与企业、国家与个人的分配关系，建立了政府间财政关系的总体框架。1998 年 12 月的全国财政工作会议提出要建立公共财政基本框架，并提出四个要点：一是把保证公共支出作为财政的主要任务；二是依法促进公平分配；三是充分利用预算、税收和国债做好宏观经济调控，并做好财政转移支付工作；四是调节市场配置资源的偏差，体现国家产业政策，搞好对国有企业和国有资产的管理。

中国前期改革的对象聚焦于计划经济体制，所以在制度设计上比较偏重绩效激励，希望以激励机制使个人、企业和地方政府在追求自身利益的同时促进全局利益，对责任机制注意不够，而原先设计的激励机制，也随着时间，作用日趋减弱。在利益的博弈中，弱势群体的被剥夺感越来越强烈。随着温饱问题的解决，人们对生活质量和环境等的要求也在上升。各种矛盾正在集聚。改革又到了新的十字路口。如何照顾好转型过程中千百万作出巨大牺牲的弱势阶层的利益，如何让广大人民群众分享改革的伟大成果，都是必须考量的。

中国的市场经济改革和西方的市场经济不同的地方，就是在他的理论体系中始终包含着社会主义理想的成分，“社会主义”始终有个宏大的愿景，那就是社会主义的本质是要实现“共同富裕”。邓小平南巡讲话时就指出“社会主义的本质，是解放生产力，发展生产力，消灭剥削，消除两极分化，最终达到共同富裕”。邓小平提出三个有利于的衡量标准的第三条就是“是否有利于提高人民的生活水平”。民生财政始终是社会主义财政理论的一个重心。

第九章
回归民生

为天地立心，
为生民立命，
为往圣继绝学，
为万世开太平。

——张载

财政在发展中，总是尽情地学习一切新生事物，吸纳新的元素，改造财政的运行和管理。在伴随人类经过无数艰难险阻、惊心动魄之后，财政以绚丽多彩且充满人性尊严的光芒照亮了财政文明的未来。

一、从天理公平到公理公平

在前现代社会，天理为财政公平提供了最强劲的解释力。即使到了现代社会，天理公平还是那样深入人心，在各种对不公平的社会抗争中，我们都能看到诉诸天理的口号。人类在原始社会就开始用天理公平来构建基本的财政理论，这些思想至今还保留在一些神话传说和宗教经典之中，成为后世财政学家取之不尽的思想源泉。这些原始思想也在一定程度上规定了国家财政发展的方向，一旦国家财政脱离了公平的轨道，它总有办法再把它拉回来。原始的公平和透明的分配机制一直延续到早期国家之中，在这些国家渐渐被等级分配所笼罩，贫富分化加大，民生艰难，导致社会动荡不安，人民生活不下去的时候，人民就以原始的公平诉求，揭竿而起，推翻不公平的政权。保留着更多原始公平元素的游牧国家，趁早期农业国家走向腐化动荡之机，展开了大规模的侵袭和劫掠，虽然给整个农业文明带来了巨大冲击和破坏，但也将公平分配的理念重新带入农业文明区域，使农业区在很多年后又一次出现大规模均分土地的场景。而同样保留着原始公平分配和互助精神的各个宗教，也在社会动荡，公共服务完全缺失的情况下，承担起重构公共服务体系的任务。分崩离析的世界，战祸连绵，经过很多年后，人们终于认识到国家的竞争不再是武力的竞争，而是科技、文化、制度的全面竞争，迫使各国也不断去完善制度，惠及广大人民。

在天理世界观下，皇帝、国王和贵族们也把等级秩序纳入天道秩序之下，宣称“受命于天”、“君权神授”。有帝王就此认为自己的统治是永恒的，于是为所欲为，荒淫无度，而罔顾人民死活，但上天并没有像他们希望的那样永远保护他们，他们最终在人民的反抗下丧失了统治地位。这也引起对天命学说的思考，认识到天命与民生之间的关联，认识到人民的力量，中国西周就提出“民之所欲，天必从之”、“敬天保民”的天理观，开始建构社会福利财政体系。孔雀王朝的阿育王自称受到神的宠爱，宣称他所做的一切都是为了报答众生的恩惠，意义最大的唯有人民来世的幸福，他是在贯彻“正法”。法王路易十四在宣称自己是“上帝在人间的代表”的同时，也说“上帝任命国王为大众福利的唯一守护者”，并积极推进财政对公共设施、社会救济、文化发展的支持。当然很多既得利益者反对改革也会以天理来说事，如司马光称："贵贱贫富，天之分也。""天使汝穷，而汝强通之，……若是者必得天刑"。苏东坡称决不能让"品官形势之家与齐民并事"。在利益面前，即使这些名人也毫不含糊。古代的各种财政政策经常也打着"公平"的旗号，如明末逼得举国皆反的"三饷加派"也是以"右贫抑富"的公平旗号开征的。教会在财政运转中，也逐渐出现逐利倾向，他们出售教职、出售赎罪符之类的敛财行径引起了人们广泛的不满。

18 世纪的欧洲兴起了理想主义的光芒，人们希望建立符合理性和常识的新的世俗社会，要求自由、平等、进步。这一时期科学技术的发展给了他们巨大的支持，削弱了传统天道思想对人们的约束。这一理性的光芒，也照亮了财政学，推动了现代财政学的发展。人们开始从古希腊、古罗马的古典思想中吸取营养，不仅吸取了古希腊的自由、平等、民主和罗马法中的财产权、契约精神等，还重新学习了古希腊、古罗马在财政学方面的理性研究，并在新的语境中进一步批评和发展。

牛津大学的解剖学教授威廉·配第（William Petty）将医学研究的一些科学方法带入财政学研究中，坚持唯物论的研究方法，试图用数学和计量的方法来研究财政学，开辟了全新的财政学研究范式。他认识到科学的计量管理对财政管理的重要性，认为正是由于君主对人口数目、产业及财富状况缺乏清楚的了解，所以无法知道人民究竟能负担多少赋税，无法判断什么时候适合向人民征税，无法制定出合乎产业发展实际的税法，就容易造成赋税的不公，引起人民不满，不甘心负担赋税。他还认识到财政的再分配作用，认为财政再分配会使每个人都有可能变得更富或更穷。他也认为即使君主常把从人民那里征课来的钱财给予他所宠爱的人，但是这些给予宠臣的金钱也会经过流动回到人民手中。他认为君主过度收税储存于金库之中是一种损失，应该让更多的钱留在臣民手中，通过贸易流动，能获得更大收益。在他的《赋税论》中有很多数学的计算，让人耳目一新，虽然他的著作还不很成系统，但是马克思还是给予他很高的评价："最有天才的和最有创见的经济研究家"，评价他的著作是"十分圆满的、浑然一体的著作"。

在此后还有不少财政学家的著作用科学的语言，论述了征税的公平原则和国家在保障基本民生方面的责任。而划时代的作品当属亚当·斯密的《国富论》。斯密是在个人主义的自由放任思想的基础上构建起现代财政学的基本框架，或者说他广泛地吸收了配第、休谟、皮特以及当时重农、重商各派财政思想，并将它们融汇综合到其自由放任经济思想的体系之中。斯密提出政府的主要任务是通过财政提供公共品，维护社会正义，而更重要的是他第一次探讨了政府应该做什么，不应该做什么。他提倡政府财政规模越小越好，主张低耗政府，课税不能扭曲市场经济的中立性原则。

斯密的财政学在发展中很快得到了修正。德国官房学派从德国发展的实际需要出发，提出了"高支出政府"，主张通过财政手段调配公共服务，以此来更好地保障个人的生存条件和国民经济的发展。此后财政学的这一支脉，发展出福利经济学的财政学。而原始的共产主义思想也在这股理性思潮中发展出空想社会主义，进而由德国思想家马克思升华为科学社会主义，其财政思想对此后的人类社会产生了很大影响。

现实世界的财政现象，给财政学提供了最直接的素材和动力。罗马帝国为罗马城公民提供了多方面的社会福利，却使很多罗马城平民放弃工作，游手好闲，被马克思斥为堕民，据马克思估计这批人至少占罗马城总人口的20%。这也使帝国失去兵源，只能依靠雇佣兵维持。在近现代社会，一些提倡自由竞争的国家，贫富两极急剧分化，带来了此起彼伏连绵不绝的反抗，而另一些国家进行的绝对公平的财政实践，效果也不理想。如何寻求两者的平衡，又摆在了财政学者的面前。如何理性对待公理公平，公平和效率如何平衡，民生福利的边界在哪里？市场失灵、公共品界定、公共选择、最优税收、公共品私人提供等一系列的命题，开始构造公理公平的理论体系。

二、从自然演进到政府主导

财政学是最现实的科学，直接对所有人的生存和发展产生最直接的影响。财政上的任何迟疑和偏差，可能都会影响数以万计、甚至数以亿计的人的生死。特别是到了现代社会，全体的人民都被迫融入了现代经济的架构之中，而现代经济架构中存在着比以前任何时代都要多的风险和不稳定性。

的确，现代社会创造的财富比前现代社会要多太多，但是创造财富的创新和投机也增加了很多，特别是虚拟经济的风险，至今还无法有效防范。1929 年席卷全球的经济危机，改变了很多国家的历史，也改变了财政史自然演进的方向。面对以千万计流离失所哀鸿遍野呻吟呼号的人民，已经没有任何统治者能够狠心等待市场漫长的自我调节了，救人如救火，片刻不能耽误。在德国、日本、意大利由法西斯主义上台，依靠超越法律的恐怖和暴力，来强力推进经济发展，安排人民的民生福利，以武力对外开拓所谓生存空间。罗斯福总统也放弃美国政府历来信奉的自由放任经济学说，直接介入经济发展，以公共工程建设创造就业机会，扭转了经济急剧下滑的态势，挽救了几百万人的生计。罗斯福的智慧避免了像德日意那样的血雨腥风，在市场经济框架下，通过主动引导，使其能得到修复和发展，这些思想也对此后财政学的发展产生了很大影响。

1936 年，在罗斯福新政实行 4 年后，英国经济学家凯恩斯发表了《就业、利息和货币通论》与之呼应，从学理上论述了资本主义具有内在的不稳定性，没有向充分就业发展的自然趋势。需要政府控制资本主义任性的方向盘，驾驶它回到繁荣的道路上去。在自由放任原教旨主义经济学家米塞斯、哈耶克等对经济危机看不到尽头的持续滑坡目瞪口呆手足失措束手无策之际，凯恩斯就像在黑夜里点燃了一盏明灯，一夜之间取得了财政学的主导地位。和罗斯福一样，凯恩斯是坚持市场经济的，是希望政府通过赤字财政推动公共工程建设来扩大需求，提振就业，推动经济重回市场经济正轨，然后政府就可以回归本位，这样既维持了经济发展又不破坏自由市场的基础。

在第二次世界大战后，凯恩斯思想开始主导各国财政发展，普遍的国家干预主义、福利国家和大政府主义成为主流，各国政府鼓励过度消费、赤字财政、对储蓄征累进税等。这种政府主导型财政，使经济得到了空前发展，已经没有政府愿意接受凯恩斯的后半句话，在经济回到正轨后，回归政府本位。在持续 30 多年繁荣后，西方经济却出现了严重的滞涨局面，面对凯恩斯失灵，自由放任派经济学家开始组织反攻，他们喊出了废黜财政政策的口号，在教科书里将凯恩斯由通论变成特例。弗里德曼兴奋地说："从舆论的潮流来判断，我们赢得了这次思想之战。每个人都在谈论市场、私有财产、竞争和有限政府的优点。"芝加哥大学教授拉弗在一次就餐中突发灵感，在一张餐巾纸上画了一条曲线，证明削减税率能够刺激经济增长并在实际上增加税收收入，被称为"拉弗曲线"以这条拉弗曲线为基础，一批经济学家创造了供给学派，其代表人物哥伦比亚大学教授蒙代尔在 1999 年获得了诺贝尔经济学奖。

供给学派主张轻税、削减社会福利、维持货币稳定、压缩政府支出、减少国家干预，等等。1980 年代，美国总统里根、英国首相撒切尔、德国总理科尔先后采取这一措施，在一定程度上带来了经济增长和税收收入的增加，遗憾的是没有能够带来预想的收入，财政连年出现巨额赤字，而削减福利也对社会带来一定冲击。在刚刚去世的英国前首相撒切尔夫人的葬礼上，我们还看到愤怒的人们举着她嘴里滴血的漫画在抗议，他们对撒切尔夫人 30 年前推行供给经济学主张削减福利还耿耿于怀。

撒切尔夫人同样也大幅削减教育经费和学术经费，致使剑桥大学著名中国史专家、《剑桥中国史》主编杜希德（Denis Twitchett）教授也被迫远赴美国普林斯顿大学任教，杜希德表示编纂《剑桥中国史》需要大笔资金，叹息道："当需要一只回形针都要乞求时，还能不走吗？"

现代政府和政府财政已经和经济增长捆绑在一起，经济增长的一声咳嗽，都会给市场带来巨大的震动。但是我们知道任何经济体的发展永远不可能一直平稳，佛家有生、住、异、灭的循环说，一般哲学也有启蒙、兴盛、变异、衰落的周期说，马克思主义有产生、发展、灭亡的发展趋势说，经济也有其发展变化周期。而经济发展变化，受到社会、文化、地理、潮流等诸多因素的影响，我们很难信奉某一学说来以不变应万变，而应根据实际情况望闻问切开方抓药。没有一种病会完全按照教科书写的那样演生发展，也不可能有一种经济危机完全按照教科书写的那样发生和变化。

1998 年亚洲金融风暴，中国香港深陷风暴中心。面对索罗斯的气势汹汹，香港政府不得不采取救市手段。对于信奉自由放任主义的，当时主管金融政策的后来的特区行政长官曾荫权，这是一个十分艰难的决定。他后来回忆说，他觉得政府干预市场违背了香港政府以往不干预市场经济的施政理念，他感到背弃了自己的理想，以致于在宣布救市决策的前一天晚上在家抱头痛哭。而 2008 年，美国面临金融危机时，却毫不犹豫地抛弃了之前一直高调宣传的"政府不干预市场"的口号。为了避免通货紧缩风险和全面的经济崩溃，美国政府立刻插手干预市场。对于美国政府，无论是干预市场，还是不干预市场，都只是政策选择，依据的不是某种学说，而是经济现实。

政府通过国家财政主导经济发展，在世界历史上一直是后发国家赶超发展的重要手段，早期的德国和日本都采取了这样的政策，迅速崛起，成为一种后发国家发展的模板。他们通过财政政策推动商业发展、改变经济结构、支持教育兴邦、打造新型农业、建设现代社区、建立福利体系等等，日本还通过计划实现国民收入倍增，直到现在这些政策还是很多国家普遍学习的对象。也是在政府财政主导之下，中国有了30多年的高速增长，迈进了现代化的门槛，实现了向市场经济转轨，帮助6亿人民脱贫。财政在现代国家建构中具有关键性的历史作用。

三、走向民生

亚当·斯密、大卫·李嘉图和罗伯特·马尔萨斯等无数经济学家关于收益递减、人民生活无从改善的预言都没有实现。无论如何，人类总能找到解决危机的办法，通过政府主导产业转型升级和多样化推动经济发展，改善人民生活。人类经济史上，出现了很多奇迹，如日本奇迹、东亚奇迹、中国奇迹，这些奇迹都加快了经济和财政发展的步伐，推进了民生的改善。

在经过无数战争、无数繁华、无数动荡、无数饥荒、无数奇迹之后，我们又回到当下。现在人们讨论的已经不再是如何建立民生财政的问题，而是如何化解高福利陷阱问题。在OECD国家中，国家公共社会性支出的平均水平已经达GDP的22%左右，其中医疗卫生支出和社会保障支出已经占到80%。英国的社会保障支出占到GDP的16%，医疗卫生支出占到GDP的8%，教育支出占到GDP的6.3%。美国联邦医疗成本占GDP的比重一度超过22%。这已经成了财政无法承受之重，导致各国财政赤字居高不下，债台高筑。如何合理界定政府职责，发挥社会力量，已经成为各国财政不得不认真对待的问题。著名财政学家马斯格雷夫称其为“我们为文明付出的代价”，而市场放任经济学家正在急迫地寻求更具市场激励意义的新的替代方略。

从原始社会开始，一个团体的民生福利只及于本团体的成员，有清晰的界限。很多时候甚至通过劫掠其他团体来惠及本团体的成员。这种内外有别的政策一直在很长时间里影响着人类财政文明的发展，但是在今天全球化的背景下，我们看到更多国家的财政不仅积极为本国民生服务，还把公共产品普及到更多落后国家，推动人类整体福利的增长。不仅在扶贫互助上，在环境保护、解决金融危机、促进区域经济发展等很多方面，国家财政都在走出国界，拓展更广阔的合作空间，为了财政最本质的特征——公共性。曾经长期为财富分配而征战不休的欧洲大陆，现在更多地走向合作，共同推动经济的发展和增进人民的福祉，在实现货币统一之后，又在积极勾画财政统一的前景。

但是历史总不会单线发展，2008 年的一场金融危机把很多不美好的一面迅速暴露在人们面前。2011 年 9 月 17 日，上万美国人聚集曼哈顿，发起“占领华尔街运动”，抗议分配不公和政治的权钱交易。抗议活动迅速扩及全美 150 多座城市，有 75 所高校的大学生响应，并且还走出美国，波及欧洲各国。这也使我们注意到在发达的美国，还有 15% 的贫困率，4620 万的贫困人口生活困难。注意到各种利益集团通过游说，影响财政分配。这正是运动的发起者希望被世人关注到的。2012 年，美国收入最高的 1% 的阶层，总收入占到了全美总收入的 19.3%，创下近百年来的最高纪录。

有人说财政史才是历史正剧，政治史只是演职员表。支配各种行为背后的动力，不是什么原则，而是利益。马克思说过人是以自己的利益来对待理论的，如果几何公理触犯了人的利益也会被看成谬误。财政作为人类利益转换机制的总枢纽，直接关系到国家、社会各集团和最普通人民的根本利益。一项财政政策的后面总是隐藏着无数利益集团在博弈。特权阶层总能凭借政治权力，影响财政政策的制定，使财富分配向自己一方倾斜，造成对弱势群体的相对剥夺。相对剥夺感会使弱势人民的反社会倾向变得相当明显，成为社会不满和社会动荡的重要源泉。在现代社会，财政引发危机的各种因素依然存在，财政的进步依然任重道远。

财政史的未来，将基于我们每个人的努力。但我们都生活在当下，我们能想到的更多是把危机推到明天，寅吃卯粮，不能今天的问题今天解决，谁能承受失业、生活水平下降的痛苦，一切寄希望于明天，问题总能在发展中解决，明天会更美好。

在本书收尾之际，一场已经震荡六年的全球性经济危机虽已有缓和迹象，而由此引发的波及世界各国的财政风险却还没有找到化解的能量。但是人类财政文明的起源，就是人类为了抵御共同风险，为了人类的生存而产生。其后的演进，也是在各种风险中，乘风破浪，为财政管理套上了理性的笼头，一次次将人类文明从悬崖边带回康庄大道。

历史的洪流是奔腾的。

附录一：

世界财政史大事简表

时间	事　件
前 13000 年	农耕、畜牧业产生。
前 3500 年	苏美尔各城邦形成。他们实行军事民主制，王由选举产生，领导城市和其他公共建设，征收贡赋。长老会议掌握税收权。主管财政税务的官员称“玛什奇姆”，负责征收赋税。主管国库财务收支的官吏称“杜古尔”。
前 3100 年	埃及出现统一国家。法老作为国家最高统治者，独揽政治、经济、军事、司法和宗教大权。设置财政大臣，直属法老领导。法老还曾用自己的总管做财政大臣，掌握帝国的财政，被称作“后宫的监督”。法老的宝库被称为“白银之家”，几乎全国的实物收入都集中在这里。州长是法老在各地的代理人，负责征收赋税，分派劳役。国库收入主要来自土地税和向地方官征收的职务税。
前 2680 年	埃及进入第四王朝，最高大的金字塔建于此时。修建时日役 100000 人，历 30 年。
前 2550 年	中国传说中的黄帝时期，此时已形成部落联盟。
前 2384 年	拉伽什王国卢伽尔安达在各地派驻税吏，向居民征收纯白羊毛，不产白羊毛的地方以白银代替。并夺取寺庙的财产，向寺庙征收土地税。结果引起反抗被推翻。
前 2297 年	中国帝尧时期。命鲧治水。
前 2197 年	中国帝舜时期。禹治水成功。
前 2070 年	中国夏禹时期。禹任土作贡，差地设征。
前 1792 年	巴比伦王国汉谟拉比开始统治。在其统治时期大体统一两河流域。国王集全国军事权、行政权、外交权、司法权、经济权和宗教权于一身，直接过问赋税的征收、运河的开凿、公共工程劳力的调配、神庙的管理。当时主要的税种有粮食收获税、繁殖牲畜税、枣树园税、芝麻田税、渔业税、现银特别税及实物特别税等。税收的核算统一使用一种被称为“雪凯”的白银作为计量单位。《汉谟拉比法典》对租地契约、地契、利率、利息、税捐等都标准化并有确实的定义。汉谟拉比有诏令指出：对人民精确而公平的征税，是充实国库、维护国家行政经费的必要措施；任何国家公民都必须承担对国家的纳税义务。

续表

前 1786 年	埃及进入第二中间期。这一时期曾发生人民起义，起义者打开档案库，撕毁了租税表册。
前 1600 年	中国商朝建立。商王朝的政治区域分为内服和外服两部分。外服为方国、诸侯控制区域，其贡赋主要有（1）参与征战；（2）贡献牲畜；（3）奉献战俘；（4）开采矿石；（5）田猎放牧。内服为商王朝直辖区域，其贡赋主要有（1）耕种王室土地；（2）兵赋；（3）赋纳人员；（4）赋纳牲畜；（5）赋纳卜甲、卜骨；（6）力役；（7）赋纳财物。无论内服还是外服，贡赋都是以族为单位来进行的。部族内部基本民众的劳役及贡纳可能是按户摊派。
前 1046 年	中国周朝建立。周王朝对内征发力役进行籍田，对诸侯和方国索取贡赋。商税、关税等都在此期出现。
前 950 年	犹太所罗门王继位，大修宫殿，增加人民捐税，驱使人民参加建筑工作。
前 8 世纪	斯巴达形成国家。斯巴达人实现土地国有制，他们把被征服的土地分配给每个斯巴达家庭，份地不得买卖、转让和分割，只能传给后代。希洛人是斯巴达人集体所有的生产奴隶，他们虽然政治上无权，但有人身自由，可以经营工商业，但必须向斯巴达人交税服役。斯巴达有两个国王，大权掌握在贵族组成的长老会议手中。国家还设有五名监察官，由公民大会一年一选，负责财产分配。
前 686 年	管仲出任齐国上卿（即丞相），开启了一系列财经改革，其财政思想对后世影响很大。
前 6 世纪	印度进入列国时代。财政机构主要负责征税，国库由国王直接控制。主要税种有商业税、畜牧税、农业税。商业税为 1/12，畜牧税为 1/15，农业税为 1/6。形成等级制，祭司和教师成为婆罗门，国王和武士成为刹帝利，农户和纳税者成为吠舍，服务于以上三个等级的劳动者成为首陀罗。

续表

前 594 年	雅典梭伦改革。废除债务奴隶制度，政府出资赎回被卖到外国为奴隶的雅典市民。将全体公民按照财产的多少分为四级，司库官从第一等级中选举产生，公卖官与国库监督官也由高等级公民中选举产生。把每一部落划分为十三个造船区，每区设区长，掌监督征税和开支，下设会计人员协助核算，要求定期上报账目。
	中国鲁国实行初税亩。
前 561 年	希腊铸造硬币。
前 560 年	庇西特拉图统治雅典。没收敌对贵族的土地分给穷人；给农民发放低息的国家贷款；把土地税定为收获量的 1/10 或 1/20。
前 530 年	以斯巴达为首的伯罗奔尼撒同盟形成。同盟各邦提供兵源和经费，由斯巴达人指挥。斯巴达则提供所需要的安全。
前 518 年	波斯占领印度，印度成为波斯的一个州，每年纳贡 360 塔兰特砂金。
前 510 年	罗马进入共和国时期。设两执政官，一年一选。元老院控制预算和支配国家财产。设两财政官，从贵族中选出，主管经济、财政事务，掌管国库。未经财政官参与，执政官不能支用任何公款。
前 509 年	雅典执政克里斯提尼受权起草新宪法，进行改革。这次改革是雅典民主政治确立的标志。打乱血缘部落，将雅典分为十个部落，建立以地区为基础的划分。又建立 500 人的议会，以扩大民主的基础。国库由十个管库官管理，管库官由每个部落推选一人产生，一年一选。会计官也由选举产生，负责处理一年的全部账目，作为执政官对财政进行管理的依据。所有的卸任官员都要向他们报告账目。
前 495 年	雅典伯里克利在任。民主政治在此期间获得高度发达。公民权力不受财产和出身的限制；国家给公职人员发津贴；为保证贫民参政，国家给发放津贴，贫穷公民每人每天还可领取两个奥波尔的观剧津贴。
前 478 年	以雅典为首的提洛同盟建立。打败波斯，并向波斯索取赔偿。同盟成员将近 200 个，拥有庞大的金库。雅典控制着金库的管理权，并且每年从盟邦获得数百塔兰特的贡金，用于雅典两万余名公职人员的薪金等。

续表

前 443 年	罗马共和国开始选举监察官，四年一选。参与五年一度的预算、监督国库日常开支和经济契约执行情况。当时罗马经常以一定金额为条件，与中介人签定契约，让他们包收各省税收，由监察官负责管理。
前 4 世纪	希腊有私人银行和寺庙银行，业务有储蓄、货币兑换、典当、票据等。
前 355 年	古希腊经济学家色诺芬的《雅典的收入》出版，这是已知西方最早的财政学著作。
前 338 年	罗马开始使用硬币。
前 324 年	印度孔雀王朝建立。设有财政大臣和总税务大臣。每个村落都配有税务官，城市也设有税务官征收商品什一税。
前 256 年	罗马帝国进行人口统计，约有 30 万公民。
前 221 年	秦统一中国。以治粟内史掌谷货，以少府掌山海池泽之税和官府手工业制造供应皇室。
前 206 年	罗马在意大利地区提高盐价，以增加罗马国库收入。
前 119 年	中国汉武帝实行盐铁专卖制度。
前 49 年	凯撒在罗马建立独裁统治。将财务官增至 40 人，取消包税制，建立由国家直接征收赋税的制度，并在一些地方取消什一税。恺撒还亲自对国库进行检查监督。
前 45 年	凯撒下令用他的头像铸造硬币，并开始把金币当作主要流通手段(后来罗马帝国时期也主要使用金币)。
前 30 年	罗马进入帝国时代。全国土地分成两部分，一部分为“元老院直辖省”，由元老院委任总督管理，税收入元老院管的萨特尼金库。一部分为“皇帝直辖省”，由皇帝派总督管理，税贡入皇帝私人的裴斯古斯金库。另有军事金库也由皇帝直接控制。罗马帝国在中央设总税务代理官，在地方设税务代理官。
公元 1 年	公元开始。
4 年	罗马有 20 万人被列为贫民，获准领取救济粮。
8 年	罗马规定老兵赡养制和交纳 5% 的遗产继承税。

续表

5 年	罗马制定了第一个政府预算，在预算表上详细分列整个罗马帝国的收支，相互平衡。
14 年	罗马克劳狄王朝实行改革。一是排斥元老院，由皇帝直接处理帝国收支，直接税、间接税的征收和帝国田产的经营都集中到内廷。二是向地方派遣大批财务代理官或皇帝私人代表，加强对地方控制。三是将管理皇室家务的部门变成中央政府的管理机构，皇帝的会计处变成国家财政部，成为与秘书和司法三足鼎立的独立部门，负责总管全国的财政活动。
83 年	罗马帝国驻埃及军方记录的官方支付表是数据组合式会计报表。
3 世纪	罗马社会经济危机引起财政危机。政府一方面增税，如果城市税缴纳不足要由城市议员负担。一方面发行不足值的劣币以求摆脱财政困境。3 世纪初，金币含金量减少 17%，银币含银量仅 50%。到 3 世纪中叶，银币用铜铸造，外包一层银，含银量有时只达 2%。官员的薪饷也以实物支付。
292 年	罗马皇帝戴克里先模仿东方君主专制制度将中央财政机关分为国家财政和皇室财政两个系统。把地方分成一百个行省，对税收采取分区控制，允许行省长官拥有私人金库。戴克里先还命令征收双重赋税：人头税和土地税，以弥补不断增长的军事费用。
4 世纪	罗马危机深化，加重隶农负担。隶农每年向主人缴纳的实物地租约占其收获的 1/3，向国家缴纳 1/3 的税金，还要负担国家的劳役和地方摊派的任务。许多农民整村的投靠大地主寻求保护，以摆脱国家捐税徭役。
395 年	罗马分裂，东罗马帝国又称拜占廷帝国。为了保证租税收入，帝国日益推行强制代种和永佃制。
527 年	拜占廷帝国皇帝查士丁尼一世加强中央集权统治。简化行政机构，由皇帝选派官吏。增收捐税，新设贸易垄断税，让各商会以向国家缴纳现金为条件获得定价权。在各行省强迫征购粮食，迫使缺粮户高价购买粮食低价交售给国家。

续表

581 年	中国隋朝建立。设民部尚书管理财政事务。内部按照财政管理流程设民部、度支、金部、仓部。唐时改户部。
590 年	罗马教皇格里高利一世承接向拜占廷帝国皇帝贷款业务，一面代向军队发放饷银，一面按照协议负责征收税款。
610 年	拜占廷帝国建立希拉克略王朝，将农村公社作为征税单位，实行连环保制度，凡因逃亡无人耕种的土地由同村人代缴土地税。当时主要有土地税、人头税、牧场税、牲畜税等。
618 年	中国唐朝建立。实行租庸调制，并出现预算制度。
632 年	穆罕默德逝世。第一代哈里发阿布·伯克尔即位。阿拉伯半岛基本成为统一的阿拉伯国家。初期还没有自己的一套国家机构，对被征服地区只是直接掠夺或勒索贡赋，仍采用原来拜占廷帝国的财政机构、税收制度。皈依伊斯兰教的人可以免人丁税，但仍要交纳土地税和商业税。
645 年	日本大化革新。实行班田收授法。
661 年	阿拉伯穆阿维叶执政，并建立倭马亚王朝。哈里发演变成国家君主并转为世袭，集国家元首、宗教领袖和军事统帅于一身，阿拉伯帝国成为政教合一的国家。为保证国家财政收入，哈里发把各省财权收归中央，各省税务官由哈里发委任并直接对哈里发负责。财政收入主要有土地税、人丁税、什一税、天课和战利品。
687 年	赫里斯塔尔·丕平成为法兰克王国唯一的宫相。在法兰克王国建立之初，原来的王室财产总管逐渐转变为国家最高行政长官，称“宫相”，掌握一国的财政、税收与会计，并集内政、外交大权一身。
715 年	查理·马特任法兰克王国宫相，推行采邑制改革。由于采邑是连同居住在采邑的农民一起分封的，农民以前对国家履行的赋税一并转归采邑主征收。
717 年	拜占廷帝国因为教会瞻仰帝国一半土地并有免税特权，影响国家财政收入，开始发起“破坏圣像运动”，封闭修道院，没收教会财产。没收的土地由国家征收租税。
722 年	日本为增加税收，命令地方开垦 100 万町良田。

续表

750 年	阿拉伯进入阿拔斯王朝。全国分为五个行省并置总督统治。总督有军事、政治、司法等大权，并兼管税收。
771 年	查理统一法兰克王国，其以征服广大土地被称为查理曼（即查理大帝）。他建立中央集权统治，任命宫廷伯爵为最高行政长官，其下分设掌理财政、国库出纳与会计的长官。
780 年	中国唐朝实行两税法。
9 世纪	工商业城市开始在西欧各地兴起。英国城市一般通过每年向国王缴纳一固定的款项，获得国王赐予的城市特许状，享有独立的城市司法权和财产权等。
812 年	法兰克王国查理大帝颁布《庄园诏令》。
976 年	朝鲜颁行田柴科制。按照品级授予耕地和山林。减轻租税徭役，只收取收获物的 1/10—1/4 作为田税。
1000 年	英国把“丹麦金”作为经常性赋税，用来向丹麦人进贡。
1066 年	威廉一世征服英格兰，将所有国家财产冠以国王的名字，国家财政与皇室财政混而不分。一切收入都交入宫室，一应开支也由此支出，由司宫主持。后来出现国库，并设置国库长。
1086 年	英国编成《土地赋役调查簿》。
1102 年	英国亨利一世设置财政署取代国库成为国家财政收支的管理中心，形成一整套复杂准确的收支计算方法，并裁决有关王室负担的各种案件，建立了自己的档案制度。
1154 年	英王亨利二世继位。免除骑士 40 天的军役，代之以每个骑士缴纳 10—20 先令“盾牌钱”作为代役金。
13 世纪	出现早期重商主义。
1202 年	十字军第四次东征，攻克君士坦丁堡，威尼斯取得 3/8 领土。
1215 年	英王约翰签署《自由大宪章》，规定统一度量衡，保障私有财产及重申伦敦等城市取得的城市特权。
1226 年	法王路易九世即位，中央集权进一步加强，从中央到地方形成了垂直的财政系统。
1254 年	法王路易九世下令对乡镇穷人进行登记，由乡镇拨款进行救济。

续表

1265 年	英国产生历史第一个议会。在爱德华一世执政时期（1272—1307 年），封建议会制正式确立，由议会掌握国家政治、经济立法权。中古英国议会最主要的权力就是批准税收的权利，如不经过议会的同意，国王不能征税。
1302 年	法国召开第一次三级会议，财政制度与议会立法联系在一起。由议会批准建立财政、国库出纳及会计组织，并确定以财政大臣为最高财政长官，议会授予其管理权力，对议会负责。
1307 年	法国国王腓力四世编织“异端”罪名铲除了当时最大的金融机构圣殿骑士团，不仅赖掉了所有欠圣殿骑士团的债务，还没收了圣殿骑士团在法国的全部财产。
1318 年	威尼斯立法规定，凡从事汇划业务须交保证金。
1320 年	法国设置巴黎审计厅，由其对预算中所列示的普通收支及特别收支进行审计。
1323 年	巴黎征收国内货物税和交通税。
1427 年	德国因军费开支庞大，征收帝国税。
1340 年	英王爱德华以其人身自由向债主担保还债。
1346 年	德国领主征收的“贝德”（一种土地和房产税），多由缴纳实物改为缴纳现金。
	意大利北部城市共和国出现财产税形式。
1356 年	德国选帝侯获得采矿权、制盐权和铸币权。
1363 年	德国汉萨同盟召开第一次盟员大会。汉萨同盟有 80 多城市加入，建立有自己的财政组织和金库。
1377 年	德国汉萨同盟在英国获得特权。
	英国普遍征收人头税。
1381 年	英国因征收人头税引发暴动。
	英国建立“贸易决算”制，后来发展成全面的重商主义。
	在战胜热那亚后，威尼斯的商业、手工业、科学和艺术繁荣起来。
1382 年	法国爆发人民起义，反对提高盐税。
1435 年	英国普遍征收累进所得税。

续表

1438 年	法兰克福出现城市济贫机构。
1454 年	萨克森征收财产税。
1553 年	巴伐利亚对银制餐具征税。
1563 年	伦敦立法对贫民进行社会救济。
1566 年	法国实行贫民税并禁止行乞。
1576 年	法国政治思想家布丹的《共和国六讲》出版，其中第六讲着重讨论了国家财政问题。
1581 年	中国明朝实行一条鞭法。
1600 年	英国东印度公司成立，资本 3 万英镑。
1601 年	英国颁布《济贫法》，首次以法律的形式规范了国家在救灾济贫问题上的职责，规定在全国设立济贫院，由官方划定贫困救济线，凡此线以下的贫民均可接受救济，同时开征济贫税，开现代社会保障制度之先河。
1602 年	荷兰东印度公司成立，资本 650 万荷币。
1624 年	荷兰实行印花税。
1625 年	英国征收烟草税，并实行烟草专卖。
1643 年	英国开征饮料税。
1660 年	英国开征烧酒税。
1672 年	俄罗斯彼得一世即位，确立财政部作为国家财政管理的最高机构。
1681 年	葡萄牙实行保护性关税。
1694 年	英国开征印花税。
1698 年	普鲁士征收假发税和专用马车税。
1700 年	柏林对不结婚的妇女征税。
1716 年	约翰·劳创建法国第一家国家银行，通过发行纸币化解国债。此后又成立密西西比公司，制造了历史上有名的“密西西比泡沫”事件。
1724 年	中国清朝实行摊丁入亩。
1765 年	英国北美殖民地通过《权利与不平等宣言》，要求英王及其议会废除印花税条例。

续表

1773 年	英国颁布《茶税法》，企图给东印度公司以殖民地茶叶垄断权，向殖民地倾销茶叶。
1774 年	英国北美殖民地波士顿等地代表通过《萨福克决议案》，宣布马萨诸塞为自由州，不再向英国交纳税款。
1776 年	亚当·斯密《国富论》出版。
1785 年	英国建立审计委员会。
1787 年	英国建立国库金制度，将一切收入汇集于英格兰与爱尔兰两家银行，并通过设置交付署进行统收统支。
1789 年	美国成立财政部，并明确财政部工作必须接受国会监督。财政部设会计监理官、审计官、国库官和登记官。
	美国实行关税，税率在 5%—15% 之间。
1796 年	法国决定由参议院组织审计委员会。
1804 年	法国拿破仑称帝。设立中央财政机构，任命财政专家为财政大臣，进行财政改革，创办法兰西银行，健全货币、税收和会计制度；成立“促进民族工业协会”给工业提供补贴、厂房和机器设备，鼓励采用新技术；实行发明奖金和发明专利制度，鼓励技术革新；实行关税保护政策。
1807 年	法国成立审计法院。
1816 年	美国国会通过新的关税法案，确立保护关税制度。
1834 年	英国颁布审计法令，并设立审计院长，由其负责国库审计监督。规定凡财政部动用国库款项，必须事先经过审计部门批准。
	英国通过《新济贫法》。
1857 年	第一次世界性的经济危机爆发。
1867 年	德国经济学家马克思的《资本论》第一卷出版。
	德国关税议会成立。
	日本设置金谷出纳所，总理国家财政，是大藏省的前身。
1869 年	日本建立大藏省，为国家财政管理的最高机构，下设一寮七司。
1877 年	德国经济学家阿道夫·瓦格纳的十卷本《财政学》出版。

续表

1881 年	德皇威廉一世颁布《黄金诏书》，宣布要建立社会保障制度。此后几年德国国会先后通过《疾病社会保险法》、《工伤事故保险法》、《老年和残疾社会保险法》等法案，初步建立了社会保障制度。
1902 年	德国颁布保护农业关税。
1907 年	中国清朝政府改户部为度支部，下设十司。
1909 年	德国征收火柴税。
1912 年	中华民国成立，设财政部。
1915 年	英国开始征收娱乐税。
1917 年	俄罗斯十月革命成功，建立无产阶级专政的苏维埃社会主义制度。颁布《土地国有法令》，政府接管一切工厂企业，宣布银行国有。在人民委员会下设最高国民经济委员会，统一管理和调节国家经济。设中央财政部，预算司占有重要位置。在计划经济体制下，通过国家预算进行财政再分配的程度很高。
	美国耶鲁大学教授亚当斯提出增值税最初的构想——营业毛利税。
1920 年	德国颁布所得税法。
1921 年	英国修订《国库及审计院条例》，规定凡会计事项非经审计而不得解除责任人的责任。
	美国国会通过《预算与会计法案》，成立预算局（1970 年改称行政管理和预算局）和审计总局。预算局在总统办公室的控制之下，由总统直接任命一名局长进行管理。
	德国资本家西蒙斯正式提出增值税的名称。
1922 年	德国通过《预算法》。
1925 年	法国成立预算部。
1931 年	中华苏维埃共和国人民委员会通过《暂行财政条例》和《统一财政训令》。
1933 年	美国罗斯福新政。根据《国家工业复兴法》设立公共工程局，政府拨款 33 亿美元作为启动基金。

续表

1935 年	美国通过《社会保障法》，规定对失业者、老人、病人和无丈夫的母子户，每年发放最低救济金；由联邦按雇主支出工资额征税，所得款项作为失业保险基金；同意建立保险制度的州，可抽取这笔税款的 90% 供其支配；由雇主和工人各付工人工资的 1% 构成工人的老年保险金。
	美国通过《财产税法》，规定对个人所得税征收的税，数额越大税率越高。所得收入超过 500 万美元的，征税高过 75%。公司所得税分级征收，税率从 12.5%—15% 不等。
1936 年	英国经济学家约翰·梅纳德·凯恩斯的《就业、利息和货币通论》出版，对此后世界各国财政政策的制定产生了很大影响。
1941 年	美国通过《租借法案》，授予总统可以出租、出借、出售或交换军火、食品或防务物品。
1945 年	“布雷顿森林协议”签字。国际货币基金组织和国际复兴开发银行（通称世界银行）成立。
1946 年	美国通过《立法机关改组法案》，规定审计总局脱离总统机关，完全隶属立法机构。
	美国通过《菲律宾贸易法案》（《贝尔法案》）和《菲律宾复兴法案》（《泰丁斯法案》），给予菲律宾减免关税的优惠。作为交换，美国产品也可自由输入菲律宾，在菲律宾的美国人享有同菲律宾人一样的平等的公民权，有权开发菲律宾的自然资源。
1947 年	日本颁布《财政法》。
1949 年	中华人民共和国成立，设财政部。统一全国财政收支。
1950 年	日本根据美国哥伦比亚大学教授卡尔·肖普等七名美国税法专家组成的肖普使团的建议，进行了税制改革，日本史称之“肖普税制”。
1954 年	法国正式开征增值税，这是人类历史上第一次开征增值税。
	英国废除最后的粮食定量配给制。
1958 年	法德意荷比卢 6 国签署《欧洲经济共同体条约》，决定成立共同市场。要求废除关税壁垒和协调财政金融政策。

续表

1961年	巴拿马运河使用费达5400万美元，巴拿马每年获得190万美元的运河租金。
	古巴领导人卡斯特罗宣布开始社会主义革命，注重以蔗糖为重心的农业发展，实行物品定量供给，强调精神鼓励。
1964年	日本修改《大藏省设置法》，旨在强化财政管理及扩大财政权力。大藏省形成一官房七局六十二课的格局。
1967年	英国通过《农业法》，鼓励土地规模经营，给予合并农场50%的补贴。
1968年	美国实行联邦统一预算，建立预算账户体系，使总统直接控制的预算与整个财政规划结合在一起。
	联邦德国开征增值税。
1969年	联邦德国通过《市场结构法》，鼓励土地规模经营，给予10公顷以上的大农场中长期的低息贷款。
1970年	联邦德国采取预交税款的办法，遏制经济发展。
	阿连德当选智利总统，提出国有化和收入再分配的社会主义改革纲领。
1971年	德国通过《税收分解法》，实行横向转移支付。
	巴基斯坦人民党领导人阿里·布托就任巴基斯坦总统，推行带有社会主义特色的财经改革。在经济平等原则下探索伊斯兰教的社会主义。
1973年	理查德·马斯格雷夫的《财政理论与实践》出版。马斯格雷夫被誉为现代财政学之父，是公共财政学派的代表人物。
1975年	纽约面临财政破产，负债高达280亿美元。
1977年	美国通过各级行政单位必须统一采用零基预算的决议。
1980年	匈牙利经济学家亚诺什·科尔内的《短缺经济学》出版。
1981年	罗纳德·威尔逊·里根出任美国总统，在任内推行供给经济学的财政政策，也被称作里根经济学。
1984年	英国颁布《国家审计法》，并成立决算审查委员会。

续表

1985 年	美国通过《格拉姆—拉德曼—霍林斯赤字削减法案》，设定最高赤字额，提出在将来几年将年度预算赤字削减为零的目标。
1986 年	美国经济学家詹姆斯·布坎南获诺贝尔经济学奖。布坎南是公共选择学派的创始人与领袖。
1989 年	日本开征增值税。
1990 年	两德统一。实行 1991—1994 年的五年过渡期，建立“德国统一基金”，征收矿物油税和团结税等向东德进行转移支付。
1992 年	欧共体 12 国外长和财政部长正式签订《欧洲经济与货币联盟条约》和《政治联盟条约》，合称《欧洲联盟条约》，又称《马斯特里赫特条约》。签字国保证推动欧洲社会发展，促进就业，并确定实行单一货币的经济标准（通胀率在 5% 以下，财政赤字不超过国民生产总值的 3%，公共债务不超过国民生产总值的 60%）。
1992 年	法国在 24 个地区建立审计法院，专门审计各级政府账目。
1993 年	美国通过《政府绩效与结果法案》。
1994 年	中国实施分税制财政体制及以增值税为主体税种的新税制。
	世界贸易组织修订《政府采购协议》。
1997 年	欧盟通过《稳定与增长公约》，规定欧元区各国政府的财政赤字不得超过当年国内生产总值（GDP）的 3%、公共债务不得超过 GDP 的 60%。
	瑞典年度预算开始实行支出上限。
1998 年	英国修订《财政法》、通过《财政稳定法案》，确立透明、稳定、负责、公平、效率五项原则。
	中国提出公共财政的改革目标。
1999 年	日本制定《关于推进地方分权相关法律建设的法律》，进一步明确中央和地方的事权划分。
2001 年	中国政府代表签署加入世界贸易组织（WTO）议定书。
	日本主管财政的大藏省更名为财务省。
2002 年	美国颁布《2002 年农场安全与农村投资法案》，增加对农业的补贴，提出在未来 10 年将联邦补贴提高 67%。

续表

2005 年	中国废除农业税。
2007 年	中国通过新的《企业所得税法》，完成内外资所得税的统一。
2008 年	美国由于多年私人部门抵押贷款和金融市场其他高风险活动的不良堆积，引发金融危机，波及全球。美联储推出量化宽松政策。
	巴西使用外汇储备 63.4 亿美元，成立国家主权基金。
	俄罗斯将稳定基金分拆为储备基金和国家福利基金。
2009 年	德国实行《清偿法》，以充分保障税收征管的法律效力。
2010 年	美国总统奥巴马签署《合理医疗费法案》（ACA），为实现医疗保障的全民覆盖铺平了道路。
	希腊债务危机蔓延，欧盟成立“稳定基金”，帮助可能陷入债务危机的欧元区成员国。
	日本在全国 37 条高速公路的 50 个路段实行免收费制度试点，占全国高速公路的 20%，政府财政提供 1000 亿日元的支持。
2011 年	IMF 宣布对葡萄牙提供 260 亿欧元贷款，缓解债务危机。
	美国发生“占领华尔街运动”，抗议贫富严重悬殊等，波及全球。
	德、法等国呼吁在欧元区内创建财政联盟。
2013 年	俄罗斯卫生部宣布基本医疗免费。
	由于国会党争，美国政府一度关门。

附录二：

世界人口增长情况

距今（年）	世界人口估计数（人）
10 万	1 万
3 万	50 万
1 万	600 万
5000	5000 万
3000	12000 万
2000	25000 万
1000	25000 万
800	40000 万
600	37500 万
400	57800 万
300	68000 万
200	95400 万
100	163400 万
50	253000 万
0	600000 万

资料来源：［美］大卫·克里斯蒂安：《时间地图：大历史导论》，上海社会科学出版社 2007 年版。

附录三：

世界 GDP 增长情况

GDP 数量 公元年份	世界 GDP （百万 1990 国际元）	世界人均 GDP （1990 国际元）
0	102536	444
1000	116790	435
1500	247116	565
1600	329417	593
1700	371369	615
1820	694442	667
1870	1101369	867
1913	2704782	1510
1950	5336101	2114
1973	16059180	4104
1998	33725635	5709

资料来源：［英］安格斯·麦迪森：《世界经济千年史》，北京大学出版社 2003 年版。

附录四：

世界主要国家2010年财经概况

	人口（百万）	地表面积（千平方公里）	人均GDP（美元）（当期）	人均国民总收入（美元）（2000年不变价）	财政收入占GDP比重（%）	财政盈余占GDP比重（%）
世界	6538	133946	9157.6	5991.9	22.87	-6.59
埃及	74	1001	2698.4	1939.6	24.78	-7.73
澳大利亚	21	7741	50745.9	24360.9	23.60	-4.07
巴西	189	8515	10992.9	4628.0	26.20	-1.67
波兰	38	313	12303.2	6335.5	29.96	-6.73
丹麦	5.4	43	56278.4	31241.8	38.20	-2.52
德国	82	357	39851.7	25772.3	28.55	-3.14
俄罗斯	143	17098	10481.4	2801.6	26.71	-1.91
法国	61	552	39170.3	23192.7	42.88	-6.98
菲律宾	86	300	2140.1	1385.5	13.41	-3.46
韩国	48	99	20540.2	16226.7	22.65	1.65
加拿大	33	9985	46212.0	25103.1	17.20	-2.03
捷克	10	79	18268.5	-	38.20	-4.8
肯尼亚	37	580	794.8	466.2	20.31	-5.87
罗马尼亚	22	238	7539.4	-	31.03	-6.85
美国	299	9632	46701.5	37813.9	17.05	-10.09
南非	47	1219	7271.7	3672.6	28.63	-3.94
挪威	4.7	324	85443.1	40436.2	47.71	11.70
葡萄牙	11	92	21358.4	11357.9	37.43	-8.99
日本	128	378	43063.1	4095.7.2	11.23	-6.73
瑞典	9.1	450	49257.1	33171.1	33.15	-0.23

续表

	人口（百万）	地表面积（千平方公里）	人均 GDP（美元）（当期）	人均国民总收入（美元）（2000 年不变价）	财政收入占 GDP 比重（%）	财政盈余占 GDP 比重（%）
泰国	63	513	4613.7	2604.3	20.32	-0.62
土耳其	73	784	10049.8	5301.8	24.49	-2.25
乌克兰	47	604	2974.0	1022.0	34.33	-6.52
西班牙	44	505	30026.4	15229.2	25.22	-5.23
希腊	11	132	26433.0	13210.0	38.08	-10.52
新加坡	4.5	699	41986.8	32116.9	17.70	7.87
以色列	7	22	28522.4	21660.6	35.27	-4.02
意大利	59	301	33788.4	18848.6	37.81	-4.04
印度	1110	3287	1375.4	786.6	11.66	-3.77
印尼	223	1905	2951.7	1088.8	15.05	-0.57
英国	61	244	36185.9	28156.1	36.15	-10.06
智利	16	757	12639.5	5930.1	21.62	-0.38
中国	1312	9598	4433.0	2416.6	20.79	-1.99

资料来源：《世界经济年鉴 2012/2013》、《世界银行发展指标 2012》。

主要参考书目

1. 陈翰笙主编:《中国大百科全书·世界历史》,中国大百科全书出版社1990年版。

2. 马克垚主编:《世界文明史》,北京大学出版社2004年版。

3. 吴于廑、齐世荣主编:《世界史》,高等教育出版社1994年版。

4. 陈隆波、罗静兰主编:《从分散到整体的世界史》,湖南人民出版社1989年版。

5. 何顺果:《人类文明的历程》,高等教育出版社2000年版。

6. 阎宗临:《世界古代中世纪史》,广西师范大学出版社2007年版。

7. 阎宗临:《欧洲文化史论》,广西师范大学出版社2007年版。

8. 马世力主编:《世界经济史》,高等教育出版社2001年版。

9. 高德步:《世界经济史》,人民大学出版社2005年版。

10. 萧国亮、隋福民:《世界经济史》,北京大学出版社2007年版。

11. 赵晓雷:《外国经济史简编》,华东师范大学出版社1994年版。

12. 韩毅:《外国近现代经济史》,高等教育出版社2011年版。

13. 吴才麟:《史前经济和财政起源》,中国财政经济出版社

1990 年版。

14. 王明珂：《游牧者的抉择》，广西师范大学出版社 2008 年版。

15. 马金华：《外国财政史》，中国财政经济出版社 2011 年版。

16. 文硕：《世界审计史》，中国审计出版社 1990 年版。

17. 郭道扬：《会计史研究》，中国财政经济出版社 2004 年版。

18. 叶青：《财政与会计关系史比较研究》，中国财政经济出版社 2000 年版。

19. 毛程连：《西方财政思想史》，经济科学出版社 2003 年版。

20. 周一良、吴于廑主编：《世界通史资料选辑》，商务印书馆 1974 年版。

21. 中国人民大学世界通史教研室：《世界通史参考资料》，人民大学出版社 1957 年版。

22. 齐涛主编：《世界通史教程教学参考》，山东大学出版社 2001 年版。

23. 耿淡如等：《世界中世纪史原始资料选辑》，天津人民出版社 1956 年版。

24. 巫宝三主编：《古代希腊、罗马经济思想资料选辑》，商务印书馆 1990 年版。

25. 潘光、朱威烈主编：《阿拉伯非洲历史文选》，华东师范大学出版社 1992 年版。

26. 拱玉书：《苏美尔文明探秘》，云南人民出版社 2001 年版。

27. 刘文鹏：《古代埃及史》，商务印书馆 2000 年版。

28. 金观涛、王军衔：《悲壮的衰落：古埃及社会的兴亡》，四川人民出版社 1986 年版。

29. 林承节：《印度史》，人民出版社 2004 年版。

30. 于贵信：《古代罗马史》，吉林大学出版社 1988 年版。

31. 杨共乐：《罗马史纲要》，商务印书馆 2007 年版。

32. 厉以宁：《罗马—拜占庭经济史》，商务印书馆 2006 年版。

33. 厉以宁：《资本主义的起源》，商务印书馆 2003 年版。

34. 马克垚：《西欧封建经济形态研究》，人民出版社 2001 年版。

35. 马克垚主编：《中西封建社会比较研究》，学林出版社 1997 年版。

36. 朱孝远：《近代欧洲的兴起》，学林出版社 1997 年版。

37. 朱孝远：《欧洲涅槃：过渡时期欧洲的发展概念》，学林出版社 2002 年版。

38. 黄仁宇：《资本主义与二十一世纪》，生活·读书·新知三联书店 1997 年版。

39. 龙秀清：《西欧社会转型中的教廷财政》，济南出版社 2001 年版。

40. 施诚：《中世纪英国财政史研究》，商务印书馆 2010 年版。

41. 马克垚：《英国封建社会研究》，北京大学出版社 1992 年版。

42. 于民：《坚守与改革——英国财政史专题研究》，中国社会科学出版社 2012 年版。

43. 陈曦文：《英国 16 世纪经济变革与政策研究》，首都师范大学出版社 1995 年版。

44. 焦建国：《英国公共财政制度变迁分析》，经济科学出版社 2009 年版。

45. 张芝联：《法国通史》，北京大学出版社 2009 年版。

46. 吕一民：《法国通史》，上海社会科学院出版社 2002 年版。

47. 中央电视台《大国崛起》节目组：《法国》，中国民主法制出版社 2006 年版。

48. 中央电视台《大国崛起》节目组：《德国》，中国民主法制出版社 2006 年版。

49. 孙炳辉、郑寅达：《德国史纲》，华东师范大学出版社 1995 年版。

50. 何顺果：《美国史通论》，学林出版社 2001 年版。

51. 陈宝森：《美国经济与政府政策》，世界知识出版社 1988 年版。

52. 王绍光：《美国进步时代的启示》，中国财政经济出版社 2002 年版。

53. 张国庆：《进步时代》，中国人民大学出版社 2013 年版。

54. 李建昌、高培勇：《当代美国财税教程》，世界知识出版社 1988 年版。

55. 刘畅：《美国财政史》，社会科学文献出版社 2013 年版。

56. 孙执中主编：《战后日本财政》，航空工业出版社 1988 年版。

57. 杨栋梁等：《近代以来日本经济体制变革研究》，人民出版社 2003 年版。

58. 叶振鹏、张馨：《双元结构财政》，经济科学出版社 1999 年版。

59. 贾康：《财政本质与财政调控》，经济科学出版社 1998 年版。

60. 贾康：《转轨时代的执着探索》，中国财政经济出版社 2003 年版。

61. 刘尚希：《公共风险视角下的公共财政》，经济科学出版社 2010 年。

62. 崔联会：《中国财政制度研究》，经济科学出版社 2004 年版。

63. 郎咸平、杨瑞辉：《资本主义精神和社会主义改革》，东方出版社 2012 年版。

64. 陈龙：《“社会集中分配论”研究》，经济科学出版社 2010 年版。

65. 张立球：《国家·财政·经济：中西财政理论比较研究》，中国税务出版社 2004 年版。

66. 汪丁丁：《经济学思想史讲义》，上海人民出版社 2008 年版。

67. 钟永圣：《中国经典经济学》，中国财政经济出版社 2011 年版。

68. 陈焕章：《孔门理财学》，翟玉忠译，中央编译出版社 2009 年版。

69. 项怀诚、贾康主编《中国财政通史》，中国财政经济出版社 2006 年版。

70. 周伯棣：《中国财政史》，上海人民出版社 1981 年版。

71. 沈长云、张渭莲：《中国古代国家起源与形成研究》，人民出版社 2009 年版。

72. 王震中：《中国文明起源的比较研究》，陕西人民出版社 1994 年版。

73. ［古苏美尔］《吉尔伽美什》，赵乐甡译，辽宁人民出版社 1981 年版。

74. ［古希腊］色诺芬：《经济论、雅典的收入》，张伯健译，商务印书馆 1961 年版。

75. ［古希腊］亚里士多德：《政治学》，吴寿彭译，商务印书馆 1965 年版。

76. ［古希腊］希罗多德：《历史》，王以铸译，商务印书馆 1959 年版。

77. ［古希腊］修昔底德：《伯罗奔尼撒战争史》，谢德风译，商务印书馆 1983 年版。

78. ［古波斯］尼扎姆·莫尔克：《治国策》，蓝琪译，商务印书馆 2013 年版。

79. ［古罗马］凯撒：《高卢战记》，任炳湘译，商务印书馆 1982 年版。

80. ［古罗马］塔西佗：《编年史》，王以铸等译，商务印书馆 2002 年版。

81. ［法兰克］格雷戈里：《法兰克人史》，寿纪瑜、戚国淦译，商务印书馆 1981 年版。

82. ［法兰克］艾因哈德等：《查理大帝传》，戚国淦译，商务印书馆 1996 年版。

83. ［埃及］阿·费克里：《埃及古代史》，高望之等译，商务印书馆 1973 年版。

84. ［埃及］艾哈迈德·爱敏：《阿拉伯—伊斯兰文化史》，纳忠等译，商务印书馆 1982 年版。

85. ［印度］恩·克·辛哈、阿·克·班纳吉：《印度通史》，张若达等译，商务印书馆 1973 年版。

86. ［印度］R·C·马宗达等：《高级印度史》，张澍霖等译，商务印书馆 1986 年版。

87. ［英］赫·乔·韦尔斯：《世界史纲》，吴文藻、谢冰心等译，广西师范大学出版社 2001 年版。

88. ［英］亚当·斯密：《国富论》，唐日松等译，华夏出版社 2005 年版。

89. ［英］罗杰·E·巴克豪斯：《西方经济学史》，莫竹芩、袁野译，海南出版社 2007 年版。

90. ［英］尼亚尔·弗格逊：《金钱关系：现代世界中的金钱与权力（1700—2000）》，蒋显璟译，东方出版社 2007 年版。

91. ［英］阿诺德·汤因比：《历史研究》，曹未风等译，上海人民出版社 1959 年版。

92. ［英］M·M·波斯坦等：《剑桥欧洲经济史》，王春法等译，上海人民出版社 2005 年版。

93. ［英］保罗·佛拉克莱等：《剑桥中世纪史》，剑桥大学 2006 年版。

94. ［英］M·I·芬利：《古代世界的政治》，晏绍详、黄洋译，商务印书馆 2013 年版。

95. ［英］芬纳：《统治史》，马百亮、王震译，华东师范大学出版社 2010 年版。

96. ［英］约翰·布罗：《历史的历史》，黄煜文译，广西师范大学出版社 2012 年版。

97. ［英］马特·里德利：《理性乐观派：一部人类经济进步史》，闾佳译，机械工业出版社 2011 年版。

98. ［英］哈里特·克劳福德：《神秘的苏美尔人》，张文立译，浙江人民出版社 2000 年版。

99. ［英］爱德华·吉本：《罗马帝国衰亡史》，席代岳译，吉林出版集团 2008 年版。

100. ［英］安德林·戈德斯沃司：《非常三百年：罗马帝国衰落记》，郭凯声、杨抒娟译，重庆出版社 2010 年版。

101. ［英］G·L·哈里斯：《中世纪英格兰的国王、议会和公共财政》，牛津大学 1975 年版。

102. ［法］卢梭：《社会契约论》，李平沤译，商务印书馆 1997 年版。

103. ［法］马克·布洛赫：《封建社会》，张绪山译，商务印书馆 2004 年版。

104. ［法］费尔南·布罗代尔：《15—18 世纪的物质文明、经济和资本主义》，顾良等译，生活·读书·商务三联书店 1992 年版。

105. ［法］费尔南·布罗代尔：《菲利普二世时代的地中海和地中海世界》，唐家龙等译，商务印书馆 1996 年版。

106. ［法］A·H·丹尼、V. M. 马松主编：《中亚文明史》，芮传明译，中国对外翻译出版公司 2000 年版。

107. ［法］米涅：《法国革命史》，北京编译社译，商务印书馆 1991 年版。

108. ［法］托克维尔：《旧制度与大革命》，冯棠译，商务印书馆 1997 年版。

109. ［法］让·布丹：《共和国六讲》，［英］理查德·诺尔斯译，伦敦梅休因出版公司 1957 年版。

110. ［德］马克思、恩格斯：《马克思恩格斯全集》，人民出版社第 1 版。

111. ［德］马克思、恩格斯：《马克思恩格斯选集》，人民出版社 1972 年版。

112. ［德］马克斯·韦伯：《经济通史》，姚曾廙译，上海三联书店 2006 年版。

113. ［德］特奥多尔·蒙森：《罗马史》，李稼年译，商务印书馆 1994 年版。

114. ［德］赫尔曼·库尔克、迪特玛尔·罗特蒙特：《印度史》，王立新、周红江译，中国青年出版社 2008 年版。

115. 〔德〕路德维西·艾哈德：《大众的福利》，丁安新译，武汉大学出版社 1995 年版。

116. ［比］亨利·皮朗：《中世纪欧洲经济社会史》，乐文译，上海人民出版社 2001 年版。

117. ［美］斯塔夫里阿诺斯：《全球通史》，吴象婴等译，北京大学出版社 2006 年版。

118. ［美］杰里·本特利、赫伯特·齐格勒：《新全球史》，魏凤莲等译，北京大学出版社 2007 年版。

119. ［美］丹尼斯·舍曼等：《世界文明史（第四版）》，李义天等译，中国人民大学出版社 2011 年版。

120. ［美］威尔·杜兰：《世界文明史》，幼狮文化公司译，东方出版社 1998 年版。

121. ［美］大卫·克里斯蒂安：《时间地图：大历史导论》，晏可佳译，上海社会科学院出版社 2007 年版。

122. ［美］时代生活出版公司：《人类文明史图鉴》，吉林人民出版社、吉林美术出版社 2000 年版。

123. ［美］威廉·A·哈维兰：《文化人类学》，瞿铁鹏、张钰译，上海社会科学院出版社 2006 年版。

124. ［美］赫兹斯坦：《西方文明》，霍夫顿·米福林出版公司 1975 年版。

125. ［美］斯宾塞·韦尔斯：《出非洲记》，杜红译，东方出版社 2006 年版。

126. ［美］龙多·卡梅伦、拉里·尼尔：《世界经济简史》，潘宁等译，上海译文出版社 2009 年版。

127. ［美］格里高利·克拉克：《应该读点经济史：一部世界经济简史》，李淑萍译，中信出版社 2009 年版。

128. ［美］罗伯特·L·海尔布罗纳、威廉·米尔博格：《经济社会的起源》，李陈华、许敏兰译，格致出版社、上海三联书店、上海人民出版社 2010 年版。

129. ［美］贾雷德·戴蒙德：《枪炮、病菌与钢铁》，谢延光译，上海译文出版社 2000 年版。

130. ［美］道格拉斯·诺斯：《经济史中的结构与变迁》，陈郁等译，上海三联书店 1994 年版。

131. ［美］道格拉斯·诺斯、罗伯特·托马斯：《西方世界的兴起》，厉以平、蔡磊译，华夏出版社 2009 年版。

132. ［美］查尔斯·金德尔伯格：《西欧金融史》，徐子健等译，中国金融出版社 2010 年版。

133. ［美］悉尼·霍默、理查德·西勒：《利率史》，肖新明等译，中信出版社 2010 年版。

134. ［美］威廉·N·戈兹曼、K·哥特·罗文霍斯特：《价值起源》，王宇等译，万卷出版公司 2010 年版。

135. ［美］塞缪尔·弗莱施哈克尔：《分配正义简史》，吴万伟译，译林出版社 2010 年版。

136. ［美］查尔斯·亚当斯：《善与恶——税收在文明进程中的影响》，翟继光译，中国政法大学出版社 2013 年版。

137. ［美］亚力山大·格申克龙：《经济落后的历史透视》，张凤林译，商务印书馆 2009 年版。

138. ［美］A·E·门罗编：《早期经济思想——亚当·斯密以前的经济文献选集》，蔡受百等译，商务印书馆1985年版。

139. ［美］约瑟夫·熊彼特：《经济分析史》，陈锡龄等译，商务印书馆2001年版。

140. ［美］马克·斯考森：《现代经济学的历程》，马春文等译，长春出版社2006年版。

141. ［美］E·K·亨特：《经济思想史——一种批判性的视角》，颜鹏飞译，上海财经大学出版社2007年版。

142. ［美］布坎南、马斯格雷夫《公共财政与公共选择：两种截然对立的国家观》，类承曜译，中国财政经济出版社2000年版。

143. ［美］弗朗西斯·福山：《政治秩序的起源》，毛俊杰译，广西师范大学出版社2012年版。

144. ［美］乔治·霍兰·萨拜因：《政治学说史》，盛葵阳、崔妙因译，商务印书馆1990年版。

145. ［美］约翰·麦克里兰：《西方政治思想史》，彭淮栋译，海南出版社2003年版。

146. ［美］列奥·施特劳斯、约瑟夫·克罗波西主编：《政治哲学史》，李天然等译，河北人民出版社1993年版。

147. ［美］约翰·肯尼思·加尔布雷思：《富裕社会》，赵勇等译，江苏人民出版社2009年版。

148. ［美］约翰·肯尼思·加尔布雷思：《不确定的时代》，刘颖、胡莹译，江苏人民出版社2009年版。

149. ［美］史蒂芬·霍尔姆斯、凯斯·桑斯坦：《权利的成本——为什么自由依赖于税》，毕竞悦译，北京大学出版社2004年版。

150. ［美］戴尔·布朗：《苏美尔：伊甸园的城市》，王淑芳译，华夏出版社2002年版。

151. ［美］埃里克·纳尔逊：《罗马帝国》，企鹅出版公司

2002 年版。

152. ［美］M·罗斯托夫采夫：《罗马帝国社会经济史》，马雍、厉以宁译，商务印书馆 1985 年版。

153. ［美］J·H·蒙蒂：《中世纪盛期的欧洲》，普林斯顿 1958 年版。

154. ［美］詹姆斯·W·汤普逊：《中世纪晚期欧洲经济社会史》，徐家玲等译，商务印书馆 1992 年版。

155. ［美］菲力浦·霍夫曼、凯瑟琳·诺伯格：《财政危机、自由和代议政府（1450—1789）》，储建国译，格致出版社、上海人民出版社 2008 年版。

156. ［美］海伦·德斯福瑟丝、雅克·莱维斯克：《第三世界的社会主义》，复旦大学国际政治系译，商务印书馆 1983 年版。

157. ［美］拉尔夫·德·贝茨：《美国史 1933—1973》，南京大学历史系英美对外关系研究室译，人民出版社 1984 年版。

158. ［美］艾伦·阿克塞罗德：《美国历史》，麦克米兰出版公司 1996 年版。

159. ［美］赫伯特·斯坦：《美国的财政革命》，苟燕楠译，上海财经大学出版社 2010 年版。

160. ［美］赫伯特·斯坦：《美国总统经济史》，金清、郝藜莉译，吉林人民出版社 1997 年版。

161. ［美］哈罗德·福克纳：《美国经济史》，王锟译，商务印书馆 1989 年版。

162. ［美］杰里米·阿塔克、彼得·帕塞尔：《新美国经济史》，罗涛等译，中国社会科学出版社 2000 年版。

163. ［苏］苏联科学院主编：《世界通史》，北京编译社译，三联书店 1960 年版。

164. ［苏］阿·尼·格拉德舍夫斯基：《古代东方史》，吉林师范大学历史系翻译室译，高等教育出版社 1959 年版。

165. ［苏］阿甫基耶夫：《古代东方史》，王以铸译，三联书店 1956 年版。

166. [苏] 安·米·潘克拉托娃主编：《苏联通史》，山东大学翻译组译，三联书店 1978 年版。

167. [苏] M·K·舍尔麦涅夫主编：《苏联财政》，毛蓉芳、陆南泉译，中国财政经济出版社 1980 年版。

168. [苏] 符拉基米尔佐夫：《蒙古社会制度史》，刘荣焌译，中国社会科学出版社 1980 年版。

169. [俄] 科瓦略夫：《古代罗马史》，王以铸译，上海书店出版社 2011 年版。

170. [日] 小林丑三郎：《欧洲财政史》，金邦平译，译书编汇社 1902 年版。

171. [日] 小林丑三郎：《各国财政史》，邹敬芳译，神州国光社 1931 年版。

172. [日] 坂入长太郎：《欧美财政思想史》，张淳译，中国财政经济出版社 1987 年版。

173. [日] 池上惇：《财政思想史》，有斐阁 1999 年版。

174. [日] 岛恭彦：《财政思想史》，有斐阁 1982 年版。

175. [日] 池田浩太郎：《近世财政思想的生成：重商主义和官房学》，千仓书房 1982 年版。

176. [日] 阿部贤一：《财政学史》，邹敬芳译，商务印书馆 1936 年版。

177. [日] 神野直彦：《财政学》，彭曦等译，南京大学出版社 2012 年版。

178. [日] 城戸毅：《中世英国财政史研究》，东京大学出版会 1994 年版。

179. [日] 佐藤芳彦：《近代英国财政政策史研究》，劲草书房 1994 年版。

180. [日] 大仓正雄：《英国财政思想史：重商主义时期的战争、国家、经济》，日本经济评论社 2000 年版。

181. [日] 花田洋一郎：《法国中世都市制度和都市住民》，九州大学出版会 2002 年版。

182. [日] 石滨知行：《德国经济史》，郭伯棠译，新生命书局 1940 年版。

183. [日] 久保清治：《德国财政史研究》，有斐阁 1998 年版。

184. [日] 铃木纯义：《德意志帝国主义财政史论》，法政大学出版局 1994 年版。

185. [日] 武田公子：《德国政府间财政关系史论》，劲草书房 1995 年版。

186. [日] 涩谷博史：《20 世纪美国财政史》，东京大学出版会 2005 年版。

187. [日] 依田熹家：《简明日本通史》，卞立强、李天工译，北京大学出版社 1989 年版。

188. [日] 坂入长太郎：《日本财政史概说》，バリェ社 1988 年版。

189. [日] 早川庄八：《日本古代的财政制度》，名著刊行会 2000 年版。

190. [日] 内田正弘：《日本财政研究要纲与随想》，近代文艺社 1995 年版。

191. [日] 大野健一：《从江户到平城》，臧馨、臧新远译，中信出版社 2006 年版。

192. [日] 宫崎勇：《日本经济政策亲历者实录》，孙晓燕译，中信出版社 2009 年版。

193. [日] 佐佐木毅、金泰昌：《公与私的思想史》，东京大学出版会 2001 年版。